鸣沙

010

治学的门径与取法

晚清民国研究的史料与史学

典藏版

桑 兵 著

社会科学文献出版社
SOCIAL SCIENCES ACADEMIC PRESS(CHINA)

目　录

绪　论

前不见古人，

后不见来者，

念天地之悠悠，

独怆然而涕下。

——陈子昂《登幽州台歌》

上穷碧落下黄泉，

两处茫茫皆不见。

——白居易《长恨歌》

横看成岭侧成峰，

远近高低各不同。

不识庐山真面目，

只缘身在此山中。

——苏轼《题西林壁》

王国维关于成就人生的事业学问须经历三境界说，世人耳熟能详。上引唐宋三诗，则似与今日治学的三种状态神似。前者凭空天降，横逸斜出，无知无畏。其中则动手动脚，踏破铁鞋，实则家有金山，却沿门托钵。后者各以一定之规裁量所有，看似清晰，其实始终茫然，且不自觉。治学以及读书，必须熟悉前人研究、相关材料以及事实问题，才有可能拿捏得当，三者缺一不可。否则谨慎者难免心中无数，忐忑不安，摸着石头却过不了河；大胆者索性扫除羁绊，打倒前人，凿空逞臆，以便随心所欲。即使见识高明，也有不知有汉何论魏晋的智者之失，乃至不温故而欲知新的臆论妄言。诸如此类的超越创新，不知前人何在，也就很难真正突过，充其量只能沉浸在坐井观天的自娱自乐之中。

历来讲究治学方法，大抵分为二途，专论往往流于纸上谈兵，实用则浅学不易捉摸。良法必须学识功力兼备才能领会把握，一味面向后学新进的趋时横通，犹如江湖术士的自欺欺人。近代以来，分科治学，各种时髦方法，大都生成于域外，移诸禹内，难免具有统系却格义附会，导致越有条理去事实真相越远。要想立于不败之地，还须恪守古训，读书为己，严格自律，以免治学则无知无畏，教书则误人子弟。

本书各篇，主要分为三个方面：其一，有关近代中国研究的史料与史学的通论及专论；其二，关于各种类型史料的认识与应用的分说；其三，关于各个具体研究领域、方面的史料与取法的探讨。虽然因缘各异，长短不一，内容则主要涉及史料的规模类型、解读应用以及与此相应的治学的门径办法。以往凡有著述，都要专门用心写一绪论，说明研究办法以及书中未能备述各事。本书多少有些例外，各篇大都是相当于绪论的各种解说，再写绪论，似乎多此一举。因此只是简略交代写作因缘，并略做申述。其中有些看似题外话，却是读书治学的应有之义，读者不妨心领神会。至于各自悟出什么，全凭因缘造化。

所谓近代中国，为一相对概念，随着时间的流逝，具体时段难免有所变化。原来指为现代史的 1949 年以前部分，如今普遍被划入中国近代史的范围。相比之下，晚清民国的概念较为固定，但也并非没有异议。晚清的终点大概清晰，起点就有些含糊，至少未必得到公认。至于民国，海峡对岸的学人对其下限也会有所意见。晚近的说法，今人少用，民国时期的学人则不乏使用者，其上限与下限都较为模糊，尤其是上限，或许涉及清初乃至晚明。方便之处，一则避开近代史开端的分歧；二则防止将清史截然分为两橛，不相连贯；三则避免治近代中国史上不出嘉道之讥。尤其是关注和阅读史料方面，过于清晰分界，等于画地为牢。使用各种概念，看似混淆，实则语境不同，含义有别，强行一律，反而体现不出差异。集合概念大都后出，不用则难以表达，用则容易引起歧义，关键在于是否有碍于认识史事本相和前人本意。作为方便名词或因缘时空关系把握分别，就不至于产生混淆，以致增减害意。而从定义出发，虽然裁剪整齐，却往往捉襟见肘，与事实不符。

一　两种史法

本书的写作，缘于友人进言，可写些文辞浅显的短文，为初学后进提示读书治学的门径。其实此类书前贤早已具备，毋庸置喙，而且要想深入浅出而不逾矩，实为难上加难之事，并非如一般所以为的那样可以信手拈来。深入则难解，浅出则乱来，不易兼而有之。不过当时也心有所动，并拟就数十则条目，从求师谈起，逐层递进，显示读书与治学的取径途辙。只是动起手来，犹豫再三，还是改变初衷，不欲刻意追求浅显易懂，雅俗共赏。因为学术研究，必须取法乎上，才不至于等而下之。而良法必然高深，不可专为小夫下士乃至坊间流俗道。此非故标高的，但凡针对一般时趋立论的，立意本来不高，结局势必陷入对立面的窠臼。而基本的途辙门径，看似简单易行，实则暗藏玄机，听授者程度悟性不同，领略各异。从者众与和者寡，高下立判，少有例外。

王国维谈哲学，有可信则不可爱，可爱则不可信之说，这样的两难也可以放大到各类学问。就清代以来学术的取径表现看，大概都有可爱与可信的难以兼得。沟通之道，是将可信之学做到可爱。所谓可爱，并非人见人爱的万人迷，而是情有独钟的生死恋，是潜心向学者心仪的挚爱，不是一般读者兼具的泛爱。讲座之类的耳学，对于听授者而言，大抵为可爱之学，图个热闹，刺激一下感官，振奋一下精神是可以的。循此要想登堂入室，则很可能是缘木求鱼为多。固然，讲者也可以不顾听众感受，径直宣讲其可信之学，其结果势必听者藐藐，门可罗雀。要使从学者能够领悟可信之学的可爱，绝非讲座之类可以成就。

历来讲治学方法大体有两种，一是读书治学有成，述其心得，所言不是空谈方法，而有应用的成功范例，皆有裨于治学的实际，可以助长功力；一是专讲方法，犹如纸上谈兵，花拳绣腿，说得天花乱坠，打得刀光剑影，临阵却不切实用，反而可能误导。近代新进学人颇为尊奉的章学诚，在乾嘉学术系统中便属于专讲史法一类。其所讲古代学术，谬误甚多，而其侈谈如何治史修志，下手却鲜有成功实例。如此还一心想以金针度人，难免招来无数的物议。若非近代学人比附西学，误解科学，以为章氏所言符合西洋的科学化准则（其实西洋不存在公认的科学标准，也没有不言而喻的普适科学方法），遂被再发现重认识，其学术地位更加可议。

专讲史法与治学心得不同，前者不仅有凿空逞臆之嫌，而且不无以讹传讹之处。教条般的高头讲章，看似头头是道，井井有条，实则于治史百无一用。解读材料研治问题，必须讲究有效实用，避免夸夸其谈。凡不能以所讲方法做出高明具体研究者，充其量无非章学诚的翻版再世。而读书得间的领悟，哪怕只是一孔之见，也有助于解读材料，研究史事。前贤好以序跋的形式言说其心中推许的理念方法，这些序跋，作为对相关著述的评介，未必完全适当，或是不免有所隐曲，而作为心中期许的标的，却往往能够体现高远意境。尤其是那些出类拔萃的高人雅士，所言大都经验之谈兼高妙之论，品味隽永，收效显著。相比之下，专门论述治学方法的著述，虽然不乏常识通则，反倒显得浮泛疏廓，或以域外之陈言，为华夏之新知，夹杂各种横通之论，只能蒙骗小夫下士。若是应用于实际的读书治学，则非但无济于事，还可能使人误入歧途，以致不可救药。

有鉴于此，不必侈谈史学理论和方法，而要依照前贤所指示的途辙，根据治学所悟，提供一些使用材料、研究问题的取径做法。这些行之有效的取径和做法，或者本来不过读书治学的基础门径，且经前贤反复论道，卑之无甚高论；或者为近代学术大家治学的良法美意，贯穿体现于其代表性著述之中，必须反复揣摩，以求心领神会。二者看似高下有别，但治学方法的基本与高明其实相辅相成，基本所在往往也是高明所由。即使技术层面以下的规则，如果理解到位，拿捏精当，也可能成为万变不离其宗的根本。当然，在专讲史法的人看来，前贤的经验心得反倒有不像乃至不是方法之嫌。

听授者大体也有两类：一是读过书，有过治学的实践；一是只读过教科书，充满耳学，却从未或很少眼学。按照钱穆的说法，方法是对读过书的人说才有用，向没有读过书的人谈方法，往往有害无益。

受清季以来推行的国民教育的制约，无论学习多么系统，读完书再做学问已是奢求。而有效实用的方法，是治学者的心得，没有读书的经验，则无法判断深浅优劣高下，很难体会其中奥妙，甚至越是浮泛，越有共鸣，反之，则无动于衷，无所适从。倘若新进以为先学会了方法再读书治学，可以事半功倍，则犹如试图在岸上学习游泳的各种姿势要领，然后期待下水就会劈波斩浪一样，不仅奢望，而且无稽。

中国历史文化悠久，史学尤为发达，治史方法极其讲究。近代以来，虽然社会整体发展相对滞后，但文史之学依然可观。本书所讲方法，大体是学习历代读书法的要旨，揣摩近代学人治学的苦心，移植来研治史料极大丰富的近代中国的历史。治学必须先因而后创，能够将前贤已知承接下来，才有可能发展创新。而前贤所用的方法，已经其实践证明行之有效，揣摩领悟，善加运用，功力可以大进。当然，前提之一，应当切实准确地把握，若良莠不分，也会南辕北辙；前提之二，应恰当合理地运用，否则良法未必当然成就美意。若是接不住而试图超越，只好破字当头，抹杀前人，以彰显自己。

近代学术大家卓有成效的治史方法，是在宋代史家方法的基础上发展演变而来。而宋人治史，尤以长编考异之法最为精当。此法在近代的运用，概括者如沈曾植以俱舍宗治俱舍学之说，稍详者如陈寅恪《杨树达论语疏证序》：

> 夫圣人之言，必有为而发，若不取事实以证之，则成无的之矢矣。圣言简奥，若不采意旨相同之语以参之，则为不解之谜矣。既广搜群籍，以参证圣言，其言之矛盾疑滞者，若不考订解释，折衷一是，则圣人之言行，终不可明矣。今先生汇集古籍中事实语言之与《论语》有关者，并间下己意，考订是非，解释疑滞，

此司马君实李仁甫长编考异之法，乃自来诂释《论语》者所未有，诚可为治经者辟一新途径，树一新楷模也。①

中国历史文化，特重政治伦理，所谓思想学说，多有具体的时空人事因素，少有形而上的抽象，研究此类对象，不能简单地直面文本，望文生义。要想全面认识蛋的外观内里、来龙去脉，还必须追究下蛋的那只鸡。只有了解下蛋的鸡，才能对其所生之蛋认识透彻。

更为详尽的发挥，则见于傅斯年《史学方法导论》比较不同的史料以求近真并得其头绪的论述。② 三说详略各异，要旨则一，认真揣摩这一治史最根本也是最紧要的方法，并且根据具体研究对象的千差万别而灵活运用，不仅可以立于不败之地，而且有望臻于化境。

在具体研究领域，各学术大家通过其代表性成果从不同层面展现了治学良法的成效，诸如顾颉刚的《孟姜女故事的转变》，钱穆的《先秦诸子系年》，傅斯年的《性命古训辨证》，梁方仲的《一条鞭法》，严耕望的《唐代交通图考》等，问题有别，而主旨一致。陈寅恪将中国固有的长编考异、合本子注与域外比较研究的事实联系各法参合运用，注意章程条文与社会常情及其变态的关系，傅斯年用语学与史学的方法探讨事物的发生及演化，钱穆注意历史意见与时代意见的联系和分别，顾颉刚注重史事的时空推演关系等，均体现了长编考异比较之法的本旨及其变相。

更为重要的是，以长编考异之法研治历史，既是基本所在，也是高明所由，既有助于矫正时下的种种学风流弊，又能够上探领悟前贤

---

① 《杨树达论语疏证序》，陈美延编《陈寅恪集·金明馆丛稿二编》，三联书店，2001，第262页。

② 详见桑兵《傅斯年"史学只是史料学"再析》，《近代史研究》2007年第5期，收入桑兵《晚清民国的学人与学术》，中华书局，2008，文字有所调整。

治学的精妙，实为万变不离其宗的根本所在。其主要准则有二。其一，解读史料史事，必须遵循时空人等具体要素，凡是脱离具体时空人的事实联系，依照外来后出的各种观念架构拼凑而成的解读连缀，都是徒劳无功地试图增减历史。其二，历史的内在关联并非罗列史事即可呈现，而是深藏于无限延伸的史事错综复杂的联系背后，必须透过纷繁的表象寻绎联系的头绪才能逐渐认知。

　　史学要在讲究事实，历史已经过去，无论怎样认为，均不可能增减分毫。因此，治史所重不在如何认为，而在恰如其分地解读史料，适得其所地呈现史事，从各种层面角度显现前人本意和史事本相以及相互联系，并且表明依据什么说是如此这般，所用论据是否经过前后左右上下内外的反复验证。呈现事实及揭示内在联系本身就包含认识，如何述说同时也就是展现学人的见识。不能重现史事本相和前人本意的所谓认识，至多只能说是从阅读历史获得灵感的自我表现。在此类主体的眼中，历史无非和文学作品一样，一旦形成，就离开作者而独立，可以从中获取种种连作者也意想不到的灵感。至于历史本身究竟如何，反而无关紧要。

　　历来学界争鸣，好以"我认为"扬己抑人，耸动观听，一般学术综述以及各种论著所提及的前人先行研究，每每好称引各自提出的论点，而不深究这些论点的依据以及所凭据的是否经过验证，即为重视"认为"的显例。其实各式各样的认为，并不处于同一水平线上。学问虽然可以见仁见智，却不能随心所欲，检验的标准在于本事，以及借由何种依据如何接近本相。历史已经发生，不会因为后人的意识而改变，凡是符合事实的，都不取决于个人如何认为，而形形色色的认为无论怎样高谈阔论，若与事实不符，则都是错误而不会影响历史事实，只能干扰淆乱对于历史的认识。也就是说，于史事而言没有任何意义，但是会作用于如何呈现历史。由于学人的述说各自呈现出来的史事常常因人而异，如何还原历史似乎成为无法验证之事。实则这些后人的看法五花八门固然令人无所适从，众口一词也未必就是事实俱在。善读者透过罗生门似的各种记录说法，可以逐渐近真并得其头绪。若是主观过甚，就只能快刀斩乱麻，剁碎了再来任意牵连。无论如何，史事本相与前人本意才是衡量检验后人认识当否高下的准则尺度，而不能本末倒置。

一般而言，学问之事，越是高明则懂的人越少，如果用多数取决的办法，被否定的很可能恰是远见卓识。而多数认定的观点即使未必正确，一定时期内仍然具有影响力。这与各式各样学术评价的道理大抵相通，抛开一切利害牵扯，也有见识高下之别。在高深的层面，真正的权威只是少数。权威的意见固然难免错误，但概率较低。所以学术研究只能自由，不能民主。民主式的学术容易导致平庸。

人们求知，存在相反相成的两面，一方面将既有知识当成裁量的尺度，另一方面则作为吸收新知和开发智慧的工具，这是出现事实与认识反差的要因之一。盲从既有知识就是成见，以之为评判的规矩尺度，很容易自我禁锢，做了自身知识缺陷的奴隶，无数的论断，都不免流于自以为是的放大与泛滥，见仁见智成了分不清是非正误的遁词，从而失去进步的动力。

二 学界江湖

无论如何取法乎上，本书的用意之一，仍是作为入门书写给新进看，虽然不以专教小夫下士为荣，毕竟要显示一些基础门径。求学首先要会读书，少了童子功，又有体制的压力，无法放眼读书之后再做学问，在不得不为写书而翻书找材料的同时，如何避免偏蔽，就有赖于师。所以原来拟定的条目，是从求师开始。当然，若为师也偏于一隅，弟子就很容易坐井观天。

近年来，大学为何不出大师的问题令各方相当纠结，尤其困扰着大学及其主管部门的当政者。其潜台词是大学应该出大师，而且以前也曾经出过不少大师。其实这两方面均有可议。在堪称国学大师的章太炎看来，大学连学问也不出，何况大师？至少从中国传统学问的研究看，此言不无道理。章太炎认为，学问之事，在野则盛，在朝则衰，所以官学始终不及私学。而在今日的体制之下，即使不能说学人和学问都出自大学，也很难说大学以及体制性科研机构以外的学问超过大学，甚至很难说大学以外还有多少学人。严耕望说治学要读人人常见之书，说人人不常说的话。言他人所不能言，包括不敢言和不会言两种。如果只会讲不便说的事理，意在耸动一般受众的视听，显然很难称之为学问。①

谈论大学与大师的话题，已经过滥而有流俗之嫌。不过，转换思路，不论大学应否、如何培养大师或是为何还没有培养出大师，而是深究一下大学怎么会与大师扯上关系，其中有多少误解和扭曲，倒是颇有意思，且为求师一节的应有之义。

所谓大师，本是古代的官名，后为佛教的尊号及谥号，俗世间有指称学或术高明者。将大学与大师联系到一起，时下指认的肇始者是梅贻琦。1931 年底，梅贻琦由清华留美学生监督回国就任清华大学校长，在就职演说中，为了强调一个大学之所以为大学，全在于有没有

---

① 严耕望：《治史三书》，上海人民出版社，2011，第 21 页。

好教授，仿孟子故国说，提出"所谓大学者，非谓有大楼之谓也，有大师之谓也"。[①] 此说当时未必引起广泛反响，而近年来却反复征引，到处流传，作为大学教育今不如昔的铁证，甚或变成所谓世纪之问。可是不知不觉间，意思有了不小的改变。人们普遍质疑在大学的重点建设热潮中，只见大楼起，不见大师出。殊不知梅贻琦的大学有大师，所指是要聘请好的师资，并未赋予大学以培养大师的责任。在梅贻琦说那番话的时代，大学不要说培养大师，连能否出真学问，在堪称大师的章太炎等人看来，也还大成问题。近代中国的大学，官办（包括国立、省立）者无非庙堂之学，私立者大行妾妇之道。况且大学不过是人生中的学习阶段，即使拿到博士学位（1950 年代以前国内大学尚无此设置），至多只是奠定基础，就算潜力无限，距离大师也还相当遥远。所以梅贻琦说办大学有两个目的，一是研究学术，二是造就人才，这是合情合理之论。若宣称要培养大师，便成妄言。

此事从梅贻琦长校的清华大学本身就能得到印证。清华开办国学研究院，从全国各处招收来的学生大都已经学有所成，相对于刚刚升入大学的清华本科生，功力不止深了一层，又得到几位名师的亲炙，足以成家者甚多，帮助清华一举摘掉无学的恶名。可是不要说毕业之际，就算功成名就之时，有哪一位敢以大师自居？国学院出身的姜亮夫就承认，直到晚年，他还是不懂陈寅恪当年上课所讲的内容。[②] 国学院因为请不到名师等而停办后，陈寅恪继续任教于清华大学的历史、国文两系，其在历史系开设的课程，因为程度太深，学生难以承受，

---

① 梅贻琦：《梅校长到校视事　召集全体学生训话》，《国立清华大学校刊》第 341 号，1931 年 12 月 4 日。
② 姜亮夫：《忆清华国学研究院》，王元化主编《学术集林》第 1 卷，上海远东出版社，1994，第 237 ~ 239 页。

不得不一再降低难度。可见让大学培养大师，多少有些天方夜谭的味道。时下一些名校的大师班，以及虽然没有贴上标签，却宣称以培养大师为宗旨的种种宏伟计划，若非另有所图，就是愚不可及。

从请名师的角度看（名师有具时名、名副其实之别，如今更有命名与成名之分），清华国学院所请的梁启超、王国维等，虽然各有长短，当时确已被指称为大师。在近代中国学术界，如果这几位不能当之无愧，可以候选的也就屈指可数。梅贻琦敢于宣称大学要有大师，显然与他们响亮的名头不无关系。其余包括首席国立北京大学在内，都缺少如此充沛的底气。或许梅贻琦的大师说，不无挤对没有或不敢称大师的北京大学之意。可是，清华国学院的几位大师，都没有大学的学历，也很难说是由大学培养的。梁启超只进过学海堂和万木草堂，王国维海内外的学历也很低，陈寅恪虽然读过欧美各国的多家名校却不取文凭，甚至没有注册，且从不称引师说。他以朱熹为楷模，对待域外文化，尽量取珠还椟，以免数典忘祖。梁启超、王国维等过世后，清华国学院拟聘的几位大家，如章太炎、柳诒徵等，也都不是大学出身。而拿不到全美最容易拿的哥伦比亚大学博士文凭的胡适，被认为是有资格的受聘者，他敢于就任北京大学教授，而婉拒清华国学院导师的礼聘，不无自知之明。民国时期几位无所不能、号称大师如卫聚贤、郑师许等，在学术史上并未留下深刻印记，以至于今日学界知道其人其事者为数甚少。至于时下票选出来的国学大师或是打着国学大师旗号的风水先生，不过是大众的自娱自乐，江湖术士的故技重施，大都由自诩代表民意的各种媒体炒作出来，不必当真，也当不得真的。

进一步追究，出大师之外，即使是有大师之说，梅贻琦长校时的清华大学也不无可议。几位导师或亡故或离去后，硕果仅存的陈寅恪移席史学系，因主持系务的蒋廷黻主张社会科学化的新史学，力挺雷海宗，陈寅恪有逐渐被边缘化之嫌。只是由于他的学术声望高和人脉广，才不至于失势。至于雷海宗，虽然如今间或也被捧为大师，学术上毕竟不止略逊一筹。其对学生的影响，层级越低则越大，待到进入高深研究甚至教书阶段，就不免褪色。抗战时期清华和北大、南开组成西南联大，如今成为人们津津乐道的在艰难困苦的环境中培养大师的典范。可是，从钱锺书《围城》所描写的三闾大学及其各色人等看，至少在他眼中，这里不仅没有大师，良师也为数不多。而且他本人的遭遇即显示，潜在的大师在此同样不能被预测和善待。固然，钱锺书是否大师，或许还有争议，但是，如果连他能否成为大师也未可预料，中国的最高学府又如何能够自产自销"大师"？又如何当得起"大学要有大师"这样的理念呢？

所谓大师者，须天资超凡，非同寻常，而天才不可人为塑造，天才与优才相距绝不止一步之遥，所以大学未必能够造就大师，大师或许可以成就大学。如此解读，虽不中，亦不远。

大学未必有大师，而大学为师须有一定之规。大学老师教书育人，应授业、解惑、明道三者兼备。金毓黻认为，大、中、小学为师，至少应分别达到这三个层次。大学为师，必须具备最高一级的明道。所谓明道，即包括人与学的传承的渊源流变。只有掌握学问整体与部分的关联以及古今中外因时因地因人而异的演化，才能通晓各方面的来龙去脉。这样博大精深的极高境界，既目不可及，又深不可测，难以兼得。按照分科的专门之学来明道，或许可以把握近代以来学问的演进，若要上溯中国历代的思想学术文化，则难免格义附会；照本宣科的授业，只能重复教科书的套话；天南海北的解惑，大都不着边际的妄言，都不免直把良才雕成朽木的流弊。

学问之事，难能才可贵，越高明则懂的人越少，这一通则，即使在专门从事教书治学的大学亦无例外。因为受教育者永远是有待雕琢的素材，无力分辨，却必须听授，所以大学如江湖，骗子最易横行。若无高度自觉和自律，一味鼓动后学新进，势必以横通为博雅，为了哗众取宠，不惜信口雌黄。近代中国那几位被戏称为大师的学人，涉猎广泛，著述等身，看似无所不通，名噪一时，如今不要说坊间大众，学界也不大知其名讳事业。而陈寅恪任教于清华大学之时，虽然一再降低标准，所开设的课程学生仍然难以听受，最受欢迎的反而是雷海宗。雷氏深受德国的斯宾格勒（O. Spengler）文化类型学的影响，后者的著述虽然在第一次世界大战后的欧洲一度大热，却不过震动社会与坊间，算不上学院派的学问。若以学习为主业的青年学生是否爱听作为对教学效果甚至水平的评判准则，岂非本末倒置？

学问必须系统教授，才能随时随地将东倒西歪的醉汉扶上正轨。讲座之类的往教耳学无济于事，弄得不好，还会乱人心智，使得新进误入歧途。因为高深的学问以及高明的讲法一般难以承受，必须循序渐进，不能横逸斜出。而意在取悦听众的媚时语，虽然可以吸引眼球，博得掌声，不无感官刺激，容易引起浅学的共鸣或公众的兴趣，于深入堂奥的学问之道却是有害无益。如果扶醉汉之人也是醉汉，非但不能奢望其指点迷津，反而可能跟着误入歧途，走进死胡同，踏上不归路。

学问上事，有虽不能至，心向往之的境界。有无这样的追求，品味大异其趣。近人以为，古人一字不识学者之耻的观念，使得每个学人不堪重负，学问不能扩张，形同两脚书橱。可是未经放眼读书，不知整体的结果，又导致学问没有高度深度，流于侏儒化。形形色色的成果不计其数，而量的扩张非但没有带来学术的发达，反而造成学人见识功力的积弱。只有凭借分科治学所形成的画地为牢的小圈子，在自定行规的自我评价中自娱自乐，才能自欺欺人地说着无知无畏的大话，做着突过前人、引领时趋的美梦。

大学是养育人才之地，人才辈出，则无论做什么成功的可能性都高。若是但出货不出人，货再多也难免假冒伪劣。读学位者一心寻找好题目，以为题好必然容易写好，其实大谬不然。能力不足，素养不高，再好的题目也做不好。所以攻读学位应以训练提升能力素养为主，只要基础扎实，潜心向学，不仅终有所成，而且可以持续释放潜力，向上攀升，不至于以获得学位为人生的高峰，更不会始终乱做而不自觉。制度性地一味鼓励后进滥多发表，虽然有利于单位的排名和个人的升等，喂饱了图利的刊物，却毁了一代人的学术生命。

大学又是君子汇聚之所，君子不党，彼此相交淡如水，不像小人各有所图，无所不能利益交换，相互夤缘，盘根错节，结成稳固的共同体。而且君子讲气节，有风骨，棱角分明，只宜远交，不易近处，尤其不宜于今日倡行的所谓团队精神。因此，学术机构要想方设法开拓足够的空间，使其相安无事，不能反其道而行之，二桃杀三士，挑动窝里斗。小人若是掺杂其间，上下其手，必定容易得势。庙堂太小，自然供不起大菩萨真神灵，连罗汉也难以容身，小鬼横行就在情理之中。用雇匠之法求师，所得不仅有限，而且很容易上当受骗。

无论章太炎对于大学如何白眼相加，理想上参与其中的学人还是企盼建立一座座学术殿堂。若大学畸变成一处处码头，而学人大都行色匆匆地跑码头，学界就真的成了鱼龙混杂的江湖。江湖自有地位高下之分，争强斗狠，胜负输赢，无非为了名次先后。实力不济，又利益相关，难免裘千丈之类的骗子花样翻新地招摇撞骗。诸如此类的情形由来已久，如今不少人景仰的民国时期的大学，亲历者当时就有学术江湖的慨叹，似乎并不像后来者憧憬的那样理想。只是那时送礼者的形象相当负面，北京政府时期，有一位颇具时名的后进，喜欢送礼，人所共知，可是非但礼往往送不进去，本人也因为声名不佳而逐渐淡出学术界。可见当时虽然政界商界的贿赂贪腐成风，爱惜羽毛、自命清高的学人大都并不吃这一套。况且即便是江湖，真正的高手超然世外，反而不屑于江湖地位。

三　系统与附会

民国时大学不止官办，私立的也为数不少。章太炎的意思，应该还有另一层，也许更为重要，即大学按照西式的分科架构讲中国学问，究竟能够理解中国几分。清华的几位大师，按照时人的看法，其实是国学大师。这不仅由于他们都任教于国学研究院，而且所治学问主要还在中国一面。同时，除了赵元任较为专门以外，其余各位教书治学大体还能因循传统通儒之学的轨则，至少不会拘泥于某一专科。当然，是否称得上国学大师，还要综合考察自称、他指和后认。虽然国学的含义前后不一，因人而异，如果几方面参看，近代中国学人中堪称国学大师者唯有章太炎，其次勉强可算王国维，再次则梁启超。后来钱穆或有此资格，不过当时的地位尚未到如此高度。其他则姑不论学问的宽窄深浅高下，或不以国学自认（如傅斯年即明确反对国学一说），或虽然牵涉标名国学的机构组织，却极少甚至从不谈论国学（如陈垣、陈寅恪，前者还明确表示过对于国学概论之类课程的浮泛不以为然）。至于老师宿儒，新旧营垒之间的评价看法迥异，大都不被认为是属于新学问的国学家。

中国历来书籍分类与学问分别的关系，相当复杂，不可一概而论，尤其不可用后出的分科观念来裁量。中国学问，原以经学为统御。近人疑古，只能追究先秦以上，而经学主要是管两汉以下，恰似欧洲的神学统御中世纪的情形，不会因为《圣经》的文本存在歧义就无视神学之于中世纪欧洲的重要性。西学东渐以来，如何安置中西学的两套系统，始终困扰着朝野上下。开始清廷尝试以科举兼容西学，持续半个世纪不得要领，继而以学堂融汇中学，而学堂已是按照西学分科设置课程科目，等于要中学顺应西学，实际上是用西学架构分解重组中学。不断调适的结果，找不到对应的经学被迫退出，只能通过其他学科片断体现或挣扎于体制之外。至于文史等学虽然看似找到对应，却是用西式系统条理固有材料，使之扭曲变形甚至变质。若以哲学、文学、史学的分科讲国学，则失却国学的本意，不合中国学问的本相，更无论社会科学的不合体。

某种程度上，国学可以说是在经学失位失势的情况下不得已的替代。因为人们开始意识到，被西式分科溶解组装的中学，很可能失去本意和作用。如同存古，其所谓古，不过是遭遇西学的中国当时的学问。张之洞等人意识到中学与西学不同，不能以西学讲中学，但中体西用影响了中国固有学术思想的整体架构、地位和价值。所以后来恽毓鼎等人痛心疾首地指斥主张停罢科举的二张（张之洞、张百熙）为中国文化劫难的罪魁祸首。用西式架构条理中国学问，看似具有统系，实则牵强附会。既然学问的分门别类仿照域外，方法观念便不得不取自异域。而外国的架构是为了与其本国的主流学术对话，与中国不相凿枘。就此而论，章太炎说大学不出学问，并非保守言论，拉车向后，而是具有先见之明。

关于中学的科目问题，近代治目录学者已经言人人殊。吕思勉、姚名达等受章学诚《校雠通义》的影响，附会西学分科，相对疏离，叶德辉和余嘉锡所讲则较为近真。宋育仁说书不是学，但书中有学，确为的论。作为中国学问概称的国学，只是近代的产物，与古代中国指称国家学校如国子监的国学没有共性。近代国学其实是中国受东学（包括日本的国学）、西学（包括西人之东方学和汉学）影响的中学。就社会背景而论，讲国学是为了因应东学、西学的冲击。就学问形式笼统而言，所谓相对于西学指中学，相对于旧学指新学，往往就是对着东学、西学讲中学，既有与之对应者，也有与之反向者，所以国学也包括佛学和四裔之学，也就是傅斯年等人所谓的虏学。

不过，近代国学的讲法固然五花八门，因人而异，其共同性则是或有分科，而并不囿于专门，试图找回中国固有学问的形态和理路。这与今日言国学者，其实是在模糊概念的共同名义下各以专家讲专门之学大不相同。将专门拼凑起来以为国学，犹如用若干小师分授以图培育大师，不是自欺欺人，就是欺世盗名，都会误人子弟。恰如民国时钱玄同批评提倡复古读经，说不是经该不该读，而是提倡者配不配读。今日大概很难找到真正会讲能讲所谓国学的学人，也很难找到能学会学所谓国学的学生。除了普通教育阶段读过的教科书外，所学所讲全都是重新条理后的专门分科知识。

近代讲国学者大都程度不同地系统受过中国固有教育，虽然一度附会西学，误以为分科就是科学，如梁启超、章太炎、刘师培等，后来还是逐渐意识到未必能以中学对应西式分科之学。所以讲授国学虽有分科，但本人还能贯通各科或多科。可是弟子们往往无力兼修，即使国学院之类的教学机构，培育出来的也多是专门人才，只不过其专门学问较少西式框架的束缚而已。

晚清以来的学人以分科为科学，治学好分门别类，用以自修，则畛域自囿，若用分科眼光看待他人的研究著述，更是本心迷乱，看朱成碧，非但不足以裁量他人，反而自曝其短。尤其是历史研究，即使在讲求分科的近代中国，史学与其他各科的关联及分别，也是剪不断理还乱。一方面，今日以前的一切都是历史，而且所有历史事实之间存在错综复杂的联系，就此而论，历史是一门综合的学问，治史无所谓分科，但凡分科，则难免割裂历史本来的联系。另一方面，历史虽然具有综合性，但仍是整个学问体系当中的一门，同时正因为牵涉各科范围，又可以用各种分科的观念来研治历史，形成日益细分化的分门别类史。

鉴于史学与其他各科关系的复杂，遂有学人慨叹让历史融化在一切学科之中。实则治史必须在整体之下研究具体，具体问题涉及甚至属于特定的分科范围，而研究的眼光办法却不能囿于分科的观念知识，否则等于将史事先验地划分为某科的事实，而某科的观念为后来形成，史事并不会按照事后的分科观念发生及演化。滥用后出集合概念认识历史而不自觉其局限，势必无法把握史事的原貌和脉络。有鉴于此，近代具通识眼光者强调治学要点、线、面、体相辅相成。若一味打洞，再深也是限于一点，不及其余，既不知此点在整体中的位置，也不知与相关各点的联系。如此，则对于此点很难把握得当。将此一点故意放大则心术有亏，盲目拔高则见识不足，都不能得其所哉。

本科到博士，尚在学习阶段，虽然未经放眼读书，若得良师把关，还能中规中矩。不过，有志于学者，不会以获得学位为人生事业的巅峰，而是作为学术生涯的起步。治学若无高远志向，必定浅尝辄止。早在游学美东之际，陈寅恪鉴于中国学术文化传统唯重实用，不究虚理，缺乏精深远大之思，士子群习八股，以得功名富贵，学德之士终属极少数，近代留学生又一味追求实用，希慕富贵，不肯用力学问，尤其是不愿学习亘万古横九垓而不变，凡时凡地均可用之，精深博奥的天理人事之学，而救国经世，尤必以精神之学问（谓形而上之学）为根基，曾经断言：

> 此后若中国之实业发达，生计优裕，财源浚辟，则中国人经商营业之长技，可得其用；而中国人，当可为世界之富商。然若冀中国人以学问、美术等之造诣胜人，则决难必也。①

这番话在当时一心追求富强的国人听来，大感疑惑。可是将近一个世纪过去，却不得不服膺其远见卓识。

于是，如何才能提升在学问、艺术方面竞逐世界之林的能力，对于国人可谓一大考验，不能不反躬自省，有心向学者更要时时扪心自问。

陈寅恪所说的学术不断趋时与永不过时的问题，还可以进一步深究。关于民国时期学术的研判，常有一异相。好尚者所推崇的，大都是文史学人，尤其是研治中国文史之学的学人。而当年文史学人频频抱怨的，恰是当局倾全力扶持实用的自然科学与社会科学，各种实用学科不但资源占尽，还吸引了无数青年才俊向往科学，以致人文学科选材不易，后继乏人。对此，自然科学与社会科学的学人各有解释，或质疑今人认识有所偏差，忽略了社会科学家对社会的贡献；或认为自然科学与人文学科性质有别，前者必须筑塔积薪，后来居上，用今日的标准衡量，民国学人的水准不高，且已过时，而后者未必青胜于蓝，对前贤先哲只能高山仰止，难以跨越。两说各有道理，也各执一偏。如果经济学名家断定经济学本质上是说明过往的观点可信，则其贡献不会与 GDP 有多少联系，更不可能用 GDP 来测量。抱持这样的观

---

① 吴宓著，吴学昭整理《吴宓日记》第 2 册，三联书店，1998，第 101 页。

念，不过是经济高速成长期人们对于经济学的普遍迷信。实际上经济发展与经济学的关联度远比人们想象的低。而自然科学在欧洲学术发展史上，拥有许多过去却不过时的大家，只是民国学人达不到相关学科发展进程中里程碑式的境界高度，只能在一定的时空条件下享有时名和地位而已。其贡献不能脱离具体的环境因素。诸如此类的现象，今日未必不会重演，所以不少的似曾相识，还有待时光的检验。

即使在中国文史之学领域，近代以来，由于中西学乾坤颠倒，国人以西为尊为优，除少数高明，所谓道教之真精神与新儒家之旧途径，已成异数。而一味输入新知，则难逃跨文化传通大都误解肤浅的定势。大势所趋之下，沈曾植、王国维、陈寅恪等大家，都是照远不照近，照高不照低，能够承接其学问者，唯有并世高人与读书种子。这使得那些借助域外引领时趋者大都有意鼓动青年，以求造成时势风尚。对于近代以来中外学术思想文化关系的种种变相，陈寅恪考古论今，再度预言：

> 窃疑中国自今日以后，即使能忠实输入北美或东欧之思想，其结局当亦等于玄奘唯识之学，在吾国思想史上，既不能居最高之地位，且亦终归于歇绝者。其真能于思想上自成系统，有所创获者，必须一方面吸收输入外来之学说，一方面不忘本来民族之地位。此二种相反而适相成之态度，乃道教之真精神，新儒家之旧途径，而二千年吾民族与他民族思想接触史之所昭示者也。[1]

今日看来，其预见性正在逐渐显现的过程中。潜心向学者可以引

---

[1] 《冯友兰中国哲学史下册审查报告》，陈美延编《陈寅恪集·金明馆丛稿二编》，第284~285页。

为针砭，以免误入歧途却一往无前。

其实，若以高为准，则近实际上也在其笼罩之下。晚清民国时期那些引领潮流、树立典范的名士，因为成名太早，见识不够，所言难免破绽百出。浅学者既无力察觉，对立面的抨击又新旧缠绕而难以取信，只有通人能够明察秋毫，有所讽喻。享有时名者耳闻目睹，往往暗自修正，并不明说变化的所为何来。而指点迷津的通人大都不愿直言，一则自高身份，不肯指名评点，或旁敲侧击，或隐晦透露；二则所评必是千虑一失，一般读者未必领会，反而看高明者的笑话，以为盛名之下，不过如此；三则被评点者往往亦颇自负，偶有疏失，未必甘心受教，有时还会意气相争。有鉴于此，一般的学术论争，大都外行浅学逞其口快，或旨在博取时名。而高手过招，却不动声色，不露痕迹。学人失察，将好胜者的口角当成学术焦点，误以为轰动一时的热闹是学术发展的前趋。就此而论，近代学术风气的开创与引领究竟应该如何裁量衡定，还大有讲究。若以众从为准，则引领多数浅学者自然成为主导。只是从者众能够形成风气，却并非学问的指标。

治学取径，有削足适履与量体裁衣之别。谈方法过重履和衣的制式，而忽略足的大小和体的形态，或者说只是从履和衣的角度来看足与体，难免本末倒置。不能量体裁衣，势必削足适履，其结果不断变换衣履，却始终无法合体。所谓与国际对话、瞄准世界学术前沿之类，无非其变相。因为域外学人的看法无论是否高明新奇，仍是后来怎么看的认识，必须用中国的实事进行衡量。量体之尺可以西式，裁出的衣服必须中国。只有熟悉体和足，才不至于被衣履的样式色泽所眩惑以致盲目。

中国历史上受域外影响最大的三时期，魏晋至两宋以及明末清初诸儒的态度均为吸收输入外来学说与不忘本来民族地位相反相成，只有晚清民国转为以西化为主导准的。这一时期的学人大都经过附会西学的阶段，然后逐渐回归本位。当然也有始终勇往直前者。像陈寅恪那样从头至尾坚持仿效前贤，取珠还椟，以免数典忘祖的，为数不多。依照时贤的看法，研究中国历史文化，越少用外国框框的，价值反而越高，陈寅恪当在其列，且是有数之人。

史学应以史事为准则，不能以前人研究为判断。在所谓世界眼光的主导下，与国际对话成为时趋。欧美的中国研究，面向中国的实事，却处于本国学术的边缘，必须接受和按照主流的观念方法，才能取得与主流对话的资格。而其主流学术的理论方法及观念架构，并非因缘中国的社会历史文化生成，用于解读中国，往往似是而非。陈寅恪关于文化史研究的批评，颇能切中要害：

> 以往研究文化史有二失：（一）旧派失之滞。旧派"作中国文化史"，……不过钞钞而已，其缺点是只有死材料而没有解释，读后不能使为了解人民精神生活与社会制度的关系。（二）新派失之诬。新派留学生，所谓"以科学方法整理国故"者。新派书有解释，看上去似很条理，然甚危险。他们以外国的社会科学理论解释中国的材料。此种理论，不过是假设的理论。而其所以成立的原因，是由研究西洋历史、政治、社会的材料，归纳而得的结论。结论如果正确，对于我们的材料，也有适用之处。因为人类活动本有其共同之处，所以"以科学方法整理国故"是很有可能性的。不过也有时不适用，因中国的材料有时在其范围之外。所以讲大概似乎对，讲到精细处则不够准确，而讲历史重在准确，功夫所至，不嫌琐细。①

---

① 卞僧慧纂，卞学洛整理《陈寅恪先生年谱长编（初稿）》，中华书局，2010，第146页。

欧美的主流学术固然乐见自己的理论方法具有放之四海而皆准的普适性，其边缘学科也借由运用这样的观念架构研治其他国家的历史文化而获得主流学术认可的资格，并且凭借西风弥漫的优势，取得引领各国学术时趋的地位，所牺牲的，恰好是作为检验标准的中国文献的本意和历史的本事。如果欧美的边缘性学术再转手成为中国学习的榜样，流弊势将进一步蔓延扩大。既然附会西学越少的成就越大，则今日研治中国史事，应当以事实为基准，检验中外学人的成说，而不宜在与国际对话的基础上立论。

或疑如此做法与后现代类似，实则后现代的所谓解构，只是将有说成无，殊不知错也是一种实事，也要说明其如何从无到有的发生及演化，并且在此过程中，把握原有和应有的大体及渊源流变。

如陈寅恪所说，重在准确的史学常常由细节所决定，因此，史学可以说是一项事实胜于雄辩的学问。史无定法，必须具体问题具体分析，历史上人事均为单体，所以治史不能套用千篇一律的阶段、程序和格局。历史发展的可能性千变万化，呈现出来的过程和状态千差万别，如何才能做到精细准确，显然不能由简单的归纳概括或先立论再找论据并举例说明的方式达到。所谓不嫌琐细，尤其与通行做法异趣。今日治史的普遍症结之一，恰在不善于处理材料，讲清事实，呈现材料及史事之间固有的内在联系。不预设观念架构，既看不懂材料，也不知史事有何意思，或是多用材料则难免堆砌罗列，如同流水账。而使用外来观念架构取舍材料，裁量史事，又会陷入形似而实不同的尴尬，日后学问越是增进越觉得不相凿枘。

1930年代，钱穆针对北平学术界非考据不足以言学问的风气，强调义理自故实生和非碎无以立通。史事的具体细节相互联系，不仅非碎无以立通，而且谈碎之际就有通与不通之别。不从故实生的义理，或削足适履，或纸上谈兵，或橘逾淮为枳。没有义理连接的故实，相互抵牾，支离破碎，不仅偏窄，而且错乱。要将所有单体的史事安放得适得其所，必须碎与通相辅相成。研究要专而不宜泛，专则窄，容易流于细碎，但专未必就是不通。由碎而通，不仅要注意碎与碎之间存在关联，即便碎本身，得其所哉也是通的体现。否则，高谈阔论，门外文谈，便是泛而非通，实为不通之至。同样，碎也要通，一方面碎为通的部分，另一方面，贯通才能放置细碎得当。具体的专题研究若是孤立片面，非但不通，而且易误。有时甚至越是深入，越加偏颇。

治史不嫌详尽琐细，对于研治近代中国尤为重要。按照时空顺序排列比较材料，是史学的基本功夫，也是长编考异法的主要形态。相对于时下两种流弊无穷的方式，即援引后出外来理论架构的宏观概括，以及先立论再找依据的举例说明，尤其具有针对性，善用可以避免宏论的以偏概全和列举的任意取舍。一般以为万言可尽者，能以数十万言详究，而且层层剥笋，环环相扣，多为佳作。当然，字数繁多并不等于深入精细准确。王国维所说"证据不在多，只要打不破"，能够将数十万言不能尽意的史事以万言表达，且取舍精当，恰到好处，同样是一等一的高手。能够做到这一层，背后仍须有长编考异的贯通功夫，而不能单靠悟性聪明，运气猜测。所谓胸有成竹，才能游刃有余。正因为近现代史料史事繁杂，虽然选题不难，可是驾驭不易，也最容易煮成夹生饭，无数的成果，反而糟蹋了无数的好题目。

四　为己与自律

近代学人每好标新立异，一则事事欲突过前人，二则总想根本解决。

前者难免有意寻隙，后者实为子虚乌有。治学须先因而后创，必须掌握前人已知，才有可能后来居上，而不会无知无畏。同理，读书须为己而不为人，陈寅恪"读书不肯为人忙"的意思，仅以德行完善自己，反对将学问视为沽名钓誉的手段为断，或许有些局限，但解读为要有创见，多少有违孔子读书为己的初衷和陈寅恪的本意。① 固然，治学先要读完前人书，吸收既有，才有可能更进一步。读书少而著述多，为时下学界通病。读书不够，主要表现有二，其一，未经放眼读书的阶段，即以过于狭隘的知识做凿空蹈隙的专题，不仅见木不见林，还会将天边的浮云误认作树林。其二，不读书而一味找材料。以今日出版的加速进行以及网络资源的极大丰富，学人坐拥书城的梦想早已成为普遍的现实。只要放眼读书，可做的题目俯拾皆是，材料史事极大繁复的中国近现代史，更是罕有完全不能下手的问题。家有金山，却沿门托钵，踏破铁鞋得来的珍馐美味，或许不过是珍珠翡翠白玉汤。

即使按照读书为己的新解，也应读完书再做学问。这样的取法，今人听来或有故标高的之嫌，不仅压力之大无暇读书，取径之偏也无缘读书。善读者30岁以后即无书可读，而面对浩如烟海的文献典籍，如果不会执简驭繁，势必终生如牛负重。尤其是清代以来，各类文献大幅度扩增，若是以为读不完而干脆放弃放眼读书的努力，一味窄而偏的结果，很可能误而错。以读书为己作为准则，学人应当多读书，不能只是为了写书而翻书。为写书而翻书，即不为己而但为人，等于不读书而一味找材料，往往有先入为主的成见目的，并据此加以权衡取舍，难免看朱成碧的危险。尽管如今读完书再做学问已是奢求，毕竟没有整体，具体很

① 关于读书为己的本意及其转义，详见所编《读书法》（人民出版社，2014）的解说"大众时代的小众读书法"。

难把握得当。所谓非碎无以立通，前提还是放眼读书，并非由碎开始。况且放眼读过书才能从常见材料查知真历史，无须竭泽而渔，也能大体不错。

一般讨论历史问题，主要做法有三，即举例、归纳、比较，三者依据大抵相同，均将看起来类似实际上无关（即没有直接的事实联系，或可能有间接关系而尚未证出）之事强牵硬扯到一起。以此为准，20世纪前半期的史学争鸣，尤其是那些参与广泛的热门议题，有不少是外行说话，而后半期发声的虽是内行，却因为时势而往往用了外行的态度。

治史既要与古人梦游神交，又须与今人心意相通。尽管中国文化一脉相承，经过晚清民国的知识与制度转型，要想二者兼顾，左右逢源，上下贯通，也是难事。历史错综复杂，不可能整齐划一，凡是太过条理井然的叙述，往往以牺牲史事为代价，任意裁剪取舍。而这样的叙述在外行乃至一般同行看来，以为深获吾心，易于引起共鸣。至于曲折繁复的本事再现，反而觉得故作摇曳，不得要领。治学本应好疑，而学人对于自己的知识，却往往深信不疑。以至于看不懂时不是努力学习，而是质疑他人是否说清楚。其所谓清楚，自然是以心中之是为尺度，而非以史事为准绳。

读书应当首先读懂全文本意，不可全当翻检史料。学人下笔时，心中的言说对象往往不止一端。心思越是细密繁复（如陈寅恪），或是故弄玄虚（如好小学的太炎门生），则言说的对象越是复杂，言说的内涵越是丰富。阅读此类文献，能够揣摩到哪一层，实在考验读者。由于学力不足，读书不细，看不懂他人著述，又好妄加揣度，常常曲解人意，不仅故意挑剔，甚至深文周纳。诸如此类的解读，既不符合文本的纸面意思，距离作者心中所想更加离题万里。有时则明明意思显然，却故意混淆抹杀，非但以狗尾续貂为临门一脚，还自诩佛头着粪是满树新花。

　　治史每每材料不能完整，而学人因为工具见识不够，时时力有不逮，必须阙疑与藏拙。就客观而论，史料之于本事，无论多么丰富，总是片断，因而总有文献不足征之处，应当留有以待。就主观而论，个人学识再高，总有局限，力所不及，不可勉强出手。不会阙疑和藏拙，势必进退失据。面对今人，或有天低吴楚眼空无物之感，毕竟山外有山，天外有天，人外有人，当阙疑处不能强说，当藏拙处不可炫能，否则自曝其短，适以露丑。高论固然不易，无论何时何地都不说外行话，同样难能。欲达此境界，非经放眼读书不可。时下的成名之士，已非昔日饱读诗书的老师宿儒可比，未经系统读书的训练，又好看似无所不知的激扬文字，开口便错，句句绽论，虽然博得无数拥趸，却是贻笑大方。知之为知之的古训，应当成为时下读书不富而好放言无忌的闻人免开尊口的信条戒律。

　　学术讲究自律，学行重在口碑，而口碑因人而异。或者不免口称敬畏，心生轻慢，但重生前的名利，不顾身后的清誉。学界斯文道丧，势必乱象横生。懒虫与笨伯的抄袭剽窃，容易识破，自以为是的聪明人，或毁尸灭迹，有意回避直接参考的先行研究，反而大加征引各种间接论著，以炫其用功博学，蒙蔽智者，取信浅人；或制造问题，故意曲解抹杀，以前人不屑说不及说不必说为人所不知，标新立异，以为独创；或倒因为果，刻意将材料史事的时空关系错置，制造论据，形成论点，各类手法，往往混用。其人工于心计，善于文辞，谈史论理，貌似广博征引，具体扎实，条理清晰，逻辑严密，非熟悉前人研究、材料以及史事者，往往为其所迷惑。正因为此类行为易于得逞，较抄袭为害更烈。只是前贤无处不在，来者源源不绝，天下人不可尽欺。有心作祟者，得逞于一时之际，也就是被钉上历史的耻辱柱之时。

　　学海无涯，高深莫测，学人治学，唯有高度自律，不可为所欲为。

因为学问但凭良知，无法借助其他权力加以有效的制约监督，学人若无自我约束，即无学术可言。正因为治学全靠自律，学人心中的天平，但凡受学术以外的任何因素作用而有所偏倚，便是心术不正，而心术一偏，便已失却治学的资格。如学术评价，或利益牵扯，或学识不够，砝码轻重失衡，天平难免倾斜，无法测量得当，能够不负筛选已经难得。因此，学人必须爱惜羽毛，无心之失尚可改过，有意逾矩不能宽恕，一失足成千古恨，再回头已百年身，绝无在哪里跌倒就在哪里爬起的自新机会，只能永远退出学界。

学人志向，唯以学问争胜，学问是一辈子，而非一阵子的事，著述不能但求博取时名，罔顾传世。或谓分科治学的时代，所出不过侏儒之学。此说或许反映了部分实情。但即使身陷其中，也应努力超越，不争草头王，不以偏门为时趋，不做诸侯封疆，胸怀天下，才是大道正途。如果能够少些权谋的算计，多些学问的冥想，则不仅学界清静几许，没有那么多乌烟瘴气的斯文扫地，有望多出佳作，而且有助于坚守道德底线与社会良知，进而澄清风气，端正人心。有鉴于此，钱穆所说论学术必先及于心术与风气，才能具有绝大义理，经得起绝大考据，确为的论。① 若起步之初即不能洁身自好，后续如何确保不是歪门邪道下坡路？

---

① 钱穆：《〈新亚学报〉发刊辞》，《新亚学报》第 1 卷第 1 期，1955 年。

第一章

近代中国研究的现状与趋向

一 现状与问题

（一）史学围城

整体而言，中国近年来历史学的状况有些微妙。外面的人要冲进来，里面的人想突出去，形成"围城"现象。1980 年代以来，史学由长期占据的学术中心退居次要，有学人发出"史学危机"的呼声。随后一些社会科学日益成为社会关注的焦点，史学的地位进一步动摇，昔日的显学，在一些人看来已成"死学"。然而，与此形成鲜明反差的是，史学似乎不仅未被遗忘，反而引起越来越多的关注，其他学科的学人纷纷将目光转向史学领域，历史题材的影视作品扮演着当代大众文化的要角，全社会对中国历史文化的重视和肯定程度，为近代以来所罕见。这种相反相成的现象，不妨称之为"史学围城"。

1. 别科学人的进入。其他学科的成名学人将重心转向史学，至少从 1990 年代倡行学术史研究已经开始。后来相继有一些在各自专攻的领域有所成就的学人着力于此，尤其以文学研究者居多。一般而言，大都是临时客串，也有的转型较为彻底。有学人曾说：学术史表明，有的时候，有人忽然闯进一个陌生的领域，倒是会发现一些那个领域待很久的人没有发现的问题。大胆跨学科的学人，一方面有超越本学科甚至一般学科畛域的抱负，另一方面也往往怀着对所欲进入的那一学科的研究状况的不满。不过，分科治学虽然导致知识的琐碎，其长期积累形成的行规却应当遵守，尽管有人反对由此产生的学术霸权（其实学术霸权往往不由学术，而真正的学术权威则很难轻易动摇），要想进入其他学科，仅仅熟悉行规就绝非轻而易举。有的费了很大气力，仍然难以回到历史现场，了解把握所要探究的那些时代人们的观念行为，结果重蹈六经注我的覆辙，强古人以就我而不自觉。所以这类影响广泛的公众著作，史学界往往不大认可。所讨论的一些关键概念（如科学），若能全面梳理文献，从无到有地探究来龙去脉，上下左右比较千差万别，而不是按照自己的观念倒述，则更有可能发现历史的内在联系，不必煞费苦心地编制自己心中的历史。

与之观念不尽相同的别科学人，同样试图进入史学领域。2002 年纪念梁启超提出新史学百年，史学界的新锐之外，不少学科的学人踊跃参与。2004 年发刊的一份《新史学》杂志，编委中许多人并非史家，却不乏相关社会人文学科的成名学者。他们所针对的，大都是教科书以下的观念，武器则多是稗贩而来的洋货，或各自学科的法宝。只是若真的想取法乎上，应对既有的史学研究深入认识，以便追随前贤大家的学问取径，领悟其高深境界并发扬光大。如果一味瞄准浅学末流，对于青年或有振聋发聩的一时之效，学术上却不易有所建树，反而暴露自己的身段不高。

在其他学科成名后努力进入相对冷清的史学，为近代以来学术界的常见现象。其原因并不复杂，经史为中国固有学问的大道，不通经史，很难深入认识中国的文化与社会。自西学东来，新学大盛，学问之道，由综合而细分，但即使按照泰西近代的学术理念，史学仍然是各学科之总汇，因此近代学人多以经史为根基正途。一些新进学人开始不循此路，为学必先颠覆前人，横逸斜出，努力使附庸蔚为大国，待到知识与年龄增长，还是不约而同地返璞归真（当然也有一直勇往直前的无知无畏者）。今人好称民国学界大家辈出，实则所称道的，多是当时并不时兴的文史学者，而那些引领时趋的炙手可热之人，却已被忘怀。近年来此类现象重现，背后仍是试图自我深化的醒悟。

2. 社会关注程度提高。历史题材的影视文学以及电视讲坛等大众文化流行，一方面重新引起公众对于中国历史文化的高度兴趣，另一方面也引发了不少争议。这种现象表面看来是现实关怀的差异，背后则反映出国家发展到一定程度时民族自信心的恢复和增强，不再简单地用进化论的观念观照本国的历史文化。按照一般规律，随着综合国力的增长，社会关注的目光将逐渐由世界排序转向自我认同，因此人们对于固有历史文化的兴趣还将不断提升。由此带来的负面影响则可能干扰学术的判断，尤其是青年的取向。史学是要求精深与广博兼备的高成本学问，前期需要投入大量的精力物力，在登堂入室之前，不易把握和自律。而媒体和出版界同时面对专家与一般受众，难以平衡。史学既要严格遵守学科戒律，又须提高社会影响力，这对于专业化的学人而言，无疑是一大考验。

3. 史学突围。与外面的人试图冲进来的情况形成明显反差，史学界内部有不少人努力突出去。有学人概括分析目前中国高校历史系的状况，仅从名称看，为了应对社会需求，有的改为社会发展学院，抹杀历史的痕迹；有的改为历史文化学院、历史旅游学院等，虽保留历史，却尽量与热门专业挂钩，以改善生存状况；能够完全保留历史学本色的院系为数不多。而且改变的程度与学校的地位往往成反比，越是一般院校，改得越彻底，敢于保持本色的，多为重点院校。名称变化是内容变化的表征，一些院系的课程与专业设置，已在很大程度上脱离了史学的范围。

改名只是去其形，一些对史学现状不满或是缺乏兴趣和成就感的学人，试图凭借跨学科而获得新的发展空间。与那些不愿受分科束缚的学人努力超越学科界限有所不同，其目的与其说是发展史学，不如说是脱离史学更加恰当。这种视所属学科为负累的极端看法，与史学界整体的动荡不无联系。除了外力挤迫，求变的主要内因还是对于教学科研现状的不满。于是有了目标各异的探索和调整。

（二）探索与调整

1. 范式转换。一般而言，社会转型，往往伴随着学术范式转换，这在近现代中国的学术发展史上屡见不鲜。当然，所谓范式，还有作用于谁的问题。治史不能从一定的材料、观念出发，必须相对比较地看一切人事思想，因而高明者从不受所谓范式的框缚支配，也无须调整改变范式来修正看法。但教育很难避免范式的使用以求一律，小夫下士也需要范式的指引凭借才能梳理材料史事。所以普遍看来的确认为范式是一个问题。近 30 年来，一些曾经被视为天经地义、毋庸置疑的理论、观点和方法，引起普遍不满，要求突破创新的呼声和努力一直持续。这些努力被一些学人概括为研究范式的转换，并引发了一些争论。要求转换研究范式，显然意在改变现状。一般学人或许不受这些争议的影响，但以往的一些框架，也不再束缚学人的眼界和思维。一方面，对于既有体系不做教条式理解，具体研究超越了分期、属性等界限，充分拓展空间；另一方面，研究观念、视角和方法不断调整。这些变化，不一定意味着对原有成果的否定，史无定法与具体问题具体分析，本来具有一致性。在继承前人的基础上不断丰富与发展，正是学术薪火相传的正道和当代学人的使命。

2. 跨学科。受自然科学、新兴学科和社会科学的影响，跨学科成为一些学人试图创新发展的重要途径。无论走出去还是引进来，都是想扩张学科界限，借用其他学科的理论、观念和方法，改善史学研究的格局。治史本来无所谓分科，按照科学系统重建近代学术，改变了中国学术的面貌，也造成一些人为的局限。因此，在不同学科的框架下分别研究专门学问的同时，各学科之间的相互影响和借鉴始终不曾停止。在历史学范围内，相关专业互相影响，如考古学的地下实物与历史学的地上文献互证；而文献学和历史地理学，更是史家必备的基本功夫。至于其他社会人文学科，则作为史学的辅助学科而贯彻到教学系统之中，其中社会学和经济学对中国史学的影响尤为显著。不过，与跨学科的本意颇为矛盾，这一取向反而导致各种专史的兴起与流行，细分化的趋势进一步加剧。一些自诩为新文化史与新社会史的尝试者，几乎忘记所治专题在历史整体中的位置，因而难以恰当地把握具体。

3. 温故知新与瞄准国际。要想推进史学，大体有两条路径，一是学习过去，以复古为创新；二是瞄准国际，借鉴外国的经验和成功模式。研究国学和学术史，是要接续前缘，温故而知新；与国际接轨，则旨在融入世界，争取对话的权利。旧书重版与译著热卖，也隐含着这样的意思。这两种取向，看似相对，实则相反相成，即前贤所说："其真能于思想上自成系统，有所创获者，必须一方面吸收输入外来之学说，一方面不忘本来民族之地位。"① 因此要彼此沟通融汇，不可误认为相互排斥。须防止因回顾而泥古，没有调整变化，或是为接轨而求奇，盲目生搬硬套。当然，两方面都有如何生根的问题。

（三）趋势与问题

1. 重心下移。研究的时段和层面下移，是 20 世纪以来国际史学界普遍的趋势，这与史学研究的重心往往随着史料的发现或重新认识而转移有着密切关系。中国历史悠久，文献典籍浩如烟海，尤其史料愈近愈繁，近代史的资料大大超过之前历代的总和。这不仅开辟了众多的研究领域，而且为许多新的研究方法提供了试验场所。1920 年代以来，古代史研究的重心由上古而中古再移到近世，直到 1990 年代后期，还有学人指出，海峡两岸史学界有一共相，"即古代史的研究人员要比近现代史的多（但正日益接近中），而古代史的整体研究水准因积累厚的缘故也相对高于近现代史（这一点许多近现代史的研究者或未必同意）"。② 这种情形，至少量的方面变化不小。进入 21 世纪，中国大陆学界发表出版的中国近现代史论文著作，已经分别占整个历史学的一半，召开学术会议的比例也大抵相同。

与此同时，研究层面的下移日趋普遍。建立民史，本是近代新史学努力的一大方向，社会经济史的盛行进一步推动了这种趋势。近年来，受国际学术新潮的影响，各种各样的专史大都将目光由精英移向民间，注意研究一般民众的日常生活及其思维行为。社会史、文化史、

---

① 《冯友兰中国哲学史下册审查报告》，陈美延编《陈寅恪集·金明馆丛稿二编》，第284 ~ 285 页。

② 罗志田：《前瞻与开放的尝试：〈新史学〉七年（1990 ~ 1996）》，《二十世纪的中国思想与学术掠影》，广东教育出版社，2001，第 392 页。

观念史、城市史、宗教史、移民史、比较史、女性史、生活史、环境史、疾病史、社会转型及族群问题等引起越来越多的关注。即使在传统的政治史、经济史、军事史、思想史、国际关系史领域，重心也下移到一般社会成员的常态思维行为层面。如思想史的研究不仅关注经典作者及其文本，更着重于受众、流行思潮、阅读史以及思想家与社会的互动。一些学人由此对以往自上而下的历史观念提出新的解释，重新理解国家与社会的关系。当然，也有学人一味寻求各种反文化的偏题，或是将仅仅分割空间的地方史当作社会史。如何在史学的见异与社会科学的求同之间取舍平衡，是对这一学术取向的持续考验。

无论时段还是层面下移，相对于原来中国史学的重心而言，在文献的把握，方法的运用，以及问题的设定方面，仍然存在差距。近现代史的著作数量虽多，真正有贡献的专著反而不及古代史，整体上要想达到后者的水准，还要进一步努力。

2. 学风趋实与浮躁。质的方面，近年来史学界的学风逐渐朝着征实的方向发展。尤其是高层次的专业刊物，发表的论文一般不做大而空的泛论。相比之下，高校学报和一些综合性学术刊物的史学论文，仍然存在空泛的通病，大话套话不少，经得起时间和学术检验的佳作不多。从研究者所属单位看，资料等研究条件越差，选题反而越大。客观条件的限制以外，学术标准的差异无疑具有重要的导向作用。

学风趋实，并非仅仅以考据和史料等具体微观为旨归，忽视理论与宏观。史学须才、学、识俱长，兼备义理、考据、词章，为历来学人追求的境界。其高下当否，因人而异，至少不能就事论事。史学的所谓理论方法，主要不是提供叙述的架构，便于任意取舍填充材料，而是运用于研究过程之中。一些佳作，或背后有中国与世界、国家与地方、政府与社会、精英与大众（当然也有将政府与国家、基层与地方相混淆）等理念，与史实的爬梳求证密切配合；或跳出一般的分期分界，将同类事物的来龙去脉梳理贯通，展示其发展变化的渊源脉络；高明者更能从纷繁复杂的表象透视背后的因缘，揭示内在的联系，并由具体而一般，显示博通与精深的相辅相成。只是这样的具体研究，背后那一套宏大叙事框架的深浅高下，不能一目了然，对于读者的鉴赏力和判断力也是一种考验。

学风趋实使得研究者更加各守专攻，彼此缺少交集，从而形成"无热点"的研究态势。这在追求学院化学术的学人看来本是学术研究的常态，高深的学问很难引起普遍的兴趣。但一方面降低了史学对于全社会的吸引力，另一方面，过度狭窄的专门化使得学人畛域自囿，无力超越具体来讨论问题，史学界因而缺乏共同关注点（当然这种共同性不应以降低水准来获得），一些习惯或热衷于讨论重大问题的学人甚至感到不大适应。史学毕竟与社会关系密切，担负着民族性传承的社会功能，如何协调两面，既保证学术的高深严谨，又能影响作用于社会发展，对于学人而言依然任重而道远。

3. 整体史的缺失。中国史学，素重通史，而欧洲强调整体史，二者主旨一致，通是中外史学共同推崇的至高境界。只是有限的人力难以掌握和驾驭无涯的知识，才有分科分段分类治学。近代学人强调断代史，已经备受争议。目前中国的史学现状，划分过窄，彼此缺乏沟通联系，各守一隅，以狭隘为专精，局限更加明显。本来提倡跨学科的用意之一，是打破分界所造成的束缚和限制，可是实际进行至少有取径各异的四种类型：

其一，借鉴其他学科的理论方法研究史学，尤以各种社会人文学科为主，直接借助自然科学的，效果反应往往不佳。

其二，不同学科的科际整合，运用各个学科的资源和方法，从不同的角度和途径，互相配合，优势互补，共同解决重大难题。此法成本极高，需要各相关学科的长期积累与磨合，以中国学术界目前的条件和学科发展不平衡的状况，普遍实行尚有难度。勉强实施，未必能够取得预期成效。若与境外高水平研究机构合作，则受到各种条件限制。

其三，将各学科的相关研究按照一定的标准（如地缘等共同性）重新归类组合，不过此法应尽可能避免因陋就简，以免流于简单拼凑。

其四，借跨学科之名凸显和扩张个人感兴趣的方向或主题，横向再细分为众多的专门领域。此法大体沿袭近代以来附庸蔚为大国的风气，其结果虽有局部深化的作用，但是不仅不能打破条块分割的壁垒，还会更加缩小史学的界域和学人的视野。

迄今为止的跨学科，除简单拼凑外，多是后一类型。如果不能超越史学内部的分界，站在狭窄的专业甚至专题的立场去跨学科，必然适得其反，削弱原创能力，导致史学研究的边缘化和侏儒化。等而下之者，成为趋易避难的取巧捷径，不过造成一二转瞬即逝的新名词而已。现在学术界前不见古人，后不见来者的情形相当普遍，如果再将视野遮蔽，左右不顾，很难具有超越的胸襟，对久远复杂的历史产生深刻认识。研究领域过于偏窄和整体史的严重缺失，已经成为制约史学发展，导致大量低水平重复的症结。

与此相关联，缺乏经过长期积累并经得起检验，具有前瞻性、权威性、原创性，能够产生重大影响的学术成果，成为当今史学不如人意的一大表征。整体史对于学人的素养要求甚高，缺少具有高品位、宽视野和厚积累的一流人才，优良的研究环境与合理的评估体系，很难产生高水平的成果。有的大型成果只是部头大，字数多，立意却未见得高明，内容更是参差不齐，不无拼凑之嫌。而由各种渠道设立的重大项目，不同程度地存在因人设题、周期短、研究队伍只能就近组织等局限，其重大性只能体现于款额，有价值的学术理念大都还处于主张和诉求阶段，无法通过学术成果的水准来展现。至少到目前为止，尚未产生具有持续影响力和长期导向作用的论著。在可以预见的期限内，要想产生这样的著作，还须艰苦努力，包括对现行的科研和评估机制进行必要的调整。否则，自娱自乐式的评价标准和实施办法，非但不能促成高水平的成果，还将误导后人。须知高水平的研究成果不可能由一群二国手凑成，而大国手无法人为培养，天分、勤奋和机缘，缺一不可，应尽可能创造有利于其生长的条件，以免真的进入学术侏儒时代。中国学术能否再创新高，关键在此。

治学必须后来居上，不过何为创新，如何创新，有所分别。学术发展有先因后创与不破不立两种取径，至少史学必须先继承然后才能突进。如此，则求新与固本不仅并行不悖，而且相辅相成。今日治学，受各种外在环境的困扰以及学人先天不足的制约，压力过大，功底不深，容易浮躁，植根表浅，基盘不稳，随风而倒。根本不固，而一味趋新，结果只能以不知为无有，所谓创新，大都或前人唾余，或小儿涂鸦，或痴人说梦，成为无知者无畏的注脚。中国学术，经过中西融汇，根本不止一端，中学之根在于古，要想还原，诚非易事；西学之根在于外，欲图把握，更加困难。中西学均有大道，有旁支，有万变不离其宗，有今是而昨非。根本不固，则无从区分。尤其在与国际接轨的大趋势之下，西学的根在外面，越是表浅越显得新奇，越是新奇越以为容易。若以稗贩陈言为输入新知，只能蒙蔽喧嚣于一时，或有助于欺世盗名，对于学术发展，则有百害而无一利。

由于近代的教育和学术文化经历了天翻地覆的大转型，基本框架几乎为西学所垄断，虽经几次本土化努力，仍无法根本改变大趋势，这是后发展国家和民族不得不普遍面对的难题。如果学人对于所使用的概念、理论和方法，与所研究的对象能否适用的问题，缺乏必要的自觉，而又努力与国际接轨对话，结果扩展视野的努力，终究难免落入俗套，不过证明别人先验的正确和高明，误读错解固然在所难免，即便理解不误，充其量也只能取得成为学生的资格，无法为世界的多元文化提供别样性的原创新知。即使中国固有的学术文化，如果不能领会古人本意，甚至强古人以就我，则难免格义附会。中西学的根都不深，学术创新，就是空洞的口号，很难产生留得下去的成果。因此，今日中国史学求新必先固本，根本巩固，才能行大道，成正果。

研究的时段和层面下移，应当切实扩张与发展学术，而不以牺牲已有积累为代价。如果说坚持史学的学术价值已经有些奢侈，那么坚持史学的基本方法和基本路径就更加困难。在瞄准学术前沿和与国际对话成为时髦目标的时趋下，不要将他人的扬长避短误认为学术的正途大道，一味追仿，舍己从人。随着关于经学退出历史舞台的再探讨，重新认识经学之于中国历史文化的纲领地位，可能成为检讨历史、重建自信的重要表征。

史学固本，深植中西学之根，首先，应做足史学的基础功夫，从目录入手，阅读基本书籍，探究了解典籍的内在理路，重视典章制度的渊源流变和章程条文与社会常情及变态的关系，掌握历史地理，把握时空联系。在坚守这些重要轨则的基础上，在史学的界域内尽力沟通不同专业，尽可能全面地掌握国内外已有的学术成果，了解研究取径、方法的异同和变化发展的渊源脉络。同时重视资料建设，大力推动资料的收集整理和编辑出版，加强阅读各类文献的基本训练，避免以新方法代替资料的收集、解读和运用，纠正简单地用先入为主的解释框架填充和肢解材料，或一味寻求新史料而不看基本书的偏向，改变越是重要的文献，会用的人反而越少的异常状况。

其次，不应视其他学科为不学而能，在与别科学人有效合作的前提下，学习和借鉴相关的理论方法，严格遵守必要的戒律，并对其中的不适用性充分自觉，防止生搬硬套，更不能在不同学科之间跳来跳去。在充分占有史料的基础上，努力防止和消除时下泛滥的套用概念架构的各种弊端，以期产生真正具有原创性并且留存久远的学术成果。

二　胸有成竹与盲人摸象

（一）分科治学与专题研究

近代史料大幅度扩张，陈垣治史，力求将史料竭泽而渔，可是苦于近代史料的漫无边际，也不得不退而求其次："史料愈近愈繁。凡道光以来一切档案、碑传、文集、笔记、报章、杂志，皆为史料。如此搜集，颇不容易。"于是主张："宜分类研究，收缩范围，按外交、政治、教育、学术、文学、美术、宗教思想、社会经济、商工业等，逐类研究，较有把握。且既认定门类，搜集材料亦较易。"① 这与近代西学影响下分科治学的时趋相一致。清季学人如刘师培等即将中国既有学问附会西学分支，胡适、梁启超等人的整理国故，也着重提倡专史研究。在这些重量级学人的鼓吹影响之下，专史或专题研究形成风气，对此后学人的学术取向制约深远。

研治晚近历史遭遇资料易得而难求其全的尴尬，引发一系列令人

---

① 陈智超编注《陈垣来往书信集》，上海古籍出版社，1990，第380页。

困惑的棘手难题，直接关系到研究工作的高下优劣，成败得失。分门别类本来旨在缩小范围，穷尽材料，所以高明者研治各种专题而不限于做一方面的专家，目的仍是贯通学问的整体。后来学人畛域自囿，读书亦画地为牢，做什么只看什么。流弊所及，史学在失去整体性的同时，并不能消除史料边际模糊带来的困惑。起于晚清的分科治学用西洋系统条理中国材料，一度被认为是建立新的学术典范。可是用分科的观念看待此前的史料史事，难免强分疆界，格义附会。而缩短战线，固然一定程度上有助于解决史料繁多，无法尽阅的难题，也带来不少偏蔽。其最大问题，当在割裂历史及史学的整体性。由于书多读不完，不可能读完书再做研究，亦不问执简驭繁之道，学人所拥有的知识也只能收缩分类，等于将整体肢解为互不关联的部分，不能胸有成竹地查知和把握各部分之间错综复杂的牵连制约，不仅学问的格局不能大，无法通，更使得窄而深的局部研究扭曲变形。具体表现为：

其一，治学不识大体，不读书而一味找材料。"学问必先通晓前人之大体，必当知前人所已知，必先对此门类之知识有宽博成系统之认识。然后可以进而为窄而深之研讨，可以继续发现前人所未知"。① 如今只由教科书接受一些常识套话，就进入细小的专题研究，不知前人大体和已知，守成尚且力有不逮，又迫于环境，急于创新超越，凭借翻译介绍的域外义理或讲座讲坛等耳学零碎，追逐新奇，道听途说，横逸斜出。所谓创新，难免无知者无畏。而细分化并不能解决史料边际无从把握的困惑，再小的题目，也难以穷尽史料。以索引找资料，则会遗漏大量从题目、关键词不可见的重要史料，因为不知研究对象的关联范围，也就难以把握所治专题的史料边际究竟何在。由此出现

---

① 钱穆：《〈新亚学报〉发刊辞》，《新亚学报》第 1 卷第 1 期，1955 年，第 5 页。

相反相同的两种情形，或找不到材料（实则往往视而不见），或材料太多而不能驾驭。犹如秉烛夜行，灯下黑与不远见均不可免。于是研究一个题目的材料究竟要掌握到何种程度方可出手，而且能够保证大体不错，将来材料进一步发掘披露，可以补充，可以局部调整，甚至可以个别细节正误，但基本的判断和用力的方向大致正确，后续研究只是加强，而不至于颠覆原有成果，其成果更不仅仅是发表见仁见智的议论，便成为近代史研究难以拿捏捉摸的普遍难题，也是史学艺术一面的奥妙所在。

其二，不能把握整体与具体的关系。迫于史料繁多而缩小范围，专门之学日趋精细。随着专题研究的细分化，历史的整体性逐渐丧失，不知具体在整体中的位置与意义，反过来具体研究的准确度也难以拿捏得当。治史误解整体与局部的关系，通常表现有三：①以局部为整体，所谓盲人摸象；②从局部看整体，容易看朱成碧；③由局部求通论，难免以偏概全。分科治学之下，学人的眼界日趋狭隘，没有成竹在胸，无法庖丁解牛。或以为横切竖斩，总能触及核心，殊不知，若无大局整体观照，问题意识于见仁见智、见树见林之外，很容易将天边的浮云误认作树林。① 专门化逐渐形成小圈子的学问，参与者的能力决定其整体水准。若无高明领军，难免等而下之。而学人又不甘于局守边缘，贯通无力，却好用各种名义想方设法将局部放大为整体，把落草为寇当成占山为王，一方面不断细分化，一方面则夸大其专门为引领时趋，甚至覆盖全体，矮子里拔出的将军，也会自觉是巨人。

---

① 杨联陞：《敬挽萧公权先生》，杨联陞著，蒋力主编《哈佛遗墨——杨联陞诗文简》，商务印书馆，2004，第87页。

其三，强古人以就我。今人能够看到的材料远过于前人，读懂材料的能力则尚不及前人。而且史料的价值愈高，愈是难读，利用者反而日趋鲜少。因为无法读懂前人著述的意思，于是以为前人无意思，将所有书籍文献当作材料，尽量使材料脱离原有的时空联系，随心所欲，断章取义。进而以分科观念看待前人前事，将历史纳入后来的解释框架，曲解附会，所治历史不过其本人的思想史，而美其名曰历史均为人们心中的历史，一代人有一代人的历史。民国以来，学人好用外来系统重新条理固有材料，犹如将亭台楼阁拆散，按西洋样式将原有的砖瓦木石重新组装，虽也不失为建筑，可是材料本来的相互关系及其作用，已经面目全非，由此产生的意境韵味，更加迥异。

（二）由博返约

史学为综合的学问，须先广博而后专精，由博返约，读完书再做研究，所谓"通学在前，专精在后，先其大体，缓其小节，任何一门学问，莫不皆然，此乃学问之常轨正道"。[①] 可是，这样的常轨正道在如今晚近史研究领域却显得悬的过高，相当奢侈，甚至强人所难了。晚近史料的规模大大超过历代文献的总和，而且搜集阅读之难，逾于古史。在史料不可能竭泽而渔，边际又难以把握的情况下，学人或畛域自囿，或随意比附，使得盲目性不断增大。

专门研究的前提，是能够把握整体与部分以及不同部分的相互关系。材料与史事之间，存在无限延伸的内在联系，不能把握整体，很难探究具体。由于不知史料边际，分段分类的研究，在解读材料、条贯史事方面，难免盲目偏宕，研究者心中无数，不知向何处、如何及

---

① 钱穆：《〈新亚学报〉发刊辞》，《新亚学报》第 1 卷第 1 期，1955，第 6 页。

何时出手。于是谨慎者束手，胆大者妄为，琐碎化与随意性相反相同。依照目前情势，大概还难以完全避免专题研究的偏蔽，只能尽力减少负面作用。作为起点，可以考虑以下各条。

其一，应知分门别类乃人的天赋功力及外界条件有限，不得已的无奈之举。不要畛域自囿，更不能坐井观天，即使身陷其中，也要努力超越其外。无此远大志向，自学则害己，教书则误人。

其二，不以专家之学自矜，虽然现代教育体制下难以先博而后约，无法读完书再做学问，早已让章太炎等人断言大学不出学问，还是可以亡羊补牢，尽可能放眼读书，了解学问的整体，并把握学问总体与分支的渊源脉络即系统。

其三，尽可能利用各种目录工具书，掌握所有研究成果和已知材料，用各种方式解读文本，体会前人的苦心孤诣。目前档案、报刊、文集、方志、族谱、日记、文史资料、研究论著等目录的编辑，加速进行，日见完备详尽，学人应随时注意，掌握信息，善加利用。在此基础上，进而辨章学术，考镜源流，以求明道。

其四，专门研究须读书以发现问题，不要悬问题以觅材料，以免先入为主，不易发现反证。尤其要防止先立论再找脱离时空关联的孤立片断的材料作为论据。问题意识及选题由材料和史实的连缀中自然生成，只见一面之词的概率相对较低，不仅有助于避免先入为主，而且对材料和史实的各方关联性有所领悟把握，可以有效地防止穿凿附会，误读错解。

博而后约，以专致精，由精求通，整体把握之下探究局部，仍为治学取法乎上的不二法门。如此，才能接续前贤的未竟之业，以免日暮时分盲人骑瞎马行险道，以找漏洞寻破绽钻空子对着干为治学的正道坦途。

（三）看得到与读得懂

随着晚近文献的大量出版以及各种编目的进展，研究者潜心把握领悟，可以对于近代历史及文献的整体和分支心中有数，改变以为历史的大体真相基本还尘封于人所不知的秘籍之中的误解，促使学人将重心由找资料转向读书，由看得到转向读得懂，由借助外力条理材料转向理解文本史事的本意本相及其内在联系，改变以外国义理为准则的趋向，以免进一步误读错解前人言行，从而改善提升晚近史研究的格局与水准。进而甚或因缘史料的繁复，借鉴研治古史的经验，进一步探究处理史料与史学复杂关系的良法，化弊为利，使得晚近史研究能够驾古史而上之。

史料量大、分散、杂乱，使得学人或过度依赖资料，或全然不受资料约束。一方面，因为条件差异，学人掌握资料的难易程度处于不对等状态，虽然可以扬长避短，但也难免舍本逐末。长此以往，容易导致以无可奈何为大势所趋的虚妄。另一方面，片面强调以新材料研究新问题，不读书而一味扩张材料，造成对资料的迷信和垄断，产生两种看似相反而实相同的偏颇，一是灯下黑，身边易见的书不看，一味查找人所不见的材料，不知历史的大体已在一般书中，旧材料不熟，不能适当解读新材料；二是过度依赖材料的独占，只看自己拥有的秘籍，不与其他相关资料相互比勘，研究某人某事即只看直接资料，结果不仅以其所见所知为全部事实，还以其是非为是非。或以某一类资料为直接可信，以为材料即事实，于是只看这类材料，甚至排斥其他资料，不能相互参证，非但事倍功半，也容易错解误判。而在细碎化的专题研究之下，学术成果很难被重新验证，使得以找材料的态度读书，用看得到来掩饰读不懂的偏向不断加剧。结果价值越高的资料看的人越少，或只是从中挑选自以为"看懂"的东西。正因为找不到看不全，研究者干脆不顾史料的全体、异例及反证，敢于断章取义，强材料以就我，以举例为归纳，以只言片语为论据，凿空逞臆，轻率立论。

资料的不完整与边际的不确定，使得外来后出的系统大行其道。今日治史者，历史观念不足，先入为主的成见有余，其取径做法，往往欲挣脱史料与史事的既有关联，按照某种义理的既定框架解读、挑选和归纳材料，以及组装和呈现史事。若无这些既定的框架，则不知史料有何意思，史事有何联系。借由这种附会的系统条理固有材料，一度被认为是学术近代化的必由之路，但不仅存在适当与否的问题，即使所谓外来系统，也几经转手负贩，曲解隔膜，僵化教条在所难免。诚如傅斯年所说："所谓'理论'，自然总有一部分道理，然至徒子徒孙之手，则印版而已，非实学也。"①

欧洲汉学本来有用类书找题目的捷径，后来中国研究的中心转到美国，"各大学里有些研究中国历史的美国学者，不愿（或不能）广参细考中文书籍，但又必须时时发表著作，以便维持或增进他们的声誉，或博取升级加薪的待遇。天资高一点的会从涉猎过的一些资料中'断章取义'，挑出'论题'，大做文章。只要论题新鲜，行文流畅，纵然是随心假设，放手抓证的产品，也会有人赞赏。作者也沾沾自喜"。犹如王阳明所谓"今学者于道如管中窥天，少有所见即自足自是，傲然居之不疑"。② 这在域外学人，或可扬长避短，还不失为取巧。国人不明就里，盲目照搬仿效，非但邯郸学步，简直就是东施效颦。而此情此景在今日禹内学界却是屡见不鲜。

---

① 《傅斯年致朱家骅（1943 年 1 月 15 日）》，王汎森、潘光哲、吴政上主编《傅斯年遗札》第 3 卷，台北，中研院史语所，2011，第 1380～1381 页。
② 萧公权：《问学谏往录——萧公权治学漫忆》，学林出版社，1997，第 224～225 页。

当然，看得到的问题解决之后，能否读得完并理解其本意，又成为难以承受的重压，继续考验着学人的智慧和体力。

（四）归纳与贯通

历史事件均为单体，不会重复，有的看似相近相同，其实千差万别，除非削足适履，无法概括；所有的个别事件之间存在时空无限延伸的相互联系，而历史记录多为片段，拼合连缀，讲究本来的相关性；当事者利害各异，其记述的罗生门现象相当普遍，结果实事往往无直接实证，可以征实的部分又相对简单，甚至具有似是而非的假象；所以治史不宜归纳，只能贯通。相应的史学着重于见异，有别于社会科学的主要求同。正因为历史上的人事均为单体而又存在无限延续的联系，治史最要也是最基本的方法为长编考异，即按时空顺序比较不同的材料，以求史事的生成衍化及其内在联系。

历史又是各部分有机联系的整体，史学着重见异，并非仅仅关注具体，反而更加注意整体，要在整体之下研究具体，探寻具体的普遍联系。通历来是学人追求的至高境界。即使晚近流行分科治学，有识之士仍以求通为目的，分乃不得已而为之或是走向通的过渡阶段。后来则以专攻为独门，浑然一体的学问划成彼此分离的系统。或以为近代欧洲学问着重分析，固然，但史学仍以综合为高明。布罗代尔（Fernand Braudel）时代的年鉴学派，整体史的格局凸显。而后布罗代尔时代五花八门的新史学，看似超越前贤的自诩，实际上却是整体史碎裂的遁词。近代中国学人重写历史，以及用西洋系统整理国故，还将断代、专门、国别各史皆视为通史之一体，[①] 久而久之，不仅各科

① 金毓黻著，《金毓黻文集》编辑整理组校点《静晤室日记》，辽沈书社，1993，第4739页。

之间相互隔绝，每科内部也日益细碎。以史学而论，纵向分段，横向分类，林林总总的所谓断代、专门、国别史，本是贯通历史必备的条件基础，扬之则附庸蔚为大国，抑之则婢作夫人。尤其近代史，虽然已是只有百余年的断代，还要进一步细分化，时间上分段，空间上分类，形同断代中的断代，专史中的专门。纵横两面，相互隔膜，所谓占领制高点的专家之学，渐成割据分封，画地为牢，而占山为王与落草为寇实为一事两面，不过因为立场不同，所以看法各异。

要达到通的境界，必须在博通与专精之间平衡协调。晚清只有教科书层面的通，多用外国框架填充本国材料，甚至直接翻译照搬外国人编写的教科书。进入民国，在疑古辨伪和史料考据风行之后，通史的呼声日渐高涨，显示对于学问日益支离破碎的不满，并导致一些学人有志于撰写通史，突出者如吕思勉、张荫麟、钱穆等。另外，强调史观的学人也急于用通史来表达其主张并进而影响社会。教科书与通史，看似均有通的形式，可是未必真的能够融会贯通，提纲挈领，条贯所有史事没有窒碍。若以主观裁剪史实，面面俱到，难免流于宽泛表浅，说到底，还是不通。

近代史虽为断代，若无通的把握，也难以贯通无碍。中国近代史的通，又有难于古代史之处，即不仅要贯通古今，沟通中外的方面也愈加重要。周予同认为：

> 中国史学体裁上所谓"通史"，在现在含有两种意义：一种是中国固有的"通史"，即与"断代史"相对的"通贯古今"的"通史"，起源于《史记》……另一种是中国与西方文化接触后而输入的"通史"，即与"专史"相对的"通贯政治、经济、学术、宗教等等"的"通史"，将中国史分为若干期而再用分章分节的

体裁写作。①

其实，中国固有的通史，须"究天人之际，通古今之变，成一家之言"，也涵盖了后一种的通。通要兼顾纵横两面，即钱穆所说"融贯空间诸相，通透时间诸相而综合一视之"，② 对于学人的见识功力，无疑是很高的要求。

周予同主要着眼于形式的通。近代中国经历千古未有的大变局，社会历史文化一脉相承之下，观念制度、精神行为全然改观。其变化由古而今，自外而内，知识与制度两面均须博通古今中外，才能理解把握。分门别类适宜专题研究，而不能化解兼通的难题，况且由专题而专门而兼通，缓不济急，难以应付社会的迫切需求。于是又有集众的主张，欲以分工合作的办法，弥补个人能力的有限，加快通史纂修的步伐。只是分工合作要达到融会贯通的境界，操作起来甚至比独力承担更难以驾驭。

---

① 周予同：《五十年来中国之新史学》，朱维铮编《周予同经学史论著选集（增订本）》，上海人民出版社，1996，第 535 页。
② 钱穆：《中国今日所需之新史学与新史学家》，《思想与时代》第 18 期，1943 年 1 月，第 11 页。

第二章

晚近史料的边际与史学

今人研治晚近历史，常常遭遇资料易得而难求其全的尴尬，由此引发一系列令人困惑的难题，直接关系到研究的高下得失成败。其中至少有三点牵涉全局：

其一，迫于史料繁多而不得不缩小范围，分段分类的专门之学日趋精细。可是随着专题研究的细分化，历史的相互联系的整体性逐渐丧失，反过来具体研究的准确深入程度也会大打折扣。

其二，细分化并不能解决史料边际无从把握的困惑，再小的题目，要想穷尽史料也几乎不可能。于是研究一个题目的材料究竟要掌握到何种程度才可以出手，变得难以捉摸。

其三，由于资料收藏和学人境遇的限制，资料接触处于不对等状态，又片面强调或理解以新材料研究新问题，结果人所周知的书都不看，一心搜寻前人未见的材料，且以找材料的态度读书，以看得到掩饰读不懂的局限。或者以垄断材料为研究基础，反而过度依赖对于材料的垄断，解读和运用材料的能力明显不足，导致研究某人即以其材料为视野，不看相关材料，最终势必以其是非为是非；或者以某一类资料为可靠，以为材料即事实，于是只看这一类材料，甚至排斥其他资料，不能相互参证，非但事倍功半，而且容易误判错解。

以上三点相互作用，导致本来具有综合性的历史研究日益支离破碎。而这一切，均与晚近史料边际的模糊相关联。近年来苦思冥想破解之方，以为唯有打破收藏、学术、出版各界相互制约的连环套，多快好省地大规模出版晚近各类文献资料，使得不同地域、境遇的研究者处于大体平等的资料条件基础之上，改变那种以为历史的大体和真相基本还尘封于人所不知的秘籍之中的误解，不仅有助于图书馆、档案馆、博物馆等文献收藏机构乃至藏书私家摆脱资料保存与公众利用的两难，而且促使学人将研究重心由看得到转向读得懂，由借助外力条理史事转向理解文本史事的内在联系，从而改善提升晚近史研究的格局与水准，尤其是改变以外国义理为准则的趋向，以免进一步误读错解近代文献的本意及史事本相。

一　史料的类型与规模

历史研究的史料边际，首先是整体的规模、范围与系统。史学为综合的学问，须先广博而后专精，由博返约，读完书然后再做研究。中国文化发达甚早，为了保持千差万别的广大地域的统一，巧妙运用文言分离的功能，极其重视文字的功效，与之相关的发明多且重要。中国古代典籍号称汗牛充栋，浩如烟海，从世界范围看，此言不虚。法国汉学家葛兰言（Marcel Granet）当年即因为欲治欧洲上古社会史缺乏材料而不得不转向研究中国。可是与晚近比较，古代史资料的数量显得相当有限。《四库全书》共收书3500余种，存目6800余种，禁毁书3100余种，合计也不过13000余种。其中还有相当一部分为乾隆以前的清人著述（仅存目书即十居四五）。关于清代的著述，《清史稿·艺文志》和武作成编述《清史稿·艺文志补编》，共收录清人著述 20000 余种，王绍曾主持编纂的《清史稿·艺文志拾遗》，在《清史稿·艺文志》及《补编》之外，著录清代著述 54000 余种。而据李灵年、杨忠主编《清人别集总目》和柯愈春《清人诗文集总目提要》，仅诗文集一项，即达 40000 余种。除去乾隆以前的重合部分，也已经超出修四库之前中国书籍的一倍。仅此一端，清代典籍的数量就大大超过此前历代文献的总和。①

令人惊异的是，这些数量庞大的典籍，在整个清代文献中只占一部分，而且还是较小的部分。除此之外，中国大陆档案馆系统收藏的清代档案共 2000 余万件（册），其中 50% 存于中国第一历史档案馆，其余散置于各地方档案馆。这还不包括私家收藏的档案以及图书馆、博物馆系统所藏的档案（其实档案只是存放资料的类型，而不是资料的类型。档案中的函电、官文书等，很难与其他机构或私人的收藏严格区分。清季谘议局文件，在各地即分别入藏档案馆或图书馆）。欧美、日本等国和中国台湾，也分别收藏了数量不等的清代档案，总数至少有数十万件。②

报刊为清代史料的又一大类，而且数量更为巨大。明以前也有一些勉强可以算是报刊的文献，不仅数量少，价值也相对较低，所以有断烂朝报之谓。清季以来则大不同，不仅报刊的数量大幅扩增，而且内容极大地丰富，可以反映社会各个层面的行事甚至精神活动。据统计，自 1815 年中国的近代报刊创刊以来，至 1911 年，在中国和海外

① 参见戴逸《国家〈清史〉编纂委员会〈文献丛刊〉〈档案丛刊〉总序》，戴逸著，北京市文史研究馆编《涓水集》，北京出版社，2009，第 472 页；辛德勇《清人著述的目录与版本》，《中国图书评论》2005 年第 8 期；蒋寅《一部清代文史研究必备的工具书——〈清人别集总目〉评介》，《中国典籍与文化》2001 年第 3 期。
② 参见冯尔康《清史史料学》，沈阳出版社，2004，第四章"档案史料"；邹爱莲《清代档案与清史纂修》，《清史研究》2002 年第 3 期。

共出版了中文报刊 1753 种，在中国出版的外文报刊有 136 种。① 就种类而言，清季报刊的数目似不算多，不少报刊的寿命较短，可是也有一些报刊持续的时间相当长，发行卷数多，尤其是日报，越往后版面越多，篇幅越大，日积月累，卷帙浩繁，字数惊人。清季的报刊受体制、立场和条件的局限，道听途说与一面之词不在少数，以致有学人忌用，以为不足征信。不过，若将不同背景的报刊相互比勘，并与其他类型的资料彼此参证，可以补充其他材料连续性活动和细节记述的不足，并且测量社会的反应。更为重要的是，通过阅报，有助于回到当时当地的历史现场，与亲历者感同身受，从而对具体场景下的人与事具有了解之同情。

各种形式的民间文书，数量同样庞大，仅各大图书馆藏家谱就有 2 万余种。这类材料，以前一般不为学界所注意，五四新文化运动以后，才开始收集。1920 年代北京大学国学门收集并展出风俗物品，还遭到非议。而且民间文书种类繁杂，除个别类型之外，一般各公私图书馆还是少有收藏。近年来，随着研究层面的下移，这类资料越来越为学界所重视，但与资料的实际数量相比，收集工作的规模进度，仍嫌不足。

以上所述，尚有不少遗漏。如晚近人物的日记、函札乃至诗文集，未刊稿本钞本甚多，仅日记据说已经掌握信息的就有千余种。近来编辑出版的《清代稿钞本》第一辑（广东人民出版社，2007），共收录日记 22 种、诗文集 140 余种和清季广东谘议局等相关文件 20 余种，其中相当部分为各种目录书未曾著录。虽然有的早已为海内外学人所

---

① 史和、姚福中、叶翠娣编《中国近代报刊名录》，福建人民出版社，1991，"前言"，第 1 页。

关注，如杜凤治的《望凫行馆宦粤日记》，但是一直无法广泛利用。杜氏由幕而官，同光年间在广东多个州县为亲民之官，每日记事颇详，史料价值极高。后续各辑也多有未刊稿钞本。如晚清广东大儒之一的陈澧，一生著述极多，随著随刻，又不断修改，留下大量手稿，内容与坊间刊本多有不同。由于种种原因，上千卷的稿本及钞本分别收藏于几家图书馆，不但研究者利用极难，连收藏机构也因为不能全面比对，无法查明各种详情。此事自1980年代初即由一家收藏机构的研究人员著文呼吁各方协调合作，可惜尚未付诸实现。

翻译书和教科书，主要为晚近新有类型，前者关系中外，后者为知识载体，重要性不言而喻，一般目录较少著录，迄今为止，连数目也不能完整掌握。目前海内外关注者甚多，而所过手寓目的明显不足，仓促立论，未能至当。

档案方面，晚清中外交通频繁，各国公私档案（包括政府的外交、殖民、移民、军事、商务部门，教会、公司、传媒、国际性团体组织等机构，以及相关个人）大量涉及与中国的关系。陈寅恪早年批评民初撰修清史过于草率，特别指出："自海通以还，一切档案，牵涉海外，非由外交部向各国外交当局调阅不可，此岂私人所能为者也？边疆史料，不详于中国载籍，而外人著述却多精到之记载，非征译海外著述不可。"① 如将海外各类档案著述收罗完整，史料的总体数量还将大幅度扩增。

文献的几何级递增，与印刷技术以及出版机构组织的改进普及密切相关。晚清70年，时间约占清代的四分之一，文献数量的比例却远不止此数。民国以后，出版扩张的速度更快，北京图书馆根据北京、

---

① 陈守实：《学术日录［选载］·记梁启超、陈寅恪诸师事》，《中国文化研究辑刊》第1辑，复旦大学出版社，1984，第422页。

上海、重庆三家图书馆的藏书编辑的《民国时期总书目》（书目文献出版社，1986～1995），共收录 37 年间出版的各类中文平装图书 12.4 万余种，超过整个清代书籍的总和。档案方面，据《全国民国档案通览》（中国档案出版社，2005）编委会的不完全统计，全国 1000 多家各级档案馆共收藏民国档案 1400 万卷，即使平均 1 卷只有 10 件，也是明清档案的 7 倍。报刊的数量更加惊人，截至 1949 年，中文报刊的总数达到 4 万种以上，其中报 4000 余种，刊 36000 余种。照此估算，则清季报刊仅占全部的三十分之一。

如此大量的资料，任何一类，都已经超过此前中国历代各类资料的总和，叠加在一起，令人有不堪重负的压迫感。一般学人能力或有不及，而最重史料功夫的史学二陈，不免也会望洋兴叹。熟悉各国文字，又勤于翻检旧籍的陈寅恪，"淹博为近日学术界上首屈一指之人物"，① 少年即立志读完中国书，后来尤其讲究史料与史学的关系，他比较上古、中古、近代的史料多寡与史学取径的差异，认为：

> 上古去今太远，无文字记载，有之亦仅三言两语，语焉不详，无从印证。加之地下考古发掘不多，遽难据以定案。画人画鬼，见仁见智，曰朱曰墨，言人人殊，证据不足，孰能定之？中古以降则反是，文献足征，地面地下实物见证时有发现，足资考订，易于著笔，不难有所发明前进。至于近现代史，文献档册，汗牛充栋，虽皓首穷经，迄无终了之一日，加以地下地面历史遗物，日有新发现，史料过于繁多，几于无所措手足。②

---

① 陈守实：《学术日录［选载］·记梁启超、陈寅恪诸师事》，《中国文化研究辑刊》第 1 辑，第 422 页。
② 王钟翰：《陈寅恪先生杂忆》，纪念陈寅恪教授国际学术讨论会秘书组《纪念陈寅恪教授国际学术讨论会文集》，中山大学出版社，1989，第 52 页。

1940 年陈寅恪为陈垣《明季滇黔佛教考》作序，就史料征引一节感叹道："寅恪颇喜读内典，又旅居滇地，而于先生是书征引之资料，所未见者，殆十之七八。其搜罗之勤，闻见之博若是。"①

主张治史要将史料竭泽而渔的陈垣，同样苦于近代史料的漫无边际。主张分类研究，缩短战线。而分门别类，固然一定程度上有助于解决史料繁多、无法尽阅的难题，但也带来不少偏蔽。其最大问题，当在割裂学问的整体性。由于书多读不完，不可能读完书再做研究，而收缩分类等于将整体肢解为互不关联的部分，导致盲人摸象，坐井观天。

分门别类的研究在失去整体性的同时，并不能真正解决史料边际模糊的难题。目前已知的近代史料已经不胜其繁，而扩张的速度幅度又极快极大，再具体的题目，要想穷尽材料，也戛戛乎其难。《清史稿·艺文志拾遗》著录图书 54880 种，编撰者仍然坦承"未见书目尚多"。② 况且，各书目大都依据前人所编目录，并未核对各馆库藏原书，从《清代稿钞本》的编辑以及其他相关情况看，各图书馆有书无目或有目无书的现象不在少数。一些非公共性的公家图书馆，既不对外开放，管理人员又缺乏专业训练，编目更难完善。而博物馆系统，限于体制，所藏文献均作为文物，内部人员也难得一见庐山真面目。至于私家收藏，大都秘不示人，尚有许多信息未曾公开。尤其是近人的函札、日记、著述等未刊稿本，躲在深闺人未识的为数不少。

《民国时期总书目》的编辑原则是必须见书，因而有目无书的就只能付诸阙如。线装书、少数民族文字和外文图书暂未收录。中小学

① 《陈垣明季滇黔佛教考序》，陈美延编《陈寅恪集·金明馆丛稿二编》，第 272 页。
② 王绍曾主编《清史稿·艺文志拾遗》（上），中华书局，2000，"前言"，第 22 页。

教材仅收录人民教育出版社图书馆和北京师范大学图书馆的部分藏书，未及上海辞书出版社及全国其他重要图书馆的相关藏书。少年儿童读物，则参与编目的三家图书馆漏藏或不入藏者较多。台湾、香港及边远省份出版的图书收藏也不全。此外，民国时期还有不少书籍因为政治、道德等原因遭到禁毁，其中既有政府行为，也有行业（如书业公会）自律，尤其是后一种情况，销毁相当彻底，海内外公私收藏者甚少。这些都影响了收录的完整性。加之书目的编辑未兼收全国其他重要图书馆的藏书，虽然后来调查认为遗漏不多，只有10%左右。可是因为基数太大，10%就有12000种，几乎相当于清以前历代图书的总和！

报刊方面，据中国50个省市级以上图书馆所藏，仅1833年至1949年9月的中文期刊，三次编目，均有不同幅度的增加。1961年首版未收录中国共产党各时期的党刊、抗日民主根据地和中华人民共和国成立前解放区出版的期刊，以及国统区出版的部分进步刊物。1981年增订本加入上述部分，共收中文期刊近2万种。据"编例"：

> 仅收录比较有参考价值的品种。县级以下的期刊和有关中小学与儿童教育的期刊，酌量选收。至于纯属反动宣传、诲淫诲盗以及反动宗教会道门等毫无学术史料参考价值的期刊，不予收录。伪满、伪华北、汪伪等汉奸军政机关出版的期刊，除自然科学方面的期刊酌收外，其他的不予收录。①

以今日的眼光看，这些未收刊物的学术参考价值当然不言而喻。

---

① 全国图书联合目录编辑组编《1833～1949全国中文期刊联合目录（增订本）》，书目文献出版社，1981，Q2页。

所以，从 1985 年底起，由国家图书馆和上海图书馆共同主持，全国 56 个省、市、大专院校图书馆参加，编辑了一本补充目录，共补收期刊 16400 余种，其"编辑说明"特意强调："其中包括：珍贵革命刊物，国民党党、政、军刊物，抗日战争时期敌伪刊物，中小学教育刊物，儿童刊物，文艺刊物等。"① 与增订本相加，近代中文期刊总数当在 36000 种以上。报纸据统计有 4000 余种，目前仅国家图书馆缩微中心制作成缩微胶卷的就有 2900 种。晚清民国号称史料大发现的时代，一般所重主要还在古代，而各类古代历史的新资料加在一起，与近代史料的扩张速度幅度相比，真可谓九牛一毛。

二　史料繁多对史学的影响

面对数量如此庞大，各项编目工作严重滞后，规模不断扩张，系统无法把握的史料状态，研究者的确很难做到心中有数。更为严重的是，由于史料繁多，目录不全，学人反而不注意由目录入手，把握整体，探察系统。不要说用辨章学术、考镜源流的态度认识学术的渊源流变，作为索引的功能也未予以足够重视。近年来接触各校研究生，不少人博士毕业，还不知道多种目录书的存在，更谈不上利用。研究问题仿佛在黑暗中摸索，四周茫茫一片，不禁始终忐忑。

一般认为，近代史资料搜集不难，判断也相对简单，因而容易立论。胡适就说：

---

① 国家图书馆、上海图书馆主编《1833～1949 全国中文期刊联合目录（补充本）》，中央民族大学出版社，2000，第 1 页。

　　秦、汉时代材料太少，不是初学所能整理，可让成熟的学者去工作。材料少则有许多地方须用大胆的假设，而证实甚难。非有丰富的经验，最精密的方法，不能有功。晚代历史，材料较多，初看去似甚难，其实较易整理，因为处处脚踏实地，但肯勤劳，自然有功。凡立一说，进一解，皆容易证实，最可以训练方法。①

　　他劝罗尔纲治近代史，理由便是"近代史的史料比较丰富，也比较易于鉴别真伪"。② 甚至陈寅恪也一度认为：

　　　　研上古史，证据少，只要能猜出可能，实甚容易。因正面证据少，反证亦少。近代史不难在搜辑材料，事之确定者多，但难在得其全。中古史之难，在材料之多不足以确证，但有时足以反证，往往不能确断。③

　　前贤的这些意见，在讲究史料的详略多寡与史学的关系方面各有所见，但是，揆诸事实，不能不说多少低估了近代史研究领域史料制约史学的程度。

　　就学界现状而言，由于晚近史资料的边际较为模糊，引证、论述与评判，容易主观随意，见仁见智往往成为信口开河的托词。与古代史尤其是唐以前的研究相比，这样的指责的确无可否认，尽管宋以后已有类似问题，而且训练不够的古史研究者在新材料显著减少，又未能掌握必要的辅助工具的情况下，也出现一味用旧材料重新解释的偏蔽，可是晚近史的研究这方面的问题无疑更为突出。

————————

① 耿云志、欧阳哲生编《胡适书信集》上册，北京大学出版社，1996，第557页。
② 罗尔纲：《师门五年记·胡适琐记》，三联书店，1995，第28页。
③ 杨联陞：《陈寅恪先生隋唐史第一讲笔记》，张杰、杨燕丽选编《追忆陈寅恪》，社会科学文献出版社，1999，第187页。

治古史的学人好以自圆其说为立论的起码准则，但在晚近史研究中，先入为主往往也能做到看似自圆其说。本来立论必须贯穿解释所有相关资料而无碍，而晚近史的研究由于史料的边际模糊不定，难以穷尽，看朱成碧，亦可言之有据，无论正反，均不易验证是否能够条贯所有的材料与史事。最为典型的事例，当为陈寅恪的《柳如是别传》因不信官书，而误作关于钱谦益两次被捕时间的长篇考证，居然能够成说。① 这与古史研究因论据不足而各自乱猜的情形明显有别。

至于当今学人普遍采用的因果论证与条件判断，割裂材料与史事的时空及内在联系，任意拼凑组装，形成观点，虽然看似具有不少论据，却不能贯通所有材料与史事，甚至不得不故意扭曲史事的时空要素，强材料以就我，证成己说。以这样的方式论证，稍微熟悉材料史事，便可以轻而易举地提出多种相异相反的观点，并且均能够提出支持的论据。如此做法，立说固然不难，却于解决问题毫无帮助，无法实质性地推进研究。

材料繁多使得研究的层面可以进一步深入扩展，同时也加剧了掌控史料与研究关系的难度。古代史多重制度文化，晚近则首重人事，而人作为历史活动的主体，思维行事极为复杂。由于近代史的材料难得其全，导致最为活跃的思维心理层面不易驾驭把握得当，在处理史料与史学的关系时，需要更加精细而具可操作性的办法。在古代史研究领域，所谓直接材料与间接材料，或主料与辅料，又或者一手材料与二手材料等分别，于史事真伪的判定作用极大。至于近代史，一般而言，这样的判断固然不错，可是比照材料与事实之间的复杂性，仍

---

① 参见何龄修《柳如是别传读后》，《纪念陈寅恪教授国际学术讨论会文集》，第 634～638 页。

有表面之嫌。近代学人强调有几分材料出几分货，但材料不会直接说明事实，或者说，材料只会展现记录人所知和所以为的事实。而当事人关于本事的记录，除了最简单的真伪是否之外，如何才是真的问题实际上相当复杂。梁启超即认为："不能谓近代便多史料，不能谓愈近代之史料即愈近真"，并指出近代史料不易征信近真的原因，一是"真迹放大"，① 二是记载错误。②

严格说来，所谓第一手资料的真与对，也是相对而言。历史上所有当事人关于本事的记录，由于位置、关系等客观条件不同，以及利害有别等主观因素，往往异同互见，千差万别，横看成岭侧成峰的原因，在于立足点的远近高低各不同，各种历史记载与历史事实之间的罗生门现象因此变得相当普遍。前贤所谓以汉还汉，只能剔除后人的叠加，不能区分当时的异见。就此而论，史学求真至少有两个层次，即史事的真与记述史事的真。史事的真只有一种，而且不会再发生变化，但人们必须根据各种相关记述来还原史事，即使是亲历者，关于史事的记述也各不相同，甚至相互抵牾，间接材料的差异往往由此衍化而来。当事人的记述无论由于客观条件还是主观因素的作用所产生的差异，间有放大或掩饰的故意，却不一定是有意作伪，不仅所记大都是真（当然也有不同程度的失真），更重要的是，他们如此这般或那般记载这一史事，同样是真。前者是他们的眼见为实，后者固然有部分曲隐放大，但他们如此记述，仍然是真实心境的写照。研究历史，一方面要通过比较不同的记述逐渐接近史实，另一方面则要探究不同的当事人何以记述不同，尤其是为何会这样而不是那样记述。探究史

---

① 《中国历史研究法》，《饮冰室合集》专集之七十三，第37、91页。
② 《中国历史研究法（补编）》，《饮冰室合集》专集之九十九，第6页。

事的真与解读相关各人心境的真相辅相成，只有更多地了解所有当事人记述的心路历程，才有可能更加贴切地接近所记事情的真相。

古代史的材料遗存有限，仅凭一般正史或各种断简残篇，很难深入这一层面。陈寅恪评冯友兰《中国哲学史》上册称：

> 凡著中国古代哲学史者，其对于古人之学说，应具了解之同情，方可下笔。盖古人著书立说，皆有所为而发。故其所处之环境，所受之背景，非完全明了，则其学说不易评论。而古代哲学家去今数千年，其时代之真相，极难推知。吾人今日可依据之材料，仅为当时所遗存最小之一部，欲借此残余断片，以窥测其全部结构，必须备艺术家欣赏古代绘画雕刻之眼光及精神，然后古人立说之用意与对象，始可以真了解。所谓真了解者，必神游冥想，与立说之古人，处于同一境界，而对于其持论所以不得不如是之苦心孤诣，表一种之同情，始能批评其学说之是非得失，而无隔阂肤廓之论。否则数千年前之陈言旧说，与今日之情势迥殊，何一不可以可笑可怪目之乎？

学界多注意上述文字，而未能将紧接下来的这段话做连续解读：

> 但此种同情之态度，最易流于穿凿傅会之恶习。因今日所得见之古代材料，或散佚而仅存，或晦涩而难解，非经过解释及排比之程序，绝无哲学史之可言。然若加以联贯综合之搜集及统系条理之整理，则著者有意无意之间，往往依其自身所遭际之时代，所居处之环境，所薰染之学说，以推测解释古人之意志。由此之故，今日之谈中国古代哲学者，大抵即谈其今日自身之哲学者也。所著之中国哲学史者，即其今日自身之哲学史者也。其言论愈有

条理统系，则去古人学说之真相愈远。

有鉴于此，陈寅恪虽然表彰冯友兰的著作"能矫傅会之恶习，而具了解之同情"，尤其是利用材料别具特识，① 可是他批评民国学者"竞言古史，察其持论，间有类乎清季夸诞经学家之所为者"，又声明自己不敢观三代两汉之书，有心与清儒立异外，不愿根据残余断片穿凿附会，以免图画鬼物，当是重要原因。②

晚近史料遗存的丰富详尽，使得学人不必依据残篇断简神游冥想，但是因为数量过多，边际模糊，形成雾里看花，盲人摸象，仍然难免穿凿附会的流弊。因此，处理近代史料与史学关系的办法，应较研治古史深入一层。具体而言，既然当事人的记述各异，不可能与事实完全重合，但又并非全伪，而是部分真，则所谓第一手资料的权威性不必事先假定，至少无法区分其中可信的程度以及在哪些方面较为可信。引证第一手资料能够直接证明的问题，大体上只是时间、地点、相关人物、大体过程等比较简单的部分，至于更为复杂的人际关系以及相关作用的详情究竟如何，一般很难以哪一位当事人的记述为准。所以，所有类型的资料都只能部分地反映真实，只有尽可能完整全面地掌握各种相关记述，并且四面看山似的比较不同的记述，即以俱舍宗治俱舍学似的前后左右了解语境，理解文本，把握错综复杂的相关关系，或许可以逐渐接近事实的真相。

在此过程中，探究相关当事人何以如此记述与再现事实的本相相

---

① 以上引文出自陈美延编《陈寅恪集·金明馆丛稿二编》，第 279～280 页。朱自清记：1933 年 2 月 13 日浦江清与之论著述，"以为只总结帐及划时代之作为价值，述古多而创新少即不足论。冯芝生哲学史，渠意当属此类"。又 3 月 4 日记：陈寅恪论哲学史，"以为汉魏晋一段甚难"。（朱乔森编《朱自清全集》第 9 卷，江苏教育出版社，1998，第 196、202 页）浦江清所说，显然是陈寅恪的意见。
② 《陈垣元西域人华化考序》，陈美延编《陈寅恪集·金明馆丛稿二编》，第 269～270 页。

辅相成，史实永远不可能完全还原，但是，随着对相关史料的掌握逐渐增多以及了解各自记述差异的潜因逐渐深入，史实的真相可以多层面地逐渐呈现。就此而论，所谓重建史实，迄今为止，仍然既是科学又是艺术，缺一不可。一再强调要将历史学的研究自然科学化，尤其是生物学地质学化的傅斯年也不得不承认：

> 凡事之不便直说，而作者偏又不能忘情不说者，则用隐喻以暗示后人。有时后人神经过敏，多想了许多，这是常见的事。或者古人有意设一迷阵，以欺后人，而恶作剧，也是可能的事。这真是史学中最危险的地域啊！①

正因为如此，高明的史家呈现出来的史实，其实是再现历史场景、人物关系乃至各人当场的心理活动，所有历史人物及其思维行为原景实地再度复活，重新演历一番。不过再现的途径形式是严谨的考证比较，以实证虚，而非文学的创想。

分科治学一方面是近代以来误会科学化造成的既定状况，另一方面也是近代史料太多而缩短战线的不得不然。恰当分门别类的前提，是能够准确把握整体与部分以及部分与部分的相互关系，否则指鹿为马而不自觉。材料与史事之间，本来存在受时空约束、无限延伸的内在联系，不能把握整体，很难探究具体。畛域自囿之下，分段分类的研究，在解读材料、条贯史事方面，由于不能清晰了解把握史料边际，未免有几分盲目，研究者心中无数，不知向何处下手，也不知何时可以出手。谨慎者束手，胆大者妄为，琐碎化与随意性相反相成，都在

---

① 《史学方法导论》，欧阳哲生主编《傅斯年全集》第 2 卷，湖南教育出版社，2003，第341 页。

侵蚀晚近史研究的整体性。面对汗牛充栋的史料，要想纲举目张，执简驭繁，胸中有数，放眼读书之外，掌握各种目录索引并由此了解系统，至关重要。而使各种资料变得触手可得，对于破除狭隘的局限也是不可忽视的必由之路。

三　史料的编辑出版与史学的扩展

解决晚近史料边际模糊的一大障碍，是资料的收藏、出版与利用条件，与史料的规模相比，极不相称。目前晚近史料在保存、利用、整理、出版等环节，形成难以解脱的连环套，导致史料的收藏单位、出版机构以及读者和研究者相互纠结的诸多困扰。

晚近史料虽然数量庞大，种类繁多，收藏却相当分散，查访、搜集、利用极为不便，同一种书的不同版本、同一人的著述、同一种报刊、同一人的日记函电，甚至同一本书的不同部分，分别藏于几家乃至多家图书馆的情形比比皆是。各图书馆因为这些资料的数量大，内容杂乱，很难全面梳理分别，评估把握又缺乏恰当的准则，而且大都够不上古籍善本的标准，只能采用一般规则收藏保存。而晚清以来的各类史料虽然时间不过百余年甚至不到百年，因为普遍改用机器造纸印刷，可以存放的时间远不及古籍，加以保管条件相对较差，阅读者又较多，磨损、霉变、虫蛀、松脆等情况相当严重。对此，不少图书馆采取收费、限制借阅甚至禁止借阅等措施，但是一来不准翻阅未必能够收到保护文献的效果，甚至反而会加速损坏的进程。某省图书馆清代文献的大范围毁损，要因之一，即不准查阅，须知过去藏书楼还要定期专门雇人翻书。二来晚近史与今人关系密切，研究和关注者日益增多，限制措施加剧了图书馆与社会公众及研究者的矛盾，使其面临越来越大的压力。随着纳税人意识的不断增强，至少对于公立图书馆的压力还会进一步加大。长此以往，公共图书馆方面收藏保存与借阅服务的两难局面势将日趋严重。

研究者同样面临两难，史料量大、分散、杂乱，使得学人或过度依赖资料，或全然不受资料约束。一方面，学人因为条件限制，掌握资料的难易程度相去甚远，实际上处于不对等状态，坐拥书城者可以足不出户，而选题的范围相当宽广，否则四处奔波，选题还须严格限定。龟缩于一地一人，虽然可以扬长避短，但也难免舍本逐末，长此以往，还会产生以无可奈何为大势所趋的虚幻自大。另一方面，垄断资料导致对资料的迷信，由此产生两种看似相反而实相同的偏颇，一是所谓灯下黑，身边易见的书不看，一味查找人所不见的材料，不知历史的大体已在一般书中，旧材料不熟，不能适当解读新材料；二是只看自己拥有的秘籍，不与其他相关资料相互参证，研究某人即以某人所见所知为全部事实，甚至以其是非为是非，结果尽信书不如无书。而在专题研究之下，材料的限制使得一项研究很难被重新验证，研究者敢于断章取义，强材料以就我。如今日的考古界，能够接触实物者水准有限，解读运用，错误百出，而高手则苦于无法接触相关文物，尽管疑窦丛生，可以提出反证，却难以正面立论。于是，因为史料不能完整平等公开地提供给所有的研究者，使得以找材料的态度读书，用看得到来掩饰读不懂的偏向不断加剧。同时，正因为找不到看不全，或者则干脆不顾史料，以举例为归纳，以断章取义得来的只言片语为论据，凿空逞臆，轻率立论，无知者无畏，完全不顾是否能够贯通史事与材料。

出版界也遭遇棘手难题。晚近史料的多、散、乱，保存状态的恶化和限制性措施的加强，导致整理工作的诸多滞碍，出版也就无从谈起。由于不少资料具有唯一性，收藏单位往往向阅读、整理等使用者收取高额磨损费，若是作为出版之用，所收底本费和磨损费更是如同天价。出版近代史料，卷帙浩繁，投资成本高，销售风险大，再加以高额底本磨损费用，不免令人望而却步。如果的确出于保护文献的目的，未可厚非。可是有时使用者要求将所有文献复制两份，以便将原本妥善收藏保管，今后只借阅复印本，却得不到正面回应，令人怀疑动机是否真诚。除了国家财政、法规上确有一些不合理规定的因素外，收藏单位的观念严重滞后，当为主因。公共图书馆、档案馆并非旧式私家藏书楼，向学界和社会公众提供服务本来就是天经地义的分内之事，因为其职责只是代纳税人管理公共财产。

目前照搬古籍整理办法出版近代史料，进度太慢，远远赶不上史料毁损的速度，况且近代史料的校勘，至少不比古代文献来得容易。全用标点整理的办法，能够胜任的学人大都无暇，目前的评估体系又不鼓励，而水准不够，又难免乱来。今人整理点校的各种近代文献，错误随处可见。即使行家里手，因为今典本事太多，很难掌握周详，无力面面俱到，误读错解也在所难免。在傅斯年等人反对疏通的影响下，本来作为史家基础的文献注疏，变成文献学者的专门，又分属文史两科，治史者不读书而一味找材料，做专题研究，文献整理的能力大幅度下降。由专题研究训练出来的学人，好将个别经验放大，往往喜欢擅改前人用字，如清人校勘典籍以及近人治先秦子史之学一般，改订旧文，多任己意。① 由于原本难得一见，阅读者即使心中疑惑，也无从比勘正误。整理出版者鉴于费力不讨好，只得裹足不前。

---

① 《刘叔雅庄子补正序》，陈美延编《陈寅恪集·金明馆丛稿二编》，第258页。

　　根据现况实情，首要应当考虑如何在较短时间内尽可能地大规模照原样出版近代史料，以实现保存与使用的双赢。理想的方式，当然是在国家的统一组织和协调布局下，调动各级政府和收藏、研究、出版各方面的人力物力，以适当形式发挥各自的积极性，分工合作，有计划按步骤地有序进行。如果在政府支持的背景下，由兼通各面的适当人选主持其事，将是较为完善同时也是最为合理节省的途径。但从目前情况看，各方面的认识差距较大，短期内难以达成一致。尤其是在细分化的格局之下，图书、档案、出版、学术等部门关于整理出版史料的观念态度做法各不相同，学术界的不同学科甚至不同研究时段之间也是意见分歧，极少能够统合全局、兼顾各方的通人，而各执己见往往不过画地为牢的所谓行规。其实，分的眼光只是后来认识的局限，并非天经地义的道理。综合考虑各方因素，窃以为切实可行的办法，唯有以收藏机构为单位，大规模分类影印出版，才能多快好省地逐步实现。具体办法为：

　　（1）优先与愿意开放并提供底本的史料收藏单位（包括私人藏家）合作，作为示范。目前图书馆和档案馆对于大规模出版历史资料的意见不一，《清代稿钞本》的出版，首先即得益于广东省中山图书馆和中山大学图书馆的开明，他们相信图书乃天下公器的公理，以现代图书馆的理念和完全开放的态度，愿将所有馆藏贡献于海内外同好和社会公众。在其带动下，广东省内其他图书馆也有意效法。

　　（2）精选底本。学人与藏家选书的标准历来有别，大规模出版近代文献，取舍的原则主要是根据内容和研究需求，以及存世的多少，兼顾版本。办法为：优先收录日记、函电、文集等未刊稿本钞本，其次为孤本珍本，再次为内容、版式等有异的刻本。

　　（3）借鉴台湾沈云龙编刊《近代中国史料丛刊》之法，有整体设想，而不强求整齐，以来源的难易定实施的先后程序。根据愿意提供底本的单位或个人的收藏情况，相对集中，原来分列的个人诗文集合并，同类文献则汇集编排。报刊或分时段，或依类型（据形式或内容）。

（4）原版影印。最简单的办法往往最正确，最有效，目前文献整理出版要求校勘标点，而晚近史料过于庞杂，内容纷繁，又缺乏能够胜任整理之责者，因而整理的速度远不及资料毁损的速度，而整理的效果则未见理想。原版影印，可以在最短期限内大批复制，并保证不走样。待到多数学人能够直接接触相关史料，然后从容从事精加工，不仅进行较为便利，而且有随时验证的可能。

这样做或许与现行古籍整理的原则标准不尽一致。如果上古、中古、近代史料遗存的多寡会影响各领域史学研究的重心办法的差异，则近代史料的整理出版也不应削足适履，强求与古代一律。

晚近史料要探明边际，目录编辑至关重要，而且不能仅仅停留于编目，尤其不能满足于依据各种分别的编目而做的集合目录。名录之外，最好还有篇目，以便把握文献的内容大要，逐渐明晰条理系统。目前最大的难题，当在各图书馆收藏的文献往往不完整，报刊部分最为突出。近代报刊的发行渠道开始大都不稳定，印数很难确定，一旦畅销而致脱销，很快会出再版本，有时甚至连续三版、四版，而首版与再版的版式、序号、广告、插页等，常常有所变动。首版本一般不易得或难得其全，如果强求一致，则大都无法操作或事倍功半。稿钞本甚至刊本也有类似情况。如陈澧稿钞本的来龙去脉以及各家的收藏详情，众说纷纭，莫衷一是。根据目前掌握的情况，分散在境内外若干家图书馆，而各家对于出版一事的意愿差距较大，或限制太严，或索价过高，只能望洋兴叹。目前的权宜之计，只有暂时将就兼用不同版本，以待方便之时陆续增补。有的书刊藏本太少，不仅版式难期一律，连退而求其次的将就兼用，也遭遇重重障碍，不易凑齐。如此，与其束之高阁，不如因陋就简，将来条件成熟，再渐次补齐。这样做自然不会是上佳之策，却不失为情非得已的可行之道。

总之，在目前情势下，如果强求近代史料的完整，并且非要统一规划才能大规模出版，则此项事业或许只能留有以待。如果先将愿意公诸同好的藏本刊出，一则可以推动其他公私各藏家，因为虽然有些机构收藏较多，既非完璧，亦非独有，尤其是刊本部分，割据封闭则奇货可居，各家尽出，则垄断不复存在，资源优势逐渐降低，态度势必发生变化。随着各家收藏单位出版意愿的增强，出版成本会相应下降，陆续仿效，终成完璧之时指日可待。二则有助于研究，只要有一家藏本在手，即使其他几家未刊，学人也便于阅读时逐一比勘，以免雾里看花，循环反复。如果因为悬的过高（且往往片面）而举步维艰，无异于因噎废食，恰如近代政府追求国民教育的高标准，结果反而使得大批贫民子弟无书可读，岂非本末倒置？

或者担心未经任何整理，读者无法使用。这样的担心可谓杞人忧天。沈云龙所编《近代中国史料丛刊》三编，陆续汇集在台湾及海外所能找到的有清以来各类史料，影印出版，尽管只占相关时期文献总和的很小部分，而且未做任何导读解说，却可能是目前全世界包括大陆在内，包括研究生在内的学人使用得最普遍的资料汇辑。如果连这样的资料也无法解读，可以说根本不具备下手研究的基本素质。尤其值得指出的是，正因为体例上没有编排的限定，只有本子的取舍，反而提供了较为广阔的研究空间，而不会造成框缚。比较中国史学会编辑的《中国近代史资料丛刊》，尽管编辑方针确定对史料不加分析判断，但依照时间顺序分为 12 个专题，并有归类，等于建立起一套体系框架。况且，即使诸如此类编辑整理的资料，也不可能扫除所有的阅读障碍，反而可能在文字的细节上出现不少加工错误，在体例的编排上形成既定的视野导向，约束甚至误导读者。近年来各种资料文献的导读，固然不乏佳作，可以指点迷津，但也有以其昏昏，使人昭昭的伪劣，误导众生，贻害无穷。

傅斯年认为，史料越生越好，以免将后来的主观强加于人，不仅误读错解当时的人事，而且将丰富多彩的历史用一定的框架来局限，反而缩小减少其应有的内涵和价值。此说固然有抹杀一切前人的主观，将书仅仅当作材料的偏蔽，忽略了包括撰述者在内的前人的主观，也是历史真实的一部分，只是其真实性不一定相对于所记录的史事，而是记录的态度。但是正如考古发掘一样，以今日的认识能力与技术手段，大量的重要信息在发掘过程中势必遭受破坏，甚至永远消失，尽一切可能最大限度地保持原样，才是最理想的方式。沈云龙所编的《近代中国史料丛刊》辑录的资料，限于条件，已经竭尽所能，不过百分之一，还是能够嘉惠世界学人。从学术研究的角度看，晚近史料的出版，应以所能提供文献的数量、版本、内容、保真程度为据，尽可能有利于相关领域研究的进行，不宜拘泥于用一般古籍整理的标准和办法来衡量裁夺。

晚近史料的出版，影响不仅限于学术研究。一般而言，现代化进程的开始阶段着重于追赶他人，目的是使自己变成他者，达到一定的阶段后，则希望重寻自我，想知道我何以与众不同、我何以是我。这样的重新定位，无疑必须从本国的历史文化入手，并且比较其他，尤其侧重于自我认识。在相应的历史阶段，日本、韩国都曾将近代史料大规模重新印制。同时，在此阶段，人力、成本等各方面条件均处于支撑此项事业的较佳优化状态，一旦坐失良机，就只能徒叹奈何。所谓机不可失时不再来，中国大规模整理出版近代史料，正其时也。

中国文化源远流长，四大发明中的两项，即造纸和印刷术，与文献密切相关。中国的古代典籍在世界堪称浩如烟海、汗牛充栋，可是与近代史料相比，不过九牛一毛。《四库全书》收书3000余种，已经是最大规模。而各类近代文献的任何一项，就数量而言，已经超过古代文献的总和。一方面，尽管近代工业发展，制纸业突飞猛进，印刷的规模大幅度扩张，就保存时间的长短而论，近代机制纸远不如古代手工纸，目前用机制纸印刷的各类文献几乎都已到了保存的临界点。另一方面，晚近文献一般尚未提到古籍保护的层级，整理办法又基本沿用古籍整理出版的规则。照现在毁损的程度与速度，用不了多久，许多重要史料将像地球上的生物物种那样永远消失。继续按照目前文献的编辑整理出版这样个别进行，不仅顾此失彼，而且缓不济急。当务之急，应是多快好省地有计划大规模原样影印出版，优先解决保存与使用的两难问题，既让更多的学人比较便利地看到所有原本，可以从容进行深度整理，又能进一步加强保护措施，减少人为因素的破坏，化弊为利，两全其美。

多快好省地出版近代史料，不仅可以有效地解决收藏与保存、整理与出版的两难，还将对晚近史的研究产生深远影响。以往因为史料的边际模糊，捉摸不定，搜集不易，出版又遥遥无期，可遇不可求，研究者看不到各家藏本，一方面难以把握材料与史事之间的内在联系，无从下手研究，不得不辗转求证，人云亦云，另一方面又急于解释，于是只好借助外来理论，将材料与史事的时空联系完全抽离，填入既定的框架。正是资料的不完整与边际的不确定，使得外来后出的系统大行其道，任意条理解释，而难以验证。多快好省地出版近代史料，将有效地改变这种状况。

　　或者担心晚近史料的大量出版，海外学人财力十足，如鱼得水，实则恰好相反，大量原生态史料的问世，断章取义者当然有所顾忌，严谨学人也难免临歧裹足。面对庞大史料，学人或许会感到茫然束手无策，凭借少量秘籍或借鉴别科陈说猎奇构思而随意立论的做法或许将有所收敛。随着晚近史料的大量出版，史料的边际日渐清晰，将推动学人逐渐把重心由看得到转向读得懂。当然，那时能否读得完又会成为难堪重压，继续考验学人的智力和体力。

　　总之，晚近史料的种类与数量大幅度扩张，规模大大超过历代文献的总和。而搜集阅读之难，逾于古史，史料的保存状况之劣，也在古籍之上。在史料不可能竭泽而渔，甚至难以把握边际的情况下，学人或分门别类，缩短战线，或随意比附，看朱成碧。前者畛域自囿，后者格义附会，使得晚近历史的整体性逐渐流失，盲目性不断增大。治史须先因后创，由博返约，先识大体，胸有成竹，才能庖丁解牛，以免盲人摸象，坐井观天，甚至指鹿为马。要想改变晚近史料收藏与利用的两难，恢复史学应有的整体性，当务之急，必须解开收藏、学术、出版各界相互制约的连环套，多快好省地大规模出版晚近各类文献资料，使得研究者处于大体平等的资料条件基础之上，促使学人将重心由看得到转向读得懂，由借助外力条理史事转向理解文本史事的内在联系，并且因缘史料的繁多，探究进一步处理史料与史学复杂关系的良法，从而化弊为利，改善提升晚近史研究的格局与水准，使晚近史的研究在深度与广度上超越古史。

第三章

治史的贯通与滞碍

史学为一整体性的学问，应在全面观照之下研究具体。所以读完书再做学问，乃取法乎上的治学之路。所谓通识，应是贯通融通之通，通透通达之通。若以道听途说、似是而非的横通为通，则势必南辕北辙。中国近现代史材料多，史事繁，本来要求学人的功力更强，才有可能求通，可是相关研究的起步较晚，为了因应时势的迫切需求，下结论又过快，史料史事大都未经认真梳理，学人的训练不足，取径又不免褊狭，往往由专业学习直接进入专题研究，很少经过放眼读书的阶段。其所谓宏观，大多教科书式的泛论，或格义舶来的范式，看似笼罩，实则隔膜。

如今大学教学和学界治学的取法途径，每每与应有之道相离相悖，主要问题显然并不在守成有余，创新不足，而是似有越来越不会做史学，所获也越来越不像历史的趋向。长此以往，当年章太炎、张尔田等人"真学问必不能于学校中求，真著述亦必不能于杂志中求"① 的预言，终将不幸而言中。在体制和导向变更之前，要想根本改变这种出货而不出人，结果所出之货大都难免劣质的状况，似无可能，况且并非人人可以达到贯通的境界。不过，任何环境条件下，都有高下优

---

① 《夏承焘集》第 5 册，浙江古籍出版社、浙江教育出版社，1998，第 327 页。

劣之别，而芸芸众生中间，总有读书种子。为来者计，回到起点，可能是解决问题的最好途径。而卑之无甚高论的老生常谈，或不无温故而知新的作用。只是越基本的规则把握和做到越有难度，与畏难的人之常情适相反对。于是呈现一种怪相，超越成了趋易避难的遁词，做不了史学于是便一言以蔽之曰旧而改弦易辙追求自以为是的新史学。然而，最新最美的图画固然可以画在一张白纸上，却不能任由全外行随意涂鸦，而美其名曰后现代。讲求治史的基本，或有正本清源以致大道之效。

一 治史不宜归纳，而要贯通

受"科学"即是分科治学以及社会科学泛化的误导影响，近人治史，好用归纳或附会式比较，所论看似有理，其实相当危险。因为，其一，历史事件均为单体，绝无可能重复发生两件完全相同的史事，有的看似相近甚至相同，其实千差万别，所谓形似而实不同，除非削足适履，无法归纳。受欧洲基督教神学一元化观念及进化论主导的社会发展史和社会科学求同取向的影响，以为讲究历史规律是排列近似性，实为一大误解。

其二，所有个别事件相互之间存在着无限延伸的直接或间接联系，历史的规律，即体现于史事的无限联系之中。而历史记录多为片段，拼合连缀，讲究由时间空间规定的相关性。史料越多，可以重现的相关联系的可能性越是复杂。不仅正确的指向可以征实，错误的联结有时也居然可证。

其三，史事已经发生，不可改变，但发生过的史事须由当事者的相关记述来探求，或者分别称之为第一历史和第二历史。照此推衍，依据相关记载追求史事本相所得著述，实为第三历史。无论怎样详尽的记述，也不可能完整地覆盖全部史事的全过程和各层面，而且当事者利害各异，立场有别，所记的罗生门现象相当普遍。由此衍生出层累叠加的史书，实事往往无直接证据，可以征实的部分又相对简单，其余则只能近真。而近真使得一事多解的情形常常发生，好疑者误以为尽是有意作伪，善读者则从伪书中可见真材料。

有鉴于上述，治史不宜归纳，只能贯通。相应的史学着重见异，有别于社会科学的主要求同。不过见异并非仅仅关注具体，反而更加注重整体，要在整体之下研究具体，探寻个别的普遍联系。因此，治史最要也是最基本的方法为长编考异，即按时空顺序比较不同的材料，以求史事的生成衍化及其内在联系。此法随着研究对象的不同而有所变化，但万变不离其宗，基本的做法一脉相承。在此之上，可以千变万化；在此之下，主要还是如何入门的问题。

治史不宜归纳，本来不过是常识通则，而今似乎成了高难问题。1935 年傅斯年所写《闲谈历史教科书》对此就有详尽论说：

> 算学与物理科学是可以拿大原则概括无限的引申事实的。这个凭借，在地质、生物各种科学已难，在历史几不适用……物质科学只和百来种元素办交涉，社会科学乃须和无限数的元素办交涉，算学家解决不了三体问题，难道治史学者能解决三十体？若史学家不安于此一个庞氏所谓"天命"，而以简单公式概括古今史实，那么是史论不是史学，是一家言不是客观知识了。在一人著书时，作史论，成一家言，本无不可，然而写起历史教科书来，若这样办，却是大罪过，因为这是以"我"替代史实了。物质科学中，设立一个命题，可以概括（Mach 所谓述状）无限度的引申

命题……大约有三个领导的原则。第一项，列定概括命题，以包涵甚多引申的命题与无限的事实。第二项，举切近于读者的例，以喻命题之意义。第三项，在应用上着想。这些情形，一想到历史教科书上，几乎全不适用。第一项固不必说，历史学中没有这东西。第二项也不相干，历史上件件事都是单体的，本无所谓则与例。第三项，历史知识之应用，也是和物质知识之应用全然不同的。

没有九等人品微分方程式和百行元素表，人物、行动只得一个个、一件件叙说。没有两件相同的史事，因果是谈不定的。

> 因果二词，既非近代物理学所用，亦不适用于任何客观事实之解释，其由来本自神学思想出。现在用此一名词，只当作一个"方便名词"，叙说先后关系而已，并无深意。①

1942 年 10 月 11 日，傅斯年复函好用社会学方法研究中国历史的吴景超，有的放矢地强调：

> 历史上事，无全同者，为了解之，须从其演化看去，史学之作用正在此。如以横切面看之，何贵乎有史学？②

史学是天然的比较研究，一般平行比较研究者，每每喜欢求同，落入穿凿附会的俗套。而史学的比较研究，因缘事实联系，更加着重于见异。这并非排斥规律，历史事实均为特殊、个别，不等于没有联

---

① 《教与学》第 1 卷第 4 期，1935 年 10 月 1 日，引自欧阳哲生主编《傅斯年全集》第 5 卷，第 52～54 页。庞加赛（Henri Poincaré）认为，可以重复出现的事实，如元素、种类等，使科学得以发展。

② 欧阳哲生主编《傅斯年全集》第 7 卷，第 267 页。

系，只是不能用自然科学或社会科学的原理来强求史料与史实的类似并由相似性加以连贯。历史规律，恰在于个别事实依照时空顺序彼此联系的无限延伸之中。

近代学人当中，梁启超最好讲归纳法。自清季以来，因缘崇尚科学与西方的时势，阴差阳错地将日本明治思想家翻译逻辑方法之一的归纳法误认为是科学方法，不仅一直将归纳法当成近代西洋科学方法的核心，而且判定清代考据学所长亦在于善用归纳法，所以清学也具有某种程度的科学性。至于另一主要逻辑方法演绎法，虽然间有学人在论述科学方法时提及，实际上鲜有看成科学方法的实例。不仅如此，出国留学前的傅斯年还将清代与宋明的学问视为针锋相对，其中一项便是宋明的学问是演绎的，清代的学问是归纳的，"就这方法上而论，彼此竟是截然不同，所以彼此的主义，竟是完全的相左。仔细看来，清代的学问，很有点科学的意味，用的都是科学的方法"。① 傅并且将朴学对宋学开衅，等同欧洲科学家对中世纪造反，实际上将演绎法排斥于科学方法之外。

可是梁启超到了 1922 年做《研究文化史的几个重要问题》演讲时，态度变化。他自我反省，首先即讨论"史学应用归纳研究法的最大效率如何"，虽然仍将归纳法视为科学方法的代表，但是对于是否适用于史学，却已经有了不同的看法。他说：

> 现代所谓科学，人人都知道是从归纳研究法产生出来。我们要建设新史学，自然也离不了走这条路。所以我旧著《中国历史研究法》极力提倡这一点。最近所讲演历史统计学等篇，也是这

---

① 《清代学问的门径书几种》，欧阳哲生主编《傅斯年全集》第 1 卷，第 228 页。

一路精神。但我们须知道，这种研究法的效率是有限制的。简单说，整理史料要用归纳法，自然毫无疑义。若说用归纳法就能知道"历史其物"，这却太不成问题了。归纳法最大的工作是求"共相"，把许多事物相异的属性别去，相同的属性抽出，各归各类，以规定该事物之内容及行历何如。这种方法应用到史学，却是绝对不可能。为什么呢？因为历史现象只是"一躺过"，自古及今，从没有同铸一型的史迹。这又为什么呢？因为史迹是人类自由意志的反影。而各人自由意志之内容，绝对不会从同。所以史家的工作，和自然科学家正相反，专务求"不共相"。倘若把许多史迹相异的属性别去，专抽出那相同的属性，结果便将史的精魂剥夺净尽了。因此我想归纳研究法之在史学界，其效率只到整理史料而止，不能更进一步。然则把许多"不共相"堆叠起来，怎么能成为一种有组织的学问？我们常说历史是整个的，又作何解呢？你根问到这一点吗？依我看，什有九要从直觉得来，不是什么归纳演绎的问题。这是历史哲学里头的最大关键，我现在还没有研究成熟，等将来再发表意见罢。①

由此可见，这时的梁启超，已经根本怀疑历史的"不共相"可以因果律来求。

梁启超的转变，缘于他读了新康德主义弗赖堡学派的主要代表李凯尔特（Heinrich Rickert）的著作，受自由意志论的影响。从来好以今日之我与昨日之我战的梁启超，这一次的转变也未必周知详情且深思熟虑。史学不宜用归纳法求同，并非自由意志论者的独见，而整理

---

① 梁启超：《饮冰室合集》文集之四十，第1～2页。

史料同样不宜归纳，历史的整体性更不应由直觉得来。梁启超想不清楚的问题，循着历史哲学之道，大概永远不可能研究成熟，更寻觅不到适当的答案。反倒是后来傅斯年由比较不同史料而近真并得其头绪的认识，将求真与寻求史事普遍的内在联系有机结合，远胜于梁启超的看法。① 杨联陞认为钱锺书所著《管锥编》若在见异处再多着笔，可能更富于启发，即基于人事不会完全重合的史家之见。

傅斯年、梁启超的说法在倡导史学社会科学化的学人看来或许难以接受。清季以来，由于存在以社会科学为科学的误解，不仅许多史家曾经受过社会科学的影响，整个史学研究也有社会科学化与日俱增之势。戊戌时因《时务报》等事一度与梁启超反目成仇的章太炎，1902 年，因为读各种社会学书而欲重修《中国通志》，即不惜捐弃前嫌，引抱有相同志趣的梁启超为同道。其所订计划，除以纪传鼓舞民气、启导方来之外，就是以典志"发明社会政治进化衰微之原理"，将"心理、社会、宗教诸学，一切可以熔铸入之"。② 而清季担任京师大学堂史学教习的陈黻宸认为："无史学则一切科学不能成，无一切科学则史学亦不能立。故无辨析科学之识解者，不足与言史学，无振厉科学之能力者，尤不足与兴史学。"而"古中国学者之知此罕矣"。"故读史而兼及法律学、教育学、心理学、伦理学、物理学、舆地学、兵政学、财政学、术数学、农工商学者，史家之分法也；读史而首重政治学、社会学者，史家之总法也。是固不可与不解科学者道矣。盖

① 详见桑兵《晚清民国的学人与学术》第九章"傅斯年'史学只是史料学'再析"，第337～372 页。
② 《致梁启超书（1902 年 7 月)》，汤志钧编《章太炎政论选集》（上），中华书局，1977，第 167 页。

史一科学也，而史学者又合一切科学而自为一科者也。"① 后来唐德刚还指出胡适其实不懂科学就是社会科学，所以方法只是符合科学而并非科学，整理国故因而不能得法。②

不过，虽然历史上一切人事均为单体，却并非所有的单体均有足够的记述呈现其单体性及其相互关系，如果一概强求个别人事的比较联系，一般社会成员势必成为无声的群体，难以在史学领域得到应有的呈现。尤其是随着对于传统史学的批判和关注层面的下移，社会科学之于史学的作用与日俱增。限于材料，群体的历史以类像方式进行处理，有其不得不然的苦衷或道理。只是但凡归类，都会伴随着一定程度的求同不存异，所以异的存在不断挑战类的合理性。新文化史和新社会史一方面延续由精英而大众的取向，一方面则由群体而个别，以小人物的视角故事颠覆精英和群体的历史叙述。只不过必须显示所选人物与群体乃至社会整体的关系，才能呈现个案的意义，而要做到这一层，却并非轻而易举之事。

将近代中国史学这样的变化轨迹解释为学术发展的与时俱进，似嫌简单，因为这一时期的学人往往呈现年轻时好趋新，读书愈多则反而守成的现象。其实归纳之所以被认定为科学方法的核心，除了误读错解西学之外，大背景正是因为用西洋系统条理本国材料被看作理所应当的进步。对此陈寅恪曾经批评新派留学生的所谓"以科学方法整理国故"，认为此举"看上去似很有条理，然甚危险"，③ 并借着评审冯友兰《中国哲学史》的机缘，批评中国盛极一时的整理国故"流于

① 《京师大学堂中国史讲义》，陈德溥编《陈黻宸集》（下），中华书局，1995，第 676～677 页。
② 唐德刚译注《胡适口述自传》，华东师范大学出版社，1993，第 223～226 页。
③ 卞僧慧：《怀念陈寅恪先生》，引自蒋天枢《陈寅恪先生传》，北京大学中国中古史研究中心编《纪念陈寅恪先生诞辰百年学术论文集》，北京大学出版社，1989，第 4 页。

穿凿傅会之恶习"，"其言论愈有条理统系，则去古人学说之真相愈远"。"任何古书古字，绝无依据，亦可随其一时偶然兴会，而为之改移，几若善博者能呼庐成庐，喝雉成雉之比。此近日中国号称整理国故之普通状况，诚可为长叹息者也。"① 在他看来，理想的整理历史资料，应是"具有统系与不涉傅会"同时兼备，② 而要达到这样的境界，谈何容易。

治史一味地窄而深，不仅不能揭示和把握历史整体的渊源大势及内在联系，甚至无法恰当研究具体的历史。治史首先应回到历史现场，以汉还汉，由求其古而致求其是。否则，脱离原有的时空位置，以后来间架先入为主，所论不管看似多么头头是道，无非是对历史想当然的看法，还谈不上认识，亦不是事实，至于古人的本意，更加无从谈起。而研究单位再小，也是解释一字即作一部中国文化史，非贯通不能奏功。所以，任何具体人事，都要置于历史错综复杂的整体联系脉络之中，才有可能认识得当。也就是说，要在体的观照下，安放点、条理线和展示面，以求得其所哉。③ 只有成竹在胸，才能庖丁解牛，以免盲人摸象。

要达到通的境界，还须在博通与专精之间平衡协调，大而全也许只是庞杂的变形。教科书与通史，形式上似乎通括，未必真能提纲挈领，条贯所有史事。若以主观裁剪史事，即使面面俱到，不仅流于宽泛表浅，而且极易陷入愈有条理，去事实真相愈远的尴尬。

---

① 陈美延编《陈寅恪集·金明馆丛稿二编》，第 279～280 页。
② 《吾国学术之现状及清华之职责》，陈美延编《陈寅恪集·金明馆丛稿二编》，第 361 页。
③ 关于点、线、面、体之说，参见蒙默编《蒙文通学记（增补本）》，三联书店，2006，第 2 页。

二　分科教学与治学的局限

以贯通为准则，今日的分科教学与治学大抵可谓反其道而行之。韩愈指为师须授业、解惑、明道。金毓黻认为，小学教师可以授业，中学教师能够解惑，大学教师则须明道。明道本指道统，在清季尤其是五四以来反传统和反正统取向的时势下，备受质疑，横遭批判。而据陈寅恪的《论韩愈》，明道即"建立道统，证明传授之渊源"。因为"华夏学术最重传授渊源，盖非此不足以征信于人"。① 如此解读，明道实则讲求因人而异的学问系统及其分支的渊源流变。求学之道在于问学，学海无涯，为师的作用在于明道，不仅要指示读书治学的一般轨则，更须具体讲究学问整体和各个部分的源流脉络。张之洞《书目答问》附《国朝著述诸家姓名略》，即因为"读书欲知门径，必须有师，师不易得，莫如即以国朝著述诸名家为师"。清代学人曾经系统整理历代学术，故"知国朝人学术之流别，便知历代学术之流别，胸有绳尺，自不为野言谬说所误，其为良师，不已多乎！"② 历代学术经过清人依据清代意识的条理和谱系化，固然添加了清人的时代意见，却也指引了门径和途则。尤其是清代学风受顾炎武等人的影响，反对讲学，鼓励读书，编撰《四库全书总目提要》和《书目答问》这样的目录书，使得后学者一书在手，不啻获得读书的钥匙，可以循序渐进，自学成才。所谓指点迷津，金针度人，此之谓也。

---

① 陈美延编《陈寅恪集·金明馆丛稿初编》，三联书店，2001，第319页。
② 范希曾编《书目答问补正》，江苏古籍出版社，2000，第302页。

在分科教学与专门治学的时代，学人能够把握一科甚至一专门的传授渊源，已经难能可贵，大学为师要明了学问整体和所有部分渊源流变的脉络，谈何容易？玄想者乱发横通之论，非但不能显示博与通，反而自曝其简与陋。拘谨者以自己的专题范围后进，也是以狭隘为专精。乱教书则误人子弟，乱讲学则误导众生，乱评点则淆乱学界，表现各异，为害则一。固然，天才自生，并非能够培养出来，教育顶多能够裁汰不合格者，并提供相应的环境使得人才可以顺利成长，所以二国手门下可以出大国手。但小师不可能培养出大师，不通之人再多也教不出通才，却是不易之理。参野狐禅的人多，又无准则，即使优才现身，也无人赏识。

求通乃取法乎上，本非人人可以企及，在分科治学的取向下，学术进入侏儒时代，尤其难以达到通的境界。专家之学纵横均已隔断，以各自的井底之识相拼凑，欲用不通的专家之学教人致博通，而且奢谈妄论旨在教出大师通儒，实则连教小夫下士亦力所不逮，不过横通逞臆，除了醉翁之意不在酒的别有用心之外，若非无知无畏之愚，就有欺世盗名之嫌。恰如陈寅恪批评马建忠："文通文通，何其不通如是耶？"① 借用钱玄同、章太炎等人论读经和鲁迅、郭沫若等人谈国学的意思，无论配不配和算不算，至少还有能不能的问题。否则，势必良材雕成朽木，将人教到无法再教的程度，欲出通儒，岂非天方夜谭？

历史本事、相关记述和后来著史，彼此联系，又各自不同，而分际模糊，容易混淆，况且著史还有层累叠加的问题。今日学人的知识系统，多由学校教育而来。大学教育，尤其是研究生阶段，为治学基础，所谓教书好比扶醉汉，扶得东来又西倒，教师若未得道，自己仿佛醉汉，如何能扶学生行于正道？今日所教所学，大都是分门别类的

---

① 《与刘叔雅论国文试题书》，陈美延编《陈寅恪集·金明馆丛稿二编》，第252页。

教科书，得一套支离破碎的后设系统，而不能探索书中有学的门径。套用前贤的意思，即虽有统系而由附会。所有系统，均由后人归纳，可以表明编制者的看法，不可以简单地当作所指时代的事实。前贤所谓以汉还汉，也只是汉代人对先秦思想各不相同的认识。

分科教学的各种科目，大都后出外来观念使然，不仅将原来浑然一体的历史肢解成相互脱离的部分，而且扭曲变形，或化有为无（如经学），或无中生有（如哲学、政治学、社会学以及各种专史等），或名同而实异（如文学、"经济"学等）。分科治学从无到有（这并非一般以为的学科转型），导致中国学术系统全然改观，如果不能顺序认识把握其发生及衍化，用后来观念倒看历史，起点立意一错，则差之毫厘，谬以千里，要想解读历史文化得当，无异于缘木求鱼。

先天严重不足，后天又不得弥补。教学体制所限，听完照本宣科的讲授之后，紧接着就进入专题研究阶段，未经放眼读书的必需过程，做什么即只看什么，难免看朱成碧，甚至指鹿为马。由于没有读过基本书，又不知学问的渊源脉络，不能把握学问的整体，自然更不知在整体的观照下研究具体。分科学习种下的偏蔽祸根，在专门治学中如果不能自觉并设法消除，便会不断发酵膨胀。近代史学界前不见古人、后不见来者的情形相当普遍，如果再将视野遮蔽，左右不顾，很难有超越的胸怀，对久远复杂的历史产生深刻认识。研究领域过于褊狭和整体史的严重缺失，已经成为制约史学发展的瓶颈症结。不读书而只是动手动脚找材料，"上穷碧落下黄泉"的结果，自然是"两处茫茫皆不见"。

起于晚清的分科治学以及与此相应的用西洋系统条理中国材料，一度被认为是建立新的学术典范。不仅胡适，此前梁启超、章太炎、王国维、刘师培等，其学术生涯也都分别经历过套用西洋系统（包括由东洋转手而来）的阶段。只不过对西洋系统的了解不够系统，而所受中国学问的熏陶相对较深，所以不如后来者彻底而已。可是用分科的观念看待史料史事，难免强分疆界，格义附会。而缩短战线、分门别类的专题研究虽然有利于穷尽局部的材料，却割裂了历史的整体。所以高明者治专题而不以专家自许，目的仍在贯通。后来学人读书治学，一生固守一隅，不仅自得，且以授徒，导致学问支离破碎，失去整体性，其所治窄而深的局部研究乃至对于学问的见识判断也渐趋扭曲变形。

治学应于本源处登高入深，才能开阔方面。若是不温故而欲知新，连前人的大体和已知尚未把握，却急于超越，这类横空出世、横逸斜出的所谓创新，即使偶有一得，充其量不过是瞎猫捕死鼠，更多的还是凿空逞臆的胡思乱想，而以红肿之处为艳若桃花。

或用其偏见看待评判其他学问。因为不知高下，所以自视甚高，身陷其中，而不觉偏蔽，一方面不断细分化，一方面则片面解读陈寅恪预流之意，以竞逐江湖胜流而趋时，以夸大所属专门为引领时趋。不能分别历史本相、前人本意与后来认识，所研究的问题，因缘所学分科的知识和治学眼界而来，符合后来的界域，不合所治史事的实情本意。如果不能将主观努力体现于重现历史的研究过程之中，一味在表述之际以己意揣度古人，结果既不见古人面，亦不知古人心。

近年来有一日趋明显的现象，由专家之学成名的海内外学人，稍有抱负，晚年也察觉到一味专门的局限，而往往好谈宏观整体。只是由专门而来的宏论，固然间有孔见一得，却容易误解整体与局部的关系。无论是以局部为整体，从局部看整体，还是由局部求通论，其整体观念都很难摆脱专家之学的局限。

通是中外史学共同推崇的至高境界，只是人力有限，难以掌握驾驭无涯的知识，才有分科分段分类治学。治史划分过窄，各守一隅，窄而深的努力往往流于隘而陋的积习。现行的解决之道，一是集众的分工合作，可是分门别类适宜专题研究，未必能化解由此而来的偏蔽而致兼通，要想实现聚集而非凑合，诚非易事。二是跨学科，提倡跨学科旨在打破分界所造成的束缚和限制，迄今为止的跨学科，多为拼凑和放大。由断代、专门而来的各种学和史，看似跨学科，实则大都畛域自囿，未能将史学基本方法运用得当，甚至不能体会其中奥妙，以别科的陈说，为趋时的新解，自成小圈子的学问。等而下之者，成为趋易避难的取巧捷径，不过造成一二转瞬即逝的新名词而已。

三　放眼读书与执简驭繁

要想克服分科带来的偏蔽，通贯整体，根本之道，还是要做足史学的基础功夫，而不要轻易奢谈超越，妄论创新。读书治学，温故而后才能知新，因此述而不作，读书为己，仍是难以逾越的重要轨则。概言之，治学首要在于读书，不要以找材料的态度读书，而应以读书的态度看各种类型的史料。

所谓以读书的态度看各类材料，首先，治学必须经过放眼读书的阶段，不预设藩篱和问题，尽量不受分科的局限以及后人成见的制约，努力把握学问的基本和大体，不以分科的眼光看待所谓专门史的界域，不以后出的观念生出专题的问题意识。这虽然与现时的教育体制及知识系统不无矛盾，很难在学习阶段实现，至少应在毕业之后努力设法弥补。否则终身参野狐禅，很难踏上正轨，登堂入室。

其次，读书要虚怀若谷，力求理解前人通篇的本意，不要设定架构，先入为主，断章取义，穿凿附会。若存了前人无本意、不可求的成见，读书再多，也犹如"以明清放浪之才人，而谈商周邃古之朴学。其所著书，几何不为金圣叹胸中独具之古本"。① 六经注我式的强古人以就我，不过是借古人之口来表达自己的意思，不仅难脱好依傍的积习，而且是看似自信实则自卑的表现。所谓自信，即自以为胜过古人；所谓自卑，则是不敢直言己意，而要托庇于古代圣贤以张大声势。

再次，要由书见人，知人而解书，把握各人行事著述的习惯风格，揣摩其人其学在历史脉络中的位置，所属时代风尚与人的做派、学的趋向的相关性以及前后变异，也就是说，理解书的本意不仅以学为断，更以人为判。对不同书的解读要因人而异，若一概而论，则势必肤浅外在。必须使知人与解书相辅相成，才能领悟本意。近代崇尚科学化的学人一度批判中国学术不以学分而以人分，其实恰好是研究中国学术的一大关键。

最后，以俱舍宗解俱舍学。中国文化素重伦理政治，罕有形而上的抽象思维，各种思想学说，均有具体的时空人等相关因素，要前后左右读书以通语境，由求其古以致求其是，尤其要将影响思想学说生成演化的所有具体要素全面掌握，循序展开历史的全过程和各方面，在重现史事的进程中呈现思想言说的本意。况且，高明著述，心中或显或隐的对象往往不止一重，若不能层层揭出，领悟其具体所指与要旨所在，读懂本意，便是空话。如陈寅恪所说："夫圣人之言，必有为而发，若不取事实以证之，则成无的之矢矣。圣言简奥，若不采意旨相同之语以参之，则为不解之谜矣。既广搜群籍，以参证圣言，其言

---

① 陈美延编《陈寅恪集·金明馆丛稿二编》，第 258 页。

之矛盾疑滞者，若不考订解释，折衷一是，则圣人之言行，终不可明矣。"① 这对于主张但凭己意直面文本而欲求其是的高论妄言，可谓当头棒喝。

清代以来，史料大幅度扩张，图书、档案、报刊、民间文书、影像资料和口述史料等，几乎每一项均超过此前历代文献总和的百倍以上。加上各种文献不仅数量庞大，形式内容多样，而且大都未经过认真梳理解读。而晚近史料史事繁杂，各种可能性激增，大量今典本事，解读起来较古籍更加困难。所谓放眼读书，如何实现？面对既读不完也读不懂的现实，在专精与博通的权衡取舍之间，学人往往倾向于前者，连陈垣等详于文献的老师宿儒也主张缩短战线。本来缩短是由于人力所不及，不得已而为之，相沿成习，居然演变为成名捷径。学界通行的抢占制高点之说，成为代代相传的经验之谈。可是读书治学，志向高远才能有成，如果开头即囿于一隅，不仅必然偏，而且容易错。断代分门别类的小圈子自成一格，日积月累，形成集体无意识，不能察觉偏蔽所在，更无法探寻致蔽的根源和解决之道，反而不断强化先是自娱自乐继而自欺欺人的所谓行规。

学问的形成及其传衍，历史上自有其脉络。因此文献数量再大，也并非无法可读。中国历代典籍，在世界或可称最，而善读者30岁以后即无书可读。反之，面对浩如烟海、汗牛充栋的文献材料，则终生如牛负重。不能掌握书的规模条理脉络而专题治学，犹如日暮时分盲人骑瞎马行险道，心中难免始终茫然忐忑。昔人读书由目录入手，与明道相关。所谓辨章学术，考镜源流，不能仅仅将目录简单地当作簿记索引看，而要即类求书，因书究学，其要旨在于：（1）窥知门径，

---

① 《杨树达论语疏证序》，陈美延编《陈寅恪集·金明馆丛稿二编》，第262～263页。

可以逐渐登堂入室；（2）把握学问的整体及其来龙去脉；（3）可知全系统与各部分的关系；（4）可辨主干与枝蔓，着重阅读原创性的基本书，以求执简驭繁。

前人法古尊圣，以学问为天下公器，大都述而不作，相互援引，并不注明，也不视为抄袭。只要认真读完基本书，其余犹如风卷残云一般。反倒是宋儒和明末清初诸名士，深受佛教和耶稣会士的影响，却要取珠还椟，以免用夷变夏；清季西学、东学相继涌入，与中学相互参杂，发生变异。如此，必须沟通域外，由文本而语境，比较解读，才能得其头绪，条理史料史事可以具有统系且不涉附会。

各种学问均有基本典籍，熟读大书，又知渊源流变和条理脉络，即可执简驭繁。蒙文通认为："做学问必选一典籍为基础而精熟之，然后再及其他。有此一精熟之典籍作基础，与无此一精熟之典籍作基础大不一样。无此精熟之典籍作基础，读书有如做工者之以劳力赚钱，其所得者究有限。有此精熟之典籍作基础，则如为商者之有资本，乃以钱赚钱，其所得将无限也。"① 此说不乏具体范例，清华国学院的姜亮夫在成都高等师范时受教于赵熙、林思进、龚道耕等人，他回忆道：

> 我一生治学的根底和方法，都是和林山腴、龚向农两先生的指导分不开的。他们特别强调要在诗、书、荀子、史记、汉书、说文广韵这些中国历史文化的基础书上下功夫。他们说："这些书好似唱戏的吊嗓子、练武功。"并形象地指出读基础书就像在大池里栽个桩，桩子栽得稳，栽得深，满堂的浮萍、百草都会同桩子牵上，乃至水里的小动物也属于这杆桩子了。龚先生还说，由博

---

① 参见蒙默编《蒙文通学记（增补本）》，第3页。

反约这个约才能成器，不博则不可能有所发现。得林龚二师之教，我在成都高等师范那几年，便好好地读了这些基础书。这点，为我后来的治学，得益确实非浅。①

古人识字与背书相辅相成，不仅识字快，而且记诵深，循序渐进，终生受用。若有家学渊源，更是锦上添花。所以老辈学人过目成诵者不乏其人，又能相对地贯通各层面。清季教育革新，推行西式学堂，即使所谓"私塾"，也比照学堂，大加改良，基本典籍不再是一定阶段识字讲书的凭借。缺了童子功，单靠后天弥补，往往事倍功半。此事因为近代西学新知取得压倒优势，中学不得不按照西式分科重新编排安置以及传承教育，而各种技术手段的日新月异，或许可以提供权通的办法。只是技术的发达不仅不能取代读书，反而更要讲究读书，否则一味仰仗技术进步而不谙读书之法，容易走火入魔。读过书的人利用新技术可以如虎添翼，若是不读书而滥用，则有百害而无一利。

所谓不以找材料的态度读书，首先，不要悬问题以觅材料，而要读书以发现问题。否则先入为主，难免偏蔽。使用各种索引固然十分必要，但仅仅通过索引找材料，相当危险，单纯以检索关键词的方式搜索资料则更加危险。其次，所要发现的不是书的问题，而是应该研究的事实问题。再次，不能仅仅读书得间，一味找漏洞钻空子，更应关注历史发展变化的枢纽大节和线索脉络。最后，最好同时关注多个问题，不要终生固守一个方面甚至孤立的一点。

看得到之外，更重要的是读得懂。今人治近现代史阅读相关文献，大都非借助预设的架构观念，无法看懂本来和整体的意思。因此，论

---

① 《姜亮夫自传》，晋阳学刊编辑部编《中国现代社会科学家传略》第 1 辑，山西人民出版社，1982，第 251～252 页。

证的顺序适得其反，先有论点，再找论据。取舍和使用材料往往演变成为预设的观念填充做注，而不会从文献中读出历史本相，用事实说话，顺时序地重现史事的发生、联系及其演化。今人能够看到的文献远过于前人，而读懂文献的能力则远不及前人。于是越是价值高的史料，因为愈是难以解读，利用者反而愈少。由于读不懂前人著述的意思，便以为前人无意思，总是要将各种史事原有的时空联系割裂，打乱成为任意取舍的材料，以便纳入后设的框架，曲解附会。如果遵循固有联系，则反而无法连缀，不能通解。就文章看，似乎前后照应，自圆其说，实则断章取义，削足适履。即使稍高明者，能够言出有据，面对材料史事的繁杂，也很难入木三分，容易误入前人所设陷阱而不自知。如此这般被构建出来的历史，自然不可能揭示历史的本相，只能流于作者自己的思想史。

要想读懂文献的本意，避免用后来的观念解读前人前事，首先必须努力接近作者及其时代，不见古人面，须懂古人心，若需仰视才见，则很难沟通理解。具体做法可以：①读书先逆行而上（尤其注重几个关键时代），再顺流而下，回到无的境界，探寻有的发生及演化；②以俱舍宗治俱舍学之法，循着前后左右无限延伸的具体联系，了解把握文献的本意与史事的本相；③通过比较而近真并得其头绪，透过表象探究史事背后的内在联系，由求其古以致求其是。

总之，一时代要学问好，建树多，首先要育人，出人才能出货，有高人才有佳作。不循此道，只是缘木求鱼，甚至南辕北辙。而史学面向今天以前的一切，须绝顶聪明的人下笨功夫，即使天纵奇才，也非经长期训练不能奏功。所以钱穆说读书要志向远大，虚怀若谷，否则读不进，参不透。人才可否成群结队地来，固然有时代机缘，不可强求，师资的良否也是关键因素之一。而师资同时又是治学的主力，一身二任，关系重大。抗战结束时，王重民鉴于学界乱象，希望胡适办研究院，连二掌柜一起收。"要教习翰林，还要把作教习的人，给他们一个学习的机会，或者不得不学习的机会，则学术的生长点上，方有不断的新的进步。"① 尽管胡适好讲方法，后来影响也大，但在见识稍深的学人看来，未必是拨乱反正的最佳人选。清华国学院毕业的陈守实翻看了胡适写的《读书》一文后就认为："此君小有才，然绽论甚多，可以教小夫下士，而不可间执通方之士也。"② 只是仅仅以学问为职业而非事业甚至志业者，与小夫下士相差无几，胡适的治学方法也就足以成为他们的枕中秘籍了。这也是胡适可以为一般人树立新的学术典范，而近代学人当中的高手治学却并不经过亦不遵循其所创范式的要因。

四　学术交流与评价的误区陷阱

偏倚的学术交流和不当的学术批评，进一步加剧了近现代史研究的偏蔽。在欧洲中心的笼罩和中西学乾坤颠倒的大背景下，自西学与东学交相浸淫，北美东欧互竞雄长，挟洋自重日渐成为学界时趋。而最容易吸引注意力和引发好奇心的，又往往是有声有色、吭当作响的半桶水。至于所谓西学固有的万变不离其宗的根本，因为大道无形，无论留西学还是读西书的国人，都很难领悟把握。当年"学衡派"与新文化派论争，在输入新知方面，吴宓就认为应从希腊罗马讲起，至

---

① 杜春和、韩荣芳、耿来金编《胡适论学往来书信选》上册，河北人民出版社，1998，第 302 页。
② 陈守实：《学术日录［选载］·记梁启超、陈寅恪诸师事》，《中国文化研究集刊》第 1 辑，第 429 页。

少也要从文艺复兴时期讲起，而不能拦腰斩断，以杜威横逸斜出的实验主义为主轴标的旨归。

进言之，要使得尽力输入外来文化之精华与不忘本来民族之地位相辅相成，所谓理论方法，应用于研究过程，而非表述阶段，削足适履势必捉襟见肘，量体裁衣才能不着痕迹。时贤所谓"20 世纪以来，中国学人有关中国学术的著作，其最有价值的都是最少以西方观念作比附的"，① 的确是一语中的的高见。可是在与国际对话、瞄准世界学术前沿等自欺欺人的意识支配下，以西方观念作比附不仅已是普遍现象，而且似乎非如此不足以显示预流的资格。

域外学人的问题意识，多由其学术传承和社会环境而来，且有意无意地扬长避短，即使研究东亚中国，也不得不借由域外的史事，套用本国的架构，以换取主流的承认。其在研究对象与学术背景之间左右逢源的努力，本来是两难的尴尬，只是借力于西学弥漫的好风，反而成为引导影响相关研究领域风气转移的优势。国人失察，一味舍己从人，势必舍本逐末。出国讲中土，回国言西学，成为近代学人在中西学之间游移取巧的普遍现象，其结果是误导后生缘西学而治中土。当年令陈寅恪等"神州士夫羞欲死"的"群趋东邻修国史"，如今范围早已扩大到大洋彼岸，而且空间的渐行渐远还被戴上与国际接轨的桂冠。时下学界的与世界对话（如国际学术会议之类），上焉者不过各说各话，等而下之，直是教学相长。何况所谓"国际""世界"，不过是近代"西洋""东洋"的变种。

近代开眼看世界的先驱师夷长技的目的在于制夷，而以洋为师解读中国的历史文化却有使之变成西学的附庸之嫌。自中西学移形换位，

---

① 余英时：《论士衡史》，上海文艺出版社，1999，第 459 页。

以及分科教学和用西洋系统条理本土材料的长期影响，今人治学，好用外来间架，填充固有材料。一般不论，高明如钱穆，治历代政治得失，讲古代制度，自觉应当分别历史意见和时代意见，可是仍然不免将后来的认识当作事实，所以开始就以中央与地方立论。此一预设前提，等于将中国历史上的政治制度纳入明治以后日本吸收改造的西洋观念和体制。此类问题，极为普遍，以至于将后来认识（大都外来观念）预设为不言而喻的前提，成了治学的通用法则。如此一来，虽然今人易懂，但所谓理解，"往往依其自身所遭际之时代，所居处之环境，所熏染之学说，以推测解释古人之意志"，① 难免陷入愈有条理系统，去事实真相愈远的尴尬。而今日学人对此习以为常，心安理得，反而以为前人本意和事实真相不可求，以欲识古人心为可怪，岂非咄咄怪事？如果说当年胡适倡导的整理国故实际上就是要比附西学，则今日要想正本清源，不仅时间上要以汉还汉，系统上还须以中还中。

　　史学须通过事实的比较梳理重现来体现见识于无形之中，而不能以认识为实事，或因缘域外及别科的学理观念形成论点，再寻找支撑的论据。事实胜于雄辩，至少是史学应当遵守的通则。而以史料史实的纷繁，说清事实诚非易事，既要征信于实，又要取信于人，起码应从近真与头绪两方面着力用功，绝不似一般所以为的那样轻而易举。但凡以为历史研究简单的，大都因其头脑思维过于简单。研究历史，应以史事为指向，连事实也说不清楚的认识，除了淆乱是非，毫无意义。而迄今为止不少所谓与国际学术前沿的对话，所面对的不过是后来外在的认识。在学术发展进程中，如果不能证明何以能够如此看，

① 《冯友兰中国哲学史上册审查报告》，陈美延编《陈寅恪集·金明馆丛稿二编》，第280～281页。

其凭据是否经得起考究，那么怎样看并无任何意义。类似的臆见既然于问题的认识无所贡献，也就不可能在学术史上留下实在的印记。与其分心争是非，不如专心究事实。在重现史事的过程中，可以将后人的种种认识顺带加以检讨验证，目的仍在弄清事实，并以事实为基础凭借，裁量各种认识的当否高下。就此而论，曾经众说纷纭，至今莫衷一是的史与论的关系，本来犹如文学创作的方法，应体现于塑造角色的描述之中，若用文字直白，则是等而下之。

　　和其他学科一样，史学也存在曲高和寡的现象。高明的洞见，往往先知先觉，且论证方式常常令人匪夷所思，因而一般人莫名所以。陈寅恪的不少论著，虽然将材料全部排列，按语的意见仍然令不少学人百思不得其解。而"临门一脚"的进一步说明，在高人看来不仅多此一举，还会偏离原意。容易为一般人所接受的，或许恰好是因为符合一般人的认识。

　　有鉴于此，学术交流的平等，也应包括水准的接近，而不只是与人格地位的平等相牵混，使得见仁见智变成劣币驱逐良币的先行前导。域外学问自有其本源和边缘之分，同样也有高下之别。可是活跃而易变的成分恰好处于边缘，容易引起浅学者的注意乃至共鸣。好奇骛新，其实也是趋易避难。况且治学要温故而知新，才能后来居上，因此越是高明的取径办法，一定越难，曲高和寡，而不可能相反。多数会用的办法，一般非常识即浮泛。阳春白雪，当然知音无多，所以高明者往往也是孤独的思想者。孤独者，难以交流之谓也，于是每每好与古今中外的圣贤智哲神交，并且乐在其中。蒙文通几次回忆其在苏州、无锡从游章太炎之事："时人多言先生言谈难会其意，盖先生学问渊博，谈常牵扯过广，而听者往往不能蹑其思路而从之，故有难懂之感。"① 可见即使在学界，天才与优才的差距也不止一步之遥。所以治学既要交流汲取，亦须孤往自得。而学术交流实在可以比作晏子使楚的故事，与什么人交流，衡量显示的是主动一方的见识水准。

一面倒地以西学为时趋，不仅使得国人在学术交流中失去主导性甚至独立性，而且逐渐丧失了对于域外学术批评的自觉和能力。这种情形民国时期已经开始显现，当时学人即指为极不正常。时光流逝，由于大趋势的作用以及后来一段时期禹内学术发展的混乱失常，这样的局面非但没有改观，反而有变本加厉之势。一些域外学人因此自信心暴涨，以致基本无视禹内学术的发展和异见。

在学术领域，真理掌握在少数人手中并非异例。或者谓学术论著有上中下三等境遇，上等为少数行家读懂，中等为无人读懂，下等为多数人读懂。此言逆耳，却说明学术为小众之事，其水准高下与受众的多寡非但不成正比，甚或成反比，普遍公认在学术的价值水准判断上绝不成其为标准。况且何谓公，如何认，究竟以什么为准，学人心中的界限一定因人而异，好评如潮也要看由谁来评，如何评。欲图代天下人立言，非庸即妄。所以学术只能自由，不能民主。若一味面向后学大众，无非蒙蔽鉴别力较低的青年及受众，其实际效果不过是哗众取宠，这既是大众传媒时代学人所受难以自律的诱惑，也是其地位责任所使然的两难尴尬。

1920 年代，学衡派的梅光迪指责提倡新文化者"非学问家，乃功名之士也"，② 所做学问以趋时投机为的，他认为：

> 盖学术之事，所赖于群力协作联合声气者固多，所赖于个人

① 蒙默编《蒙文通学记（增补本）》，第 3 页。
② 梅光迪：《评提倡新文化者》，《学衡》第 1 期，1922 年 1 月，第 1～4 页。

天才者尤多也。天才属于少数，群众碌碌，学术真藏，非其所能窥，故倡学大师，每持冷静态度，宁守而有待，授其学于少数英俊，而不汲汲于多数庸流之知。盖一入多数庸流之手，则误会谬传，弊端百出，学术之真精神尽失……今之学者，非但以迎合群众为能，其欲所取悦者，尤在群众中幼稚分子，如中小学生之类。吾国现在过渡时代，旧智识阶级渐趋消灭，而新智识阶级尚未成立，青年学生为将来之新智识阶级，然在目前则否也。而政客式的学术家，正利用其智识浅薄，无鉴别审择之力，得以传播伪学，使之先入为主。然青年学生，最不可恃者也。[1]

又说：

真正学者，为一国学术思想之领袖，文化之前驱，属于少数优秀分子，非多数凡民所能为也。故欲为真正学者，除特异天才外，又须有严密之训练，高洁之精神，而后能名副其实……学术者，又万世之业也。故学者之令名，积久而后彰，其所恃者，在少数气味相投，不轻许可，而永久继续之智识阶级。若一时众人之毁誉，则所不计也。[2]

近代以来，与时俱进的学人常常在引领时代风气与被风气推着走之间左右为难，梁启超即是始而造势继而趋时的典型。趋时难免媚俗，特立独行，未必能够影响于一时。后来钱穆屡屡批评清季民国的学人倡导为学术而学术，以致学术不能影响大众，而他本人的努力，包括借助媒体和做帝师两面，均不免为人所诟病。其晚年的境遇，更是似

---

[1]　梅光迪：《评今人提倡学术之方法》，《学衡》第 2 期，1922 年 2 月，第 1～9 页。
[2]　梅光迪：《论今日吾国学术界之需要》，《学衡》第 4 期，1922 年 4 月，第 1～7 页。

乎重蹈对社会缺乏影响力的覆辙。实则学人如士夫，作为社会良心，无论环境顺逆，必须坚执气节，坚守道统，不计一时之得失，成为学术文化和社会风气变动所围绕的不变轴线。

和学术交流相似，学术批评，与其说是裁量对象，毋宁说是检验主体。恰如刊物对于文章的取舍，所体现的是编刊者的品味和鉴赏力，时下通行的将学术刊物统一划分等级，并以在什么级别的刊物发表为论文好坏的标准，未免本末倒置。论著一旦形成，除非作者再度修改，否则不会发生水平的变化。佳作无论发表于何处，均不失为佳作。而劣作发表于高等级刊物，声名受损的不仅是作者。专职编辑大多就文本加以技术性评判，很难依据事实和材料进行学术检验；而在专家之学盛行的时代，不大讲究明道的同行评议，往往暴露分科的陋识，缺少全局的洞见，甚至仿佛桃花源中人，不知有汉无论魏晋的情形屡见不鲜。若一切都以各自专门的狭隘眼光看待，领悟不到，自然无缘识别鉴别。

同样，奖项、答辩等，即使抛开背后包括利害关系在内的环境时代因素的影响，主要也是体现评委因人而异的见识，所评著述并不会因为看法评价的好坏而有所变化。所以，评价其实是以固定的标的物检测不同评论人的眼界品味，之所以"横看成岭侧成峰"，是因为批评者的立足点和视野"远近高低各不同"。要想拿捏得当，恰如其分，实为至难之事。在整体中安顿于适当位置，才能得其所哉，若是见识不高而身居要津，又不自知，妄加议论，信口开河，且美其名曰见仁见智，同样属于不能藏拙，适以露丑。可惜瞎捧和胡批的情形过滥，非但不能起到奖优罚劣的作用，指示规则，开启方向，反而模糊是非，令来者无所适从，加重学界乱象。于是越是等而下之的著述，似乎越容易引起广泛共鸣（至少从博士生考试所见如此）。加上人为因素作祟，不当评价日趋泛滥，佳作不得好评，伪劣大行其道，淆乱学术，误导后生，罪莫大焉。

学术评价其实是应用已有知识裁量新知的体现。问题在于，就个人而言，未必掌握所有已知或是虽然有所了解却不一定得当；而已经掌握的知识同时还应作为吸收新知的工具，以便不断充实调整已知。如果一味将已知作为裁量的准则，便是假定自己掌握了全部人类的已知，且完全认识得当，不必扩充新知。如此，很可能误会实深变成经验之谈，包括专家在内的不少学人将由音韵训诂入手治经子的乾嘉考据与晚清民国的考史混为一谈，便是显例。

以时下的学术风气而论，近代曾经发生过的诸多乱象，或许还会重现，高明如沈增植、王国维、陈寅恪等人相继指示的规则，普遍并不遵行。但曲高和寡，轨则却不因从者的多少而变易。治学须心向极高明处，才不至于小成即堕。就此而论，接着做比凿空蹈隙要求更高，而做什么、能做什么和怎样做，本身就是一种境界。只是致众从和博时名往往伴随有各式各样的现实利益，令具有一定超越见识和意识的学人也不能免俗，偏重生前名利得失而忽略身后的口碑清誉。人不通达，学问自然难以贯通无碍。

史学着重见异，有别于社会科学的主要求同。所以治史不宜归纳，而要贯通。不过见异并非仅仅关注具体，反而更加注重整体，要在整体之下研究具体，探寻个别的普遍联系。中国近现代史的通，既要贯通古今中外，还须沟通各门各类。可是本为整体学问的史学，由于史料繁多和分科教学与治学的影响，近代以来却被不断肢解，专家之学流行，读书但求为人，加上不当的学术交流与评价标准，削足适履而非量体裁衣，导致学界乱象渐深。只有回到本原，把握学问系统及各部分的渊源流变，执简驭繁，放眼读书，温故而知新，破除分科的成见和局限，胸有成竹，才能游刃有余，以免盲人摸象。

第四章

各类史料的解读与运用

一　日记内外的历史

　　日记为重要的史料形式，尤其是晚清以降，书写材料日益简便，新旧教育较为普及，日记成为不少普通人日常生活的组成部分，至今留存的数量相当庞大，且多数未刊，若能善加利用，可为正史的重要补充甚至关键凭据。和函电、档案相似，日记一般被视为直接史料或第一手证据，强调其绝对性，忽略其相对性。实则这类私密性的资料玄机较多，阅读理解诚非易事。以贯通的眼光考察，应将日记置于历史的整体脉络之中，以求知人晓事，而不仅作为史料翻检，各取所需。日记的撰写因人而异，记事或详或略，笔法或隐或显，所录或重要或琐屑，目的也有为人为己之别。必须知其人，才能体味其如何记事，进而从所记之事中揣摩其人如何观察记录所经历的历史。史事繁多，即使不受立场观念的左右，也有条件制约，不可能全面如实记述，因而无论详略，均难免主观取舍。一种日记所录，充其量只能说应有此事，而不能断言事实就是甚至只是如此。看日记应与其他各种类型的相关材料比勘印证，并注意所录和未记的全部事实，将日记内外的历史勾连贯通，才能逐渐接近记述之人，把握其所记之事，以免尽信书不如无书的偏蔽，循着撰写者的自我塑造展现其历史形象，甚至落入其故意布下的迷局陷阱而不自觉。

（一）种类与属性

对于历史研究而言，日记是史料的一种重要形式。中国的文字书写材料发达甚早，教育程度相对较高，官绅士夫文人的闲暇又较多，因而记日记的历史长而且较为普及，留存的日记数量繁多。尤其是清代以后，日记数量激增，据说仅清季民国即属于近代范围的日记，未刊者就数以千计。还有大量的日记保存于后人及藏家手中，连著录也没有。即使进入全国各公共图书馆系统库藏的日记，未经整理编目而躲在深闺人未识的也不在少数。

数量增多带来的变化之一，是日记的形式和内容的日趋多样化。写日记的人越来越多，各色人等都有，相关官员的品级逐层降低，文人的名声日渐缩小，甚至一般学生、商人也开始详细记载亲历或目睹之事。这或许与晚清以来国民意识的觉醒有所关联，不过更多的却是个人主体意识的萌动。社会变动的幅度大，范围广，节奏快，使得普通民众也能感觉到正在亲身经历的非同凡响的大变局，平静如水的生活被微澜打破，直到掀起滔天巨浪。各种消遣尚未成为日常生活所必需，不仅有事可记，而且有时间、能力和兴致从事日记的写作。所提供的记录不仅可以补大历史的局部细节等详情，也可见个人在历史上的观念行事，或许有着与大历史全然不同的视角和解读。这样的变化当然与历史观念的改变相辅相成，一般社会成员成为历史的主体甚至主角，这些记录相应地提供了支撑。历史固然不是各人经历的简单相加，但是约化的部分总能挑战一般观念。

物以类聚，人以群分，随着数量的增长，同样的日记，渐渐显出不同的特色。由于记日记的目的和各人的风格做派差异，不同的人有着不同的记述习惯，这样的千差万别往往成为解读日记的重要凭借。形式上同类的日记，由此显出千变万化的分别。不过相对而言，日记成为重要史料的形式相当晚近，而中国历史的研究在相当长的时间里又是古代史相对较强，时段越是近今，做法越是粗放。因此，日记作为重要史料的一种，其价值与应用，在史料学或史学方法研究中尚未得到充分的讨论。在具体历史研究中，即使是成功的运用，也只有经验性的案例。

近代学人当中，陈垣的史料功夫首屈一指，尤其是竭泽而渔之说，可谓述证法的典型表述。关于近代史研究的史料与史学，他也有所讨论，只是意思和办法，与治古代史又有所分别，所列举的档案、碑传、文集、笔记、报章、杂志等各类史料，并未专门提出日记一项。傅斯年讨论史学就是史料学，亦未提及日记的史料价值该如何判定。他主持的中央研究院历史语言研究所，即有意不考虑将近代史和社会经济史作为研究领域。陈垣和傅斯年治古代史都主张断代，以便完整系统地搜集梳理各种史料，而近代史料太繁，即使断代，要想竭泽而渔也力所不及；至于分门别类与整体把握的关系应如何妥当处理，更加难以拿捏得当。

专门研究日记及其史料价值的主要有陈左高的《中国日记史略》（上海翻译出版公司，1990）、《历代日记丛谈》（上海画报出版社，2004）等专书和邹振环的《日记文献的分类与史料价值》（《复旦史学集刊》第一辑《古代中国：传统与变革》，复旦大学出版社，2005，第307~334页）长文。陈左高致力于日记的专门研究逾六十年，寓目的历代日记极多，被许为中国研究日记的第一人，甚至被称为开创了日记史学或日记学。或许与学文出身的背景和长期从事文献整理工作有关，其研究的重心在于日记的渊源流变、版本汇集以及著录提要，也就是说，主要关注的是日记本身的历史。虽然其师友当中不乏近代学界闻人，各有专长，毕竟于专门的具体研究领域不易有所体验，因而对于日记之于历史研究的观念价值，在实际操作层面反而难以深入。就此而论，邹振环的论文在概述日记研究史的基础上，集中探讨日记的文献分类和史料价值，自然较一般泛论更为贴切。秉承详人所略的原则，在前人已有论述的基础上，本书将进一步探讨日记的史料价值及其与历史研究尤其是近代史研究的关系，力求扩展视野，并有所深入。

邹振环着重于日记本身的文献分类，其实，日记在整个史料学的范围内应如何归类，还有不少讲究。傅斯年分史料为直接与间接、官家与民间、本国与外国、近人与远人、不经意与经意、本事与旁涉、直说与隐喻、口说与著文等八对范畴，依其分法，日记很难归入哪一类别。尽管傅斯年已经注意到分类及其功用的相对性，强调不能一概而论，要随时随地地分别着看，可是要想将日记适当归类，使之得其所哉，还是谈何容易。例如日记当然是私人的，可是有些人具有官的身份，有些则是各界闻人，用今日的话说，即公众人物。所记内容，往往并非纯然私密性质，而涉及许多军国大事要闻。日记多是近人记本事直说，但也不乏旁涉隐喻。尤有可议者，是所谓直接材料与间接材料的关系。

按照傅斯年的说法，凡是未经中间人手修改或省略或转写的，是直接材料，反之即为间接材料。直接材料比较最可信，但也有直接材料是孤立和例外，间接材料反是前人精密归纳直接材料而得。① 所谓

---

① 《史学方法导论》，欧阳哲生主编《傅斯年全集》第 2 卷，第 309～310 页。

直接材料，与一般所说的第一手材料大体相近。不过第一手材料的意思，实在有些含混，用于资料残缺较多的古史研究，大体可以成立。例如校勘以求得古本为最重要，道理相同。可是古本之古已经确定，偶有舛错别本的情况，影响不大。而仅仅依据类型断定的所谓第一手材料之于本事是否相符，如何相符，符合在哪些层面，符合到何种程度，凡此种种，往往并未经过必需的具体验证，即假定为可靠可信的直接证据。在材料极多、异见歧出的晚近史研究领域，直接材料之于史事的关系及其解读，远比古本之于校勘复杂得多，不可简单地相互比附。

史学研究能否求真以及如何求真，固然有所争议，但讲究材料的分别，主要还是与求真相关联。历史的本事实实在在地发生过，无论后人心中的历史如何千差万别，史事并不会因此而有任何改变，反而各自心中的历史将永远以史事为准受到反复验证。不过，人们之所以对于历史的认识千差万别，关键也在理解和把握史料与史学的关系。

史事即第一历史已经过去，至少到目前为止一般无法完全还原，人们只能通过对于历史的记录即第二历史来逐步重现史事的本相。而历史的记录相对于史事本身，无论怎样详尽，也是残缺不齐，不可能完整覆盖的。加之年深日久，一些记录随着时间的流逝而消失，缺漏还会不断加大。此外，任何记录者只能部分参与史事，即使关系极深，也很难全方位了解史事的全过程和各层面。况且，知道得多未必记录更详，如果疏于记述，则历史的本相流失更多。而知之越多越深，越是知道察见渊鱼者不祥的道理，记之反而越略，大概是常态。有时并不能因为其记载简略而断为价值不高，见识高深的只言片语，较不着边际的长篇大论更能入木三分。加上记录的形式因人而异，不同的记录形式也会影响到所记内容的详略显隐。如诗词甚至笔记小说，都有记事的一面，但解读不易。更为重要的是，直接记录者往往与历史人事有着种种错综复杂的利害关联，而这样的关联势必影响其记录的态度，取舍、缩放、掩饰、曲笔等，在所难免。

考虑到上述种种情形，即使每个当事人都能如实完整地记录耳闻目睹的全部事实，也只能反映其有限的所见所闻；即使不同的当事人同样经历了事件的全过程，关于事实的记录也必然还是千差万别。因此，只能说就他所知所记的情形大概如此，而不能断言事实的全部本相就是或只是如此。加上当事人或亲历者与史事之间千丝万缕的利害关系，因而关于事件的描述各说各话甚至彼此抵牾的罗生门现象比比皆是。

由此可见，所谓第一手材料的真与对，其实也是相对而言。历史上所有的当事人关于本事的记录，由于角度、关系、层面等客观条件不同，以及利害有别、见识不一等主观因素，往往异同互见，横看成岭侧成峰的原因，在于立足点的远近高低各不同，罗生门的现象因而具有相当广泛的普遍性。古史辨所谓以汉还汉，只能剔除后来的叠加，不能区分当时的异见。就此而论，所谓真至少有两个层次，即史事的真与记述史事的真。史事的真只有一种，但人们必须根据各种相关记述来还原史事，而即使亲历者关于史事的记述也各不相同，甚至相互矛盾，间接材料的差异往往由此敷衍而来。当事人的记述无论由于客观条件还是由于主观因素的作用所产生的差别，间有放大或掩饰的故意，却不一定是有意作伪，不仅所记大都是真（当然也有不同程度的失真），更为重要的是，他们如此这般或那般记载这一史事的行为本身，同样是真的表现。前者是他们的眼见为实，后者固然有部分隐晦，但他们如此记述，仍然是真实心境的写照和真实行为的体现。研究历史，一方面通过比较不同的记述逐渐接近史实，另一方面则要探究不同的当事人何以记述各异，尤其是为何会这样或那样记述。史事的真与关系人心路历程的真相辅相成，只有更多地了解所有当事人记述的心路历程，才有可能更加贴切地接近所记事件的真实本相。

具体而言，既然当事人的记述各异，不可能与事实完全重合，则所谓第一手资料的权威性其实难以断定，至少无法区分其中哪些方面较为可信以及具体可信的层面程度。所谓第一手材料所能证明的问题，大体上只是时间、地点、相关人物、大致过程等比较简单的部分，至于更为复杂的人际关系及其相关作用的详情究竟如何，一般很难以哪一位当事人的记述为准。所以，所有类型的材料都只能部分地反映真实，只有尽可能完整全面地掌握相关记述，并且四面看山似的比较不同的记述，即所谓以俱舍宗治俱舍学式地前后左右把握语境，理解文本，或许可以逐渐接近并认识事实的真相。在此过程中，探究相关当事人何以如此记述，与了解事实的真相相得益彰。史实永远不可能完全还原，可是，随着对相关史料的掌握逐渐增多以及了解各自记述差异的潜因逐渐深入，史实的真相可以多层面地逐渐呈现。就此而论，所谓重建史实，迄今为止，仍然既是科学又是艺术，缺一不可。一再强调要将历史学的研究自然科学化，尤其是生物学地质学化的傅斯年也不得不承认："天地间的史事，可以直接证明者较少，而史学家的好事无穷，于是求证不能直接证明的，于是有聪明的考证，笨伯的考证。聪明的考证不必是，而是的考证必不是笨伯的。""我们生在百千年以后，要体会百千年以前的曲喻，只可以玩弄聪明，却不可以补苴信史也。"[①]

正因为如此，高明的史家重建的史实，其实是重现历史场景，所

---

① 《史学方法导论》，欧阳哲生主编《傅斯年全集》第 2 卷，第 341、350 页。

有历史上的人时地再度复活，如演剧般将过去的历史重新表演一番，只是再现的途径是严谨的考证，以实证虚，而非文学的创造，虚拟冥想。实事往往并无直接实证，有直接证据者又多为罗生门式的各说各话，甚至可能是故布迷局的假象，所以只能前后左右，虚实互证，才有可能逐渐近真。

就与日记相关的所谓第一手证据的直接部分而论，可见其真的相对性。除日记外，凡是以材料的类型作为一手二手或直接间接的判断依据，同样容易混淆事实而产生误导。例如傅斯年明确提到的直接材料包括档案，其实档案不过是存放材料形式的类型，而非材料的类型。档案当中大都包括各种类型的文献，同样的东西，如果存放于图书馆、博物馆或私家手中，一般便不被称为档案。所以傅斯年也知道敦煌文书多是间接材料，算不上直接材料。此外，档案之中公家藏档的部分官样文章不在少数，善用者可以巧妙地解读运用，否则可能陷入官场套话的愚弄或前人故布的迷局。而且心思缜密者往往喜欢制造多重证据，令同时人及后来者难以捉摸。

与档案同样被视为直接材料的，还有函电、照片、录音、实物等，日记也是其中的重要形式之一。按照傅斯年的标准，日记无疑属于第一手资料。陈左高教授即认为："日记内容涵盖面广，包罗万象，由于作者身经时代、处境之判然各异，往往每部日记，仍有其侧重点，为后人提供各类研究之第一手资料。"[1] 尤其是当事人的相关日记，往往成为研究者判断的基本或重要依据。但也不可一概而论。看日记首先要注意本子，是否稿本、誊抄本、刊本、公式本或自用本。不能只看一种日记，要将各种日记相互参证；不能只看日记一种材料，要将各

---

[1]　陈左高：《历代日记丛谈》，上海画报出版社，2004，第3页。

种材料相互参证，尤其要注意不记以及别记之处，通过比较以见其异同和联系。不能只看记录的内容，要了解作者的行事风格做派以及记日记的方式。

即使将日记认作第一手材料，也不能一概假定日记所记必为事实，应当分别其中的亲历与耳闻，他事与本事。而本事还要注意记录的态度，如实还是曲笔甚至故弄玄虚。日记所记，不仅是当事人的亲历目睹，还包括不少道听途说，所以只能说日记中有第一手或直接材料，而不能简单地说日记所记就是第一手或直接材料。况且眼见未必属实，现实中被自己的眼睛所蒙蔽欺骗的情形时有发生。即便属实，也还有当事人主观与客观的局限，所含第一手证据的有限性和有效性如何区分落实，并非易事。反之，报刊、笔记、小说乃至坊间传闻，也往往有信史的成分，甚至从伪材料中也可见真历史。

如此看来，仅就外形区分史料的一手二手或直接间接，虽然不是毫无意义，却容易造成误导。更为重要同时也比较困难的是，如何从所有类型史料的字里行间分别直接间接或一手二手的具体成分，并从各个层面加以验证。要做到这一层，有的比较容易，从形式上即可初步分别，如报刊、笔记、回忆录中间夹杂的文牍、函电、照片之类，相比于传闻报道乃至道听途说，当然较为直接，符合后人心中第一手证据的标准。进而言之，则仍然有必须鉴定分别之处，不可一概而论。有的则难以分辨真伪，尤其不易判断哪些部分真，哪些部分失真，哪些部分有几分真，哪些部分有几分失真，哪些部分在何种条件语境下可以显示真的哪些层面。在这些方面，尽信书不如无书是必须信奉的基本准则。否则，看似铁证如山，以为岿然不动，实则积沙成塔，轻而易举地会被撼动以致崩塌。

（二）日记的解读

某事如果仅有一种日记，研究者往往不加鉴别，也无从比勘，以为所记即真实历史的本相全貌，引为直接论据。可是如果当事人不止一位，出现若干种记录相关史事的日记，则固然不乏能够相互印证的部分，却也难免各说各话，反而令研究者无所适从，难以取舍。或者据大连博物馆所藏某日本人士的日记，指来华多年、后任职满铁图书馆的松崎鹤雄恶意攫夺嘉业堂珍本图书，并指松崎本人受日本侵华机关指使甚至代表侵华机关。而据相关当事人刘承幹以及和松崎鹤雄熟悉的邓之诚的日记所记，再参照松崎与陈垣等人的来往函札，则显示松崎对中国甚有感情，与中国学人交好，且能够尊重中国学人的人格。对于嘉业堂文献，松崎其实是在特定情势下利用关系试图保护，斥为攫夺，未免言过其实。对此，相关研究不可偏信一面之词，应该更进一步，追究各人与本事的关联，以及其何以如此记录，进而多层面地探究本相的来龙去脉。

有时不经意间的随手记录，可能透露重要信息。自全面抗战前夕起，蒋介石即定期邀请著名学人吃饭，席间常常谈及重要事宜。如顾颉刚日记所记蒋介石在国民党六大前主动有意取消国民党的军警学党部，此事对于大学校园内国共力量对比的逆转极为关键，同时牵涉国民党内二陈（果夫、立夫）与朱家骅的明争暗斗。对此，二陈不仅于公开场合及回忆录中一再否定彼此之间存在派系矛盾，出版的日记摘录也完全不见蛛丝马迹（因未见原稿，不知当时即避而不谈，还是事后故意隐去）。而事实上，陈果夫给蒋介石上密函告御状，明确自觉两派的恶斗为你死我活，水火不容。与之对立的朱家骅虽然直接函电同样否认有派系观念及人脉，从顾颉刚日记及相关函电看，其实也是心知肚明，并予以默许。

另如顾颉刚作为历史地理学的开山，其关注边疆史地，固然因缘清代以来西北史地之学的繁兴，直接契机却是心仪的女友任职于内政部负责蒙古等地事务。由此联想到其《古史辨》第一册自序，海内外均视为其本人乃至近代中国学术发展变化的信史，实则其中不少显然是后来受环境因素变化的影响，有意无意的自我塑造，显得太过条理井然，合乎逻辑递进关系，却未必完全合乎本事。今日学位论文述其选题缘起，诸如此类倒述而来的故事，俯拾皆是。

日记所记，须前后贯通，才能理解得当。若孤立解读，往往不得要领。或引郑孝胥日记语"民国乃敌国也"，以证明其与民国为敌，且扩而大之指清遗民均以民国为敌。此事的直接起因是，1918 年 1 月 18 日，唐文治派人持书来访，因南洋公学建图书馆，欲由东南各省绅士联名呈请内务部，发《四库全书》一部庋藏图书馆中。内务总长钱能训已允发，惟联名之数未足，希望郑孝胥列名呈中。郑表示："仆不认有所谓'民国'者，故不能列名。此事甚好，当试询沈爱苍、林贻书诸人。如彼允列名，明日可以电话奉复。"当夜，"林植斋来示其友书，亦以请发《四库全书》事托林来求列名。余语之曰：'余与民国乃敌国也；吾弟尝为安徽政务厅长，以彼列名则可。'丁衡甫来，亦谈此事，丁亦不肯列名而为之代托钱干臣"。次日晨，郑孝胥"访贻书询之，彼自称对于民国亦未尝有所干涉；乃使小七至印书馆以电话复之"。①

郑孝胥自视甚高，抱负甚大，唯疆吏是求，也是清季大员们举荐最多的能员干吏之一，可是始终不得志，派差不少，却长期不得实官，

---

① 中国历史博物馆编，劳祖德整理《郑孝胥日记》第 3 册，中华书局，1993，第 1705 页。

直到辛亥清王朝风雨飘摇之时，才授湖南布政使，到任不久即赴京参与外官改制会议，虽然终于受到清廷的重用，却并没有得到施展才华的机会。武昌起义的爆发以及由此引起的清朝统治瓦解，使其满腔抱负化为泡影。1911 年 10 月 27 日，眼看时局剧变，他在日记中写下一段关于家国命运痛心疾首的感言：

> 冥想万端，有极乐者，有至苦者，行将揭幕以验之矣。政府之失，在于纪纲不振，苟安偷活；若毒痛天下，暴虐苛政，则未之闻也。故今日犹是改革行政之时代，未遽为覆灭宗祀之时代。彼倡乱者，反流毒全国以利他族，非仁义之事也。此时以袁世凯督湖广，兵饷皆恣与之，袁果有才，破革党，定乱事，入为总理，则可立开国会，定皇室限制，内阁责任，立宪之制度成矣。使革党得志，推倒满洲，亦未必能强中国。何则？扰乱易而整理难，且政党未成，民心无主故也。然则渔人之利其在日本乎，特恐国力不足以举此九鼎耳。必将瓜剖豆分以隶于各国，彼将以华人攻华人，而举国糜烂，我则为清国遗老以没世矣。时不我与，戢弥天于一棺，惜哉！未死之先，犹能肆力于读书赋诗以横绝雄视于百世，岂能徜徉徙倚于海藏楼乎！楼且易主，而激宫悠扬之啸歌音响乃出于何处矮屋之中，未可知也……官，吾毒也；不受官，安得中毒！不得已而受官，如食漏脯、饮鸩酒，饥渴未止，而毒已作。京师士大夫如燕巢幕上，火已及之。乱离瘰矣，奚其适归。①

登上清王朝末班船的郑孝胥，虽然上船不久，却不肯弃船逃生。与之私交甚好的柯鸿年、孟森等人欲往苏州投靠已经宣布独立成为都

①　中国历史博物馆编，劳祖德整理《郑孝胥日记》第 3 册，第 1352～1353 页。

督的程德全，郑孝胥告以"世界者，有情之质；人类者，有义之物。吾于君国，不能公然为无情无义之举也。共和者，佳名美事，公等好为之；吾为人臣，惟有以遗老终耳"。因而对于民国，他的确一开始就处于对立面，当面告诉同盟会人："吾不能自欺其良知。宁使世人讥我之不达，不能使后世指我为不义，故反对革命之举耳。"只是他本来主张立宪，认为庚子后清廷实行假立宪才导致革命结局，因而指慈禧为革命党魁。① 由于和清室及官场的渊源并不深，郑孝胥虽然自认为执守臣节，在亲贵官僚们看来不过是过客。张勋复辟时，郑孝胥上谕见召，却为青岛、上海的复辟党所排挤。

民初像郑孝胥这样本来与清室关系不深而以遗老自认者人数有限，而且往往各有盘算。辛亥政权鼎革，形式上是清帝逊位，民国政府予以优待，因此民国政府与逊清王室的关系并非敌对。由于满汉等观念纠结，与清初的明遗民不同，民初真正算得上清遗老的为数不多。不少人至多只是文化遗民，因为和包括遗老在内的老辈交往较多，而为他人指称遗老。清季任过学部主事的陈衍就直言不讳道："惟余甚不主张遗老二字，谓一人有一人自立之地位，老则老耳，何遗之有。"② 被视为遗老聚集之所的清史馆，其中不少人就过民国的职位，不仅食了民国的俸禄，甚至做过民国的高官，与遗老早已大异其趣。馆长赵尔巽还曾要求民国政府为其弟赵尔丰平反，作为就任馆长的条件，理由居然是赵尔丰赞成共和，有功于民国。况且，清室犹在，便修清史，行为本身已是大逆不道。梁鼎芬就曾致函赵尔巽，责以"国号虽更，少帝尚在，当此时代，公然编纂清史，对于现今幼主而直书前皇之遗

① 中国历史博物馆编，劳祖德整理《郑孝胥日记》第3册，第1356、1400～1401页。
② 陈衍：《石遗室诗话》（2），辽宁教育出版社，1998，第395页。

事，宁非不敬之尤者耶？"① 陈宝琛、梁鼎芬、陆润庠、刘廷琛等人因而"视他为贰臣"。②

进入民国，即使不赞成共和，也要设法生存。如果刻意立异，以自高身价，还有矫情之嫌。民初改元，那桐于新正初一即表明"此后遵照临时大总统袁通告，改书阳历"。③ 而清季仅仅当选为山西省谘议局议员，民初还担任过县议会议长、县教育会副会长、县清查财政公所经理和公款局经理的刘大鹏，却坚持用大清宣统纪年，未免有几分滑稽。郑孝胥的为人行事，似也并非愚忠那么简单，甚至一度自认为两面均为得罪，可在清廷与民党之间做调人（另文详论）。复辟阴谋败露，所谓禅让的格局已经破裂，民国政府与逊清王室的关系日趋对立，清查复辟，驱逐清帝出宫，以致国民革命推翻北京政府，建立国民政府，用共和革命的眼光重估辛亥政权鼎革，看法自然大异。郑孝胥不讳言与民国为敌国，此处的敌字，敌对与对等两可，只是表明不与之为伍，尚未到汉贼不两立的地步，所以不仅认为发《四库全书》的事情本身甚好，还代为联系他人或推荐自己的胞弟。

由此可知，研究某人某事只看直接材料，其实相当危险。治史有不同主题，不同范围，日记只是可资参证的一种材料，不能简单地以日记为信史。即使个人传记，也不能但以其日记为取材范围。日记、函电类此的情形也不少。存心留作史料的胡适日记，在一些重要事实上因为不利于己，遂有意略去。或者不察，以不记为无有，有违本相。近代报刊多有党派背景，对于同一事件看法有时截然相反，即使同一报刊，还有不同编撰者的立场。档案同样如此，外交档案涉及对方，

① 《顺天时报》1914 年 7 月 16 日。
② 爱新觉罗·溥仪：《我的前半生》，中华书局，1977，第 90 页。
③ 北京市档案馆编《那桐日记》下册，新华出版社，2006，第 709 页。

常有夸张与掩饰，须将各方记录相互比勘。总之，无论哪一种材料，如果不能善用，反易为其所误导。

除了是否第一手以及如何看待材料的问题，陈左高的意见还有日记可为各类研究提供第一手材料的意思，这方面亦有可以申论之处。首先，所谓各类研究，即用后来分科治学的观念所得分门别类的研究，《历代日记丛谈》就列举了自然科学史、政治史、经济史、文学艺术史、各国交往史等方面。这样的观念一般而言似无问题，深究则大有可以斟酌之处。因为前人并没有后来所谓分科的意识，更不会为了分科之学的研究而记录相关史事。而后人的分科观念又往往有因时而异的内涵外延变化以及重心游移，某时期着重讲某类史，则到日记中搜求所谓第一手材料。如果找不到预期的东西，则或者得出并无此事的结论，或者指责日记主人不重视此类事情。例如自梁启超提倡新史学以来，史家即不断指责中国旧日史籍为一家一姓之系谱，并非所有社会成员的共同史；后来又受社会科学理论的影响，偏好社会经济史。以此为准，极端的说法便是中国无史。殊不知历史上王朝的兴衰往往关乎民族的存亡，确系头等大事；而一家一姓历史的真伪，体现道德的规范和行为的准则，为伦理社会至关重要之事，所以才会有董狐笔之类的生死冲突，也才会有春秋笔法之类的隐喻指代。

其次，用后来的分科观念看待所记录的事实并加以取舍归纳，固然符合现在的规范，可是将一些当事人并不认为同类之事做后来的同类理解，很可能有违于本事，从而曲解本意与模糊本相。例如，以刑名相当于法制史，以钱粮相当于经济史或财政史，殊不知对于清人而言，身份地位有别，刑案、赋税的意涵可能全然不同。在府州县正印官看来，这些就是全部的政务。历史上的货币对于今人，具有金融史、货币史的研究意义以及收藏的价值，而对于前人，君臣、官绅、百姓眼中的银钱，不仅不能依据分科的概念来看，也不能一概而论。协饷事关王朝体制的稳固，是内外相维的体现，用后来的经济学观念看待，基本不得要领。尤其是今人好以进士不谙世事政务指责科举无用，不知承平之世科举取士旨在树立道德楷模，以便驾驭幕友胥吏。用应变局的标准衡量，自然百无一用。

（三）因书识人

阅读日记，本子的问题值得重视。日记的作者事后删削涂改日记的情形，相当普遍，刊本已经无从查考，誊抄本（无论自为还是他助）同样难以判断。即使真正的原稿本，也不易看出如何改，何时改，为何如此改。目前行世的各种刊本日记，由于篇幅、禁忌等原因，多少有所删节，而且未经标注，如刘大鹏、朱峙三、顾颉刚、陈果夫等。吴宓日记虽然没有删节，可是先期出版各书中的征引，字句间有与后来刊本有所出入之处，不知以何为准。恽毓鼎日记未刊前曾经被征引作为丁未政潮起因的重要证据，全书刊出后，似也很难读出论者的意思，令人疑窦丛生。

解读日记除了一般史料共有的种种难解之结，更为考验读者的，还在于日记的作者形形色色，风格不同，行事各异。人物研究，本来就是看似容易上手，其实做好最难。因为但凡有名于时者，头脑心思一般较常人复杂。能够留名史册且值得研究者，更有常规难以揣度衡量之处。写日记之人的身份习惯做派各异，所记日记的用途目的也多歧。近人所谓史料一律平等的观念，如果不能顾及日记作者为人行事的千差万别，则含有无视抹杀前人本意的盲点误区。首先应将书作为书看，报当作报看，日记当作日记看，书信当作书信看，不能泛泛而论地仅仅作为史料看。作书看须理解作者本来的完整意思，作史料看则容易以己意从中摘取片段，割裂作者原意，而组成另外的意思。如此解读，既非原作者的本意，也不是历史的本相，而是研究者心中的历史。作书看还要由书见人，如吴宓日记反映其情感的偏执，朱自清日记可见其内心深处的自卑。同是日记书信，不同的人有不同的写法，不同的习惯，不同的目的。作不同类型的著述看，还应注意因人而异的各类著述习惯。一视同仁的说法看似平等，实则模糊个体差异。

中国士人常常好用其短，而且名士派与世家子的行事风格各异。或者据相关日记所记，指陈三立有意参与清室复辟，并已打电报通知北京方面。此事不无可议。陈宝箴之死，当与慈禧杀帝党有关，陈三立当知其详，因而欲做神州袖手人，一生不入京城，虽有文化遗民情结，与老辈交往较多，绝非一味守成（其诸子均留学海外），更不会对有父仇的清室尽忠。如果其真的决心北上，当购票登车前往，而非电告却不动。后来陈寅恪是否打算去台湾，情形相当近似。他同时预谋的动向甚多，拿着其中一面即以为铁证如山，等到看见其他各面，才发现铁证虽然在握，却未必能够定谳，更加无法铸成铁案。

邹振环已经注意到日记可以从不同角度分为不同的类型，不能一概而论，并且在概述前人关于日记的各种分类法的基础上，又提出了新的归纳。前人的分类，多从日记的内容形式或记述人的身份经历等方面考虑。其实大多数日记兼有多种类型，所谓分别，大都为事后的看法。此外，一种日记本身，也可分类整理编辑，如吴汝纶、李慈铭等人的日记，即经重新按类编排。这样的分类，犹如编辑个人全集文集时的分门别类，一般而言问题不大，但也会遇到捉襟见肘的困难。如果分别是由本人做出，则可以显示时代风尚或自我塑造的主观意向，若由他人做出，还难免见仁见智的成见。对于史家而言，最好的编排办法，还是依照时间顺序，亦即日记的本来面目，逐日排印。

不把日记从形式上分类，并不等于记日记的方式没有差别。日记由出身、阅历、职业、性情、做派各异的人所写，不同的人记日记的目的、风格各不相同。解读日记，不能仅仅悬问题以觅材料，先入为主地从日记中挑拣自己想要的东西，首先要看记日记的人是何种人，如何记日记。如此做法，绝不仅仅是一般所谓外证，日记不同于一般作品，后者一旦形成，即可独立存在，作者的本意与读者的解读不一定非要重合。而作为研究历史凭证的日记，不了解下蛋的那只鸡，就很难清晰贴切地认识所下的那只蛋。所谓文如其人，记日记的风格往往与其人的行事有着紧密的联系。

一般而言，日记是私密性文书，可是不少日记写作时就是为了公开或准备公开。其中有的是体制规定，必须如此。如清季以来，驻外使臣或使节，依制须详记日记，定期送交主管衙门乃至最高执政者阅看，甚至还要刊刻印行，广泛分发各级官员。此外，文人好名，有的日记旨在留给他人阅看，典型的如越缦堂日记以及胡适日记，前者是要留给皇帝看，后者则是想留作史料。为幕者虽系私人，兼具参事记室功能，所记往往涉及机要秘辛，著名的如赵烈文日记。有的日记则怕人看或只是个人备忘，所以只记事不议论，所记极为简略，如荣庆、张謇、鲁迅等人的日记，连善用材料者也有无从下手之憾。有的因故世后加以涂抹删削，如翁同龢、蒋维乔、胡适等人的日记，除非影印出版，否则只看刊本，难免扑朔迷离。因此，要通过日记看清主人的风格习惯，有的不仅要看记录了什么，更要留意有什么不记，以及为何忽略。

清朝以理学为正统，虽然一度中衰，晚清理学心学复兴，影响广泛。理学家讲究修身内省，日记本来是日常自我修炼的功课，不过要想提供示范，也会交由弟子门生阅看，并且要求其仿效，以便检查督促。私淑者慕名学习，追摹效法，所在多有。曾国藩日记即为显例。

清代一反明末风气，不好讲学，惟重读书，书院乃至学校，以自修为主，考课之外，要求学生随课程读书日记其心得。近代改行新式学堂，初期仍有流风余韵，并非完全如今日师生的讲课笔记形式（课堂教学用教科书、讲义还是讲课笔记，分别受日本、美国影响，民国时颇有争议）。京师大学堂章程规定：大学堂学生分为仕学院、中学、小学三类。每月考课，分制艺试帖为一课，策论为一课，一月两课。入仕学院者不责以月课，如有愿应月课者听其自便。仕学院愿习洋学者，从洋教习指授考试。愿习中学者，自行温理旧业，惟经史、政治、掌故各项，务宜专认一门。每日肄习何书，涉猎何书，均应有日记，有札记，以资考验。功课宜分经义、史事、政治、时务四条，按日札记，翌日上堂呈分教习评阅。① 此类自学笔记，虽然也会触及心灵深处，与一般日记明显有别。

多数日记主要还是写给自己看，仍然具有显而易见的私密性，因而往往只记或多记身边琐事，对于公事乃至大事要闻反而着墨不多甚至疏于记述。例如清季以来不少官宦的日记不厌其详地记录其如厕之事或各种隐疾，这一方面可见此类人群常受相同病患的困扰，另一方面，可知诸如此类的问题对于他们是不得不每天面对的重要事情。不过，不能因此就断定在他们心目中这些私事的重要性远在从公之上，更不能以其未予以记载即断言那些大事并无其事或无关紧要。因为不记的原因或有多种，如一种文化内的人对于熟悉之事习以为常，很少会诉诸笔墨；或公事往往不便与私牵混，必须公私分明；又或者迫于

① 《京师大学堂规条》，朱有瓛主编《中国近代学制史料》第1辑下册，华东师范大学出版社，1983，第668～671页。

时势，碍于情面，有所顾忌，不便记录。清季戊戌、庚子间史料相对稀疏，日记尤为明显，官绅的日记大都从简甚至缺漏，显然因为清廷文网严密，厉行党禁，朝野人士或当时即不敢记，事先留空，或事后加以涂抹删除，以免获罪。后来研究者抱有从日记中获取解读历史密钥的预期，往往落空。

1930 年代初，傅斯年在与李济的一次闲谈中，流露出对中研院历史语言研究所第一组（历史组）的午门档案整理工作颇有点失望的情绪，尤其是与安阳殷墟发掘的辉煌成绩相比。李济问何以有此不满，傅说："没有什么重要的发现。"李济反问道："什么叫作重大发现？难道你希望在这批档案里找出满清没有入关的证据吗？"傅斯年听后哈哈大笑，从此不再提这件事了。[1] 此事在傅斯年可谓智者千虑必有一失，却颇能反映一般人一味追求秘籍珍本，并且从中发现尘封历史的误区。其实历史的大体和基本早已呈现于世人面前，只不过人们立场态度各有所偏，非高明者不能正确认识罢了。

与之相对，从平淡无奇的记述中，善读者可以捕捉到重要信息。不少日记似为备忘录，内容如同流水账，只记见人、发函、购物等事的条目，并无详情，更加没有表明态度的看法议论感想之类。尤其是老谋深算、城府较深之人，老官僚如王文韶、荣庆、徐世昌、那桐、绍英等人的日记，大都如此。出身绍兴的鲁迅，颇有刀笔吏之风，其杂文小说极尽嬉笑怒骂之能事，日记却是不动声色。即使善于治史之人，如果不熟悉相关的人物史事，面对这样的平静如水乃至一潭死水，也往往只能望洋兴叹。对此，必须将各种材料相互比较参证，若是善

---

[1] 李光谟撰《锄头考古学家的足迹——李济治学生涯琐记》，中国人民大学出版社，1996，第 102～103 页。

于利用，亦可收识一字成活一片的奇效。如关于辛亥年徐世昌的活动，传闻甚多，绘声绘色，比照日记所示行踪，种种不实之词，不攻自破。

写给人看的日记，自然很难秉笔直书，畅所欲言。驻外使臣的日记，有的干脆写成两种，一份公开的依制上交，一份私人的留下自用。理学家的日记，固然有内省的作用，但也难免作态之心。至于旨在博取生前身后名的日记，更有矫揉造作的矫情之嫌。李慈铭的日记即颇为识者所诟病。有意仿效李慈铭记日记的胡适，尤其注意在日记中对自我形象的塑造。其感情世界的隐晦与掩饰已为前人所论及。其实绝不仅此而已。凡是于己不利之事，胡适事先即刻意回避，事后又几番仔细检查，涂抹删削。非与他人相关日记以及其他各种材料比勘互证，不易得其实情。若以为但凡胡适日记不记即为无有，便是上了胡适的大当。所论证的胡适，无非是胡适本人希望的形象。

鲁迅曾经形象地比较陈独秀与胡适两人的行事风格大异其趣：《新青年》时期，"最惹我注意的是陈独秀和胡适之。假如将韬略比作一间仓库罢，独秀先生的是外面竖一面大旗，大书道：'内皆武器，来者小心！'但那门却开着的，里面有几枝枪，几把刀，一目了然，用不着提防。适之先生的是紧紧的关着门，门上粘一条小纸条道：'内无武器，请勿疑虑。'这自然可以是真的，但有些人——至少是我这样的人——有时总不免要侧着头想一想"。[1] 这段话后人指为鲁迅多疑，固然。说胡适没有害人之心，大抵属实，但是否真的襟怀坦白，表里如一，的确令人不大放心。胡适好以"做学问要于不疑处有疑；待人要于有疑处不疑"[2]为治学处世的座右铭，如果胡适本人成为研究对象，究竟应于不疑处有

① 鲁迅：《忆刘半农君》，《且介亭杂文》，人民文学出版社，1973，第55页。
② 中国社会科学院近代史研究所中华民国史组编《胡适来往书信选》中册，中华书局，1979，第7页。

疑抑或于有疑处不疑？

概言之，从日记内外看历史乃至看日记，应注意如下方面：不要以某一种日记为信史，应将各种相关日记相互参证，以求近真；不要简单地以为日记即第一手资料，应将各类文献比勘印证，以便把握其中真的部分和真的程度；不要以日记所记即为全部事实，应掌握基本事实来看日记所记；不要仅仅从日记中各取所需地寻找自己要的材料，而要了解记日记之人的为人行事及其记日记的习惯方式。这些大体也就是前贤所说的旧材料熟才能运用新材料（陈寅恪），求其古与求其是（王鸣盛、傅斯年），要读全书，知本意（钱穆），达到"不见古人之面，而见古人之心"① 的境界（毋庸、余嘉锡）等意思的综合运用。信史不可能建立在单一种或某一类材料之上，尽信书不如无书，日记同样如此。将日记内外的人与事勾连贯通，则记日记之人及其所记之事，才能作为历史的有机组成部分，得其所哉地充分如实展现出来。

二　函电解读与历史研究

书札为晚近史料的一大宗，电报则可以视为尺牍的变形延伸，分别在于书信的收取方所见文本为发送方的亲书或代笔，内容一般较详，而电报文字较为简练，大都须经他人之手发送及转译。除了公开信，书信的内容当时一般不会让收信人以外的第三方知晓，而明码电报的内容，除非再使用隐语暗码，则至少收发人员已经完全了解。

---

① 余嘉锡：《目录学发微》，刘梦溪主编《中国现代学术经典·余嘉锡　杨树达卷》，河北教育出版社，1996，第 15～16 页。

函电无疑是直接材料，不过与日记显然有所区别。日记固然也有写给他人或后人看的，一般而言，主要还是留给自己看。当然，进一步深究，也有各种分别。函电则一定或首先是写给对方看，对方或个人，或群体，或机构，或团体，无论经由怎样曲折复杂的形式，总要收取的一方明白函电的内容或言外之意。此外，还有公开信或通电一类，虽然或有具体对方，却旨在将其中的意思公诸天下。

来鸿去燕，在中国可谓历史悠久。虽然相比于其他类型的材料，函电无疑还是少数脱离之片段，可是清代以来，留存的书札越来越多，晚清又新增电报一项。相比于书信，电报具有迅速便捷的显著优势，尤其是利用电报较为方便且享有各种特权的官府，处置军国大事越来越倾向于通过这种新型方式传递信息。这一类官文书的地位日显重要，朝廷和各级官府都出现了电报专档，清季督抚的文集中，电报的比例也日渐增加。函电的绝对数量或许仍不及其他类型的文献，但是由于具有第一手直接材料的种种特性，因而在解决历史疑难问题时，往往形成如山铁证，能够起到一锤定音的关键性作用。

正因为书信可为治史求真提供直接的重要证据，今人遂有过信函电的偏向。突出的表现之一，就是好以书信为心灵的窗户，意即书信不仅能够直接显示史事本相，而且通过书信的字里行间可以窥见写信人的内心深处。此节如果泛泛而论，倒也无妨，如果简单地信以为真，但凡书信便当成心声的吐露，恐怕就难免被误导。因为书信所写，究竟是抒发心声，还是要在心灵的这扇窗户上贴一层遮挡视线的窗户纸，不可一概而论。信写给谁，说什么，为何说，怎样说，在何时何地何种语境下说，大有讲究。即便是真心表露，因为只是当事双方的内心交流，旁观者与后来人要想读懂理解，也未必是轻而易举的事。若写信人有意掩饰心灵的跳动，则情况更加复杂。尤其是当这层窗户纸的作用不仅要遮挡真实的内心活动，还画上各种图案以制造假象，淆乱视听，解读起来势必难上加难。

　　函电的文字，有时因作者的某种喜好而变得晦涩难懂。如章门弟子钱玄同等治文字之学，每每于行文中弄些假借隐喻之类，或玩文字游戏以自娱自乐，或故弄玄虚以炫人耳目。通信双方或许心有灵犀一点通，却苦了旁观者和后来人，因为不知其心中的今典，用心揣摩或乱猜一气，往往游离于本意本相，不能与之心意相通，难以达到虽不中亦不远的境界。

　　阅读函电尤其是书札原件，首先要解决认字的问题。此事在昔日一般或许不成问题，但在越来越少运用手书的当今以及将来，恐怕会越来越成为使用者难以逾越的障碍。除非大量引用各种日记作材料，否则看日记一般只需认一人的字，因为具有连续性，即使不懂书法，也可以熟能生巧。看来往书信则不仅要辨认多人的字，而且有时来函仅此一例，无从比照，解读的难度自然不可同日而语。如果是阅读编校的刊本，认字的主要问题当然先期由编者解决。编辑像《汪康年师友书札》这类以原件为底本的函札，认字的功夫较编辑一般文献更为重要，也更容易出现错误。下这样费力却未必讨好的笨功夫，实在是惠泽学界的大好事。否则利用者难免视为畏途。如端方档中来往书信的数量大，史料价值高，但因为文本解读不易，陌生人事极多，利用者往往取巧，只征引档案中的奏折咨文等官文书。其实这类材料固然重要，可是不免官样文章。只不过清代文书于书写文字要求极严，尤其是奏章所用馆阁体，不仅工整，而且少误，较阅读排印本更加容易。若论史料的直接性，则往往不及函电。趋易避难的结果，反而舍近求远，始终隔膜。

　　不过，近代史料庞杂，史事烦琐，很难完全解读其中的今典本事，使得认字一环极易发生错误。正如廿四史的整理，最难标点准确的为《元史》。各种近代史料的标点本，哪怕由行家里手负责整理事宜，复经高明指点审阅，各式各样的错误也是在所难免。来往函电牵涉大量人事，以及各种人名字号、地名、书报、机构等专有名称，诸如此类的各种今典，要想完全掌握，绝无可能。可是不知则很容易误读文本，发生错误。所以说编辑近代文献，其难度犹在古籍之上，很难做到准确无误。再者，由于近代汉语中文的表达变化甚巨，编者失察，又过于自信，往往以为前人不通，好擅自改字，结果以不误为误，反而改成不通或曲解。有时甚至出现改错一字导致一片不通的情形。典型的一例，为丁文江、赵丰田所编《梁启超年谱长编》第 209 页引 1900 年 3 月 28 日梁启超《复诚忠雅三君书》，因为不解居首的"诚"为何许人也，影响及于整篇书信内容的理解，不知所言何事。据杜迈之等辑《自立会史料集》，"诚"应为"諴"（第 342 页），沈荩字克諴，则这封写给沈荩、唐才常、狄平三人的复函，所言实为沈荩密谋北上行刺西太后等人之事。

除了公开的函电，一般而言，信函大都是私密性的，前述种种曲折，一般无碍通信双方传达信息，交流意思。而真正的密函密电，至少在发送者写来，更是要传达实情真心，因此尽可能简洁明了。但因为事情隐秘，生死攸关，大都希望收信人不传六耳，即时销毁，能够留存下来的为数不多。有的后来落入敌方之手，下落不明，如戊戌政变后康有为家被抄出的大量函札，都被清政府付之一炬，抄录下来的副本至今也不见踪迹。即使侥幸留存下来的密札，因为沧桑巨变，难免散佚湮没。剩下的断简残篇，不见前后左右的关联，解读起来，较一般函札更加困难。不要说捅破窗户纸，即便当事人传达的真心实情，也在残缺不全中变得扑朔迷离，读起来往往不免有雾里看花之憾。

解读函电必须熟悉相关人事，才不至于望文生义。重要的函电往往更加难读，原因之一，就是各种相关事实情状不易了解把握真切。尤其是秘密函电，为了防止泄密，大量使用密码代号，使得后来者难以破解。清季各省大员为了及时掌握朝廷动向和内外消息，纷纷在京师设有耳报，探听和提供信息。传递这些密探得来的消息，必须想方设法掩人耳目，以便万一失泄，还有可以遮掩转圜的余地。既然是密报，价值自然在其他书信之上。但正因为是密报，解读较一般史料难度更大。盛宣怀档案中的"齐东野语"即属于此类。虽然编辑出版有年，认字的问题已经解决，可是迄今为止，已被利用的却相当有限。有时甚至互通函电的当事双方，虽有事先约定，也会因为指代隐喻太多且变换太快而陷入迷茫。

庚子勤王，公开旗号之外，不同的政治势力还有各种密谋，需要彼此暗中联系。夏曾佑在屡屡遇到无法完全读懂来函之意的情形下，专门嘱咐汪康年："以后通书有碍字面，诚恐未便，若作隐语，又易误会。今拟于信中极要字面，即用电报新编之号码，每码移上三字。"[1]保皇派为此还专门制定了互通函电的密码代号表，用以查阅指称的相关人事。抗日战争期间，国民党中央组织部与潜伏于平津地区主持文教工作的秘密机构电报联络，为了保密起见，后者相关各人所使用的代号频繁更换，以至于有时中央方面的接收人也不知所用代号究竟指称是谁，不得不在下一封电文中特意询问清楚，以免造成误会，影响工作进展和人事布局。

不同的人，习惯做派各异，即使写信的风格以及内容的详略深浅，也是形形色色。之所以因人而异，不仅出于写信人的偏好，而且取决

---

① 上海图书馆编《汪康年师友书札》（2），上海古籍出版社，1986，第1353页。

于通信双方的关系，并受到境遇变化的影响。解读函电，与日记一样，不仅要看文本，还要由熟读文本进而比勘各种相关资料，查知作者的为人行事及其所经历的各种人与事。今人好以函札展现书法，其实书法好的人写信往往较为随意，例如康有为、钱玄同等书法高手，因为自信狂放，敢于信笔涂鸦。反观书法略逊一筹的梁启超等人，一般情况下写字却极为认真，唯恐被人指摘讥笑。人的一生不可能一帆风顺，顺逆起伏的变换之间，感受到世态炎凉、人情冷暖，有时也会影响到书信的形式内容。据说梁鼎芬赋闲时写信一般较长，反之，春风得意时则较短。

　　用函电作为史料，最好有来有往，以便相互印证。若仅看一个人单向度的函电，不了解相关的史事，只能就纸面理解文字，很难通晓函电全部内容的本意及其具体所指。中国不但书信的历史悠久，而且具有注重史籍和珍视文字的传统，许多人不仅保存珍藏来信，还过录留底去函。这样有来有往的记录，对于历史研究是上佳的材料，弥足珍贵。最为典型的如当年丁文江等编辑梁启超年谱长编，收集到来往书信两千余通，成为长编的主要依据，其体例为其他长编难以仿效。近年来编辑出版的诸如康有为、盛宣怀、汪康年、缪荃孙、张元济、陈垣、胡适以及待刊的刘承幹、傅斯年、顾颉刚等人的往来函电，为深入研究相关历史问题提供了重要依据。陈垣的年谱长编主要也是依据来往书信铺排而成。即使有的往来书信能够直接对应的所占比例不大，只要应用得当，也不乏可以前后参证之处。

　　已刊的各种来往书信，大都按人编排，好处是便于查询，弊病则是脱离时空位置，不见同一时期与不同人的联系，以及通信各方错综复杂的相互关系。而这往往是解读两人之间函电内容旨意的重要参证。所以最好再依照时间顺序将来往函电编排一过，以便比勘。一般而言，函电虽然可以认作直接材料，提供判断史事的重要证据，可是由于对象有别，不要说写信人不可能直接完整地陈述事实与看法，即便完全充分地表达己意，也仍然是根据其所见所闻的复述，严格说来还是一面之词。在经过内证外证的检验之后，至多只能断言某人关于某事如此说或有此说，而不能一言以蔽之曰事实就是如此。实事的本相，必须前后左右上下内外比较参证后，才能大体近真，而无法完全重合。

　　与不同的人通信，因为相互之间亲疏敌友关系不一，表达真心实情的程度自然有别。从不同时期的通信中，可见双方关系及其变化；从同一时期与不同人物的通信中，可以前后左右地综合考察写信人思维行事的本意实事。这不仅对于整体理解写信人是如此，对于具体认识通信双方的关系同样如此。就写信人而言，戊戌、庚子之间，汪康年与以趋新士人为主体的各方人士频繁通信，其对象上自枢臣疆吏，下至会党土匪，如果不能全面解读，仅就部分立论，势必各执一偏，不能整体认识和把握汪康年其人，以为其不仅貌似忠厚，而且真的胸无城府。实则汪康年社交广泛，严复称之为"知类通达"，不仅指"闻善必迁"的态度而已。① 梁启超《创办〈时务报〉原委记》称："盖穰卿宗旨谓必须吃花酒，乃能广通声气，故每日常有半日在应酬中，一面吃酒，一面办事。"② 关于此节，汪诒年进一步描述道：

　　　　先生好客，出于天性，在两湖书院时，凡名流之客于张文襄者皆与纳交。其后设《时务报》于上海，则凡在上海之名人，于政治、学术、艺能、商业负有声誉与夫来上海者，无不踵门投刺

<hr>

① 朱维铮、姜义华编注《章太炎选集（注释本）》，上海人民出版社，1981，第 112～113 页。
② 丁文江、赵丰田编《梁启超年谱长编》，上海人民出版社，1983，第 96 页。

求见。先生亦无不迎候访问，夕则设宴以款之，相与谈天下大计，或咨询其所长，或征求其所闻见，故于各地之人情风俗，与其人之性情品行，无不明瞭。尝手辑一书，取平日所见之人，分省隶录，并详著其所长，题曰：曹仓人物志。其留意人材如此。先生好客之名既著，故四方人士无不愿一见先生。①

联系汪康年戊戌、庚子间的所作所为，这样好交际应酬，当不仅是天性好客或士人交游那样简单。政海之中，结交愈广者，心术往往愈深，其言行难以凡人常理度之。

汪康年与人通信，延续其广泛交结的风格，给不同的人写信时态度各异，须将同一时期关于同一事件的不同信札前后左右参看，才能把握其真实意向。例如单看汪康年与张之洞的往来书信，则会产生似乎汪的所有言行都是秉承张之洞旨意的印象，从而得出汪康年是后者在新党中的代言人的结论；若是不能解读《汪康年师友书札》中会党首领的来函以及有关庚子反清廷兴民政密谋的诸多信函，一味就汪康年与新党的往来函件申说，则以为像汪康年这一类士绅不可能怀有奇志异心。其实像他这样有意结交三教九流者，政治权变的幅度远较一般人为大，不能与坐而论道者同日而语。任何万一的选择，都会在其考虑之列。

就此而论，《汪康年师友书札》不仅为研究汪康年本人提供了绝佳的材料，认真梳理解读，可以印证上述说法，而且对于认识其所经历的一系列隐秘大事以及相关各人，均提供了重要的证据。由此可见，汪康年其人其事远较一般学人乃至专门研究者所以为的复杂难解。单

---

① 汪贻年纂辑《汪穰卿先生传记》，章伯锋、顾亚主编《近代稗海》第 12 辑，四川人民出版社，1988，第 342 页。

一面相描述出来的汪康年，不仅千人千面，无所适从，而且很可能将汪康年故意示人的面具当作本相，徒令逝者讥笑于九泉之下。

就通信各方的关系而论，若单就其中两人一条线似的着眼立论，很容易偏蔽以致误会，误解彼此关系的实情。如果仅仅以两个人之间的来往书信作为判断通信双方关系的依据，看法可能流于似是而非，虽然看似信而有征，与立论的凭借相符合，却很可能是真的假象。即便属实，也不过是从某一角度体现的某一层面的真实。实际上，通信双方的关系，不仅体现于双方的来往书信之中，更重要的是取决于各自与其他各方错综复杂的关系。因此，为了了解和认识双方关系的实情真相，至少还要比照各自与其他各方的往来函电，相互参证，才有可能把握其关系的好与否，或是哪些方面尚好，好到何种程度。例如从以胡适为中心的来往书信看，孙楷第与胡适的交往及其对胡的看法似乎不错，两人论学的文字往来频繁，孙楷第对胡适的期许甚高。但是参看孙楷第与陈垣的书信，就知道孙楷第对于胡适的学行其实不无保留。这不仅有助于理解孙楷第和胡适其人，更有助于全面深入周到地认识两人的关系以及彼此之于对方的心证。

诸如此类的事例，在历史研究中不胜枚举。有时当局者和后来人都各执一端，以至于好以两极观点立论裁量的研究者无从置判。如号称天下幕府之枢机的赵凤昌，晚清民初牵涉各方的诸多军政大事，东南互保、南北和谈等，都与之关联紧密，甚至于在其惜阴堂中密谋协商决策之后，才为各方权力正式采纳公布。赵凤昌与南北官绅新旧各种势力的关系极为错综复杂，而又深得各方信任倚重，以致各方都有意礼聘其出任枢密顾问。可惜如此重要的人物，迄今为止，不仅正史之中几乎没有立足之地，即便独立的传记也难以成立。究其原因，藏札等直接材料长期未能公布，而坊间流行的各种笔记掌故的记述，不易取为确证之外，受非此即彼的两分史观影响，难以解读材料，难以将其人其事安放妥当，适得其所，恐怕更为关键。

类似的事例还有张元济。自从戊戌被贬之后，张元济就很少涉足政坛，自然也就不会再度失足。可是他并不仅仅是不失足而已，在波谲云诡、动荡不宁的 20 世纪中国，还始终能够与时俱进。尤其是辛亥国体变更，政权鼎革，以及五四时期各种文化思潮和社会风潮接踵而至，张元济都能从容应对，既对新潮推波助澜，又与老辈往来唱和。关于章学诚研究及其年谱的撰写修订以及《章氏遗书》的出版，历来作为胡适、姚明达等人与日本的内藤湖南等人的中国研究争胜的显例，实则背后通过刘承幹，张元济还与沈曾植、沈曾桐兄弟以及一干被视为遗老的海上老辈牵连广泛。张元济来往书信存有大量相关信息，只是研究者目光不及，或视而不见，置若罔闻罢了。①

调整此是彼非、截然两极的观念，认真解读各种反映错综复杂的人际关系的来往函电，可以在充分认识人的复杂性的同时，深入一层把握史事的复杂性，进而尽可能重现生动鲜活的历史画卷。

书信经过整理编排或转述，往往掺入编辑者的主观，影响史事本相的呈现。《梁任公先生年谱长编》所录大量各时期的往来书信，本来是照本全录，后经康门弟子多人签注，有意识地将原函的一些重要内容删去，例如庚子勤王运动中，梁启超等人一度背着康有为与孙中山合作密谋反清，多份函件涉及相关史事，均被有意剔除。结果凸显了梁启超与孙中山矛盾纠葛的一面，使得双方关系变得扑朔迷离。如果不是原函尚在，又经学人有心抄录部分，要想破解谜团，还原真相，极其困难。

_____

① 此事台北政治大学历史系博士王信凯撰写过专文。

随着各种往来函电的编辑出版以及人际网络研究的兴起，有学人注意到可以将二者结合起来，利用往来函电构建人脉关系网络。此说固然，但是如前所述，仅仅以某个人为中心的来往函电建构人脉网络，容易出现偏蔽。理想而难度较大的办法是，将相同或相近界别的多个人物的来往书信结成平面关系网后，再相互叠加，形成立体式的网络，每个人都处于纵横交错的网络之中的应有位置，以免以个人为中心的视角单一和片面。如利用胡适、张元济、刘承幹、缪荃孙、陈垣、傅斯年、顾颉刚、鲁迅等人的来往书信，大体可以结构近代学人的关系网。而蒋介石、胡汉民、朱家骅、阎锡山等人的函电，则可以构建国民政府时期政界的关系网。如果要进而沟通政学两界，还要再将不同界别的网络合并。如此，则历史人事无限延伸的相互关联的整体性渐次呈现，各种分门别类的专史乃至分科的畛域不攻自破。

善读者须前后左右上下内外地参证所有材料，熟悉相关人事，做到这一层，整体上或可较每一个别当事人更能体察理解各方关系以及各自所要表达的意思，将相关人事得其所哉地还诸本位，甚至举手投足皆能查知其旨意动向。治史达到如此境界，能在实事和精神层面重返历史现场，方可谓善之善者也。

三 历史档案的属性及应用

治史尤其是研治晚近历史，档案无疑是重要的取材，而且一般视为未经加工的原始材料，也就是傅斯年所说的直接材料。由于这样的材料未经中间人手修改或省略或转写，又被称为第一手材料。古代史直接的材料为数不多，有意不治近代史的傅斯年，只举出毛公鼎、卜辞和明档案作为直接材料的代表。前二者同时又是器物，只不过是带有文字的器物。这种毋庸置疑的物质性，使得看起来"直接的材料是比较最可信的，间接材料因转手的缘故容易被人更改或加减"。① 所以，史家治史，特别是近代主张不读书只是动手动脚找材料的学人，往往踏破铁鞋，千方百计地寻找直接材料，而档案自然是一大宗。

史料越近越繁，档案尤其如此。如果说中国现存档案始于唐代，那么时段的下移与档案的数量不仅成正比，而且几乎是几何级增长。同时，档案又有秘密的意味，包含不少尚未解密、人所不知的尘封历史。按照现行的档案制度，定期公布，可以拨开迷雾，一窥庐山真面。所以，相比较而言，研治中国近现代史的学人对于档案更加倾心，无论选题如何，有无必要，都希望借档案以增色；如果找到人所未知的档案，更是如获至宝，以为不仅可以扩张材料，更加能够填补空白；甚至有唯档案是求，只靠档案便可治史之说。

其实，档案究竟是一种材料的类型，还是一种存放材料的方式，至少就现状而论，不无可议。目前各地的档案馆、图书馆、博物馆，往往会收藏保存相同或相似的文籍，如函电、日记、文牍甚至报刊等，若是存放于图书馆，哪怕是特藏，一般也称为文献，在博物馆则成了文物，而保存于档案馆，便一言以蔽之曰档案。即使是官方或半官方文书，如清季各省谘议局的各项文件，在各地分别入藏档案馆、图书馆或博物馆，也是依据收藏单位之别而冠以不同的名目。

反之，一些理应属于档案的东西，因为没有存放于档案部门，或曾经以各种方式被编辑出版，从而转换成了其他的文献形式，后来者便往往不以档案视之。《国家图书馆藏清代档案文献汇编》所收录的

① 《中国古代文学史讲义》，欧阳哲生主编《傅斯年全集》第2卷，第43页。

《谕折汇存》与《阁钞汇编》两种，其内容主要为上谕和奏折，无论用何种尺度的定义，都毫无疑义应是档案。只不过曾经由民间报房将《京报》所不能尽载的明发章奏抄录汇编成册，按月发刊，便无法满足人们探秘窥视的心理。就信息而言，其中固然已经没有秘密，却包含了相当比例的清政府官方文件，隐藏着众多未经解读的史事。如果认为既经中间人手整理编辑抄撮，或有所取舍删改，价值难免降低，尚有一定道理，但如果说因此就不成其为档案，恐怕也太过牵强。

细究之下，目前关于档案的起源、本意和定义，无论取法古人还是借鉴异域，都是言人人殊，甚至各国相关的法律解释，也是因缘各自的历史文化，内涵外延大相径庭。也就是说，连什么是档案，或者什么样的文献在何种情形下可以叫作档案，仍处于剪不断理还乱的混沌状态。既然档案的语义因时因地因人而异，则重视档案的异口同声之下，其实各自所欲表达的意思相去甚远。因为每个人心中的所谓档案，实际指向可能千差万别。

若据今日的一般观念，存放于档案馆的就算是档案，则档案馆所藏文献的类型繁多，概言之曰档案就是原始材料，就是直接形成的历史记录，显然过于笼统。以为档案所存不仅是信史，而且是全史，更是过于拘泥而执一偏。

首先，目前任何档案馆所藏，极少堪称完璧，或当时因故未能入档，或事后保管不善而有所散逸。前者如"小报告"，应是研究清代政治的重要材料，可是目前各档案馆藏品中极为罕见；后者如几经周折才得以保存下来的八千麻袋内阁大库文书，已经化为纸浆者不知凡几。有些理应入档的文件，却始终查无下落。如戊戌政变后从康有为家中抄出大量信札，1898 年 12 月 28 日，清廷发布上谕：

> 昨据两广总督谭钟麟奏：康有为本籍抄出逆党来往信函多件，
> 并石印呈览。查阅原信，悖逆之词，连篇累牍，甚至推谭嗣同为
> 伯里玺之选，谓本朝为不足辅。各函均不用光绪年号，但以孔子
> 后几千几百几十年大书特书，迹其种种狂悖情形，实为乱臣贼子
> 之尤。其信件往还，牵涉多人，朝廷政存宽大，不欲深究株连，
> 已将原信悉数焚毁矣。①

这些本该作为重要证据或把柄的信函，原件已被焚毁，应该入档
的石印本，迄今为止，也不见踪影。所以，除个别例外，档藏文献即
使不能一概而定为少数脱离之片段，至少也不能笼统地称之为多数资
料之汇集。

明乎此，仅仅依靠档案，不仅无法认识历史的全貌，而且对于理
解档案本身的价值也会大打折扣。有时仅用档案千回百折依然只能隔
靴搔痒的人与事，在其他类型的资料当中早有明确记录，不与其他资
料比勘互证，势必事倍功半。更为普遍的情况，是阅读其他资料有助
于解读档案的本意和历史的本事，从而将档案放在适当的位置，起到
成活一片的作用。不善于细心读书者，才会出现不用档案则于历史本
相根本误解或茫然无知的情形。人所共知的书都不看，一心寻找前人
未见书，绝非治史的大道正途。

公开鼓吹不读书只是动手动脚找材料的傅斯年也明确指出：

> 必于旧史史料有工夫，然后可以运用新史料；必于新史料能
> 了解，然后可以纠正旧史料。新史料之发见与应用，实是史学进
> 步的最要条件；然而但持新材料，而与遗传者接不上气，亦每每

---

①　朱寿朋编，张静庐等校点《光绪朝东华录》，中华书局，1958，总 4279 页。

是枉然。从此可知抱残守缺，深固闭拒，不知扩充史料者，固是
不可救药之妄人；而一味平地造起，不知积薪之势，相因然后可
以居上者，亦难免于狂狷者之徒劳也。①

可见严耕望所说"看人人所能看得到的书，说人人所未说过的
话"，确是至理名言，不仅适用于古代史，同样适用于晚近史。善用档
案者固然对于档案用功较多，尤其是能够参用各方档案（如研治民国
史比勘国共双方档案，研治外交、战争、冷战史征引各国档案，而研
治传教史则最好能够将教会档案与信众的一般档案相互参证），可是如
果没有档案以外的功夫，例如人事、制度的理解把握等，所得实难出
类拔萃，不同凡响。

其次，档案所藏资料，未必可以全当信史。姑且不论档案当中各
类资料杂陈，即使是严格意义的档案文件，也未必能够直接证明历史
的本相。近年来解密一词常常与档案相联系，原来或许是媒体力求耸
人听闻，制造悬念而故意夸张，学界不能免俗，也借此引人注目。其
实政治常有密谋，因而档案亦有秘辛，实为平常之事。许多政治外交
等军国大事，充满幕后交易和暗箱运作，外界很难获悉相关信息。虽
然不至于毫无蛛丝马迹可寻，可是没有封存密档的文件为据，仅仅依
靠间接资料不免猜来猜去。坊间对于宫禁以及高墙大院中事，历来充
满好奇，传闻甚多，可为谈资，却难以征实。这些本来不宜放上台面
的东西，在相当长的一段时期消失于人们的视线，但如果始终不能公
之于众，亦会有害于社会，因而逐渐形成制度，定期解密。诸如此类
的秘密文件，在解密之前即使以各种形式有所披露，也可能存在删削

---

① 《史学方法导论》，欧阳哲生主编《傅斯年全集》第 2 卷，第 335 页。

改窜等情形，如各国正式出版的外交蓝皮书之类。难怪坊间对于档案充满好奇以至探秘猎奇的心理。

多数档案在封存一定期限后予以解密，对于历史研究无疑是一大好事。不过，档案的开放未必能够使得所有的历史谜题自然而然地迎刃而解。雍正继位与光绪之死，尽管各种档案俱在，而且早已公诸天下，可是"铁证如山"之下，依然聚讼纷纭。更为重要的是，档案中占据最主要部分的官方文书，如果不善于解读利用，反而成为官样文章，使头脑不够复杂者误入歧途。古今多少帝王被奏折所误，虽然是小说家的戏词，却一语中的，较拘泥刻板的研究者更能洞见文本背后隐藏的种种玄机。而综合融贯公开的间接材料，也有可能接近历史真相。如《苏德互不侵犯条约》的秘密协定，虽然苏联一再矢口否认，学界早已确定为不争的事实。后来档案公布，不过最终印证众所周知罢了。所以强调直接材料极端重要的傅斯年也说："有时某一种直接的材料也许是孤立的，是例外的，而有时间接的材料反是前人精密归纳直接材料而得的，这个都不能一概论断，要随时随地的分别着看。整理史料是件很不容易的事，历史学家本领之高低全在这一处上决定。后人想在前人工作上增高：第一，要能得到并且能利用的人不曾见或不曾用的材料；第二，要比前人有更细密更确切的分辨力。"①

历史与材料的关系还不止上述，退一步说，即使所有的档案都是第一手材料，即使所有的第一手材料都是历史的直接记录，史料与史事之间仍有极为复杂的联系及分别。史学的重要功能之一是求真，虽然也有人因为求不出而根本怀疑真相是否存在，毕竟史事已经发生，不可改变，既不会因为后人存疑而化作乌有，也不会因为来者的臆测

---

① 《中国古代文学史讲义》，欧阳哲生主编《傅斯年全集》第2卷，第43页。

而变换形态。但是，发生过的史事至少迄今为止还无法直接显现，必须由当事者的相关记述来探求研判，有人因而将前者称为第一历史，后者称为第二历史。以此类推，那么应用第二历史即相关记录也就是所谓史料来研究第一历史也就是史事本相的结果，其表现形式即所撰写的著述当为第三历史。史事周折复杂，相关者的记录本来就不可能面面俱到，况且有的亲历者根本不予记载，有的虽有记载而因故销毁，有的则有心保存却不幸散佚。所以，遗留下来的记述无论怎样详尽，也不可能完整覆盖全部史事的各个层面。史家由整理材料而逐渐近真，仿佛将碎片连缀成形，其间必有缺漏，在某种程度上，与其说像拼图，毋宁说似着棋，在高明者看来，方寸之间的形势，不必填满便可成竹在胸。况且，历史上有时实事并无直接证据，必须力透纸背，以实证虚，才能水落石出，而容易得到的直接证据，很可能又是陷阱迷阵。

进而言之，即使机缘巧合，当事各方将史事的全过程和各层面完整无遗地详加记述，而且事后又得到完好无损的保存，留待后人及研究者充分利用，史事本相仍然不可能自动显现，因为当事人或利害各异，或立场有别，各人的记录说法难免充满罗生门的歧异现象。除去主观故意的因素成分，即使当事人力求忠实地记录所见所闻，也还是各有侧重，或者说他们的眼见为实难免有心证为之先导，当时的记录已经是各自心中的历史，后来者或见闻不广而偏识，或见识不够而误信，辗转传述，层累叠加，又形成无数以讹传讹的间接材料。若研究者鉴别力不足，缺乏整理史料的本领，扑朔迷离，真伪莫辨，取舍不当，非但不能近真，反而更加失真，所撰写的第三历史即史书，不仅盲人摸象，而且看朱成碧。

有鉴于此，无论记事还是治史，都只能近真，不可能将全过程与各方面完整再现。而近真使得一事多解的情形常常发生，好疑者误以为尽是有意作伪，善读者则从伪书中可见真材料。所有类型的资料都只能部分地反映真实，只有尽可能完整全面地掌握相关记述，并且四面看山似的比较不同的记述，即所谓俱舍宗式地前后左右把握语境，理解文本，或许可以逐渐接近事实的真相。在此过程中，探究相关当事人何以如此记述与了解事实的真相相辅相成，史实永远不可能完全还原，但是，随着对相关史料的掌握逐渐增多以及了解各自记述差异的潜因逐渐深入，史实的真相可以多层面地逐渐呈现。

治史重视档案，中外咸同。历代修史，尤其是官修正史，大都调阅相关档案，甚至主要依据上谕奏折连缀成文。档案无疑是治史的重要凭据，可是如果以为档案才是史料的主体，历史的真相基本仍然尘封于档案之中，不利用未刊档案就不能知道历史的轮廓大体，恐怕未必尽然。《清实录》与《东华录》的编纂，即征引了不少清代档案。就连陈寅恪认为多系辗转抄撮一般不宜引据的《文献通考》一类的文籍，刘锦藻编撰《续文献通考》时也大量利用档案，其中有些部分原档或已散逸，因而治晚清史事不能不加以征引。而《谕折汇存》与《阁钞汇编》持续时间长，刊载内容多，更是已经将相当数量的发抄谕旨章奏及时编辑成册，公之于世，并且留诸后世。

今人重视档案，可能更多是近代以来受欧风美雨的影响，倒未必是"传统史学"的流风遗韵。而西人重视档案，一方面因为有教会的长期传统及其诚信保障，以及监督政府的体制和习惯，连带以为世界上所有的档案都是信史，未必对中国档案的实情有所认识；另一方面，以档案为凭据，也有阅读上的便利。档案中的公文书，大都书写工整，尤其是清代的章奏，不仅规定了专门的书法字体，而且严禁错误。这对于很难辨认手写草书者，实在有扬长避短的极大便利。否则面对浩如烟海的各类史料，即使不致临歧而返，也很难下手，更不要说争胜。如果国人同样缺少识字的功夫，当然只好舍己从人，以别途为大道。君不见档案中极具价值而难以辨识的私密函札往往被搁置绕过，所炫为秘宝而详加征引者大都官样文章，而且其中不少早已在各种政书或《谕折汇存》《阁钞汇编》之类的文籍中部分或全文披露。不顾主题如何，有无必要，过信档案为确证而滥加征引，甚至以为只要援引档案就成佳作（大洋彼岸据说颇有此风），装点门面之余，不无哗众取宠之嫌。一味以发掘档案来填补空白，看似创新的捷径，实为取巧的歧途，陷入近代学人凿空蹈隙的窠臼覆辙。

尘封的档案不可能完全掩盖历史的真相，档案的解密也未必能够直接展现真实的历史。如果治史真的靠解密就能真相大白那样简单，创造历史最轻而易举的途径不是写史，而是毁尸灭迹或伪造材料。或者主张治史唯档案是求，不看文集、日记、函电、报刊等其他各类材料，唯档案是从，不信其他记载，其弊至少有四。其一，不知历史的大体已备，未必尘封，善读者用常见资料亦可做出好的研究成果。其二，熟悉旧材料，才能运用新材料，已有材料不熟，新材料的价值也会视而不见，识一字成活一片当然无从谈起，只能钻空子找漏洞，所见有限，易致偏蔽。其三，许多用档案周折复杂还不能解决的问题，在其他材料中早有现成答案，费时费力不说，结果还形同废辞。其四，以档案为信史，太过简单。历史至为错综复杂，档案与其他记载抵牾而档案未必正确的情形所在多有。

用平等的眼光看待各种类型的材料，用分别的办法整理解读材料，适得其所地重现史事本相和前人本意，关键在于恰到好处地运用所有相关材料。善于治史者，伪材料亦可见真历史。若是一心找自己想要的材料以组装历史，而不看材料所显现的历史是什么，或是虽然想看出却误读错解以至扭曲变形，则尽信档案不如无档案。否则，上穷碧落下黄泉的结果，很可能落得个两处茫茫皆不见。

《国家图书馆藏清代档案文献汇编》收录《谕折汇存》和《阁钞汇编》两种，均为研治晚清史的重要文书。清季大事多，变化剧，而阁府部院的文书多未归档，已入档者又流失不少，且各类政书编撰不足，包括官报在内的一般报刊所载，又相当零散，学人依据《光绪朝东华录》和《清实录》等，只能了解大略。《谕折汇存》和《阁钞汇编》汇集了这一时期数量众多的官方文书，且未经后来成见的分类取舍，可基本以原型补相关史料的巨大缺漏。《阁钞汇编》一种，知道者不多，使用者更少。而且即使知道用过者，关于其编辑出版、起止时间等信息，也大都语焉不详。近年来海内外一些著述有所提及，可是文字不多，却错误百出。相比较而言，学界对《谕折汇存》的了解略多，光绪二十四年至二十九年六月的部分，台湾曾经出过影印本。不过限于条件，所掌握的底本远非完璧。

关于《谕折汇存》和《阁钞汇编》的编发及起止，长期以来众说纷纭。1980 年代初，北京师范大学史学研究所资料室编印了油印本的《〈谕折汇存〉总目》，据编辑者的出版说明，所依据的底本为：北京师范大学图书馆藏光绪元年至二十七年石印本《光绪谕折汇存》，光绪二十八年至三十一年排印本《阁钞汇编》并每函所附《华北译著编》；中国科学院图书馆、故宫图书馆和北京图书馆藏光绪三十二年至三十四年排印本《谕折汇存》；中国科学院图书馆藏光绪三十三年十月《奏疏便览》；中国科学院图书馆藏宣统元年至三年《华制存考》。另外，因北京师范大学图书馆藏《阁钞汇编》残缺，又据中国科学院图书馆、中国社会科学院近代史所图书馆等单位的藏书补全。

这份目录，《谕折汇存》的信息较为完整，综合其他资料，可知《谕折汇存》的编发始于光绪元年，至光绪三十三年九月，因《政治官报》即将出版，政务处奏请令报房编印的《谕折汇存》和《阁钞汇编》一律停刊。不过，《谕折汇存》先是于光绪三十三年十月改名《奏疏便览》，继而又改名《华制存考》继续出版，直至清亡。《〈谕折汇存〉总目》所说光绪三十四年仍有《谕折汇存》，而《华制存考》始于宣统元年，疑误或缺。如果光绪三十三年十月之后仍有《谕折汇存》名目的出版物，当为各地的翻印本。光绪十九年征文馆印行排印本时，曾将光绪元年至十七年四月底的《谕折汇存》择要编辑《谕折录要》，每年装成一函。《〈谕折汇存〉总目》所据光绪元年至二十七年石印本《光绪谕折汇存》，其实只是《谕折录要》。汤象龙说其搜到的《谕折汇存》的材料，最早的是同治十三年的。而方汉奇认为《谕折汇存》创始的时间不详，大约在同治、光绪之际。现存的旧版《谕折汇存》，多数出于光绪年间。其实，汤象龙所说，应指光绪元年发刊之初《谕折汇存》中含有同治末年的章奏，并非确认同治末年已有《谕折汇存》。

不过，对于《谕折汇存》和《阁钞汇编》的关系，《〈谕折汇存〉总目》当有所误会，因而不仅将总题目定为《〈谕折汇存〉总目》，不及《阁钞汇编》，而且用光绪二十八年至三十一年《阁钞汇编》的目录与前后的《谕折汇存》衔接。尽管出版说明用词较为谨慎，称为《谕折汇存》等书，还是很容易令人误解《阁钞汇编》与《奏疏便览》《华制存考》同类，只是《谕折汇存》一段时期的变名。实则《阁钞汇编》与《奏疏便览》《华制存考》不同，是与《谕折汇存》同时并行的另一刊物。不仅光绪二十八年至三十一年间，《谕折汇存》仍然出版，在此之后，也有《阁钞汇编》的存在。

《谕折汇存》的刊发，与《京报》渊源甚深。《京报》所载，为内阁和科钞的宫门钞、上谕及章奏，由于每天所发谕折众多，而《京报》篇幅有限，只能选录其中部分，而且《京报》阅过即弃之，不易保存，所以报房又将未刊已刊的谕旨奏折汇编成册，每月一本，以便翻检留存。有时还会标明"京报全录"字样。若有遗漏，则不时增补一册。清季由政务处或政治馆发抄的奏折数量增加，亦有每月两本的情形，或将政务处发抄的单独编辑成册。

至于《阁钞汇编》，当始于光绪二十八年。光绪二十七年十一月十一日出版的《清议报》第 100 册所载《中国各报存佚表》，丛报类录有《谕折汇存》《京报》等，而无《阁钞汇编》。光绪二十八年四月下旬《时务汇编》续集第 26 册的《新旧各报存目表》"现有册报"类，则有《阁钞》和《谕折汇存》。1905 年 5 月中下旬，天津《大公报》连载《报界最近调查表》，《阁钞汇编》条注明是壬寅年北京商办。至于该表称《谕折汇存》于乙未年开办，当指改为排印的时间。目前所见最早的《阁钞汇编》，全是光绪二十七年十二月的上谕和奏折，折片按六部分别。其发刊时间应在光绪二十八年正月。

在《谕折汇存》之外，需要另刊《阁钞汇编》，应与庚子以后国内外局势的剧变关系密切。1901 年 1 月底，还在西安行在的清廷下诏变法，并广泛征求内外臣工的具体因革意见。4 月，设立督办政务处，综理新政事宜。7 月，诏改总理各国事务衙门为外务部，班列六部之首。这一系列举措表明了清廷的态度，使得各地对于朝局动向的信息需求大幅度增长。1901 年，张百熙应诏上《敬陈大计疏》，提出创立官报，虽然主要针对民办各报挟清议以訾时局，乱是非而淆视听的状况，也试图改变官吏不知民情，草野不识时局，致上下不喻意、内外不通情的局面。① 政务处成立后，拟编《政务处汇编政要》，已经发布广告订单，因故未成。

相比于官方的迟缓，民间报房的反应迅速得多。《阁钞汇编》《华北译著编》的同时发刊，体现了报房对于重要商机的敏锐嗅觉。而新政事务繁多，各种新制新规层出不穷，相关的谕旨章奏急剧膨胀，各地迫切希望有所依据参照，原有的《京报》《谕折汇存》等，多刊发各省例折，于在京各衙门折件，仅千百之十一，无从取裁。外务部为洋务总汇之区，六部为天下政事根本，尽管《阁钞汇编》已经出版，依然不能满足各地官民的信息需求，官员们还是不断奏请刊发阁钞，交报房印行。经政务处大臣议复，拟将内外各衙门奏定折件，由军机处抄送政务处，其非事关慎密，即发交报房刊行，日出一编，月成一册，以便流通传观，外间可周知现行政策。② 开辟新的信息渠道之外，以后又筹办《政治官报》，以确保信息的权威性和统一性。

开始《谕折汇存》等由报房印制销售，后来书局加入刊印发行的行列，如《谕折汇存》由撷华书局征文馆印发，《阁钞汇编》由华北书局印发。此外，各省也有书局翻印销售，如安庆正谊书局自光绪二十八年四月起即翻印《阁钞汇编》。今人失察，误以为是安徽最早的近代报刊，其实这不过是延续翻印《京报》的旧例，而非新事业的开端。

这些由民间商业性机构编印的明发上谕和发抄折件，汇集了京内外各衙门的大量官式文书，保存了清代政治、军事、经济、外交、文

---

① （清）张百熙撰，谭承耕、李龙如校点《张百熙集》，岳麓书社，2008，第 17 页。
② 戈公振：《中国报学史》，上海书店，1990，第 47～49 页。该书将相关奏疏系于光绪二十九年，应为二十八年。

化的重要资料，可以视为档案的初步整理刊行，是研究清史不可或缺的重要文献。由于这类文献并非传统的所谓善本，亦非由朝廷官府正式编辑出版，长期以来，未能引起学界的应有关注，饱经沧桑，散佚严重，留存下来的又分散于多家公私收藏机构，极少保存完整，研究使用者难以窥其全貌，更无从系统利用。这也是各项相关信息长期语焉不详的重要原因。两种汇编的合辑出版，无疑将为研究者的参考利用提供极大便利。

有清一代，为中国历朝制度承上启下的枢纽。大体而言，海通以前，集历代皇朝体制之大成，此后则应千古未有之大变局。而后一转折，至今仍然制约着中国体制变革的取径及形态。《谕折汇存》和《阁钞汇编》，恰是清廷上下循旧惯开新政以应变局的集中记录。当时广刻刊发，即旨在遵行仿效，有裨实用。今日研究者除了作为一般史料使用之外，还可以与档案未刊部分进行比较梳理，一则鉴别原有与留存的多少，二则考察发抄与慎密的分别，三则比勘印本与原件的异同，四则探究已知与未知的史事，进而融会贯通，当于晚清史尤其是清朝变制的情势人脉取法决策，以及由此以来中国制度变革的症结趋向等，认识深入一层。

大型文献的编辑出版，理想的办法当然是汇集整合所有的底本，以成完璧。可是，以今日的实情论，恐怕难以做到。即便偶有成功先例，必定成本极高，不足为法。退而求其次，只能以收藏机构为单位，陆续汇编出版，以期逐渐臻于完备。虽然难免重复和良莠不齐，毕竟是较为可行且多快好省的唯一途径，可以实际调动各方积极性，促进相关文献的大规模出版。否则，一味求全的结果，势必因噎废食，使得天下寒士徒叹读书之难。

四　报刊的史料价值

（一）报刊为近代史料的一大类

报刊为近代史料的一大主要类别，其数量极为庞大。据统计，自 1815 年中国的近代报刊创刊以来，至 1911 年，在中国和海外共出版中文报刊 1753 种，在中国出版的外文报刊有 136 种。这一数字估计至少还有一二百种的遗漏。当然，也存在有目却已经找不到实物的情况，甚至有的虽然发过预刊广告，还将详细目录公布，实际上由于种种原因而胎死腹中。后来学人编辑报刊名录，限于条件和见闻，很难将所有名目与实物逐一核对，只能依据各种相关信息进行著录的情形所在多有，因此其间存在一定数量的差额在所难免。

晚清民国时期办报创刊，相对容易，甚至可以一人之力单独举办一种期刊，如后来被傅斯年等逐出北京大学的教授林损，民初就办过一份期刊，名为《林损》，所有栏目的撰稿和编辑，都由林损一人包揽。这份期刊虽然也分栏目、期号，实则不过是林损自己著述的定期发表而已。因为办报办刊的人财物力成本相对较低，手续较为简便，虽然自晚清以来各种报案不断，风险未必很高。民国时报刊的增长速度惊人，截至 1949 年，中文报刊总数达 4 万种以上，其中报 4000 余种，刊 36000 余种，为清季报刊的 20 余倍。晚清民国号称史料的大发现时代，以往所重视和强调的主要是古代史，其实各类新发现的古代史资料相加，与近代史料的扩张速度幅度相比，真可谓九牛一毛。只不过当时人所认为的"近代"尚在进行之中，包括中研院历史语言研究所在内的学术机构，不愿将年代太近的时期纳入研究范围。而作为国民党党化教育重要内容的革命史，虽然对于后来海峡两岸中国近代史架构的形成至关重要，当时却遭到不少大学或明或暗的抵制。

由于政治环境和意识形态的影响，在编辑报刊名录时，不同时期的取法有别。例如期刊目录的编辑，1960 年至 1990 年代，对中国 50 个省市级以上图书馆所藏 1833 年至 1949 年 9 月的中文期刊进行过三次编目，尺度均不一致，其结果直接导致所编目录的详略不一。

在编辑报刊目录的同时，有关部门很早就注意到以各种现代方式保存老旧报刊的作用和意义，并实际展开相关业务。目前归属国家图书馆的缩微中心数十年来以全国各图书馆藏为底本制作缩微胶卷，已制成的报达 2900 余种，刊则有 1 万余种。相关工作仍在持续进行之中。

此外，随着技术的进步，一些文化出版机构还陆续将重要报刊制作成可以全文检索的数据库，以便查阅利用。这项工作现在开始以较大规模进行，有可能带来学术研究的革命性变化。当然，如果使用不当，也有可能产生预想不到的副作用。

尽管近代报刊的编目、保存、整理乃至开发利用已经取得令人瞩目的业绩，与实际需求及保存状况相比，还有不小的扩展空间。

其一，迄今为止，报刊的编目主要集中在期刊方面，而报纸尚未进行过全面系统的编目。究竟晚清民国时期中国创办过多少种报纸，时空分布、类型组成、具体名称如何，只知概况，不得其详。

其二，已有的期刊编目还有不少缺漏。有的前人以为失传，后来证明还存在，如《开智录》。有的本来存在，当年编目时遗漏，如《灌根年报》。有的或许是否期刊，尚有疑义，因而并未列入，如《阁钞汇编》。历次编目，主要根据各大公立及学校图书馆的馆藏，中小地方的图书馆、特殊机构的图书馆、档案馆、博物馆以及私人藏家的信息基本未能收录。

其三，有目无书或有书无目的情况没有得到系统清理。由于复杂的历史原因和条件限制，各馆程度不同地存在书与目不合的情况。即使近年来重新编目，也很难做到彻底清查，尤其是被错置或尚未清理编目的部分。凡此都会影响编目与实情的契合，有碍于学人读者的利用。

其四，著录的收藏信息不够准确。《1833~1949 全国中文期刊联合目录》以及增订本、补充本的一大优点，是提供了各刊在相关各图书馆收藏的基本信息，依据这些信息，读者能够掌握各种期刊存世的总体情况，以及具体的卷、期保存于哪些图书馆，便于按图索骥地查找。当然，由于现在各图书馆鉴于所藏晚清民国的报刊毁损情况严重，纷纷制定了严苛的借阅限制，利用起来很不方便。或是因为多数已经有了缩微胶卷，除非有影印本或副本，纸本报刊一般很难借阅。就编目本身而言，所依据的主要是各馆原来的编目，原目的信息如果不准确，势必影响联合目录的编制。近代报刊的数量虽多，但一种报刊在一家图书馆收藏完璧的情形却不多见，往往需要著录多家图书馆的信息，才能拼成全套。而各馆所藏各刊的情况极其复杂，有时联合目录中某种期刊所据各馆，未必是收藏最为完整的，结果使得从目录所见该刊的收藏信息不能覆盖全部，实际存世的卷、期，可能超过著录。至少已经过目的期刊，此类情形并非个别现象。

其五，缺少一些重要信息，主要是版本。古人治学讲究从版本目录入手，不同的版本所提供的信息，对于相关研究可以起到关键性作用。报刊虽然与古籍有所不同，但版本的问题同样至关重要。晚清民国的一些重要刊物，往往多次再版，有时还会改变形式，因而存在初版本、再版本、翻版本以及汇编本的分别。再版本与翻版本，可能改变序号、页码，汇编本则将各期的相同栏目排在一起。一般而言，除个别例外，各种版本的内容不会改变，但是广告、插页则会有所变动。至于现在的各种影印本，有时不注意，有时则找不到初版本，只能以其他取代。即使像《新民丛报》这样的著名期刊，海内外要想找到完整的初版本，也绝非轻而易举之事。目前所知，除了日本京都大学人文科学研究所存有全套初版本外，国内各馆均无完璧，影印再版时只能以其他版本补充。不少近代报刊在影印过程中，主持出版者往往以为广告之类占据篇幅太多、没有参考价值而予以删除，导致学术研究的价值进一步降低。

其六，重印的规模进度不够。个别近代报刊的影印重版，从1950年代起，即在海峡两岸暨香港陆续分别进行，近年来更有较大规模的分类汇编出版。可是相对于数量庞大的报刊本体，能够再版的仍然只是很少一部分。许多重要报刊迄今为止尚未再版，研究者要想利用，自然是困难重重。

（二）善用报刊

或以为报刊所载，不过坊间传闻，难以征实。此说未免过于拘泥而略显迂拙。近代学人认为，利用史料要有平等的眼光。主张治史要将史料竭泽而渔的陈垣就说："凡道光以来一切档案、碑传、文集、笔记、报章、杂志，皆为史料。"① 善用材料者伪材料可以见真历史，否则任何类型的材料也是尽信书不如无书。陈寅恪即将"已印入作者及其时代之环境背景"的史论，视为重要材料，"实无异于今日新闻纸

---

① 陈智超编注《陈垣来往书信集》，第380页。

之社论时评。若善用之，皆有助于考史"。①

不过，讲究史料学的学人又将史料分为一手二手、直接间接，相比之下，更加重视一手和直接资料。即使按照这样的区分方式，报刊的类型也很难一概而论。报刊所载论说、函电等，固然是当事人的直接表述（当然也不排除有辗转得来的可能），此外，晚清的报刊还刊登上谕和奏折，民国的报刊则登载官方文告，这些可以归入档案的文件，一般被视为第一手直接材料，并不能因为载于报端就失去应有价值，变成间接材料。就连其他消息，也要看其来源是否可靠，是否由访事人、记者目睹或直接采访得来，不能一言以蔽之曰道听途说。有些消息当时查无实据，却系事出有因。清季民初一些参与军国大政机要者，不能或不便直接表达异议，往往借由中外报刊披露相关信息，以期引起社会各界的反响而形成压力，如中日"二十一条"等。由于报馆与政界的关系益趋紧密，彼此牵连，所引起的政局动荡，如丁未政潮之类，近代史上常常出现。

当然，报刊作为史料的一种特殊类型，如何使用，在与其他类型的史料一视同仁的基础上，多少还是有所分别。

明以前有一些勉强可以算作报刊的文献，不仅数量少，价值也相对较低，即所谓断烂朝报。除了专门研究之外，关注者不多。清季以来则大不同，报刊的数量大幅扩增，内容极为丰富，反映社会各个层面的情形。就种类而言，清季报刊的数目似不算大，多数报刊的寿命较短，可是也有一些持续的时间相当长，发行卷数多，尤其是日报，日积月累，且越往后版面越多，篇幅越大。毋庸讳言，清季报刊受体

---

① 《冯友兰中国哲学史上册审查报告》，陈美延编《陈寅恪集·金明馆丛稿二编》，第 280 ~ 281 页。

制和立场的局限，采访制度不健全，甚至访事人的身份地位也不明确，道听途说与一面之词不在少数，很难保证报道的如实。民国时期，办报办刊的技术手段不断改进，报业的经营化有所提高，从业人员的细分化与职业认同相辅相成，政治与社会环境也有所改变，但总体而言，与清季相比仍然只有程度的差异。而具有各种党派政治势力背景的报刊大幅度增加，使得看似随意放言高论的背后，波谲云诡，暗潮汹涌。

了解晚清民国报业及报界的实情，可以更好地体会运用报刊作为史料的奥妙之处。大体而言，除了一般史料的基本功能外，报刊资料主要有用于以下几方面。

其一，回到历史现场的重要凭借。今人治史的一大困扰，是与前人前事较为隔膜，不易理解把握时代风气及各色人等思维行事的本意本相。若是但凭己意度人，势必越有条理系统，去事实真相越远。要想理解前人前事，唯有回到历史现场。欲达此目的，唯有广泛阅读各种史料，如图书、日记、函札以至音像等，而阅读报刊，无疑是较为简便可行的途径。通过顺时序大量阅读当时的报刊，可以逐渐找到亲历者的感觉，能够回到历史现场，与近人感同身受，消除隔膜感，从而对当时的人与事具有了解之同情。

其二，可以补其他资料连续性的不足。一般而言，除日记外，文集、书信乃至档案，都是时断时续，很少连续记录同一事情没有缺漏。而日记一般而言虽然是连续记事，却因个人偏好以及关系的亲疏远近有所取舍。尽管跳空补阙是历史研究的重要技艺，毕竟有一定误判的风险，而且细节的多样性很难凭空想象。若将不同背景的报刊相互比勘，并与其他类型的资料彼此参证，可以补充相关资料连续性活动的细节记述的不足。

其三，可以综合测量社会的普遍反应。在其他类型的资料中，事件和言论的社会反应至多只能片段显现。只有报刊可以多方位多层面地持续展现社会各界的各种反响，使得相互作用的社会运动能够动态呈现。

其四，特定报刊与特殊人群具有密切关系，材料相对集中。近代史料虽然繁多，可是研究具体问题时又常常感到材料分散，无从下手。如果了解报刊与各界的关系，则比较容易掌握线索，探寻脉络。今人治学，有的但知翻阅《申报》，以为所载可以覆盖大部分史事。实则《申报》的发行量当时固然首屈一指，其信息也只能兼顾社会各方面的一般需求，未必研究所有问题都能够取材于此。各地各类报刊当然是研究各地区各方面相关问题的重要取材，比较容易掌握。但是有的情况就要深入研究，才能把握。例如要想了解知识界尤其是北京知识界的动向，《时事新报·学灯》《北平晨报》《世界日报》《进步日报》无疑是各个时期信息量最多的报纸。

其五，可以各种不同的报道相互参证，避免片面看待历史。晚清尤其是民国时期的报刊，党派等政治背景明显，对于同一事情的报道，常常大相径庭。今人以此质疑使用报刊资料是否可信。殊不知任何历史记载，都有各种人为因素的作用，所以不能依据一种说法立论评判。从各式各样罗生门式的记述，比勘印证，一方面可以逐渐近真，一方面可以查知相关各方围绕此事展开的心路历程。治史每每苦于文献不足征，难以尽情深入。近代报刊的报道部分，正因为立场各异，口径不一，且顾忌较少，连篇累牍，反而提供了难得的材料，善用者能够据以充分展现历史的全息图像，从而大幅度加深历史认知。

（三）索引的使用及其注意事项

近代中国的报刊数量如此巨大，不要说竭泽而渔地遍阅，就是将一种发行时间较长的报纸从头至尾翻检一遍，学人也普遍感到有些力不从心。所以研究者往往只是查阅一两种较为常见而自认为重要系统的报刊，或是研究什么问题，再依据时段、区域、门类等做范围的取舍。这样做其实是不得已而为之，连见闻广博、搜罗勤奋的陈垣也主张研治近代史宜分类研究，以便搜集材料。

凡事利弊相间，缩短战线固然利于搜集，但是预设范围与前提，也容易导致盲人摸象，看朱成碧，甚至指鹿为马。在没有了解近代报刊总体状况的情况下，研究者并不能胸有成竹地掌握其应当取舍的对象和范围，面对汗漫无边的报海刊洋，只好随便撒网，捞到什么算什么。这样不仅可能南辕北辙，缘木求鱼，还可能将天边的浮云误认作树林。

如果善用各种索引，则能够精博相济，化弊为利。索引固然不等于目录，但在某些方面也有一定的近似作用。除了前述的刊名索引之外，尤其重要的是还有各种篇目索引。一般研究中国近现代史的学人，对于《中国近代期刊篇目汇录》当然有所认识，不过汇录一般只到1910 年代，偶尔涉及 1920 年代，而 1920 年代以后报刊的数量大增，研究那一时段的历史，如果没有篇目索引，遍阅几无可能，设限又不知边际，未免进退两难。在不知情的前提下进行研究，恰如日暮时分盲人骑瞎马行险道，岌岌乎殆哉。

其实，早在 1930 年代，一些政府和学术机构就编辑过多种书报篇目索引，比较重要的有以下几种：①1934 ~ 1937 年中山文化教育馆编辑出版的期刊和日报索引；②1932 ~ 1936 年中国银行总经理处经济研究室编辑出版的每周重要书报资料索引；③1930 ~ 1937 年《人文月刊》每期附录的报刊索引；④1935 年实业部经济贸易局图书馆编辑出版的书报资料索引；⑤1935 年岭南大学编辑出版的中文杂志索引。除了《人文月刊》的附录索引曾由台湾汇编单独出版外，其他数种各大图书馆多有收藏，可是无论各类还是每一种，均很少完整，知道并加以利用者并不多见。至于其他分门别类的索引，分科的如教育、地政、心理、文学、行政、财政、农业、农村经济、法学、水利、昆虫、生物、外交、政治、工程、铁道、民族学、国学、体育、新闻学、统计资料、图书馆等，分专题的如抗战、战时经济、东西南沙群岛、东北事件、边疆研究、康藏等，专刊如《教育杂志》、《清华学报》、《科学》、《经济导报》、政府公报等各种索引，收藏者并不全，利用者亦不多。

此外，日本的官方和学术机构出于种种目的，也曾编辑中文报刊的篇目目录。不过，相对于国内机构所编各种目录，其所据报刊较少，分类也着重于掌握资源的角度。如昭和 15 年（1940），设于上海的"兴亚院"华中联络部华中建设资料整备委员会就组织"兴亚院"、满铁、华中振兴、华中矿业、华中铁道、华中水产等机构召集专家，利用华中建设资料整备事务所图书整理部的 2600 种中文杂志，选取其中350 种杂志所载重要论文编制出版了《支那文杂志内容索引目录》。该事务所所长清水董三所定凡例称：分类旨在实用，不拘科学分类。并计划续编另外 400 种杂志的内容索引作为第二辑。

索引固为治学津梁的变相，有助于消除盲目性，做到心中有数，可是使用起来同样有利有弊。概言之，放眼读过书的人用之则如虎添翼，否则可能有害无益。如果悬问题以觅材料，势必预设问题，用假定的关键词搜索篇目。而没有经过放眼读书，如何知道此一问题属于当时的问题，抑或后来的格义附会，其所谓关键词，是否当时人的习用，有无其他意思相同或相近的词汇。如此，不仅势必难以找到实际相关的线索和脉络，即便漫天撒网所获的有限资料，也只能不顾全文前后左右的联系，当事人的问题及意思均不可见，一味强古人以就我。时贤以为用关键词做学问很危险，确系经验之谈，高明之论。尤其是使用那些未能遵守要义分析法的基本原则，但凭己意取舍报刊确立名词的数据库，必须慎之又慎，以免被其误导。

阅读报刊，不能单从字里行间找自己想要的材料，必须了解各个历史时期的社会政治背景、办报的环境、报业的状况以及各报刊的主办、经营、编辑的具体情形。研究不同时段的不同问题，须知取材于不同的报刊。晚清京师自《公益报》披露封口奏折被禁后，报馆不敢刊登内幕消息，了解北京的情势应看上海的报纸。民初各地分立，不仅要看不同党派背景的报刊，尤其要看异地的报刊。如广州各报党派背景深，而长沙《大公报》较多报道广州的消息，相互比勘，可以避免偏听偏信。香港《华字日报》主要面向国内，早期几乎完全没有香港本地消息。而广东清季民初的报纸保存状况欠佳，《华字日报》成为研究那一时期广东问题的重要取材。

清季通讯社日渐设立，民初益形重要，尤其是一些外国通讯社，常常可以获得独家消息，甚至凭借强硬的政治势力和广泛的人脉关系，垄断内部信息来源。如民初各报消息多来自日本通讯社，后者成为各报馆信息的主要渠道。通讯社向报馆提供的通讯，占据各报的重要版面。可惜印数较少，存世不多，亦无目录，迄今为止，得到利用者少之又少。

不了解办报的人，只是翻检所需的材料，很容易望文生义。如《女子世界》的主办者和撰稿人几乎全都为男性，即使署名女性的文章，也可能由男性代笔。这种情况在清季乃至民初持续了相当长的一段时间。依据此类刊物所载的各种文字，充其量只能考察男性的女性观，并与女性的女性观进行比较。或者不察，直接据以论述女性的女性观，实在是缘木求鱼。最可怪者，此事 20 多年前在下已经撰文考辨，指陈实事，迄今未见驳论，而后来者依然一往无前，全然不顾事实俱在。无知者无畏，至于此极，实在是学界的悲哀。

篇目索引之外，还有更为详细的具体报刊的内容介绍，如《辛亥时期期刊介绍》《五四时期期刊介绍》以及各地新编方志的新闻志等。这些书籍当然应该参考利用，只是出自众人之手，见识关怀难免参差；每位作者大都只负责一种或数种报刊，并不考察相互连带关系；受写作时代和环境的制约，介绍的重点选择未必适当，看法也不无可议；尤其是各位作者不可能海内外遍搜，只能就近取材，所见刊物未必完全。其中有的刊物学界长期以为散佚，偶然发现仍然存世；有的则当时另有全本或卷期较多的本子，作者未及目睹。作为参考可以，作为凭借则要慎之又慎。如关于《阁钞汇编》，目前所见不多的几篇介绍文字有的连编辑者都完全弄错，几乎可以说是不着边际。

（四）报刊的重版

近代文献的重版，采取何种形式为宜，书籍方面存在较大争议，分歧之一，即究竟是影印还是标点排印。窃以为至少要先行大规模影印，然后再进行精雕细琢的标点排印，才能解决书多人少和时间不允许的几难状况，否则势必顾此失彼。至于报刊方面，大概没有异议，基本赞成并实行影印的方式，而且希望包括广告页在内的完整影印。不过，即使找到初版本完全影印，当时的广告附张即活页，图书馆也大都没有保存。相对于史事的丰富复杂而言，材料再完整也还是片段。所以治史如着棋，不必填满，不可局限。

虽然影印较为简便，实行起来也有诸多困难。难题之一，报刊的出版发行与图书有别，持续时间较长，中间难免各种意外，使得其中的部分有所缺失。所以尽管各馆所藏报刊的数量繁多，可是任何一种都难得完璧。难题之二，即使保存了某种刊物的全本，也未必是统一版本，尤其未必是初版本。如此一来，影印出版首先遇到的难题就是底本难得其选。

面对如此局面，理想的做法当然是由政府等权威机构出面，采取各种形式，统一调配资源，使得所有图书馆、档案馆、博物馆乃至私人藏家手中的报刊及其本子可以调剂匹配，在掌握全局的前提下合理有序地推进编辑出版，以免资源浪费（包括出版和购置两方面），最大限度地达到优化利用。因为仅仅靠学人单打独斗或出版机构鼎力支持，哪怕加入商业运作，也只能少量进行，难以大规模展开。可惜这样的愿望在可以预期的时间内大概只是奢望，即使有关部门意识到，也懂行，能否突破各种人为制造的壁垒，也还是未知数。而近代报刊多用机制纸印刷，本来保存期就不长，加之种种特殊情况，不少报刊在印制之际不得不使用劣质纸，保存期更短。不要说还有日渐迫切的研究需求，即使从保存的角度看，也已经到了非再版不可的临界点。

诚然，在技术手段日新月异的今天，报刊的保存可以通过电子化等其他形式。可是一则电子化的保存同样受到技术的限制，容易丢失、损坏或无法打开，二则习惯于纸本阅读的人如今还占多数，电子阅读器本身也还需改进。所以，纸本的影印再版仍然是必不可少的重要形式。

既然理想的方式做不到，不得已，只能退而求其次，以愿意将所藏贡献于学界社会的机构为单位，尽可能选取较为完整而且重要的报刊，影印再版。尽管这样可能出现一些报刊不够完整或版本欠佳且不一致的情况，购置者或将不得不面对重复还是放弃的两难选择，毕竟聊胜于无，使得以往藏之于名山的珍贵文献变得普遍触手可得，在为读者提供容易借阅的实物的同时，也使重要的文化资源得到保存。当然，此法不可过滥，适用于文献不足的时期，且应在全面观照的前提下有所取舍。若是完全外行地胡乱拼凑，也会流弊无穷。

或者根本质疑大规模再版近代图书报刊有无必要，尤其是其中不少在各大图书馆都不同程度地有所收藏，认为应以各馆所藏为据，补充未刊或孤本即可。此说看似有理，实则大有可议。首先，即使省级以上的各大图书馆，藏书量及所侧重也各有分别，究竟以哪一家图书馆为准，势必言人人殊。其次，即便做得到统筹安排，要想各馆单独将未刊及孤本贡献出来，也是心向往之而实不能至的理想之事，而且要么开价不菲，要么条件不少。再次，仅仅各大馆收藏，并不能为研究者最大限度地提供便利。君不见今日学人为了研究，花费大量金钱时间跑到各地的图书馆、档案馆、博物馆查阅，而一些机构限于相关规定，或主管认识不一，对于借阅近代的图书报刊文献未必提供方便，甚或以保护的名义设置种种限制，并且不断提高收费标准，有的干脆将文献藏于密室，拒绝向读者开放。有时读者为了一种书，千辛万苦地专程跑去，却吃了闭门羹。况且，收藏较富的大图书馆毕竟为数有限，即便一些还算过得去的大学，学人也往往苦于无米之炊。大学越小，选题越大，更是明证。坐拥书城而故标高的，是否也应有大庇天下寒士之心，为那些读不起书的读书种子设身处地着想，让天下多几处石头缝，以便大国手蹦出来？否则，章太炎当年"大学不出学问"的断言固成事实，学问在野则盛的野，也成了寸草不生的不毛之地，岂不哀哉？

有鉴于此，大胆建言有心出版者不畏物议，以未必得到行内普遍认同而实际上唯一可行的方式大规模地编辑出版各类近代文献，以飨研究者和全社会，知我罪我，自在天地人心。

第五章

近代中国研究

一　用通史的眼光研治近代史

史学为综合的学问，因此，通历来是学人追求的至高境界。即使晚近流行分科治学，有识之士的最终目的仍在求通，分乃不得已的无可奈何或是走向通的必由之路。或以为近代欧洲学问着重分析，固然，但就史学而论，仍以整体为高明。布罗代尔时代的年鉴学派，整体史的格局凸显。而后布罗代尔时代五花八门的新史学，一定程度上已是整体史被肢解而自以为突过前人的遁词。

尽管通史为史家的理想追求，但要达到通的境界，谈何容易。其主要困难，即在博通与专精之间的平衡协调。以后来的标准，晚清只有教科书层面的通，那真是用外国框架条理本国材料，甚至是直接翻译外国人编写的教科书。进入民国，在疑古辨伪和史料考据风行之后，通史之学的呼声日渐高涨，以显示对于学问日益支离破碎的不满，并使一些学人有志于撰写通史，突出者如吕思勉、张荫麟、钱穆等。另外，所谓史观派学人也急于用通史来表达其主张并进而影响社会。

教科书与通史，在时空两面似已具备通的形式。可是能否真正融会贯通，提纲挈领，条贯各个时段层面的史事没有窒碍，而不以主观裁剪史实，强史料以就我，争议不小。翦伯赞的《中国史纲》出版之初各方面均有所不满，便是显例。

中国近代史的通，既要贯通古今，又须沟通中外。分门别类适宜专题研究，可是不能化解兼通的难题，而且分科治学之下，学人的眼界日趋狭隘，没有成竹在胸，难免盲人摸象，无法庖丁解牛。近代史虽然已是断代，还是不得不进一步细分化，时间上分段，空间上分类，形同断代中的断代，专史中的专门。纵横两面，逐渐相互隔膜，所谓占领制高点的专家之学，渐成割据分封，而占山为王与落草为寇就是一事两面，并无二致。此外，分科要由专题而专门而兼通，缓不济急，难以应付社会的迫切需求。于是又有集众的主张，欲以分工合作的办法，弥补个人能力有限的不足，以加快通史纂修的步伐。

无论对一代人有一代人的历史存在怎样的误读错解，撰写历史还是被视为创造历史的要津。随着政治上的天翻地覆，重构历史显得极为重要而迫切。中国科学院历史研究所的设立，目的即在编撰新的通史，而首先成立近代史研究所，更加凸显晚近历史的认知与历史教育之于新政权建立新法统的极端重要。早在中华人民共和国成立之初的1949年10月，就有学人提出建设新史学的具体表现便是新的通史、新的断代史和新专史的写定，创作一部新的通史是当时首要的任务，并且建议在科学院设立专门的史学研究机构负责此事。[1] 近代史研究所便是中国科学院最早成立的研究单位。

有此背景和初衷，主持近代史所的历代掌门，都有挥之不去的通

---

[1]　赵俪生：《论中国新史学的建设问题》，《新建设》第 1 卷第 6 期，引自张剑平《新中国史学五十年》，学苑出版社，2003，第 35 页。

史情结，并且持续不断地为之努力。用通史的底蕴与见识研治中国近代史，无疑相当高明同时也是高难。以机构得集众之便，经过数十年的积累，终于可以汇聚连贯，结成 10 卷本的硕果。窃以为近代史求通，未必在于卷帙浩繁，尤其不能如顾颉刚等人所批评的，简单条列史实，缺乏见解，甚至彼此抄撮，千篇一律，但首先应该翔实，在大量史事得到证实并进而比较连贯的前提下，由详而略，才有可能贯通无碍。在此基础上，还可以逐步浓缩，成为篇幅适当的通史，供一般学生乃至社会公众广泛阅读。

《中国近代通史》各卷的承担者在各自的领域均学有专精，但在分科分工的状况下，通史有时难免出现合而不同的尴尬。分工合作的组织形式下近代史如何求通，以往多集中于讨论上下分界、内部分期和基本线索。中国近代史的框架如何形成，怎样演变，为一值得专门研究的重要课题，影响的因素甚多。海内外的各种论著，尽管存在观念差别，相同相似之处却也不少，显示各方在表面的分歧之下，其实有着某些共通的渊源。目前中国通行的近代史体系成形过程中，延安时期的新编历史和中华人民共和国成立之初新史学会（后改名中国史学会）编辑出版的近代史资料丛刊，影响至为深远。尤其是字数多达数千万的近代史资料丛刊的编辑，汇集了大量珍贵资料，为近代史研究的普遍展开提供了很大的便利。同时，尽管编辑方针确定对史料不加分析判断，但依照时间顺序分为 12 个专题，各大专题之下又有条目归类，等于建立起一套体系框架，与资料相配合，制约作用更大。后来的近代史线索等讨论，可以说是在所制定的架构下和所划定的范围内，就具体问题的不同认识展开争论，其效果不过是放大与定型而已。

所谓线索，也就是条理的脉络，用以统领史事，能够纲举目张，通贯无间，而非主观设限，任意裁剪史料史实。而中国近代史资料浩如烟海，人事众多，头绪纷繁，加之分门别类的研究格局，意见纷歧，见仁见智。据说费正清曾经感叹研治中国近代史不能归纳，否则容易成为挨批的众矢之的。如此，编撰近代通史，不仅要有见识，而且需要勇气。关于近代史线索的讨论与相应变化，往往由于条贯起来不能合理恰当地连缀解释事实，因缘某种理论提出的系统很容易被对方举出反证予以攻破，因而产生无穷的歧义，以致争论不休。实则理论方法和解释系统的制定，旨在有助于研究历史事实。所以，重要的是能否把握揭示史事之间普遍存在的内在联系，而不用后来外在的框架强分条理系统，裁量史事。这也是通史成功与否的关键。编撰者吸收融合各方意见，并有独自思考，可供来者检验。

按照近代学问大家章太炎和近代史所前辈学人金毓黻等人的看法，中国历史以正史为主，正史即政治史，而政治史以探求历代制度文物的因革损益为要，以此为主轴中心，通贯包括治乱大事在内的史事，凡与制度文物相关联者从而研究之，视断代、专门、国别皆为通史之一体。[1] 这与后来政治史以事件活动为主，不尽相同。近代中国的制度文物承上启下，变化极大，影响极深，可以为天然脉络，上溯渊源，下探究竟，条贯检验兴衰治乱的大事要人，不仅仅局限于专门与断代的范畴。以此为准，近代史的通不仅在于贯穿内部的时空，还须上出嘉道，跨越国境，连贯古今中外。而以包括各种专史的外来通史标准，各卷的理解把握也略有参差。这两方面，或许还有进一步扩展充实的空间。

作为断代史之一部的近现代史，要想贯通无碍，尤其需要通的把

---

[1]　参见金毓黻《静晤室日记》，第 4739 页。

握。中国近现代史的通，既要贯通古今，还要沟通中外。所谓通史，一是与断代史相对的纵贯古今的通史，一是与专史相对的横贯政治、经济、学术、宗教等门类的通史。[①] 形式上的通相对容易，至于对史事内在联系的贯通，需要兼顾纵横两面，即钱穆所说"融贯空间诸相，通透时间诸相而综合一视之"，[②] 要求学人具有很高的见识功力。近代中国的文物制度在清代集历代之大成的基础上经历千古未有的大变局，社会历史文化看似一脉相承，实际上观念制度、精神行为全然改观。在与知识制度相关的思想学术、典章体制等观念行事方面，都要由古至今，自外而内地了解把握渊源流变，才能条理通贯。而专家之学背后如果没有通识，其相互叠加只不过简单拼凑，并不能够打通各个部分，即使是一般通史，也难免出现合而不同的尴尬。当年钱穆即批评北京大学中国通史课由多人分授，实增听课学生之不通，因而奋力要求独任全部。可是其时能够独力胜任中国通史一门而愉快者，已经难得其选。[③]

近代学人得清代学术梳理历代学问的余荫（当然也有其偏蔽的负面影响），兼受西洋学术新风的熏染，名家辈出，但也并非如今人所说，大师成群结队，个个学贯中西。能够沟通古今，且不受分科的局限，已经难能可贵，要想兼通中外，只能相对而言。或者指陈寅恪未必通西学，整体而言固然，实际上西学只存在于东方人的心里，可是要说陈寅恪是近代中国学人中西学最好的有数之人，恐怕也是不二人选。[④] 章太炎、梁启超、刘师培、王国维、陈垣等人的西学，多由读

① 《五十年来中国之新史学》，朱维铮编《周予同经学史论著选集（增订本）》，第535页。
② 钱穆：《中国今日所需之新史学与新史学家》，《思想与时代》第18期，1943年1月，第11页。
③ 钱穆：《八十忆双亲·师友杂忆》，三联书店，1998，第171页。
④ 桑兵：《陈寅恪的西学》，《文史哲》2011年第6期，第52~67页。

译书或东学转手而来，钱穆的西学更被讥讽为看《东方杂志》得来的杂志之学。① 所以后来章、王等人几乎绝口不谈西学，梁和钱继续谈而显拙。西学稍好的严复和辜鸿铭，中学功底太差，后虽恶补，难臻化境，而且其西学也只是较当时国人的了解略为深入而已，与掌握所谓西学整体的通还相去甚远。胡适的输入新知在学衡派看来粗浅谬误，其中学在章太炎眼中则是游谈无根。这并非故意贬低前贤，只是说明兼通中外实为"虽不能至，心向往之"的极高境界。除了明治、大正时期日本的少数"支那学"者，就了解中国的水准远在国人了解外国之上的东西各国人士而论，试问有谁敢自诩贯通中学？何况中国一统，西洋分立，难易程度相去何止道里计。

以贯通的眼光看待历史，则宏观与微观并无分际，考史与史学相辅相成，史料与史观互为表里。所谓宏观，若非由贯通纷繁错综的事实而来，非妄断即臆说。这也就是钱穆所主张的"非碎无以立通"和"义理自故实生"。② 以讲宋学、做汉学的态度，识一字可以成活一片，一句话可以体现通的意境，否则开口便错，句句绽论，《马氏文通》实为不通之至的典型，包罗万象的纵论古今中外，不过是驳杂无伦的大杂烩。所以高明者可以一语中的，而长篇大论却是门外文谈。

---

① 钱穆不得不讲西学，固然未能免俗，同时表明时势变迁，像章太炎、刘师培、王国维那样后来不谈西学，已经不大可能。1929 年傅斯年声称此时修史非留学生不可（1929 年 9 月 9 日致陈寅恪函），抗战期间胡适不满于《思想与时代》杂志的态度，特意指出其中"张其昀与钱穆二君均为从未出国门的苦学者"。〔曹伯言整理《胡适日记全编》(7)，安徽教育出版社，2001，第 540 页〕其实除此二人外，该刊的重要成员如冯友兰、贺麟、张荫麟等，均曾留学欧美。在渐居主流者挟洋自重的取向之下，不留学大有不能"预流"之势，可见中西学的乾坤颠倒至于此极，则未曾留学者所承受的压力可想而知。
② 钱穆：《古史辨》第 4 册，上海古籍出版社，1982，"序言"。

二　扩张辛亥革命史的史料与史学

辛亥百年，国内乃至东西各国密集举办各种研讨会，出版或再版各种研究著作，学术刊物则开辟相关栏目，包括影视在内的一般传媒也准备了各种专题节目，一时间热闹非凡，编辑各种资料自然成为不可或缺的重要环节。如果不仅仅是应景，而着眼于学术的发展以及相应的时代需求，那么如何扩张辛亥革命研究的史料与史学，就不能不有所讲究。

辛亥革命的研究在整个中国近代史研究领域中显得较为成熟，表现之一，似乎主要的层面和问题都有不少成果，因而现在学人很少选取直接的题目。即使逢纪念周期的应景之作，也被质疑虽然扣题，却少新意。当然，并不是说辛亥革命的研究已经完善，只是难度较高，一般不敢轻易下手。换一角度，也可以说辛亥革命的研究已经过了多以新材料发现新问题的初级阶段，走向摸高探深的成熟期。所面对的前贤遗留的各式难题，往往需要学人训练较好，能够超越已往的局限，利用各种新的有利条件，才有可能别开生面，并达于高明的境界。不能一味钻空子找漏洞，而美其名曰填补空白；或是简单拼凑，而自诩为综合概括。否则难免低水平重复之讥。

对于这样一些前人研究较为成熟的领域如何进一步深入扩展，20世纪末以来不断有学人贡献真知灼见。只是倡导的结果，很难扭转热门变冷、显学退隐的趋势。后进学人，更喜欢选择由新材料新观念以发现新问题的捷径，而不愿尝试接续前贤的未竟之业往下做的难路，于是将目光和重心转向其他方面。其实，前人关注的往往是枢纽性的大问题，尽管近代学术史上不乏附庸蔚为大国的先例，时段与层面下移也呈现大势所趋，毕竟接着做比对着讲更接近大道正途，更能体现学术研究的深度和高度。

近代史研究普遍存在的一大问题是，由于材料太多，不得不缩短战线，专题研究取代了学术准备，导致分化过细，以致不能贯通。时间上分段，空间上分区，问题上分类，专题研究的深入异化成了学术视野的孔见，结果流于坐井观天，盲人摸象。历史研究的贯通并非一般所谓扩展视野和领域，具体就辛亥革命而言，不是仅仅以辛亥革命为中心的延伸，而是将辛亥革命放到历史发展的时空整体联系的脉络之中，将辛亥革命作为历史的一部分，而不是作为一种断代之断代史的划定。也就是说，这样的取径并非只是以辛亥革命的问题意识做范围的扩展，那样很可能结果只是辛亥革命的简单放大，而是将辛亥时期的全部历史放到近代中国、东亚乃至世界历史的整体中去，放到三千年中国历史发展的长河中去，放到不做任何分门别类的细分化的历史本来状态中去，进行贯通式考察，用整体的历史眼光探究辛亥革命乃至整个辛亥时期的历史。

类似清季辛亥这样发生了天翻地覆的变化并且对历史发展进程具有重大影响的历史时期，不仅整体意义必须古今中外地加以认识，就连具体问题要想认识得当，也非有贯通的眼光不能奏功。这样的取径做法，其实不过是前贤治史的基本，因而卑之无甚高论。只不过有用于史学研究的方法与专讲史法者的方法有别，前者说起来相当简单，做起来绝非轻而易举，后者则看似头头是道，用于具体问题的研究却往往无效甚至有误导的危险。目前近代史研究的现状，与治史的基本取径做法距离甚大，而其趋势，还可能渐行渐远，所以值得特别强调，以免流弊滋生，以至于不可收拾。

辛亥革命研究存在一味注重革命党，忽视其他方面的偏向，早经中外学人明确指出，后来着重研究保皇派、立宪派乃至清政府，都是补偏救弊之举。经过各方面较长时期的努力，取得了令人瞩目的进展，只是与相关领域极为丰富复杂的史事相比，现有的成果无论就层面还是就深度而论，仍然远远不能相符。其中的症结不止一端，要因之一，或许恰恰在于出发点只是为了说明革命的成败，因而不能拓宽眼界，视野不免有所局限，对于问题的复杂和研究的难度缺乏足够的估量。与之相应，研究角度变换到其他方面如果不能伴随着态度方法的调整，仍然不能摆脱单一化解读认识历史的偏颇。单纯从革命或其他任何角度立论，导致辛亥时期历史整体性的失位，不仅全局往往破绽百出，而且具体容易捉襟见肘。

辛亥时期革命当然处于无可争议的重要位置，可是这一时期所发生的不仅是革命的历史，即使以革命为中心，也还有许多看似与革命没有直接关系，或是以往用革命的眼光观察不到的重要历史活动。整体把握不当，对于革命的认识难以适得其所。现行的历史分期，不免用后来的目的论取舍，而多少忽略了历史进程本来的可能和意义。相关研究在相当长的时间里积极的评价仅仅强调辛亥革命实现共和政体，消极的看法则不过是换了一块招牌。这样的观念，与辛亥时期中国历史进程发生整体根本性变动的实情相去甚远。清季十年也就是辛亥革命前十年间中国发生的全面性变动，是因应千古未有大变局的总结式变动，在整个中国历史进程中，只有周秦、唐宋的变化可以与之相较，而且就变动的范围和程度而言，甚或还在前两期之上。以辛亥时期为界线，中国的社会历史发展承前启后，前后两分。正如美国学者任达（Douglas R. Reynolds）的《新政革命与日本》（*The Xinzheng Revolution and Japan*, Council on East Asian Studies, Harvard University, 1993）一书所说：

> 在 1898 年百日维新前夕，中国的思想和体制都刻板地遵从了中国人特有的源于中国古代的原理。仅仅 12 年后，到了 1910 年，中国人的思想和政府体制，由于外国的影响，已经起了根本性的变化。从最根本含义来说，这些变化是革命性的。在思想方面，中国的新旧名流（从高官到旧绅士、新工商业者与学生界），改变了语言和思想内涵，一些机构以至主要传媒也借此表达思想。在体制方面，他们按照外国模式，改变了中国长期以来建立的政府组织，改变了形成国家和社会的法律和制度。如果把 1910 年中国的思想和体制与 1925 年的、以至今天中国相比较，就会发现基本的连续性，它们同属于相同的现实序列。另一方面，如果把 1910 年和 1898 年年初相比，人们发现，在思想和体制两大领域都明显地彼此脱离，而且越离越远。①

抛开其中以变化为进化，以现在为现代的观念，以及论证方式的诸多可议，作为事实描述，大致可以成立。就此而论，辛亥时期已经规定了历史前进的基本方向，以后的国民革命，要解决的主要是如何前进的问题（当然，具体方面也有所调整）；而国共斗争（双方都以革命的名义），则是围绕如何落实历史发展依靠的力量和步骤的冲突。当然，关于是否需要整个地掀翻下层，来一次根本、彻底地解决问题，无论从进程还是从结果看，都不免存在争议。如果用这样的视野来检讨，无论革命党、保皇派、立宪派、社会人士甚至清政府和统治集团

---

① 〔美〕任达：《新政革命与日本：中国，1898～1912》，李仲贤译，江苏人民出版社，1998，第 215 页。关于对该书的较完整看法，参见桑兵《黄金十年与新政革命——评介〈中国，1898～1912：新政革命与日本〉》，《燕京学报》新 4 期，1998 年 5 月。

的各派系，除少数人外，都在因势求变。只不过因为利害各异，变的取向和求的方式有所不同。各方面公开的争与暗中的合，看似相反，实则相成。而不同的利益诉求和势力争夺，使当事各方形成错综复杂的纠结关系，相互利用，相互缠斗。在此观照下，各种政派、社团、群体、阶层以及人脉关系全面展现，才能前后左右贯通联系，避免以单一方面的取向为判断真伪是非的普遍准则，以就事论事为具体分析，以盲人摸象为管中窥豹。只有在全面观照下得其所哉地安放理解各方的所有言行，不必牵强取舍、放大掩饰、以偏概全甚至故意曲解，辛亥时期之于中国历史发展的整体意义才有可能充分展现。

影响革命史的观念很大程度源于后来国共两党各自主张自身的正当性及正统性。在这方面，双方的观念与做法有着一定的近似性。今人追究中国近代史研究的缘起，大都着重于罗家伦、蒋廷黻等人的努力，以及中共方面关于党史叙述的初期建构，对于国民党方面所谓三民主义教育（党化教育）的作用则有所忽略。国民革命时期发源于南方的党化教育，包括革命史、军训、三民主义思想等内容，随着国民革命的发展而推向全国。只是各地大专院校在接受方面各有取舍。就目前所见态度较为积极的东南各校撰写教授革命史的提纲，可见大体框架与今日海峡两岸的中国近代史大同小异，国共两党关于中国近代史的认识显著差别在于对义和团的看法。所以1949年中国新史学会成立伊始，深知历史教育对于国家与国民塑造至关重要的主导者们，就决定将中国近代史作为研究的发展重点，并且从系统编辑资料入手，以便从基础层面形成体系架构，引导全国的研究取向，组织编辑的《中国近代史资料丛刊》，即以《义和团》为发端，旨在旗帜鲜明地标明分野。

取向相近有时会强化历史认识朝着一定的方向倾斜。就辛亥时期的研究而言，较为典型的有两例，一是凸显清季各种政治势力的势不两立，二是强调清朝与民国的水火不容。前者包括清王朝与反清势力的对抗以及各种社会势力之间的分歧两方面。革命时代的社会矛盾不断激化，政治冲突无疑是你死我活，不过革命不是目的，而是在矛盾激化到不可调和的程度时解决问题的一种形式。任何政治活动的台前幕后都会有所分别，公开敌对的双方，因为中间存在种种错综复杂的利害关系以及政治图谋的需求，也会保持多种联系管道。尤其是中国为伦理社会，由血缘、姻缘、地缘、业缘等纽带联结而成的人际关系所形成的人情世故，对于人的思维行为有着重要影响，从一般的择业到高度机密的谍战，各式各样的社会行为背后都受此制约。

辛亥时期，保皇派、立宪派和革命党，均以各种方式与各地督抚乃至中枢亲贵建立并保持一定的联系，甚至参与机要，代拟重要改制章奏，共同举办各种趋新事业。而这些至关重要的联系，除了个别论著有所涉及，一般较少进入研究者的视野和相关历史的叙述。诚然，诸如此类的隐秘研究起来颇具难度，一般学人不易下手，尤其是牵扯最难拿捏把握的人际关系，不过更为重要的原因，当是很难将此类事情纳入现有的研究框架。由于不知如何安置才能得其所哉。无处着落，无法驾驭，于是索性避而不谈。这样的略而不论，在时下的历史研究中并非个别现象，严格说来，其实也是削足适履，是阉割历史的一种变相。

简单地套用革命史观，对于具体史事的判断很容易陷入非此即彼的误区。辛亥时期革命党在与保皇派、立宪派论战时，不免言辞激越，声称双方关系如冰炭水火，势不两立。此节如果视为论战一方的态度，固然不错，若是作为评论另一方行事的准则，还需谨慎推敲。整体而言，当时双方都还是趋新阵营的一部分。后来的研究大都不约而同地确指后者为清廷的帮凶，背后显然有国民党党同伐异和中共与修正主义论战的影子。受此影响，学界及坊间往往轻信一些传闻。显例之一，是秋瑾案胡道南告密事，民初蔡元培即撰文为亡友辩诬，申明冤屈，"秋君一案，酿成于绍兴知府贵福之电请，而说者则谓其端实发起于绍兴绅士之告密。当时被告密的嫌疑、而为人所指目者颇多，而君亦居其一。君之不为此，当时即有人证明之，至今日而尤大白"。胡君"好读书，为诗古文辞，雅驯而绵密，然亦不守旧。岁戊戌，与新昌童君学琦设《经世报》，延章君炳麟为撰述员。当秋君瑾初回绍兴，君于中学堂外课，以《读秋女士诗书后》命题，有欲以是陷君者，君不之惧。余与徐君锡麟，皆君故交，而昌言革命，君亦不以为忤"。"予之急进主义，虽不为君所赞同，而吾两人相信相爱，一如曩昔。"① 后来者不察，仍然指胡为告密的元凶，材料史事未经遍查考辨验证之外，显然是因为此说最符合长期以来中国近代史以及辛亥革命史的一般逻辑。

　　用革命的观念考察清季民初的政权鼎革，其实是国民革命以后所认定的正确看法。在此之前，尽管各方态度不一，逊清皇室与民国政府之间存在形式上的让位和优待关系。因此，即便视为改朝换代，与明末清初王朝兴替的情形也有着很大分别，除了满汉关系易位，对于多数的汉人而论，接受非汉族群入主中原难，弃之而去相对较易外，即使共和与帝制形式上并存共生，在朝野上下看来也并非绝无可能。据说南北议和期间就设想过改国号为中华联邦共和国，大清皇帝改号中华联邦共和国国王，属宪法上特别地位，不得干预政事。同时设大

---

① 《亡友胡钟生传》，高平叔编《蔡元培全集》第 2 卷，中华书局，1984，第 326、327 页。早年博士论文涉及此事，亦沿袭一般说法。担任答辩委员的林增平教授曾提示注意不同记述。

总统，由议会公选，总揽行政权。国王与大总统待遇同等，前者世袭，后者任期四年。[①] 这样一种共和君宪混合体制在今人看来简直匪夷所思，而当时朝野各方并不认为是天方夜谭，只有孙中山等革命党人以及一些激进人士坚决反对。在后者的观念中，源自欧美的共和与帝制是截然对立、非此即彼的事物，这与一般人夹杂共和古典本意的理解大相径庭。所以用"虚君共和"的设想来解南北之争的套，在辛亥时期一度甚嚣尘上。今人如果只是循着革命党人的认识来看待辛亥时期的体制政争，自然难得恰当妥帖。

北京政府时期，逊清皇室与民国政府保持着一种颇为微妙的关系，不仅坚持臣节者可以得其所哉，不少满族亲贵也自安其乐。如那桐等人对于民国政府就相当顺从。有的满族亲贵后来甚至和与民国政府关系日益紧张的小朝廷逐渐疏远，拒绝参与复辟活动，反对"满洲国"，抗战期间也拥护国民政府，以至于国民政府还拟加以表彰，以正人心。而一些表示坚决与民国为敌或效忠清室者，如梁鼎芬、郑孝胥、刘承幹等，虽然自称遗老，其实原来与清室的关系相对疏离，有的甚至还有过异心，因而在真正的遗老看来，其态度行事不无矫情之嫌。这样的情势，一方面有减少社会冲突之效，另一方面则让时人及后来者发出仅仅换了一块招牌的批判之声。

逊清皇室与民国关系趋于紧张，重要的转折是密谋复辟，继而被逐出紫禁城。国民革命和北伐，推翻北洋政府，令与北洋集团渊源很深且关系不错的逊清皇室失去屏障。打倒辛亥时渔翁得利的北洋集团，国民革命重新继承接续辛亥革命的方向。作为反清革命党直系的国民党执掌全国政权，清朝与民国的关系全盘改写，国民政府在法统上绝

---

① 中国历史博物馆编，劳祖德整理《郑孝胥日记》第 3 册，第 1370～1372 页。

不承认民国是由清廷逊位禅让而来，清廷与民国始终处于敌对状态。而"满洲国"的成立，清室彻底站到了民国政府乃至整个国家民族的对立面。后来国共两党各自主张自己的正当性，对于清季民初历史的解读不免受到国民革命以后时势的影响，从不同的角度强化了辛亥政权鼎革过程中清室与民国的对抗。

今日后学新进，或有一预设的误会，以为古文和外文都不行，只好专攻近代史。这样的退而求其次，便是将犯难误认为趋易，立意一偏，必然浅尝辄止，学问难以达致高深程度，注定见识只能表面浮泛。辛亥时期，中国的知识与制度发生乾坤颠倒式的根本转折，中国人的思维与行为随之变化。而清代学问对历代进行过系统的梳理总结，清代制度又是集历代王朝体制之大成，要妥当理解和把握辛亥时期，首先应该了解把握近代中国的整体，进而上出嘉道，理解把握整个清代，并且由清代而历代。所谓理解把握，不是简单地依据现成的教科书或各种通史专史，因为晚清尤其是辛亥时期以来源自域外的各种重新条理的系统，充其量只能说是后来的认识，而不等于所指的事实。民国以后的思想学术所讲的历代，许多问题意识其实出自清代，并受波谲云诡的时势变化的影响，与历代既有联系又有分别。而清季改制，并非单纯移植域外，也有自称参照唐宋的成分。诚然，清季的知识与制度转型，主要影响来自域外，可是承接知识与嫁接制度，所凭借依托的还是中国固有。不能贯通古今，解读当时人的言行，只好望文生义，格义附会，结果越有条理系统，去事实真相越远。凡事须知渊源流变的脉络，研究近代尤其是辛亥时期的思想学术文化以及制度沿革，必须纵贯古今，才能把握得当。否则，不仅门外文谈，而且参野狐禅，而自以为见仁见智。以往研究中，诸如此类的横通之论不在少数。

思想学术与制度问题，固然要古今中外才能了解把握渊源流变，知人论世同样不能囿于一时。例如今日评价人物，有所谓阶段论，以为是具体问题具体分析的体现。此说作为整体之下把握具体的做法不无道理，可以起到防止人物研究脸谱化标签化的作用，可是若不能善用，也会滋生就事论事，以致割裂曲解人物的流弊。例如肃亲王善耆在清末的表现相当开明，以至于保皇派和革命党均与之暗中有所联系，其幕下聚集了来自各方各派的趋新人士，可是民初却成为坚持复辟的宗社党头子。站在清朝根本利益的立场，其所作所为不仅都是真心实意，而且一以贯之。早在 1900 年上海组织中国国会时，章炳麟即不无先见之明地认为，持论开通的满洲改革者更加危险，公开提出不准满蒙人入会。其《请严拒满蒙人入国会状》称："或谓十室之邑，必有忠信，虽在满洲，岂无材智逾众，如寿富、金梁其人者。不知非我族类，其心必异，愈材则忌汉之心愈深，愈智则制汉之术愈狡，口言大同而心欲食人，阳称平权而阴求专制，今所拒绝，正在此辈。"① 此言后来果然印证，所论较今人以辛亥为界，将善耆前后擘为两节、分别评价的做法，更有助于认识把握善耆其人，而不只是分阶段评价其所为之事。这对于研究其他满族亲贵中的改革者同样具有借鉴意义。

即使专论革命，也不能仅仅局限于辛亥一段。20 世纪在中国历史上无疑是浓墨重彩的百年，而以一个世纪为历史单位，却是近代以来的新观念。此前中国人基本没有源于基督教的世纪观念，当然也不会产生世纪末的高度紧张。在一元化的社会进化论影响下（背后仍有基督教背景），19 世纪末的国人学会按照统一标准划定的发达程度将自己排入世界民族之林的序列等级当中，而暂时忽视其不可比性。因而 19 世纪末的中国人在新世纪来临之前，第一次将世纪作为一个时间单

---

① 《中国旬报》第 19 期，1900 年 8 月 9 日。

位，同时也第一次产生世纪末焦虑，希望在新的世纪里尽快摆脱高度发达的列强侵略压迫和殖民地国墟人奴惨状的威胁前后夹攻的境遇。这样的焦虑，在 20 世纪持续形成中国人救亡图存、奋发图强的动力。

将 20 世纪中国历史的主题确定为"为实现中华民族的伟大复兴而奋斗。中华民族面对两大历史任务：一个是求得民族独立和人民解放，一个是实现国家的繁荣富强和人民的共同富裕"的立论，在今日与国际接轨的学人看来，显然属于民族主义的立场。而民族主义被认为是一把双刃剑，既能杀敌，也会伤己。况且中国的民族主义还牵扯"中华民族"与"少数民族"等一系列令海内外学人颇为头疼的难题。因而论及近代中国的民族主义，往往对其正当性不免有些迟疑。

其实，整个 20 世纪，不仅中国为民族主义所主导，世界也在其笼罩之下。即使今天，各发达国家仍然不能脱离民族主义的掌控。两次世界大战尤其是法西斯主义横行的教训，令有识之士深刻反省民族主义的合理性和正当性（法西斯主义被视为民族主义的极端形式），但实行起来，对内还是民族乃至种族至上，对外不过以其价值观为普适性，或是在占尽优势的情形下稍微显示强者的大度。真正的国际主义者仍居少数。只不过这些少数处于边缘，喜欢对外发表意见，刚好让后发展国家急于追赶的求知者常常听到，相信今日连精神世界也真的已经进入全球化时代。

讲究天下与国家之别的中国，本来没有所谓民族主义，此物十足是近代取自欧美列强的舶来品。而臣服于西学的中国一旦引进，就视为救亡振兴的利器。梁启超提倡的国民国家，在实际进程中演化为追求建立独立富强的民族国家。胡适曾与美国人类学家洛克谈及中日国民出国后，提到各自国家的政府，日本人总是说如何如何好，中国人恰好相反，总是说如何如何坏。这样的情形持续了很久，既反映政府的作为与国民的期望差距太大，也体现了传统的圣王观等历史文化因素的现实制约。其积极方面说明国人对于政府的批判力强，消极方面则表明辛亥以后国民对于历届政府的认同度相当低。民国时期中国内战的持久与惨烈，在世界史上不能说空前绝后，也是罕有其匹。痛定思痛，民族主义成为凝聚国人的重要纽带。曾经被质疑如何处理国际主义与国家利益关系的中国共产党人多次表示，在任何情况下，首先以民族大义为重。而备受指责的蒋介石，其日记也清晰地展现了其民族主义者的形象。

在民族复兴大目标的引导下，经过无尽战乱和苦难的中国终于在20世纪中期和末期先后实现民族独立和国家富强，国人对于国家和政府的认同逐渐增强，胡适和洛克当年诧异的情形正在发生深刻变化。这是自20世纪初期推翻帝制以来，国民对国家态度发自内心的重大改变。本来这样的转变在20世纪有过几次大好机会，可惜由于种种主客观原因而痛失。这样的转变对于中华民族和中国的意义，无论怎样评价也不会高估。

为了20世纪中国翻天覆地的变化，人民做出了重大牺牲。20世纪中国的关键词之一甚至首选，当属革命。与历史上革故鼎新之革命不同的现代革命，恰好在19世纪末从日本引进中国，伴随着中国走过几乎整个20世纪。百年当中的许多重要历史时期都冠以革命之名，如辛亥革命、国民革命、民主革命、"文化大革命"等，其内涵极为丰富。革命之初，无论革命党还是保皇派，都从积极的角度看待革命，并且联系古今中外，进行了大量论述。随后在革命与否的问题上出现争辩。不过，尽管双方彼此视同冰炭水火，势不两立，但无论立场如何，革命和不革命还能正面讨论，实际上也还是同道。梁启超及其一部分同门，不仅在论述古今中外的革命方面贡献颇多，而且一度在革命、扑满与否的问题上艰难挣扎。如果不是康有为的坚决阻挠，事态的发展很可能大不相同。

随着革命日益被越来越多的人视为一劳永逸地根本解决所有社会问题的不二法宝，接下来情况出现了微妙的变化，尤其是"反革命"概念的出现，给革命进程增添了不少变数。一方面，争斗的各方都以革命的正统自许，表明革命已经成为政治正确的代名词；另一方面，则互指对方为反革命，将反革命当作革命的对象。如此一来，不革命顺理成章地和反革命画上等号。革命与否，再也不是一个可以平等对话的论题，而是革命与反革命之间你死我活的较量。其中潜在的症结一开始负面影响相对较小，随着革命凯歌式地进行和不断扩大，流弊逐渐暴露出来。当反革命从政治概念上升到法律层面，事情便开始向着难以掌控的方向变化，毕竟以国家权力强制所有国民非革命不可，法理上不能成立，实际上也难以执行。由于相当一部分国民天然处于不革命的状态，人为加剧的社会矛盾和冲突的激化在所难免，在革命的冠冕堂皇之下发生种种匪夷所思的事，也就不足为怪。

凡事物极必反，以"革命"的名义走向荒诞之际，拨乱反正就成为人心所向，大势所趋。结束了20世纪最后一次以"革命"标名的历史时期，"反革命"水到渠成地依次从法律层面正式退出，在政治层面也逐渐隐身淡化，革命与否的问题不再是全体国民社会生活的头等大事。借用周予同关于经学退出历史而经学史兴的意思，当革命从现实政治生活中退隐之时，对20世纪中国"革命"史的研究，恰好是提上日程的良机。所谓"告别革命"，如果指20世纪末的实事，一般而言，应该异议不大（当然不是没有）。但用这样的观念看待整个20世纪中国革命的历史进程，则并非平心之论。至于用主观预设的阴谋论倒述历史，更加不在话下。

　　一些国内同行好用今日的观念任意重估历史，评议当年革命者的言行，域外学人反而提出尖锐批评：对待倾注生命的革命者，态度岂能如此轻忽？研究 20 世纪中国"革命"史，对此应当深刻反省，必须抱着认真严谨的态度，尽可能接近和理解那个时代，尽可能接近和理解那个时代里千千万万的革命者。尽管后来者的观念有所不同，有的域外学者甚至将对立双方所写的历史视为成王败寇的典型，但以敬仰之心顺时序探究事物的发生及其演化，既是对死者的尊重，也是对生者的负责。研究者的经验之谈和史家之论，理应成为重要参照。

　　转换角度，20 世纪中国历史的起点和终点，还可以从两次改革的成败加以考察。清政府的新政和预备立宪，最终彻底葬送了中国的皇权帝制。就此而论，可谓败得一塌糊涂。而世纪末的改革开放，保守地估计，也应该说已经收到了举世瞩目的显著成效。可是，清末新政的失败，究竟败于何处，还有相当大的讨论余地。美国学者任达认为："如果把 1910 年中国的思想和体制与 1925 年的、以至今天中国相比较，就会发现基本的连续性，它们同属于相同的现实序列。另一方面，如果把 1910 年和 1898 年年初相比，人们发现，在思想和体制两大领域都明显地彼此脱离，而且越离越远。"① 撇开其著作的种种问题和争议，所描述的事实的确不应否认。也就是说，惨败的清末新政留下了重要的历史遗产，甚至可以说大体上规定了近代中国的观念和制度变化发展的基本取向和主要形态。

　　既然改革的大方向并不错，何以导致惨败的结局？深入一层看，清王朝固然惨败，全体国民也未必受益，不同的是，国民的失败体现于过程，清廷的失败体现于结果。晚清所谓同光中兴的 40 年，适逢国

---

① 〔美〕任达：《新政革命与日本：中国，1898～1912》，第 215 页。

际金融市场银价暴跌，用铜钱的民众从银钱比价的变动中得到实惠，购买力增强，可以发展经济，改善生活，休养生息。可惜清政府未能抓住机会，不失时机地进行全面改革，自强运动也未能达到预期目的。而到20世纪初，当银价重新上涨之际，清政府却不得不开始全面推行新政和宪政。受银价上涨之苦的民众，被迫同时背负赔款外债与加捐增税的重担，社会矛盾日益尖锐。

中国历来为政，忌讳与民争利，民力舒缓，则经济发展，社会稳定，反之则官民矛盾激化，社会动荡。藏富于民，其实是巩固统治的良方。出于维护和巩固其统治的需要，清王朝改革的动机并非虚伪。但是改革必然涉及利益的重新分配，如何才能兼顾各方，惠及多数，必须通盘协调，循序渐进。如果一味维护一己之私，甚至将改革作为集权和剥夺的手段，不仅国民，连统治者内部的不同集团也成为牺牲者，多数人未得其利，先受其害，那么无论改革的动机多么纯正，方向多么正确，都必然以失败而告终。而确定失败的形式，往往就是革命。

革命与改革，旨在分别解决民族复兴不同阶段的问题，不可能相互取代。试图用革命的方式来解决改革过程中的一般性问题，历史证明并不可取，未来也绝不可行。如果说革命的收获在于理想，改革的预期则比较实际，不能要求国民继续承受革命时期的巨大痛苦和牺牲。在此阶段，相对于民族独立和国家富强，人民解放和共同富裕更为凸显。在国权与人权的纠葛下，如何让每个人全身心的解放和富足与民族复兴高度协调一致，成为21世纪中国任重而道远的重大命题。失败的改革尚且留下决定历史进程不可逆的宝贵遗产，成功的改革至少应当确保历史车轮沿着正确的轨道运行。做到这一点，中国的21世纪将比20世纪来得更加精彩。

自从 1970 年代美国修正学派兴起，重审辛亥革命的历史进程，区域研究逐渐推广。开始主要是分省，其后逐渐下移，直到基层社会。其问题意识是中国幅员广大，各地千差万别，不可一概而论。加之在全国层面上研究问题，只能突出特定方面，而割裂史事的整体联系。所以其潜在取向为相反相成的两面，既缩小范围，又注重整体，或者说是以缩小空间来换取整体观照。不过，此类做法的生成，实由各国历史文化和社会结构的特性（如初民社会的氏族部落各自分立，城乡分治以致彼此隔绝，大小文化相对疏离），未能虑及中国的情况与此有别，忽略中国长期以来作为社会文化集合体及政治大一统的整体性，以及各地文化多由大小传统的并存互渗浸淫而来，大传统具有明显的导向性，一味强调区域差异，反而无由深究保持分久必合合久必分的各项因素，如作为文化集合体的时间长，移民与土著的复杂关系，汉化与胡化等，也无从把握小传统之间的共性与特性，使得孤立观察得来的个体特色放眼看去却是大同小异，更无法理解和驾驭大小传统的复杂关系。

由于行省或直省原来并非一级行政区划单位，近代以来以至今日相当凸显的分省意识，其实只是生成于清代，晚清以后，受到外来的民族主义和地方自治思想的影响，以及新政分省办事和督抚权力扩张的时势，才迅速被强化。在整体了解和掌握古往今来社会历史文化演变的基础上，选择某一区域做涵盖各层面的整体性研究，可以避免陷入全面观照则失之宽泛表浅，具体深究则流于琐碎局促的两难，使得宏大关怀与深入实证能够相辅相成。遗憾的是，实行起来缩小范围很大程度上成为训练不足者刻意趋易避难的取巧捷径，管中窥豹畸变为盲人摸象。基层社会的研究，又不免假定特定区域即为同类，忽略更加具体的千差万别，将其中形似而实不同的事物同等看待。结果，所谓特色大都自说自话，最终难免千篇一律，不仅不见特色，反而导致片面和放大的偏蔽，甚至出现割裂集合体各区域间基本联系的潜在危险。在整体之下研究具体，而不是简单比较各地异同，才能消除看朱成碧的成见，避免故意夸大差别，导致突出特性否定共性的误读错解，或是以熟悉为一般的偏见。

至于对外的一面，更为重要。中国历史上长期以天下中心自认，在中外文化交流中占据主导地位，即使吸收异教，创立新说，也要取珠还椟，以免用夷变夏，数典忘祖，这使得中国文化一脉相传。近代以来，中国逐渐被拖入世界体系，中外文化的优劣主次逐渐易位，一方面造成中西学乾坤颠倒，不仅以西为尊，而且挟洋自重；另一方面却延续华洋两分的思维，自认为与世界相对。辛亥时期的知识与制度全面转型，由中外合流形成中国历史社会文化的古今分界，制约着今日中国人思维行为的基本样式及取向。造成这一重大变化的，是牵涉古往今来的所有西学、东学和中学相互影响缠绕，而变化的密集阶段，恰是辛亥时期。必须具有古今的纵贯和中外的横通，才能清楚准确地认识知识与制度转型的全过程和各方面。

近代中国得以在精神文化领域进入世界，在制度规范方面靠拢欧美，除了西洋的直接影响外，与近代东亚精神世界的共同性关系紧密。早在甲午战前20年，日本的西周助等人以朱子学应对西学，建构起东亚的新话语系统，已经决定了整个东亚的基本走向。辛亥时期大规模逆输入汉语新词，并取法日本，实行包括政体、教育、外交、司法、财政、警政、社会组织、地方自治等各种制度在内的全面改造，中国人无论政治属性如何，其思维方式和行为规范均发生了脱胎换骨的变化，与前人相比，几乎完全改观。这些变化，包含中西新旧的复杂纠结，未必全是进化，造成现在，却不一定具有现代性。

辛亥时期的思想和体制变动并不仅限于政治领域，教育、司法、学术，乃至社会生活的所有方面，几乎都出现了或多或少的变化。而这些变化的渊源与指向，毫无例外地与所谓西方紧密相关，在西学东渐、西制东移、西俗东浸的大势之下，夷夏大防逐渐崩溃，中西体用乾坤颠倒，西方文化层层递进。西化、洋化、欧化，成为近代中国的风气。

因缘外力理解中国，如今已成中国人普遍习以为常的思维方式，由此造成认识上的许多似是而非。典型事例之一，是关于近代中国城乡关系的论述框架。尽管今人断言古代中国是农业社会，并且以城市与农村以及城乡关系架构作为研究古代中国无须验证的当然前提，实则清代以前中国并无所谓后来清晰分界的城市与农村，更谈不上明确的城乡关系。在观念上，固然很少有城乡之别；在事实上，也很难将城乡截然分离。近代以来的认识架构，显然既有欧洲中世纪城乡分立的影子，也有明治日本城乡自治的痕迹，还有近代列强在华租界特殊地位的联想效应。而在中国，有身份的士绅往往在城镇有商号店铺，在乡下有土地田产，甚至一般流民也可以各种形式在所谓城乡之间游动。

清季受欧美日本的影响，城乡分别的观念日渐明晰，所谓城绅、乡绅之说开始流行。即使如此，作为正式的行政层级和区划，城乡分别仍然令人相当困惑。预备立宪时期推行地方自治，制定颁行《城镇乡地方自治章程》，第二节专门规定"城镇乡区域"，凡府厅州县治城厢地方为城，其余市镇村庄屯集等各地方，人口满五万以上者为镇，不满五万者为乡。人口若有增减，要经一定程序变更乡镇地位。[1] 这

---

[1] 《宪政编查馆奏核议城镇乡地方自治章程并另拟选举章程折附清单》，故宫博物院明清档案部编《清末筹备立宪档案史料》下册，中华书局，1979，第728页。

样的原则规定，不仅与后来的城乡之分并不完全对应，具体操作起来也相当困难。例如府州县治的城墙之内为城，在城池完备之地似乎不成问题，而毁损失修之地就有些麻烦。至于城厢，究竟如何与镇、乡分界，大概多是因循旧惯，很难找出具体标志。直至清亡，并没有正式的城市建制，民初各地才陆续开始行政设市。国民政府统一后，加快城市和市政建设，加强户籍管理，居民的流动性逐渐受到控制。1950年代以后，城乡居民的分别更加严格，身份日趋固定化，以至于要想变更身份，几乎比登天还难。

科举时代，作为四民之首的士子享有种种优待，可以利用城里和乡下的一切有利条件，使得举业成为能够赚钱自活甚至养家糊口的产业。由于城里人对于乡下人的优越感并不太明显，乡下人也就不会以仰望的心态看待城里。后科举时代，城市化加速进行，集中于城里的社会新事业层出不穷，加上新式学堂教育所学内容大都不适宜于乡土社会，推行地方自治时设计的让士子继续与故土结合的种种办法很难落到实处，学生毕业不回乡的问题日趋严重。随着城乡差距不断加大，一般人的意识里，城乡也是泾渭分明，差若天渊。

或许这样的情形令亲历者有切肤之痛，反过来制约其对于社会历史的认识，很容易接受造成现状或与之吻合的那一套观念。或以为用后来观念解释前事是不得不然甚至势所必然，此说固然有一定道理，或者说给今人提供了某种方便。问题在于，没有后来观念的古人，是如何思维行为，其本意究竟何在。大胆用己意揣度古人，一般而言，要么认为古人无所谓本意，要么不知如何解读古人的本意，要么觉得古人即使有其本意，也不重要或是根本错误，因而无须追究。如此，则所谓史学，不是揭示历史的本相，而是抒发各自的见解，即所谓历史都是今人的思想史。如果不能在重现古人本相本意的基础上发挥见解，则皮之不存，毛将焉附？须知历史已经过去，无法增减，再高明的认识，也不过呈现的层面与程度而已。

在没有城乡分别的时代，各色人等如何言说行事，至少是要首先解决的问题，然后才谈得上如何认为。否则，认为完了，与史何干，就不能不令人心生疑窦。由此而致的问题俯拾皆是，例如，受区域研究取向的影响，今人好将士绅视为地方的代表，姑不论直省是否地方，作为行政层级清季改制时已经在朝野上下造成很大困扰，即使按照清季以来逐渐演化的观念，将直省以下各级权力统统作为地方层级，士绅在不同层级活动时，其代表身份仍然并非固定不变。如民初一些省份的原谘议局议员当选为国会议员，省议会的位置由另一批人接替，这样的变化，很难用所谓国家与地方的架构加以解释。在直省以下，他们的活动存在于各个层级，同样很难认定其身份固定属于哪一层或哪一地的代表。套用外来架构解读中国的社会历史文化，所得观念虽具统系却由附会，自然难免形似实异，隔膜疏离。

总之，治史必须贯通古今中外，整体之下研究具体，即使辛亥革命只是历史长河中的一段波澜，也要知其渊源流变，才能胸有成竹，洞若观火。

诚然，专题研究的表述必须轻重主次地权衡取舍，不能面面俱到，应当有所侧重凸显。但是不能因此而否定研究过程中不可或缺的全面性。只有对事情的全过程和各层面综合把握，在具体表述时才能不过不及，恰如其分。否则，看似充分合理，逻辑严密，揆诸材料与事实，却时空颠倒，句句绽论。所谓问题，均为其心中所想，并非由事实所出。此类深谙心术者为害较抄袭剽窃更甚，往往将所受启发的本源毁尸灭迹，又故意旁征博引以炫其广博，加上行文论述不受时空等事实约束而颇为动人，不易识别，能够蒙蔽外行甚至一般学人。只是毕竟天下人不可尽欺，在行家高手的眼中只能落得个原形毕露，无所遁形。况且今人之外还有古人及来者，哪怕侥幸得逞于一时，终将被钉在历史的耻辱柱上。治学须有这样的自觉自律，才不至于害人害己。

辛亥革命研究的拓展，无疑需要史料的扩张作为支撑。历来学人收书与藏书家有别，首重内容，至于版本是否珍秘之类，反在其次。因为旧材料往往是基本主干，新材料则是脱离之片段，旧材料不熟，新材料难以安置妥当。而没有新材料，一味依据旧材料做反复解释，也难免牵强附会。治学首先应由基本书中读出历史的大体本意，高明者更能从常见书发前人未发之覆。近代以来，提倡扩张史料不读书，流弊之一，是常见书都不看，一味找前人未见之书。结果往往问题和材料就在眼前，却视而不见，就算找到前人未见的材料，因为不知大体全局，也无法安放得当，只能做望文生义、穿凿附会的解读。如此一来，灯下黑与不远见的情形同时存在，导致史学研究出现凿空蹈隙的弊端。虽然看似有扩张领域之利，其实不过是图容易立说之便。

古代尤其是唐以前的基本文献史籍，今人大体都能掌握，要想进一步扩张史料，必须有特殊工具或一定范围，像甲骨、简牍、碑刻以及敦煌石室遗文那样大规模发现新材料的机会可遇而不可求。况且，与晚近以来的史料相比，号称浩如烟海的古籍可谓九牛一毛。近代历史的研究，材料太多，起步又较晚，前人没有看过的文献俯拾皆是，如果以为随手拈来就可以填补空白，超越前贤，则大谬不然。因为类似的发现其实相当容易，喜出望外、如获至宝正是少见多怪的表现，而要想将这些材料安放得当，显示其应有的价值，不做过与不及的解读，也就是根据所发现的资料对史事有所发明，才是考验学人见识、功力的关键所在。今人能够看到的材料虽然远远超过前人，但是读懂和驾驭材料的能力却大不如前。材料的真伪、直接间接都是相对而言，善用者伪材料也能够看出真历史，否则全用直接材料还是难免落入前人故布的迷局陷阱。

因为与革命有缘，相比较而言，编辑辛亥革命的史料，历来受到重视，综合或分类分地的资料汇编，两岸已经出版的不在少数。就辛亥革命的鼓动者革命党的资料看，可以说大体已备。当然，由于相关材料实在太多，许多公家文献在政局动荡之际流落民间，不仅私人藏家手中未经披露的东西指不胜屈，公共图书馆尤其是各级档案馆中尚未整理编目的文籍也并非个别例外，至于亲历者的亲友后人所藏的日记、函电、文集等，更加难以估量，有待补充的所在多有。其中革命文献部分，已经行世的大致已是多数之汇集，余下的则是少数脱离之片段，只是这样的片段仍然相当庞杂。例如各国的相关公私档案，目前能够普遍看到的仍是沧海一粟。要想得见完璧，还须假以时日。

至于其他部分，如清政府以及社会各界各业的资料等，虽然既往的各种资料汇编中也有所涉及，有的还出过专题性的汇编，毕竟目的大都主要还在革命，因而角度视野不免局促。在这些方面，恐怕很难说多数之汇集已经具备。在缺乏参照的情况下，所谓新增，难免有褒之则因地制宜贬之则因陋就简之嫌。其中有些史料，看似常见，其实未必。如谘议局、宪政、地方自治的文献，主要是作为相关机构的文件而非图书印刷行世。由于实行的时间只有短短几年，就被辛亥革命阻断了预定的进程，效果固然尚未显现，有的甚至还没有全面铺开，如府州县、城镇乡的自治。相关的文件来不及归档，就已经江山易手，风云变色。因而诸如此类的文献找到不难，收全不易。即便实行时间较长的一些制度性的文件，也未必容易收集完整。如厘金制学人大都耳熟能详，一般教科书也有所介绍，可是各地厘局历来的章程不断自编，不时修订，很难看全，甚至有过及留存下来多少种，大概也很少有人能够掌握。在这样的情况下，因时因地因人而异的运作、变化和影响，显然很难说清楚讲明白。加之做法上存在简单地依据章程条文描述制度文物的局限，忽略了规定与实情之间往往千差万别，甚至截然相反，应由章程条文与社会常情及其变态的相互作用来还原历史鲜活的实态，才能逐渐近真并得其头绪。

三　超越发现时代的民国史研究

（一）用新材料研究新问题

1. 傅斯年在《历史语言研究所工作之旨趣》中强调要扩张新材料和扩充新工具，扩大旧范围，陈寅恪等人也主张以新材料治新学问的预流，影响整个学界的风气朝着发现材料的方向走。这样的取向对于读过书且做汉学的学人而言，固然有用，但也滋生了不少流弊。后学新进一味扩张人所不见的新材料而不读基本书，引起有识之士的批评。贺昌群表示：

> 大抵一时代有一时代的学风，一番新史料的发现，必有一番新学问的领域，能够占在新学问的领域中利用这番新材料，就是学术上的前驱者，陈寅恪先生称此为"入流"，反乎此而不闻不问，自以为坐井可以观天者，谓之"未入流"。但我想入流与不入流，有时亦不在以能获得新材料为目的。近来学术界因为争取发表新材料的优先权，往往令人有玩物丧志之感。所以尤在要明了学术研究的新趋向，然后才知所努力，在思辨上有深澈的眼光，文字上有严密的组织，从习见的材料中提出大家所不注意的问题，

所以学术思考上也有入流与不入流之别。①

贺昌群的补充，论及材料与问题的预流关系，至为关键。虽然一门学问的开端，材料的发现十分重要，但是一味发现，也表明学问尚在初级阶段，因而循着发现材料的轨道比较容易上手且见重于人。可是近代中国虽然号称史料的大发现时代，殷墟、敦煌之外，能够石破天惊的似也罕见。一度着重研究中古一段并提出敦煌学概念的陈寅恪，自己便很少专门研治敦煌学，而相关论著并无人指其不预流。陈寅恪在全面抗战爆发前还多用域外新材料研究各种半汉问题，后来战时由于条件所限，不得已转而用常见材料研究中古制度的渊源流变，却更加大获好评，识者推许为"异于时人所讥之琐碎考据，亦异于剪裁陈言纂辑成书之史钞，更大异于具有成见与含有宣传性之史论"。② 这些评语，放到时下的民国史研究，也颇具针对性。

2. 民国史材料繁多，再是踏破铁鞋，也难以穷尽。而不知前人已知，如何判断什么是新材料。上穷碧落下黄泉，动手动脚找东西的结果，可能落得个两处茫茫皆不见。若是人所共见之书都不看，一心只找前人未见书，势将人所共知之事茫然无知，且以不知为无有。有时所谓新发现，颇有些类似近代学人好称的再发现，其实有的早就存在于一般行世的文献之中，有的在其他文献中更为直接详尽准确。只是由于读书不多，见识有限，而又炫为新奇，所以少见多怪，不过自曝其短而已。

3. 材料与问题的关系。如果不熟悉旧材料和历史的整体大局，不能识一字成活一片，即使所发现的的确是新材料，也未必能够发现和解决新问题。况且如王国维所说，应由读书以发现问题，不要悬问题

---

① 《贺昌群文集》第1卷，商务印书馆，2003，第285页。
② 王育伊：《唐代政治史论稿》，《燕京学报》第30期，1946年6月。

以觅材料。做研究应当从习见的材料中提出前人不注意，或虽然注意却知其然不知其所以然的问题。一般而言，历史的枢纽性问题多已程度不同地呈现，善读者贯通前后左右上下内外，可以详论渊源流变，否则势必视而不见，甚至误以为历史的主体还在尘封之中。由此滋生的流弊是，读书看不出甚至无视前人本意和史事本相，只能预设架构以填充材料，曲解材料以将就问题，无论问题意识还是解读材料，无不颠倒时空，穿凿附会。

中国历史上思想学术文化受域外影响大的时期有三，魏晋至唐宋受佛教影响，明末清初来华耶稣会士引入西学以及晚清以来欧风美雨的侵袭，前两次诸儒均秉持取珠还椟的态度取法，以免数典忘祖，只有后一次在经历了夷夏大防、中体西用等阶段之后，全面用夷变夏，以致全盘西化。既然以西为尊为优，则改造中国不是量体裁衣，而是削足适履。凡事披上外来的衣冠，仿佛贴上良品的标签。百年回首，多少名家，但凡附会西学的时段、部分，或深自反省，或遭人非议，唯有用西学于无形者能够始终不露破绽。

4. 新旧材料与新旧问题的主从轻重之别。一时代之史学或有偏离正轨而自以为大道之事，如何防弊与纠偏，充实而不至于肢解，关键是要处理好新旧材料与新旧问题的关系。新材料对于研究无疑至关重要，单纯就旧材料重新解释，尤其是不能读懂本意而附会后出外来观念，容易流于翻案文章。但是新旧材料的关系，如陈寅恪所谓多数材料之汇集与少数脱离之片段，其使用有如解经看全篇本意与训诂字义的相辅相成。档案解禁与未刊稿本行世，关键看如何安置得当。高明可用寻常材料治史，如严耕望所说：看人人常见之书，说人人不常说的话，甚至从伪材料可见真历史。解读秘籍新档的能力，不仅在看得到与否，更重要的是在看得到之外是否具备了看得懂解得通的能力。

同样面对新材料，之所以读懂应用的程度差异甚大，根本在于有无识一字成活一片的准备和素养，能否接得住，用得好。

（二）撰述有专题，研究无界域

1. 应当专题研究，不必专家自囿。分科治学，在欧洲历史上如何发生，还需进一步研究。可以考虑的因素，一是知识的加速扩张，二是各自的文化制约。近代国人有所误解，以分科治学为科学的必然，甚至谓"科学"的本义之一就是分科之学，动辄号称什么学什么史，或将特定专题放大为学或史，都是用分科眼光看不分科的史料与史事，亦即用西式框架系统条理本国材料。读书治学，应博而后专，书未读完，胸无成竹，只好依傍。专题研究应具体而不琐碎（所谓不琐碎，指问题而非论证），研究越实越好，读书越宽越好，眼界越通越好。如果画地为牢，眼界不宽，读书不富，则具体研究必然捉襟见肘，漏洞百出。

如果读书都是为了写书，等于不读书一味找材料。而做什么只看什么，所写不出所读范围，著书不是所知的冰山一角，不仅尽囊而出，甚至倒三角，犹如日暮时分盲人骑瞎马行险道，是极为危险的事。抗战结束后，即有学人针对当时学界的流弊道："晚近治史者，喜称专家。凡治某朝者，即只知某朝之一二事物，而不识某朝一代制度所以损益及其演变之故，其著述论证，多所附会穿凿。"[1] 后来钱穆进一步批评："民国以来，中国学术界分门别类，务为专家，与中国传统通人通儒之学大相违异。循至返读古籍，格不相入。此其影响将来学术之发展实大。"主张以既有的分科门类，参融旧籍，求其会通。[2] 时至今

---

[1]　王锺翰：《隋唐制度渊源略论稿》，《燕京学报》第 30 期，1946 年 6 月。

[2]　钱穆：《钱宾四先生全集 25·现代中国学术论衡》，台北，联经出版公司，1998，第 5、10 页。

日，专家已由学界的尊称畸变为坊间调侃的对象，影响学术何止是大而已。

2. 整体之下研究具体。治学应选定专门的题目，不必有专门史之分。史事的发生演化，并不会按照后来的分门别类观念进行，从时空的任何一点切入，都有无限延伸的广泛联系。画地为牢，则局限所治之史的理解把握。专精与博通，不在于论题是否宏大。钱穆所谓非碎无以立通，不仅通由碎而生，同时碎也是通的部分，碎也要体现通。所谓整体贯通，一句话可以见通，每句话都能相互联通，反之，千言万语，支离破碎，纵论古今中外，不过横通之论，还是不通之至。

此外，虽然近代以来讲究学问的一律平等，又不断有附庸蔚为大国或婢作夫人之事，历史毕竟有主干与枝叶之分。按照章太炎、金毓黻等人的看法，中国历史当以正史为主，正史即政治史，而政治史以探求历代制度文物的因革损益为要。这与分科治学的专门史之政治史明显有别。以此为主轴中心，通贯包括治乱大事在内的史事，凡与制度文物相关联者从而研究之，视断代、专门、国别皆为通史之一体。[1]这也不失为解决近代以来史学求实则流于细碎，求通则失之空泛的一条两全之道。

3. 民国史与民国时期的中国历史的异同。民国史是否包含民国时期中国的全部历史，如果二者不能等同，如何联系及分别。民国史如果包括所有民国时期的中国历史，则有能否包得住以及如何着眼与覆盖的问题。如果无所不包，如何体现民国史的尺度凭据。反之，如果民国史只是这一历史时期部分、主要或主导的历史，则与其他各史应当如何分别及联系。就现状看，海峡两岸乃至域外各国所重点关注的

---

[1]　参见金毓黻《静晤室日记》，第 4739 页。

民国史，更多是国民政府史而非民国史。北京政府时期在文物制度方面承前启后，而在北洋军阀概念及其相应判断的制导之下，研究严重不足。由于政治考量不同，看似国民政府直接接续辛亥革命，至于北京政府时期，则似乎成了延续清朝的回旋。与之相类，国共斗争及两党关系的历史是否始终处于民国史的中心位置，有无受到双方长期互斗和冷战思维的影响？从北京政府和国民政府的角度，如何权衡各方的轻重取舍，是否应当成为考量的依据？凡此种种大节，都不是找材料所能够解决的问题。

（三）超越发现

1. 发现与发明。1930 年，留学北京大学的吉川幸次郎专程到金陵拜访黄侃，后者针对学界的时趋，"诰以治学之法曰：'所贵乎学者，在乎发明，不在乎发见。今发见之学行，而发明之学替矣。'"[①] 对于追求发现新材料的学术趋向，哪怕是各方一致赞誉有加的王国维，黄侃也予以尖锐批评，连带语锋扫及整理国故。1928 年 6 月 18 日，他就曾在日记中写道：

> 国维少不好读注疏，中年乃治经，仓皇立说，挟其辩给，以眩耀后生，非独一事之误而已。始西域出汉晋简纸，鸣沙石室发得藏书，洹上掊获龟甲有文字，清亡而内阁档案散落于外，诸言小学、校勘、地理、近世史事者，以为忽得异境，可陵傲前人，辐辏于斯，而国维幸得先见……要之经史正文忽略不讲，而希冀发见新知以掩前古儒先，自矜曰：我不为古人奴，六经注我。此

---

① 《吉川君来书》，《制言半月刊》第 5 期，1935 年 11 月 16 日。

近日风气所趋，世或以整理国故之名予之，悬牛头，卖马脯，举秀才，不知书，信在于今矣。

并进而评判道："近世之学，钩沈优而释滞拙，翻案出奇更拙。"① 所提出的问题，的确切中民国时期主流学术的流弊。

2. 由于民国史材料繁多，随着档案定期解密制度的实行，国际学术交流的加强，私家文书的披露，以及新的研究领域的开拓等，以发现引导研究的取向无疑将在相当长的时期内延续。同时应当充分正视解读材料和贯通史事的能力普遍日渐下降的问题。近年来问世的各种近代史料大幅度扩增，可是仔细考究，越是重要的材料，被解读应用得越不充分，尤其是各种日记函札，包含丰富复杂的相关人事信息，读懂颇具难度。不断发现新材料，却不能善用新材料，形成相悖现象。治史一味发现新材料的流弊之一，是专找前人不做的题目，而动辄声称填补空白。今人好以前人不说即为不知，须知还有不必说、不屑说、不能说、不及说等分别。如果把握全局，从如何说即具体问题的分寸拿捏是否得当，可以查知其背后了解程度的高下深浅。治史如着棋，不必填满格，不可乱落子。如果不知大体，所谓填补空白，即钱穆所讥讽的凿空蹈隙，不过是钻空子找漏洞而已。

3. 应当超越发现时代，由发现转向发明。就客观条件而言，应尽可能用一切方式和技术手段开放史料，尤其是大规模影印出版和数字化网上公开，使得学人不仅能够方便接触，而且有效利用。如此，可以减少民国史研究对于发现的依赖度，改变人所常见之书都不看，一味找前人未见书的偏蔽，或是身边可见的书不看，满世界到处找材料

---

① 《黄侃日记》，江苏教育出版社，2001，第302、392页。

的怪相。同时可以随时验证各人所自诩的新发现是否属实及其解读是否恰当。有的研究征引秘籍，似乎言之有据，待到秘籍公开，怎么也看不出所征引的意思，或是显然有所误解。主观方面，则要相应地改变看书只为写书的反常，放眼读书，发现问题，贯通整体，研究具体，有效地消除预设来自域外的各种架构，强史料史事以就我的流弊。

超越发现时代，治学应改变不破不立的惯行，更加注重先因而后创，接着做而不是倒着讲，对着干。先要承接住前人已有，然后才能有所创获。如此，不必号称创新发现，而学问自然日益精进。

史料无论怎样繁多，问题无论怎样复杂，总有穷尽之一日，但是并不等于说史料发现的时代过去，学问就会戛然而止。相反，发现时代大体还处于学问的初级阶段，所考验的主要是学人的脚力或财力。当所有学人都能平等接触所有材料之时，所考验的才是学人的智力与能力，那时一门学问便开始进入摸高探深的阶段，可以检验学人究竟有无能力恰如其分地驾驭材料，把住历史渊源流变的脉络，以及以往所用材料是否恰当无误，问题意识及其解决办法是否得其所哉。

第六章

比较研究

一　近代中外思想的互动与比较

通过东学引进西学，进而建立新学，是近代中国人在以观念和知识转型为中心的精神世界变化进程中所走过的一段重要路径。由狭间直树教授主持的日本京都大学人文科学研究所以"日本を媒介とした西洋近代认识"（以日本为媒介的西洋近代认识）为焦点的梁启超研究班，对于在其中扮演重要角色的梁启超深入进行个案研究。[1] 从他们所刻画出来的历史具象中，可以进一步追寻近代中国人努力接受与融入世界的思想轨迹，以及由此而产生的种种误解和紧张的影响，进而理解和把握作为比较研究之正统的事实联系法之于近代中外思想学

---

[1]　该研讨班从 1993 年起，经过四年的努力，形成共同研究报告《梁启超：西洋近代思想受容と明治日本》（东京，みすず书房，1999，中译本《梁启超·明治日本·西方》2001 年由社会科学文献出版社出版，对原书有所补充修订）。关于这一成果的学术意义和价值，由狭间直树教授和东京大学的佐藤慎一教授、东京都立大学的宫村治雄教授共同举行的"东アジアの近代と梁启超"（东亚的近代与梁启超）座谈会记录，详细阐述了日本学术界的看法。（《みすず》第 470、471 号，2000 年 5、6 月）而中译本出版时金冲及、张朋园、杨天石三先生所作序言，大致反映了海峡两岸学人的期许和推重。此外还有学人做过简要评介，见孙明《思想版图的考索及其它》，《中国图书商报·书评周刊》2001 年 8 月 2 日。

术文物制度关系研究的极其重要，并且揣摩这一今人认为难以应用的良法的具体操作。

（一）比较研究的本义与变形

就东学、西学与新学的联系及区别而论，探讨精神世界中梁启超、明治日本与西方关系的价值和意义，主要体现于三个方面：其一，认识作为世界近代文明重要组成部分的东亚文明形成与发展的进程及作用；其二，从观念与知识体系的大转换重新估价梁启超在近代中国思想文化史上的地位；其三，改变以往对中外思想文化关系的研究滥用平行比较的格义附会，将不同文化系统的精神关系落实于以事实联系为依据的影响研究的坚实基础之上。

东亚文明是世界近代文明的重要组成部分，它一方面以古代高度发达并且一脉相承延续至今、依然保持活力的固有文明为基础，一方面尽力吸收以西方为中心的近代文明，成为世界近代文明多样性的重要体现，并以相当异样的文化物种为人类社会未来的发展提供了更多选择的可能性。而梁启超通过明治日本吸收西方近代思想，正是东亚近代文明形成的重要一环。这一过程并非仅仅是由西方到明治日本再到梁启超的单向运动，在此过程中，梁启超既通过明治日本思想界的大量成果吸收西方近代精神，并受明治日本思想界对于西方思想的选择与接受样式的制约，又有基于中国文化和个人学识的再选择与再创造。由此产生的从概念到思想体系的变异，反映了东方固有文明对于以西方为中心的近代文明传播影响的制约作用，并且导致近代世界文明发展的多样性。

从革命史的取向看，梁启超在近代中国思想史上的地位虽然十分重要，毕竟不够"正确"，甚至一度作为革命的对立面出现，因而无论如何难以与孙中山相比。尽管有学人力图证明，在近代中国"革命"话语的演进过程中，梁启超的作用可能还在孙中山之上。[①] 然而，转换角度，看法自然发生变化。美国学者任达在所著《新政革命与日本》一书中提出，清末新政时期中国经历了知识与制度体系的革命性变革，使得新政前后的中国社会在思想与制度层面截然两分。由于作者将变革的动力归于清政府及官绅支持者，又过于强调日方的善意，加之论证的依据偏重于既有成果，对原始材料的发掘检讨严重不足，许多论点遭到不同背景的学人质疑，也影响了对其颇具启发性的意见的关注。[②]

就个人而论，在近代中国知识体系的转型过程中，没有第二人的影响在梁启超之上。不仅如此，几乎在每一具体领域，梁启超都起到开风气之先的作用。许多关键性概念的引进和转换，虽然不一定都由梁启超发其端，却多在梁启超之后张其势并定其型。用后来的眼光看，梁启超当时的认识不免幼稚；从历史的进程看，则梁启超的所作所为不仅难能可贵，简直就是绝无仅有！

然而，尽管梁启超聪明绝顶，毕竟是三十岁左右的青年，中西学训练又不够完备，能够担此大任，确是遭逢时会，一面是戊戌政变后国人对于新学的渴望，因为政治需求不得满足而更加强烈，一面是明治维新后的日本大量译介西书，并过滤消化为中国人易于接受的"东学"，而甲午战败使得趋新知识人基本认可了向日本学习的方向。梁启超的过人之处，在于他慧眼独具，将二者沟通联系，并做适宜的选择加工，因而得以成就一段伟业。梁启超的自觉见于《论学日本文之

① 参见陈建华《"革命"的现代性——中国革命话语考论》，上海古籍出版社，2000。
② 参见桑兵《黄金十年与新政革命——评介〈中国，1898~1912：新政革命与日本〉》，《燕京学报》新4期，1998年5月。

益》和《东籍月旦》两文，所谓：

> 既旅日本数月，肆日本之文，读日本之书，畴昔所未见之籍，纷触于目，畴昔所未穷之理，腾跃于脑，如幽室见日，枯腹得酒，沾沾自喜。而不敢自私，乃大声疾呼，以告同志曰：我国人之有志新学者，盍亦学日本文哉。日本维新三十年来，广求智识于环宇，其所译所著有用之书，不下数千种，而尤详于政治学、资生学（即理财学，日本谓之经济学）、智学（日本谓之哲学）、群学（日本谓之社会学）等，皆开民智强国基之急务也……夫日本于最新最精之学，虽不无欠缺，然其大端固已粗具矣，中国人而得此，则其智慧固可以骤增，而人才固可以骤出。

对于"东学不如西学"，梁启超当然有所认识，知道东学无一不从西来，中国通商数十年后，还不得不由读东籍之人输入西学，"是中国之不幸也"。但中国的治西学者反不如治东学者收效之大，由于前者大都不通中学，所从西学之师又水准不高，加之直接用西文读懂各科西书，需时较长。所以，"以求学之正格论之，必当于西而不于东，而急就之法，东固有未可厚非者矣"。① 可见其心中很清楚东学不能奉为圭臬，只是权宜应急的捷径而已。

梁启超的西学知识大都转手来自日本，一般近代史研究者均耳熟能详。但恐怕也就止于此而已，要知道究竟哪些来自日本，来自何人何书，大概没几个人能知其详。而要进一步了解有关的人和书在明治日本思想文化学术史上的地位，以及这些人和书的西学来源，西学化为东学及其再度转化为中国的新学时，接受者是完全照搬还是有所取

---

① 梁启超：《饮冰室合集》文集之四，第80~83页。

舍，其标准、依据和理由是什么，就更加模糊笼统。京都大学人文科学研究所梁启超研究班的工作，对于逐步解决上述问题提供了重要启示。其研究方法和路径，则与比较研究关系密切。

近代以来，中国被迫进入世界体系，中西社会文化反差如此巨大，异同似乎显而易见，使得习用譬喻的国人大都有用西学或从西方反衬中国的比较眼光。除了较短时期的政治限制于判断外，比较中外在言论界乃至学术界都相当流行。不过，此事泛泛而谈固然无须过于计较，用作严谨的学术研究则不能不分个究竟。法国比较文学研究的代表学者马·法·基亚（M. F. Guyard）在所著《比较文学》一书的前言中这样写道："在国家方面：把不同类型的二甚至三部著作集拢进行比较，这不等于是比较工作。1820 年至 1830 年间对莎士比亚和拉辛的这种不可避免的对比其实只是一种评论，一种雄辩；寻找出这位英国戏剧家对蒙田了解了些什么和《论文集》中的内容有哪些被吸收进他的戏剧中去了，这才是比较文学。可以清楚地看到：比较文学并非比较。比较文学实际只是一种被误称了的科学方法，正确的定义应该是：国际文学关系史。"① 这段被视为比较文学领域中法国学派的影响研究法经典概括的言辞，虽然会引起 1950 年代后期崛起的主张平行比较的美国学派的不满，而后者对于前者的批评在不少方面确有真知灼见，却切中了时下滥用比较方法进行所谓比较研究的要害。按照法国学派的标准，许多标名为比较研究的作品，其实是误解了比较研究的方法，以至于望文生义地乱用比较的概念。

1932 年，陈寅恪在《与刘叔雅论国文试题书》中谈到比较文学乃至一般比较研究：

---

① 〔法〕马·法·基亚：《比较文学》，颜保译，北京大学出版社，1983，第 1 页。

即以今日中国文学系之中外文学比较一类之课程言，亦只能就白乐天等在中国及日本之文学上，或佛教故事在印度及中国文学上之影响及演变等问题，互相比较研究，方符合比较研究之真谛。盖此种比较研究方法，必须具有历史演变及系统异同之观念。否则古今中外，人天龙鬼，无一不可取以相与比较。荷马可比屈原，孔子可比歌德，穿凿附会，怪诞百出，莫可追诘，更无所谓研究之可言矣。①

有学人据此以为，陈寅恪"只认可有事实联系的影响研究的方法，而对无事实联系的平行研究颇不以为然"。"在今天看来，陈先生的这种观点未免失之偏颇。注重实证的影响研究固然重要，必不可少；但如果比较文学只囿于此种研究方法，那么比较文学的天地将大为缩小，因为能够找到事实联系的国与国之间的文学影响毕竟是有限的……如果陈先生能活到今天，相信他会愉快地修正自己的观点的，事实上，在解放后写的《论再生缘》等文章中，陈先生已开始运用平行研究的方法，以考察中西文学的异同。"②

陈寅恪是否只认可影响研究而反对平行比较，尚有可议。③ 若以讲宋学做汉学比照，也可以说陈是讲平行研究而做影响研究，晚年亦无例外。至于影响研究的范围有限之疑，至少在历史特别是中国近现代史的研究领域因人而异。中国历代与外国、外族交接频繁，不仅军事冲突与宗教传播，内政亦受外民族之决定性的影响。故研究历史须

---

① 陈美延编《陈寅恪集·金明馆丛稿二编》，第252页。
② 袁荻涌：《陈寅恪与比较文学》，张杰、杨燕丽选编《解析陈寅恪》，社会科学文献出版社，1999，第248～249页。
③ 详见桑兵《近代中外比较研究史管窥——陈寅恪〈与刘叔雅论国文试题书〉解析》，《中国社会科学》2003年第1期。

以现代国际观念来看。近代史更不必言，按照陈寅恪的看法，"中国之内政与社会受外力影响之巨，近百年来尤为显著"。① 治近现代史事，无论政治、经济、军事、思想、文化、学术、社会，不能沟通中外则几乎无法下手，勉强下手也难免隔靴搔痒。对梁启超思想的研究便相当典型。只是影响研究对于学人的工具训练要求较高而且规则明确，包括语言和辅助学科两方面，非尽力拓宽达到一定程度，以求对所涉及的文化体系具有历史演变和系统异同的观念，否则没有能力发现问题，无法进行全面、重要而有深度的研究。仅以语言训练而言，据说欧洲传统要求比较文学研究者掌握 10 种西北欧语言，还不包括梵文。②

与此相比，平行比较看似规则较宽，但学人如果没有经过影响研究的严格训练以及由此形成的高度自觉自律，极易流于格义附会的歧途。正所谓眼中有蛋，心中未必无鸡。如陈寅恪评论清代经学极盛而史学不振的原因时所说，二者同为考据，号称朴学，"所差异者，史学之材料大都完整而较备具，其解释亦有所限制，非可人执一说，无从判决其当否也。经学则不然，其材料往往残阙而又寡少，其解释尤不确定，以谨愿之人，而治经学，则但能依据文句各别解释，而不能综合贯通，成一有系统之论述。以夸诞之人，而治经学，则不甘以片段之论述为满足。因其材料残阙寡少及解释无定之故，转可利用一二细微疑似之单证，以附会其广泛难征之结论。其论既出之后，固不能犟然有当于人心，而人亦不易标举反证以相诘难。譬诸图画鬼物，苟形

---

① 石泉、李涵：《听寅恪师唐史课笔记一则》，张杰、杨燕丽选编《追忆陈寅恪》，社会科学文献出版社，1999，第 270 页。
② 钱文忠：《略论寅恪先生之比较观及其在文学研究中之运用》，张杰、杨燕丽选编《解析陈寅恪》，第 272 页。

态略具，则能事已毕，其真状之果肖似与否，画者与观者两皆不知也。往昔经学盛时，为其学者，可不读唐以后书，以求速效。声誉既易致，而利禄亦随之，于是一世才智之士，能为考据之学者，群舍史学而趋于经学之一途。"民国时期学人竞言古史，"察其持论，间有类乎清季夸诞经学家之所为者"。①

今人多舍影响研究而群趋于平行比较，与清代及民国时期学人的取向大体同因，工具训练与文化体验均不足，所受外来冲击以及反差则感觉强烈，于是对斯宾格勒和汤因比（A. J. Toynbee）等人的文明类型比较容易产生共鸣，将本来要求极为严格的比较研究当作取巧的捷径。不在大量影响研究的基础上再做平行比较，则明比固然穿凿附会，怪诞百出，无所谓研究之可言，暗比也难免用自身所熏染之学说与经验，以推测解释，妄断是非异同。京都大学人文科学研究所梁启超研究班的同人知难而进，不仅研究问题，而且树立途则，他们虽然没有将自己的成果标名为比较研究，却无疑循着以事实联系为依据的影响研究的正途，对于时下滥称比较的格义附会，可以起到当头棒喝的作用，而不只是补偏救弊。

（二）东学、西学与中学

影响研究须以事实联系为依据，具体到梁启超与明治日本思想界的关系，首先要落实梁启超所吸取或借鉴的东学究竟为何物。而狭间教授一再强调的充分注意日本所起到的"媒介"作用，与比较文学影响研究三要法之一的媒介学形式上相吻合。其具体研究内容，还涉及渊源学和文类学。

---

① 《陈垣元西域人华化考序》，陈美延编《陈寅恪集·金明馆丛稿二编》，第 269～270 页。

　　梁启超作文，好抄袭日本人士的论著，早已为当时的留学生所揭露，但因其多不注明，或虽有所说明而底本不易找到，难以查实。海内外一些学者多年来艰苦努力，查询梁启超在政治、经济、哲学、文学等方面著述的东学来源，陆续有所收效，可惜没有形成规模效应，一般研究者仍将其公开发表的文字直接引用为说明梁启超本人思想的论据。这不仅妨碍了对梁启超思想来源及其变化的深入研究，而且扩大了对本来就有多变特征的梁启超思想解释的任意性。

　　在这方面，研究班的同人用功甚勤，在吸收前人成果的基础上，多能一一核对底本，并纠正误说。如梁启超撰写《新民说》所依据的伯伦知理的国家有机体学说，其实来自吾妻兵治翻译的《国家学》；《自由书》《国民十大元气论》（一名《文明之精神》）所表现的文明观念，受福泽谕吉《文明论之概略》的直接影响；其地理环境决定论，则借自浮田和民《史学通论》的"历史与地理"一章；《论民族竞争之大势》所参考的芮恩施（P. S. Reinsch）《十九世纪末世界之政治》、洁丁士（F. H. Giddings）《平民主义与帝国主义》，其实是日人独醒居士据两人著作改写的《帝国主义》；权利自由观念是阅读中村正直翻译的《自由之理》的结果；《子墨子学说》大半是高濑武次郎《杨墨哲学》中"墨子哲学"部分的意译和抄译；对颉德（B. Kidd）进化论的介绍本于角田柳作翻译的《社会的进化》；《生计学学说沿革小史》参考了英国英格廉（Ingram）著、阿部虎之助译《哲理经济学史》，意大利科莎（Cossa）著、阪谷芳郎重译《经济学史讲义》和井上辰九郎述《经济学史》；梁启超对历史时代三种划分中的两种，分别依据桑原骘藏的《中等东洋史》和白河次郎、国府种德的《支那文明史》等。

　　梁启超文学观念的转换以及引进政治小说，与日本的关系至为密切，学术界已经有所研究。其西洋史传更是在繁兴的日本史传的影响下问世。《匈加利爱国者噶苏士传》，差不多是石川安次郎著《路易·噶苏士》的翻译；《意大利建国三杰传》大部分根据平田久编译的《伊太利建国三杰》和《近世世界十伟人》所收松村介石的《加米禄·加富尔》，并参考其他书籍补充而成；《近世第一女杰罗兰夫人传》，则基本上是德富芦花所编《世界古今名妇鉴》第一章"法国革命之花"的翻译。

东学几乎无一不自西来，由于日本人的翻译多标明原本，一般而言，判定其西学来源并非难事，但也不能一概而论。尽管宫村治雄教授编写过梁启超所用日译文的目录，巴斯蒂（Marianne Bastid-Bruguière）教授经过仔细查证，发现《清议报》所登《国家论》不仅抄袭吾妻兵治的《国家学》，而且后者所依据的不是伯伦知理的《公法凡论》，而是一本通俗读物《为有文化的公众而写的德国政治学》。① 石川祯浩教授的研究表明，博克尔（H. T. Buckle）的《英国文明史》不仅提供了福泽谕吉《文明论之概略》的大体构架，还变成有关历史与地理环境关系的普遍法则和常识，固定在浮田和民的《史学通论》等教科书中，为梁启超所借用。另有一些反映在梁启超著作中的西学观念，迄今难以证实从何种东学渠道传达进入梁启超的思想。

找到底本，只是比较研究的第一步，还要进而仔细比较西学、东学与梁启超的新学三者之间文本的异同，并力求找出所以然的原因。其中既有接受过程中所据文本不同造成的差异，也有接受的时代和环境变迁导致的变化，还有传播与接受者选择取舍不一引起的差别。以

---

① 〔法〕巴斯蒂：《中国近代国家观念溯源——关于伯伦知理〈国家论〉的翻译》，《近代史研究》1997 年第 4 期。

文本论，由东学接受西学，必然受东学选择性的制约。梁启超的经济思想，本来受英国古典学派自由主义经济学说的影响，流亡日本时，开始接触保护主义的国民经济学，随着政治思想上由世界主义转向国家主义，对经济学说史的认识又受所阅读的历史学派著作的影响，使其接受了政治优先、国家至上的德国国民经济学说，便出现了撰写《生计学学说沿革小史》的初衷与结果刚好相反的情形。梁启超通过中村正直的《自由之理》接受穆勒（J. S. Mill）的《自由论》，结果"社会"与"个人"的结构被换成"政府"与"人民"，原来所有的主要命题"社会性暴虐"因而消失。

以时代和环境论，梁启超吸收日本摄取的西洋文明，是在体验明治时代的文化状况的基础之上进行。梁启超宗教观念的转变和定型，不再与"思想"或"意识形态"等概念相混淆，显然与东京哲学会的《哲学杂志》讨论宗教的总体问题密切相关。其后他对宗教认识的变化，也一直受这批日本哲学和宗教学家研究进展的影响。伯伦知理国家学说在日本的影响，主要不是本来具有的自由主义立宪思想，而是在以国家概念为中心的国家学的形成方面。而梁启超《新民说》的内在变化，也折射了明治日本的不同思想动向。

以主观论，梁启超通过东学吸收西学，但他并非简单的尾随者，既对某一学说有所取舍，又会从不同的学说中选择自认为合理的因素组合成新学说。梁启超所作史传虽然以日人著述为蓝本，但每每有所补充修改，或激进，或和缓，既传达出梁启超本人的意向，也反映其思想变化的轨迹。"史传通过对传主的选择或对翻译蓝本的读解及增补删改，简直就成为一部思想性著作。"① 《子墨子学说》强调墨子反对

① 狭间直树编《梁启超·明治日本·西方》，第 278 页。

定命说，与《杨墨哲学》强调宋明理学视天为理法刚好相反。上述三种情形，或逐次展开，或交叉作用。若能兼备，则于影响研究尤具典型意义。

概言之，在西学、东学和梁启超的新学之间，找出彼此联系的具体证据，比较文本的异同，探寻导致差异的原因，进而解释何以在一定时代的一种文化体系内生成的思想、观念或学说，进入另一文化系统时会按一定的方向或形态发生变异，而这样的变异除了表现个人性格、观念、态度的差异外，在何种程度上可以反映不同文化系统本身的差别。这可以说是地道的比较研究。用这一眼光看近代思想乃至整个社会历史的研究，可以拓展的空间极为广阔。而且由于对学人学术训练的要求较严，又有规矩可循，"材料大都完整而较备具，其解释亦有所限制，非可人执一说，无从判决其当否也"。① 既能避免毫无历史演变与系统异同观念为依据的穿凿附会，又不至于拘泥于一人一事的简单考据或叙述。持之以恒，聚沙成塔，最终可在大量积累的基础上，达到全面综合认识近代中外文化关系的理想境界。

类似于梁启超的东学、西学与新学这样的跨文化研究课题，往往需要由不同文化背景、不同学科的学人相互协作。如果办法得当，个人既能充分发挥主观能动作用，彼此又可互为补充借鉴，这样的协作，确能相互促进，得跨学科和团队研究的益处，比一般大规模编书的以抄撮代著述，看似宏观，其实对于学术积累并无实际贡献的所谓合作高明得多。当然，各人的见识难免有所参差，从比较研究的角度看，典型与规范性也不易一致。整体而言，值得注意之处主要有三点。

其一，近代世界彼此接触的手段途径日益丰富，相互联系较前大

---

① 《陈垣元西域人华化考序》，陈美延编《陈寅恪集·金明馆丛稿二编》，第269页。

为紧密多样，导致梁启超思想变化的因素繁多而且复杂，重点虽在考察其如何通过明治日本的东学接受西学，若是仅仅关注日本的渊源而忽视其他，容易造成片面甚至曲解。突出重点的同时，如能充分顾及其他相关因素的影响，则有助于更好地透视那一时期东亚乃至整个世界思想界的互动状况。如梁启超流亡日本期间，曾几度到夏威夷、美洲大陆和澳大利亚，直接接触当地人士。此外，他虽然不通西文，却有可能通过中外友人、译书、报刊等其他途径了解西方思想。要将大量潜移默化的变化因素剥离出来，相当困难。

其二，从文本的比勘固然可见思想变化的轨迹，并且找出直接的原因。但人的有意识的思想与行为，往往并不由单一和单向的因果关系造成，而文本的变化究竟是作者思想变化的表现，还是由于其他因素不得已的表示，学人对具体语境的了解不同，看法自然各异。例如关于梁启超对革命的态度的变化，根据不同的文本，所做判断即不一致。若能在解读保皇派内部大量通信的基础上，再与各种公开发表的文本按时序仔细比照，当能更加全面具体地揭示梁启超的思想轨迹和心路历程。

其三，梁启超虽然不愧为造时势的英雄，毕竟不能脱离时势的制约。比较研究不仅要发现异文化间的文化传播会发生什么样的变异，更重要的是揭示这些变异何以会发生于一定的文化系统之中；同一文化因素在不同文化系统之间传播，所引起的变异往往不同，不同文化系统的哪些差异导致这些变异并决定其样貌。如梁启超突然在 1905 年后使用中等社会的概念，作为实行立宪政治的条件，与 1903 年意大利社会学家帕累托（Vilfredo Pareto）提出的社会分层理论相当吻合。①

---

① 张朋园教授在《梁启超的精英主义和议会政治》一文中推测梁启超的转变与帕累托的理论或有联系。参见桑兵《日本在中国接受西方近代思想中的作用——梁启超个案国际研讨会述评》，《历史研究》1999 年第 1 期。

而中国的留日学生和国内学生，从 1903 年上半年已经开始运用中等社会的观念，来分析中国的社会。这些现象是受帕累托理论影响的结果，还是中国知识人本身的自觉，如果是前者，影响的途径是什么，迄今仍然难以证实。这方面难度固然很大，但研究的价值会更高。狭间教授明确认识到东亚社会的共性与区别，希望发现东亚不同国度在接受西方思想时的再创造作用，以及这种再创造对于理解近现代世界发展多样化的意义。相关后续研究，正不断显示出这方面的重要性。

就中国近现代史而言，探讨梁启超的东学、西学与新学在中外比较研究方面具有的示范作用，其意义应当远在已经取得的成效之上。近代中国的所谓"新"，或多或少都是外来影响的结果，而且随着时间的推移，外来影响的程度日益加深，范围日益广阔，成分日益复杂。其中所蕴含的丰富内涵，非一个东亚人观念中虚拟的"西"字可以了得。仅从思想史的层面看，早期趋新人士读过哪些西书，后来者留过什么西学（包括东学），多数只能泛泛而谈，不知其详。就连已成"显学"的孙中山研究，虽经众多学人长期努力，依然只得概略。如此，则很难具体确认其继承、创获与吸收，究竟如何发生、展开和变化。近年来从孙中山购藏的西学书目入手进行研究，才有所突破。

清末民初以来，中国人以"西"为"新"，稍有系统的思想大半来自海外，除非全面把握其渊源流变，所置评论难免隔靴搔痒，甚至断章取义，离题万里。近来有研究表明，辛亥时期梁启超与汪精卫等人的论战，尽管双方针锋相对，理论依据却都是当时日本几位政治学者编撰的政治学教科书，只是各取所需。

如果说新政确是近代中国人的观念世界转变的重要时期，留日学生和国内趋新知识人在其中无疑起到至关重要的作用，在东学、西学与新学的碰撞中，他们大都有着与梁启超相似的经历。研究后者的精神历史，并非梁启超研究的简单延伸和机械放大，许多由梁启超发端的观念变化，要在后续的传播与展开过程中才能得到调整和确认。探寻其中的曲折与争拗，可以把握国人观念世界大转变的脉络。"国民国家"（Volk-state）变成"民族国家"（Nation-state）就是典型例证。而五四新文化时期百家争鸣的思想界，不仅有西学（包括读书与留学）的深远影响，还有西人来华演讲的直接作用。如果不能汇聚中外资料，在文本比较的基础上进而讨论文化异同，则各种分析判断难免流于盲人摸象似的望文生义，完全脱离当时的语境、思想的架构和文本固有的含义。

经历了一个世纪，学人依然重蹈清末民初社会人士的覆辙，用中西对应的笼统眼光比较中西文化，泛谈感想而不做严谨切实的比较研究，不能不说是思想界和学术界的一大憾事。而限于各种主客观条件，如学科的多样，文本的分散，语言的障碍，文化的隔膜等，此类研究必须依靠训练有素的各国学人的长期分工合作，才有可能达到理想的境界。

如果将梁启超视为近代知识体系转型的关键人物，那么他在概念和思想层面的作用的确不可低估。至于学术上的贡献，虽是筚路蓝缕，实际影响则不无曲折。如梁启超在100年前提倡的"新史学"，一般被视为中国近代新史学的发端，但海内外均有学人指出其本来目的在于政治思想一面。在梁启超提倡"新史学"之后，他本人固然没有可以称之为新史学的作品问世，除依据日本人的东洋史编译的章节体教科书外，20年间整个中国也很难找到新史学的踪影。这一方面说明学术的变化有待于新式教育的发展，急就章难以成就民族智慧更新的大业；另一方面，要证明梁启超的倡导与后来的新史学之间确有内在联系，而不只是追溯者事后的附会，需要大量的具体研究。如果没有学术转型的成功，则思想与观念的变化不能稳固，整个知识体系的转型必然变动不居。而要研究清楚这方面的情形，时间须上溯下延，至少应从咸同年间到 1930 年代。

此外，近代中国人接受西学的学科观念与知识分类，既受中国固有学问的制约，也受欧洲学术发展的渊源流变的影响。当中国人接受西方近代学科观念和知识分类之时，由于文化渊源和历史环境的差异，相关的观念与分界在欧洲也没有完全固定，有的甚至存在严重的分歧和争议。移植欧洲学问的美国和日本，为了教育的便利等环境需要，有意无意地使得学科观念与知识分类迅速清晰化，但同时也就流失了许多重要内涵。近代中国的新式教育和精神文化显然受日美两国的影响最大，由此产生的双重误读误用情形势必更为严重。有鉴于此，应当遵循治一字即一部中国文化史的严格戒律和正轨，沿着这一取径并进一步放大，证实中外学术交流融合以产生新学的具体情形，对于认识梁启超在近代中国知识体系转型中的作用将更加深入完整。新学的建构是一实际的累积过程，只有重建这一历史进程的相关史实，而不仅仅从观念上笼统地分析解释，才有可能通过比较新学与西学、东学的联系和区别，真正把握其内涵外延，从而深入认识产生近代中华民族崭新智慧的中枢神经形成的历史。

二　华洋变形的不同世界

世界、国际、全球这样的概念，今日几乎成了从官方到民间的口头禅，国人大都耳熟能详。可是，如果真的放到世界和国际的范围内考察，则不难发现，中国人许多习以为常的概念用法，与各国有别，于情理不合，于实事有异。例如世界史的划分，放眼世界各国，或者根本没有所谓世界史，只有欧洲史、美国史或西洋史等国别或区域史，或是虽有世界史而包括连同本国在内的世界上所有国家，而且往往以本国为世界史的中心。唯独中国，世界史是除了中国之外其他各国的历史。难怪 1980 年代中国的世界史家有人呼吁重写世界史，不仅要放入中国，而且要以中国的眼光来撰写。

不过，这样的形态，背后有着很深的历史渊源，即近代以来天朝或中华与外部世界关系的升降浮沉。在中国与世界的观念架构之下，二者显然分属不同的范畴。无论夷夏大防、中体西用还是用夷变夏，可以说，在中国人的精神领域深处，世界其实是一个并不包括自我的他者的时空。只不过由原来以为属于野的化外，逐渐变成呈现另一套从形式到内涵均截然不同的文的世界。在天下的架构中，这个世界本来应该由中华的文来教化，可是随着彼此接触的日益增多扩大，却似乎显示出代表着比中华程度更高的文化，反而成为中国仿效的楷模。近代以来中国人越来越意识到，只有为他者的文所化，才能避免落入野的境地，以至于亡国灭种。这样的转变，绝非传统的礼失求诸野，简直就是文野之判的乾坤颠倒。

相当吊诡的是，开始被动地被拖入世界体系的时段不必论，即使在后来积极主动争取进入世界的进程中，中国人似乎也没有真的准备成为属于他者的一部分，反而将自身置于与世界对等的地位。原来自外于世界的中国，通过逐渐进入世界体系，确定本国在其中的排序，并试图争取更好的位置。与此同时，作为参照系的世界仍然只有工具性价值，获得独立生存和发展的条件，目的还是在于取得与世界对等的权力及资格。本来是进入世界之林的旅途，达到的却是与世界平起平坐的终点。凡此种种现象，今日随处可见，透过世界之窗看到的都是外国，锦绣中华与世界之窗并列，昭示着两种不同的世界情景。让世界就在你面前的世博会，某种程度也意味着世界其实就是外国的同义语。而中国馆的位置及形制，又可见中华为天下中心的潜意识。在国人的观念中，究竟如何安放世界，以及如何看待中国与世界的关系，大有探究的余地。中国与世界的说法，立意或许是想显示其具有世界眼光，然而问题意识的内核却是纯粹的中国观念。所以看似很世界，其实很中国。或者说是在努力世界的外壳下表达了非常中国的意识。

由此看来，中国人观念里的世界并没有固定不变的时空界限，而是常常暗中发生挪移转换。因缘佛教而来的世界，虽然包含无穷无尽的迁流与方位（大体相当于所谓宇宙），一般民众的感觉还是区分彼此，对于他们而言，世界就是精神的彼岸。况且，近代以来的世界或国际，事实上存在与泰西、西洋、万国的渊源演化关系。近代先驱开眼看世界，目光所及，主要就是欧美列强。在相当长的时期内，以至于时下多数人心目中的世界和国际，还是依稀可见泰西的影子。在他们看来，与国际接轨，瞄准世界前沿，都是以发达国家为准的。否则，不仅不值得考虑，甚至能否算作世界和国际，本身也成为问题。在一体进化系列排位处于中国后面的部分，只是作为防止波兰我、埃及我的警训值得借鉴。就此而论，中国与世界，其实不过是华洋两分的变形。而洋的一边，即使包括东洋、南洋、小西洋和大西洋，仍然不能覆盖整个世界。华洋之间，仍然存在不少灰色地带。在价值取向上，更是以西洋以及西洋化的东洋为准的。

这样的认识是近代以来受社会进化论影响的结果，传输给中国人这一套观念的主要是东邻日本。在那一时代，连统计学的重要功能也旨在告诉人们自己国家的整体及分支的各个领域在世界的排序，以起到警醒国民的作用。在追赶先进，以免国墟人奴的思维架构下，同一个世界显然被分成了层次不同的三个部分。这与后来三个世界的说法颇有渊源。要想跨越其间的界限，诚非易事。这样难以逾越的隔阂，至今虽已淡化，但依然存在。而经过明治维新的日本，是那一时代绝无仅有的追赶先进成功的例外。

既然所有国家都存在于同一个世界体系之中，并且以所谓发达国家为取法楷模，世界其实只有一个，所有的思维行为应该一律。而这样的观念，实在是另一个世界自我认识的放大，即欧洲中心观的体现。如今位于东亚的日本被算作西方发达国家的阵营，虽然满足了一些日本人士脱亚入欧的愿望，多少显得有些奇怪，表明欧洲中心控制数百年来人类思维的情形，已经到了何等严重的程度。欧洲尤其是德国的基督教一元化观念，在相关学者重构思想学说体系时留下深刻印记。将全世界所有国家安放在统一的世界体系之中，是这种一元化思维的典型表现。而能够被装进同一系统，自然需要统一的思维和行为准则。原来多元化的规则样式，便要用一致的标准加以裁量。而能够用于统一标准的，理所当然地就是位居整个系统前列的泰西列强。随着帝国主义时代的演进，欧洲人的思维方式乃至行为准则似乎越来越具有普遍价值。

可是，欧洲人发明的那些方式规则，有许多原来并不一定有为世界各国人民共享的远大抱负，大都因缘解决本国至多只是欧洲范围内不同国家的问题。显例之一，所谓国际法，开始显然没有将世界所有国家考虑在列，并且根据各自不同的社会历史文化，综合融汇，制定出放之四海而皆准的法则。和许多现行观念一样，后来被称作国际法的那一套法则，发明者自己也没有野心勃勃地命名为普遍适用的国际法。来华传教士最早译为万国公法，有意无意间便是要宣示其普遍价值，后来遂在东亚变成国际公法。清人面对列强，始则坚持以中华礼仪为准则，结果非但抵挡不住强权，而且连礼仪之邦的面子也要拱手让人，于是转而努力学习运用并且试图严格遵守国际法，可是在外交实践中仍然处处碰壁。弱国无外交的说法，充分显示强权其实是这一套法则构成的国际秩序的重要支点。

在进化论的一元框架之下，中国人不断以他为我的标准，追摹仿效。凡是人有我无的，都要移植，凡是人无我有的，都要革除，凡是形同实异的，都要改变。大到典章制度，知识系统，小到语言文字，乃至饮食结构，无不以名为世界实则泰西为标准，大有非将中国人种彻底改造不足为功之势。凡持守成态度者，多被扣上守旧甚至顽固的帽子。挟洋自重似乎成了学习西方的同义词，同时也是进入世界的唯一通道。而在千辛万苦的努力之后，却往往感到原来孜孜以求的正当性不免有几分削足适履之嫌的失落。所以为的别人的好是否真好暂不必论，至少还有橘逾淮为枳的危险。时至今日，在全球化、与国际接轨、瞄准世界前沿等观念主导下误入歧途的情形依然比比皆是，待到幡然梦醒时分，只能慨叹既知今日何必当初。

诸如此类的观念，今人好从定义加以把握，往往不能反映蕴含于其中的复杂历史纠结。有研究显示，东亚各国在进入世界体系之际，往往参酌国际法而力图使得如何解读应用有利于己方，尤其是在一系列条约谈判过程中，充满着观念的争抝和利益的角逐。条约文本所隐藏的历史发生和演化的复杂进程，不是仅仅在现行的语言系统寻找对应概念就能够准确理解，相反，认识历史本事的渊源流变，才能把握隐含于文本定义中的言人人殊和变幻莫测。

所谓国民外交，正是世界一体化进程中出现的新事物。此一题目，近年来已有学人写过专门论著，可惜不无望文生义之嫌。即想当然地将国民与外交相组合，再按照这样看似理解实则设定的框架，将各种非政府官方而涉及外交的资料史事组装进其中。史事的发生及其演化已经被后设的观念所取代曲解。其实，并非所有与外交有关的民的言行都属于国民外交，甚至国民外交的渊源也不一定当然地具有正面的意义。国民外交在历史上是帝国主义的产物，随着跨国公司的全球性扩张，不同国家之间的关系，超出其正式代表的政府层面，扩大到不同国家国民及其各种形式的组织之间的关系，并且在国与国关系中扮演越来越重要的角色。诸如此类的国民外交正宗，显然大都不在今日国民外交研究的视野之内。

在发达国家已经落伍甚至趋向反动的东西，到了后发展国家可能成为进步的动力。近代中国的国民外交，是在社会由四民转向国民的进程中发生，国民意识的自觉，使得人们开始摆脱臣民的束缚，以国家的主人自认。既然国家本来就不仅仅属于政府，而是全体国民，再加上清政府对外交涉着着失败，丧权辱国，在国民眼中日益失去代表国家的资格。可是国民一时间无力推翻清政府，又不愿忍受列强的霸道，不甘心将利权拱手让人，于是以国民代表国家的名义排开清政府，直接与外国进行交涉。这种和文明排外紧密联系的行为，在清季成为国民排斥清政府和抵拒强权的重要形式，民国以后则逐渐演化为政府外交的后援和补充。与此同时，列强的国民外交也开始发生变化，其中一部分与后进国家的国民外交产生积极联系。

梳理相关的观念和实事，并非仅仅为了认识历史，而是因为历史仍然对现实乃至未来发生制约作用。更为重要的是，人类的思维与行为，如果长时期以单一的文化为取向，不能让各种文化相互兼容，甚至以趋同化来消磨其他文化，与生物界的物种单一化同样，都将造成灾难性的后果。人类不可能也不应该永远由一种文化占据主导、统治和垄断地位，如果中国文化应该而且可能更多地对世界做出更大的贡献，那么中国人对于自身和世界的解读，就不仅关系自己的过去，而且影响人类的未来。尽管跨文化传通往往就是误解，影响世界毕竟还有良莠之别。以中国之大，对世界发挥越来越大的作用不过是时间早晚的事，至于发挥怎样的作用，还有待于国人的努力。如果强势未必建立在优异的基础上，则影响世界不一定都是积极正面的，甚至可能导致以劣币驱逐良币。

世界虽然是真实的存在，各人心中的世界却往往只是不同的点，与各自所在的那一点一样，都不过是世界的一个具体位置，落实到哪一处，与各人的阅历见识密切关联。而许多号称瞄准世界者实际接驳的轨，又往往是欧美关于中国的部分，在那个世界里，这其实是边缘而非中心。近代以来，这很容易导致将进入世界变成挟洋自重以自娱自乐的游戏，或是追逐已成明日黄花的幻象，前者不过自我陶醉的凭借，后者更是误入歧途的开端，一旦实现便会感到极度失落。尽管世界约定俗成地被用作 World 的译名，严格说来，并不能彼此完全对应，不少国家的世界地图，中心位置也是因国而异的。迄今为止，一般美国人对中国的认识，显然较一般中国人对美国的认识少得多，这究竟应该指中国还不为世界所重视，还是美国人的世界眼光太狭隘？当美国人失去世界霸主地位之时，其世界意识大概会显著增强。只有欧美以外更多的国家走上发达之路，包括中国在内的所有国度真正成为世界的一分子，而且所有人的世界观都覆盖整个世界，世界不再是洋的变形，世界变成平的，地球才会是圆的。

三　中西文化关系的隐与显

中国的知识及制度转型与域外文化的关联，就密集与彰显度而论，无疑以晚清民国时期称最。其时中学、西学、东学相互纠结，形式上东学、西学日益压倒中学，而东学相当程度其实是西学的变相。这一大趋势至今没有根本改变，虽然有识之士不断提出洋为中用等命题，试图扭转世风，可是总体上以西为尊为优的心态依然延续，甚至在中国的社会历史文化研究中，西学的重要分支，即西人之东方学和国际汉学或中国研究也逐渐占据主导地位。

西人如何看待中国的历史文化及现状，不仅是一个今日的学术问题，至迟晚清以来，就日益增强地影响中国人的自我认识。虽然整体上移植今天国人所习以为常的这一套新知识新制度，主要是因缘明治日本，可是许多观念实际上源自西人。例如用"哲学"一词翻译"philosophy"的发明人是日本的西周助，用"哲学"观念谈孔孟老庄之学的是井上哲次郎，可是指孔子儒学是"philosophy"的发端者，却是西人。① 尽管其间转折甚多，并非简单混用，结果却造成三者实为一事的错觉。

今人研究中国社会历史文化各方面，无不声称瞄准世界前沿，与国际对话，其心目中的世界，其实主要是所谓西方，所欲对话的国际，大概也是西人，或是位于东方却属于西方的日本；不得已而求其次，则包括以为了解外国较内地为佳的港台。这大概就是今日学界填写的各种表格中与国外境外诸多关联（包括各种旨在骗钱的头衔。不过，类似情形近年来在各种冒牌及劣质洋货的推销宣传中日益普及，影响所及，未免索然无味）的用意所在，目的是证明其国际化程度高，或者得到的国际认可多。如此做法，看似自重，实则心虚，无非拉大旗作虎皮之类，或是缺乏自信，或是炫人耳目，归根结底，还是因为开放度不够，如果人人皆知底细，骗术也就自然失效。恰如世界名人词

---

① 参见桑兵《近代"中国哲学"发源》，《学术研究》2010 年第 10 期，第 1~11 页。

典、吉尼斯世界纪录乃至金色大厅献艺，如今都渐渐失去光环，原形毕露或回复本位。

挟洋自重的反面是见洋人矮三分，最终难免舍己从人，这是晚清以来在中西关系乾坤颠倒的大势所趋之下学界盛行的风气，许多推波助澜者的言行往往自相矛盾。如鼓吹科学方法万能的胡适，一方面宣称"等你们在科学试验室里有了好成绩，然后拿出你们的余力，回来整理我们的国故，那时候，一拳打倒顾亭林，两脚踢翻钱竹汀，有何难哉"；① 一方面却对欧美的汉学家多不以为然。科学方法先进的西人尚且不能在中国研究方面令一切难题迎刃而解，则国人如何能够轻而易举地循此途径化难为易？而大声疾呼"要科学的东方学之正统在中国"的傅斯年，在承认西洋人治中外关系史等"半汉"的问题上有"大重要性"的同时，觉得"全汉"的问题更大更多，"更是建造中国史学知识之骨架"，批评"西洋人作中国考古学，犹之乎他们作中国史学之一般，总是多注重在外缘的关系，每忽略于内层的纲领"。② 这等于说西人的东方学对于研究中国问题还是较为次要。至于同时代的海外汉学家，除伯希和（Paul Pelliot）、高本汉（Klas Bernhard Johannes Karlgren）等少数高明外，很少有人能入其法眼。

诚然，近代中国在诸多方面皆不如人。1931 年清华大学成立 20 周年纪念之际，陈寅恪以国际学术为参照，全面表达了对"吾国学术之现状"的看法。他说，考察全国学术现状，则自然科学领域，中国学人能够将近年新发明之学理，新出版之图籍，知其概要，举其名目，

---

① 《治学的方法与材料》，欧阳哲生编《胡适文集》（4），北京大学出版社，1998，第 114 页。
② 《〈城子崖〉序》，岳玉玺、李泉、马亮宽编选《傅斯年选集》，天津人民出版社，1996，第 293～294 页。

已经不易，只有地质、生物、气象等学科，因为地域材料的关系，还有所贡献。西洋文学、哲学、艺术、历史等，能够输入传达，不失其真，即为难能可贵，遑论创获。至于社会科学领域，则本国政治、社会、财政、经济状况，非乞灵于外人的调查统计，几无以为研求讨论之资。教育学与政治相通，多数教育学者处于"仕而优则学、学而优则仕"的状态。即使中国史学、文学、思想、艺术，实际上也不能独立，能够对大量发现的中国古代近代史料进行具有统系与不涉附会的整理，还有待努力，而全国大学很少有人能够胜任讲授本国通史或一代专史。至于日本研究中国历史的著作，国人只能望其项背。国史正统已失，国语国文亦漫无准则。他并且痛斥垄断新材料以为奇货可居、秘不示人、待价而沽的私人藏家为"中国学术独立之罪人"。①

此说与游学哈佛时期陈寅恪对吴宓所谈"中国人，当可为世界之富商。然若冀中国人以学问、美术等之造诣胜人，则决难必也"的意思相参照，可见其旨意在于中国必须脱胎换骨，深究关于天理人事的精神学问，才能以学问美术胜人，获得学术独立，且贡献于世界。而要达到这一目的，治学必须具有世界眼光和关怀，闭门造车与格义附会，都是缘木求鱼。

不过，概括而论虽如上述，对于域外中国研究的看法，陈寅恪显然多有保留。1935 年他讲述隋唐史课程，认为日本以中国为中心的东洋史领域"常有小贡献，但不免累赘。东京帝大一派，西学略佳，中文太差；西京一派，看中国史料能力较佳"。② 此说具体而言，还要再打折扣。1937 年 1 月 31 日陈寅恪复函陈述，谈论契丹辽史研究，内

---

① 陈美延编《陈寅恪集·金明馆丛稿二编》，第 361～363 页。
② 杨联陞：《陈寅恪先生隋唐史第一讲笔记》，张杰、杨燕丽选编《追忆陈寅恪》，第 187 页。

称："白鸟之著作，盖日人受当时西洋东方学影响必然之结果，其所依据之原料、解释，已依时代学术进步发生问题，且日人对于此数种语言尚无专门威权者，不过随西人之后，稍采中国材料以补之而已。公今日著论，白鸟说若误，可稍稍言及，不必多费力也。"① 则所谓东京帝大西学较佳，不过如此而已。

尽管傅斯年等人的实际取法的确与众不同，高标西学更多是用作制人挡人的盾牌，客观上还是助长了挟洋自重的恶俗，加深了格义附会的流弊。一般后进面对截然相反的各种纷至沓来的资讯，难免无所适从。早在 1929 年，傅斯年就声称："此时修史，非留学生不可（朱遏先、陈援庵亦留学生也），粹然老儒，乃真无能为役。然留学生之博闻，而又有志史学，而又有批评的意觉者，尠矣。算来算去，不过尔尔！"② 傅斯年不仅直接插手北京大学历史系事务，而且利用中央研究院历史语言研究所每年将北大历史系毕业优才网罗而去的地位优势，进一步主导学生的取向。在时趋的影响下，北京大学历史系的学生"群趋东邻受国史"，令陈寅恪发出"神州士夫羞欲死"③ 的慨叹。不过傅斯年心仪的学问中心是欧洲，后学新进纷纷东渡，更加取巧。

被大势所趋裹挟而去的绝不仅仅是青年，自从蔡元培、胡适等人断言研究国学、汉学必须兼治西学，才能比较而得解释演述的系统之后，全无西学知识者差不多就成了过时守旧的同义词。1932 年，对于摩登主义恶感日深的浦江清提议办《逆流》杂志，"以打倒高等华人，建设民族独立文化为目的"，得到向达、王庸、钱穆等人的赞同。

---

① 陈美延编《陈寅恪集·书信集》，三联书店，2001，第 183 页。
② 《傅斯年致陈寅恪（1929 年 9 月 9 日）》，王汎森、潘光哲、吴政上主编《傅斯年遗札》第 1 卷，第 227 页。
③ 浦江清：《清华园日记·西行日记》，三联书店，1987，第 36 页。

"《逆流》者，逆欧化之潮流也。"只是向达"恐出而无销路，奈何！"① 向达的担心并非杞人忧天，抗战期间胡适不满于《思想与时代》杂志的态度，特意指出编辑人员当中"张其昀与钱穆二君均为从未出国门的苦学者"。② 其实除此二人外，该刊的重要成员如冯友兰、贺麟、张荫麟等，均曾留学欧美，所学与胡适相近，水准甚至还在胡适之上。胡适的态度显示出，在渐居主流者挟洋自重的取向之下，不留学而治学，大有不能"预流"之势。

其实，西人的东方学或汉学，也是要寻求对话的，只不过对象并非东方或中国，甚至也不是西人的东方学或汉学，而是西学的主流。西学本来并不实在，所谓主流，大体而言便是研究欧洲（后来也包括衍生的美国）的社会历史文化，所据观念，所用方法，所具有的问题意识，无不由此生成变化，并受此制约。如果文艺复兴后欧洲分裂实际上是拉丁文方言化的产物，圣经研究（以版本与文字考订为基础的求其古以至求其是，其实就是西洋的经学）和拉丁文等，正是以欧洲为中心的西学之本。③ 虽然随着工业革命、世界扩张和科学时代的发展，不断加入各种因素，但仍是底色的敷衍变化。④ 东方学之所以能够取得正统地位，要因之一，是所涉及的东方文化，大都已经中绝或变换，即使所在地也难以解读。反倒是欧洲可以凭借其近代以来比较语言学等的发达，在认识能力上技高一筹。而汉学在西学体系内始终处于旁支边缘地位，要想得到承认，必须首先与主流对话。所谓对话，其前提是认可主流的一整套观念、取径、方法、话语，以及建立于其

---

① 浦江清：《清华园日记·西行日记》，第61页。
② 曹伯言整理《胡适日记全编》（7），第540页。
③ 参见唐德刚《胡适杂忆》，华东师范大学出版社，1999，第七章。
④ 参见雷海宗《西洋文化史纲要》，上海古籍出版社，2001。观念须做调整。

上的所有先期成果，也就是说，要先接受主流的理论方法，学会按照主流的思维做法行事，所使用的理念架构系统符合主流的模式，才有可能说主流听得懂也愿意听的话，否则就是西学的化外，只能游走于边缘。

可是，中国文化与众不同，不仅古今一脉相承，而且思想学术达到很高的水准。以欧洲为中心的主流的理念办法是否放之四海而皆准，并未经过验证，按照那一套理念办法来研究东方或中国，总有不相凿枘之处。这一点，在西人的汉学家或许问题不大，因为中国是否认可，对于自成体系的他们无关紧要。他们开始尚且不过认为从文化的内部或外部看各有长短利弊，随着东方或中国越来越多地采用西式的认识架构，套用西式的理论方法，甚至模仿西人中国研究的选题取径，使得西方的汉学家和中国研究者越来越充满自信。由于失去中国一方批评的监督制衡，天平日益朝着西学主流的方向倾斜。虽然域外中国研究者时常听到来自中国方面尤其是华人学者的批评抱怨，可是后者注重材料与事实的讲究以及同样不得不努力与西学主流对话的尴尬，反而让他们对自己转手负贩的理论方法更加具有优越感。对于他们而言，重要的不是理论架构是否适合中国，而是如何将中国的材料填充到架构中去，这样不仅西学主流十分满意地看到自己的理论方法具有普适性，一些见识功力有限的汉学家或中国研究者也可以凭借主流的首肯而继续对东方和中国的学习者居高自傲，同时无视种种削足适履、捉襟见肘的现象。其实，在西学的主流看来，这些边缘性的学人也是只懂外语，没有理论。具体到历史研究领域，便是只会语言，没有史学。

在这样的格局之下，当西学主流的风向转变之后，东方学和汉学或中国研究也会随之变化，那时检讨批评的声音渐起，曾经熟视无睹的事实和材料被重新翻检出来，用作反省批判的论据。只不过此番仍然不是根本改弦易辙，而是形异实同，所据并非中国的材料与事实，而是西学主流的变向。不幸的是，研究取向大别为人本与科学的西学，这样的变向一定时期便会循环一次。于是在西学主流、西洋汉学或中国研究以及中国学人的研究动态之间，往往存在梯次变动关系，后者所趋之新，常常已是前者所弃之旧。恰如陈寅恪当年所讥讽，言必称西学者"挟其十九世纪下半世纪'格义'之学，以相非难，正可譬诸白发盈颠之上阳宫女，自矜其天宝末年之时世装束，而不知天地间别有元和新样者在"。① 如此一来，西方的汉学家或中国研究者固然多少有些尴尬，更加害苦了那些努力学习紧跟西方汉学或中国研究步伐的中国学人，每当他们千辛万苦地掌握了一些新理论新方法并且照葫芦画瓢地开始研究之际，趋时者最容易过时的魔咒便蓦然降临，本来以为是抢占制高点，不料就此跌入深渊，即便硬着头皮坚持，也是了无新意。与其朝着美东的中国研究跟风，不如转目西望，看看欧洲的主流。

令中国学人难堪的远不止此。总体而言，跟着域外中国研究的风向走，一方面，学得愈像则离事实真相愈远，另一方面，学得不像则难免望文生义、格义附会之讥。一旦读书稍多，见识增长，发现所学与中国的材料事实不合，转而质疑架构解释，域外的中国研究者只要点明言说对象并非中国，就可以轻易化解。结果，亦步亦趋的西学取向不断遭到质疑，所谓邯郸学步，反失其本，最终将导致无所适从。要想依照西人的架构解释中国，必须假定其法真的具有普遍适用性，或是将中国的知识改造成适合其架构解释。依据今日的现状，西人的各种架构解释显然不能完全合于中国的本事本意，而今日国人所具有的知识，经过晚清以来的几番改造，离域外中国研究的架构解释日近，

---

① 《与刘叔雅论国文试题书》，陈美延编《陈寅恪集·金明馆丛稿二编》，第256页。

距事实真相渐远。尤其是浅学后进，容易产生共鸣而追摹仿效。以这样的知识为认识前提，长此以往，中国人势必沦于无能力理解本国历史文化或是即便有所解释也不过附庸的地步。

熟悉域外中国研究状况的余英时教授断言：

> 我可以负责地说一句：20 世纪以来，中国学人有关中国学术的著作，其最有价值的都是最少以西方观念作比附的。如果治中国史者先有外国框框，则势必不能细心体会中国史籍的"本意"，而是把它当报纸一样的翻检，从字面上找自己所需要的东西（你们千万不要误信有些浅人的话，以为"本意"是找不到的，理由在此无法详说）。①

此为过来人的心得，可以检验包括言说者在内的一切中国人有关中国学术的著作，也应当作为警示来者的箴言。只是按照这样的标准，20 世纪以来中国学人有关中国学术的著作，有价值的尚存几何？与国际对话的基准应是事实，而非外国框框，无论海内外的著作，都要永远接受来者依据所论史事的反复检验。如果不能幡然醒悟，改弦易辙，则无论怎样努力，都难以取得有价值的成果。

不同文化之间，往往存在许多不相兼容之处。就此而论，跨文化传通多是误解，如"释迦之教义，无父无君，与吾国传统之学说，存在之制度，无一不相冲突。输入之后，若久不变易，则绝难保持。是以佛教学说，能于吾国思想史上，发生重大久远之影响者，皆经国人吸收改造之过程。其忠实输入不改本来面目者，若玄奘唯识之学，虽

---

① 余英时：《论士衡史》，第 459 页。

震动一时之人心，而卒归于消沉歇绝"。① 严复批评中体西用之说，即认为中西学各有体用，"分之则并立，合之则两亡"。② 面对中西文化的冲突融合，国人取向不同，坚持夷夏大防与主张全盘西化，换一角度看，都旨在克服中西文化不能兼容的症结。而全盘西化未必是在西不好，而是于中不行。五四时期新文化派鼓吹废除文言汉字，任鸿隽便调侃说这不是根本的办法，"吾国的历史，文字，思想，无论如何昏乱，总是这一种不长进的民族造成功了留下来的。此种昏乱种子，不但存在文字历史上，且存在现在及将来子孙的心脑中。所以我敢大胆宣言，若要中国好，除非把中国人种先行灭绝！可惜主张废汉文汉语的，虽然走于极端，尚是未达一间呢！"③

任鸿隽的反话也有人正说，1926 年胡适在法国与中国驻巴黎总领事赵诒璹（颂南）相识，后者便是一位彻底的西化论者，他极崇拜西洋文明，终生情愿浮沉于领馆，不愿回国，主张废汉文，改用罗马字，认为须把中国人都变成"假洋人"，中国方才有救。所以他主张送幼童出洋留学，又主张中西通婚，而且他身体力行，其两子均不懂中国文字。④这样的主张能否全面落实姑且不论，只有彻底改造人种，才能实现西化，倒是抓住了西化论的症结。这一极端事例，同样可以从反面提供步趋西洋的中国研究者的戒律。

清季以来，受近代西洋为学术而学术的影响，治学提倡客观中立。诚然，学术研究若不能约束抑制感情，难免陷于主观偏蔽。善于治史者

---

① 《冯友兰中国哲学史下册审查报告》，陈美延编《陈寅恪集·金明馆丛稿二编》，第 283 ~ 284 页。
② 《与外交报主人书》，王栻主编《严复集》第 3 册，中华书局，1986，第 559 页。
③ 《新青年》第 5 卷第 2 号，1918 年 8 月 15 日。
④ 曹伯言整理《胡适日记全编》（4），第 258 页。或以为只要直接征引外文，不看译本，就可以避免误读错解，不过皮相之见。

其主观能动性体现于能够最大限度地限制主观。可是此说具体到研究中国，却有为效法西人立说者辩解之嫌。学无国界，不宜理解为将中国的社会历史文化仅仅视为客观对象，否则中国学人治中国学问与外国学人治中国学问岂非毫无分别？如果不能为文化所化，安身立命于其中，如何能够了解体味一种文化的精髓？民国时尽管以西学为时髦，中学素养稍高者还是知道，治中国学问就算全像是外国人，亦难免等而下之。这与时下以形似西人为高深，半桶水故作摇曳的流俗，还是大有分别。

1910 年，章太炎用白话写了《论教育的根本要从自国自心发出来》的长文，对渐成崇洋之势的时趋提出批评，劈头就说："本国没有学说，自己没有心得，那种国，那种人，教育的方法，只得跟别人走。本国一向有学说，自己本来有心得，教育的路线自然不同。"中国古来有学问（当然有强弱之分），近来有心得（也有多少之别），"不过用偏心去看，就看不出来。怎么叫做偏心？只佩服别国的学说，对着本国的学说，不论精粗美恶，一概不采，这是第一种偏心"。

> 听了别国人说，本国的学说坏，依着他说坏，固然是错；就听了别国人说，本国的学说好，依着他说好，仍旧是错。为甚么缘故呢？别国人到底不明白我国的学问，就有几分涉猎，都是皮毛，凭他说好说坏，都不能当做定论……别国人的支那学，我们不能取来做准，就使是中国人不大深知中国的事，拿别国的事迹来比附，创一种新奇的说，也不能取来做准。强去取来做准，就在事实上生出多少支离，学理上生出多少谬妄，并且捏造事迹，舞弄条例，都可以随意行去。用这个做学说，自己变成一种庸妄子；用这个施教育，使后生个个变成庸妄子。就使没有这种弊端，听外国人说一句支那学好，施教育的跟着他的话施，受教育的跟着他的话受，也是不该！

上边已经说了，门外汉极力赞扬，并没有增甚么声价，况且别国有这种风尚的时候，说支那学好；风尚退了，也可以说支那学不好。难道中国的教育家，也跟着他旅进旅退么？……大凡讲学问施教育的，不可象卖古玩一样，一时许多客人来看，就贵到非常的贵；一时没有客人来看，就贱到半文不值。自国的人，该讲自国的学问，施自国的教育，象水火柴米一个样儿，贵也是要用，贱也就要用，只问要用，不问外人贵贱的品评。后来水越治越清，火越治越明，柴越治越燥，米越治越熟，这样就是教育的成效了。

总之，"凡事不可弃己所长，也不可攘人之善"。① 此文后来被日本学界斥为无视日本效法西洋取得的学术进步，民国时国人也指其拉车向后，而一个世纪过去后的今日看来，却不无先见之明。

在中外文化关系史上，晚清民国属于相当热闹的时期。中外文化的交流影响，源远流长，随时发生。无论华夷冲突，还是崇洋媚外，都是中外关系彰显的表现。这样的外露，自然容易引起关注，却难免流于表面。在前贤看来，中国多以文化论族属，凡是接受华夏文化者，无论血缘，均为华夏。由此产生许多现象，大者如被他人指称的汉人（后来汉族），就人种而论，其实是一大"杂种"；中者如历史上不仅有汉化，还有胡化；小者如全世界均不能融合的犹太人，唯独在中国被同化。不过同时也造成一定的难题，即中外文化的交流融合最为深入者往往隐而不显，不易察觉认识。就精神领域的学问集中而论，受域外影响最深的大致有三期，即以唐宋为中心的新儒学之产生及其传衍，明清之际耶稣会士传入泰西新学以及晚清民国的西学东渐。除后一时期夷夏大防全面崩

---

① 汤志钧编《章太炎政论选集》上册，第506～517页。

溃，不仅西体中用，甚至全盘西化外，前两个时期虽然源流不同，却不无共性，即实际上已经用夷变夏，形式上仍然坚持取珠还椟。

1932 年至 1933 年间，陈寅恪审读冯友兰《中国哲学史》下册，提出："中国自秦以后，迄于近日，其思想之演变历程，至繁至久。要之，只为一大事因缘，即新儒学之产生，及其传衍而已。"而"新儒家产生之问题，尤有未发之覆在也"。尤其是"关于道教之方面，如新安之学说，其所受影响甚深且远，自来述之者，皆无惬意之作……盖道藏之秘籍，迄今无专治之人，而晋南北朝隋唐五代数百年间，道教变迁传衍之始末及其与儒佛二家互相关系之事实，尚有待于研究。此则吾国思想史上前修所遗之缺憾，更有俟于后贤之追补者也"。

以儒释道三教代表晋以后中国思想的演进，陈寅恪的具体描述是，儒者在古代本为典章学术所寄托之专家，秦之法制实儒家一派学说之所附系。

> 汉承秦业，其官制法律亦袭用前朝。遗传至晋以后，法律与礼经并称，儒家周官之学说悉采入法典。夫政治社会一切公私行动，莫不与法典相关，而法典为儒家学说具体之实现。故二千年来华夏民族所受儒家学说之影响，最深最巨者，实在制度法律公私生活之方面，而关于学说思想之方面，或转有不如佛道二教者。

> 六朝以后之道教，包罗至广，演变至繁，不似儒教之偏重政治社会制度，故思想上尤易融贯吸收。凡新儒家之学说，几无不有道教，或与道教有关之佛教为之先导。如天台宗者，佛教宗派中道教意义最富之一宗也。……其宗徒梁敬之与李习之之关系，实启新儒家开创之动机。北宋之智圆提倡中庸，甚至以僧徒而号中庸子，并

自为传以述其义（孤山闲居编）。其年代犹在司马君实作中庸广义之前……似亦于宋代新儒家为先觉。……至道教对输入之思想，如佛教摩尼教等，无不尽量吸收，然仍不忘其本来民族之地位。既融成一家之说以后，则坚持夷夏之论，以排斥外来之教义。此种思想上之态度，自六朝时亦已如此。虽似相反，而实足以相成。从来新儒家即继承此种遗业而能大成者。①

这样的看法由来已久，早在留学哈佛期间，陈寅恪就认为，接续韩愈事业的宋代新儒家，"皆深通佛教者。既喜其义理之高明详尽，足以救中国之缺失，而又忧其用夷变夏也。乃求得两全之法，避其名而居其实，取其珠而还其椟。采佛理之精粹，以之注解四书五经，名为阐明古学，实则吸收异教，声言尊孔辟佛，实则佛之义理，已浸渍濡染，与儒教之宗传，合而为一。此先儒爱国济世之苦心，至可尊敬而曲谅之者也"。②

1954 年，陈寅恪又在《历史研究》第 2 期发表《论韩愈》，改变早年指韩愈为单纯辟佛之说，进一步说明其对于新儒学发端的作用及因缘："退之自述其道统传授渊源固由孟子卒章所启发，亦从新禅宗所自称者摹袭得来也。"韩愈扫除章句烦琐之学，直指人伦，目的是调适佛教与儒学的关系：

　　盖天竺佛教传入中国时，而吾国文化史已达甚高之程度，故必须改造，以薪适合吾民族、政治、社会传统之特性，六朝僧徒"格义"之学，即是此种努力之表现，儒家书中具有系统易被利

---

① 《冯友兰中国哲学史下册审查报告》，陈美延编《陈寅恪集·金明馆丛稿二编》，第 282~285 页。
② 吴学昭整理《吴宓日记》第 2 册，第 102 页。

用者，则为小戴记之中庸，梁武帝已作尝试矣。然中庸一篇虽可利用，以沟通儒释心性抽象之差异，而于政治社会具体上华夏、天竺两种学说之冲突，尚不能求得一调和贯彻，自成体系之论点。退之首先发见小戴记中大学一篇，阐明其说，抽象之心性与具体之政治社会组织可以融会无碍，即尽量谈心说性，兼能济世安民，虽相反而实相成，天竺为体，华夏为用，退之于此以奠定后来宋代新儒学之基础。

在这方面，首先由"新禅宗特提出直指人心见性成佛之旨，一扫僧徒繁琐章句之学"。韩愈"生值其时，又居其地，睹儒家之积弊，效禅侣之先河，直指华夏之特性，扫除贾、孔之繁文"。如《原道》所论："古之欲明明德于天下者，先治其国；欲治其国者，先齐其家；欲齐其家者，先修其身；欲修其身者，先正其心；欲正其心者，先诚其意。然则古之所谓正心而诚意者，将以有为也。今也欲治其心，而外天下国家，灭其天常，子焉而不父其父，臣焉而不君其君，民焉而不事其事。"这与新禅宗的直指人心见性成佛，同为中国佛教史上并列的大事，为中国文化史中最有关系的文字。"退之固是不世出之人杰，若不受新禅宗之影响，恐亦不克臻此。又观退之寄卢仝诗，则知此种研究经学之方法亦由退之所称奖之同辈中人发其端，与前此经师著述大异，而开启宋代新儒学家治经之途径者也。"①

唐宋诸儒取珠还椟的苦心孤诣，给后世的研究者留下难以破解的谜题。陈寅恪所论新儒学的产生及其传衍，断为先吸收异教精粹，融成新说，再阐明古学，以夷夏之论排斥外来教义，与傅斯年等人的看

---

① 陈美延编《陈寅恪集·金明馆丛稿初编》，第 319～322 页。韩愈寄卢仝诗曰："春秋三传束高阁，独抱遗经究终始。"

法截然不同。后者只承认李翱受时代的影响甚至感化，不同意其说是变其所宗，援甲入乙，变换儒家思想而为禅学；李翱的贡献在于认出古代心学之所在，而非发明，所说未离于古儒家；即使李翱受时代的外国影响，杂禅程度亦浅，相比之下，受祆教景教摩尼的影响较为直接。况且性情善恶二本说为汉代之习言，宋儒及清代朴学家仿佛都已忘记，误以为来自外国，实则反而释家受儒家影响。所以，假设李翱受前人影响，应取较为接近的汉儒二元论。① 此说若成立，则陈寅恪避名居实，取珠还椟说的依据荡然无存，唐宋诸儒非但不是变儒家为禅学，连旧瓶装新酒的可能性亦不复存在。

然而，问题在于，唐宋诸儒究竟是先受到佛教道教性理之说的影响，再上探先秦两汉的儒学，以外书比附内典，构建新儒学，然后据以辟佛，还是相反，鉴于时代风气人伦道丧，先从古儒学中认出心学一派，形成理学，以抵御佛教，两说可谓针锋相对。在多位近代学界高明参与的讨论中，陈寅恪的看法曲折反复，难以信而有征，明显处于少数。以情理论，似以陈所说更为可信，恰如欧洲中世纪思想必须借助儒学才能突破变换，很少抽象虚理思维习惯的唐宋诸儒，如果没有内典外书相互比附、性理之学盛行的时代风尚影响，也很难产生思维方式的革命性转换提升。只是陈寅恪的看法过于周折，不易取证，反而傅斯年之说容易找出直接证据，看似信而有征。历史尤其是学术思想史上，实事未必皆有实证，看似可以征实的往往又是表象假象，扑朔迷离，造成诸多困惑，由此可见一斑。②

---

① 欧阳哲生主编《傅斯年全集》第 2 卷，第 664 ~ 666 页。
② 参见桑兵《求其是与求其古：傅斯年〈性命古训辨证〉的方法启示》，《中国文化》第 29 期，2009。此事由诗词入手，可得部分直接证据，更重要的是以俱舍宗领悟俱舍学之法，从语境解文本实事。

　　若将秦以后中国思想演变的大事因缘一直延续到"近日"，似应于儒释道之外加上耶教一脉。明清之际耶稣会士对于中国的影响，近年来有学人分门别类地搜集比较不同时期的中外文本，在自然科学各方面，逐渐可以征实，而在精神思想学问方面，由于方以智等人用西说格义经典以成新说而故意不露痕迹，令研究者同样陷入认识新儒学发生演化之大事因缘的迷惑，只能言其大概，很难具体实证。如何破解此类隐而不显的谜题，考验今日学人的智慧功力。

　　应该注意的是，在晚清民国这样中西文化关系极为彰显的时期，仍旧存在隐显与深浅的对应情形。正是针对世人不以舍己从人为耻，反而挟洋自重成风的时尚，陈寅恪凭借两千年中外思想接触史之所昭示，重申中国今后即使能忠实输入北美或东欧的思想，其结局在思想史上既不能居最高地位，而且势将终归于歇绝，主张必须坚守道教之真精神及新儒家之旧途径，一方面吸收输入外来学说，一方面不忘本来民族地位，才能于思想上自成系统，有所创获。他本人即身体力行，秉承先贤之道，用西学而不着痕迹，其对西学的认识把握以及运用西学创获新说的功力建树，较一般皮傅西学、食洋不化者，固然判若云泥，与忠实输入新知者相较，也不可同日而语。由此可见，唐宋、明清诸儒的取珠还椟固然值得特别重视，即使在以洋化为摩登的近代，真正善于吸收应用西学精义者，也是大道无形。

　　尤有进者，显的一面也有深藏不露的真情实意，不易查知。清季以来，国人使用概念好以东西对应，追究中外对译是否准确。其实其间甚为曲折，对错并非关键所在。如国人往往以归纳为科学方法的主项，而西周助发明归纳与演绎，是用来翻译逻辑方法。至于逻辑方法是否等于科学方法，或者说逻辑方法如何与科学方法相联系，则有多重转折。虽然英国人以近代物理学为基础也以为归纳即科学，可是其科学的范围一般并不包括数学。中国人将逻辑的归纳径直与科学方法相联结，当与崇尚乃至崇拜科学的时趋密切相关。

这类隐而不显的部分，既是吸收融合外来学说的高妙之处以及于中国思想史上据有最高地位的所在，也是探究中外文化关系的难解之结。如果忽略不论，则于中西文化关系所见不过半桶水的晃荡。研究类似问题，应当以实证虚。一味信而有征，则不仅表浅简单，而且未必可信，甚至可能误读错解。唯有用陈寅恪探究中国中古思想发展的大事因缘之法，庶几可达虽不中亦不远的境地。如此，也可为破解类似谜题提供案例参证。陈寅恪的大声疾呼未必能够即时挽回世运，所提出的法则却有颠扑不破的效应，可以检验所有与此相关的人与事。

四　近代中国国字号事物的命运

在中西文化纠葛的背景之下，经历了夷夏之辨到中体西用的转折，清季民初，变化即进化的观念逐渐流行，并影响后来研究者的思维。同时，也出现了反弹，重新思考西方冲击下固有文化的价值与走向，国学、国画、国语、国医、国术（技）、国乐、国服、国剧、国仪（礼）等一系列国字号概念的产生，以及围绕这些概念及其相应事物的争议，凸显了世界一体化进程中东亚文明别样性在那一时期的挣扎与尴尬，也预示了文化多样性存在的价值与意义。近年来，对于这些观念、事物的分别研究逐渐展开，一些领域的争议还在继续，有的则旧调重弹，花样翻新，甚至以讹传讹。其中关于近代国学的研究，较为深入。其余方面，相对较少。当然，附和者多，格义附会或断章取义的也不在少数。将所有国字号问题相互联系，并在整体观念下具体考察，可以得到更多且深的启示。

中西医结合的命题提出已有百年，中医有无存续的必要及其价值究竟如何，至今仍然争论不休，重要原因在于用泰西的"科学"为判断准则，而忽视"科学"在欧洲各文化系统的内涵外延也是纷繁复杂，更未顾及"科学"不能解决人类的一切问题，以及医学及其实践还包含很多的文化属性，中医注重因人而异的个体的整体，本来不宜能够重复验证的"科学"标准等。1950 年代初由神州国光社出版的一本《国医论》，开宗明义，就标明主张"中医科学化，西医大众化"。这样的口号，在宣示新的努力方向的同时，也承载了历史轨道的运行惯性。

颇为吊诡的是，清季以来，当中医在中国不断被质疑是否科学、应否存续的同时，在理应充满科学精神的新大陆，却大行其道，信者如鲫，本来不得已而求其次的岐黄之术，居然成了实现美国梦的捷径，使得不少从业者成为华侨中家道殷实之人，过着令洋人也羡慕不已的富裕生活。担任过保皇会美洲分会负责人的谭良即个中翘楚。据说迄今为止，中医在太平洋彼岸还是收费不低、收入不菲的职业。这不仅与本土中医的境遇大相径庭，与东洋不过汉方药盛行的情形也不一致。可见中药之外，中医自有其价值功用。如此看来，讲道理与有用处本来并行不悖，反思近代以来国人喋喋不休的道理是否真的在理，很有必要。

"国医"的研究，应当跳出中西医论战非此即彼、此是彼非的窠臼，如清季唐宗海主张中西医汇通，选取西医若干理论解中医，试图借此维护和发展中医的自主性。虽然实际上唐氏汇而不通，却显示了中医未必要科学化才能走出古今中西二重性难题的历史新路。相关论著不仅对研究近代医学史乃至整个文化史有所裨益，对于时下的一些论争也有振聋发聩的作用。1929 年围绕废止中医案而展开的朝野各方的争论、抗争，以及中医界通过国粹、国家权力和科学化等凭借寻求自救的努力，可以视为一个世纪以来中医在中西文化冲突中艰难挣扎求存的缩影。而经过这一系列失败的努力，昭示后人的应是重新反省中医本身的价值，特别是判断其价值的依据，从而寻求一条让中医能够在现代社会发挥功效，而不至于重蹈自我萎缩甚至自我毁灭覆辙的旧轨则新途径。由此看来，中医堪忧的现状与其努力的方向密切相关，摆脱困境的成功之道，或许就蕴藏于近代转型失败的各式探索之中。

中医科学化的本质，其实是以西医为标准来衡量和要求中医。在科学光环的笼罩下，这样的价值判断为西化披上了普适性的外衣。其实，近代以来国人对于西医的认识也不无误解片面。至今为止，中国人对全科医生的作用价值仍然充满误会。或许是对细分化以致过于专科的状况调整补充，全科医生的作用与中医的理念不无相似之处，成为连接病人与专家的重要媒介。将疾病视为病人整体各部分相互制约的故障而非孤立的局部病变，可以说是西医的一大进步。

相比于中医科学化的一波三折，国语的改革要直截了当得多，在相当长的时间内，其努力的方向居然是字母化（拉丁化或罗马化），也就是要废除文言分离的象形方块字，改用文言合一的拼音文字。虽然实际进程还有一系列过渡性措施，包括简字等，作为终极目标的字母化却一直坚持，直到 20 世纪末才最终放弃。诚如《从文字变起》的作者所指出，之所以一定要改变文字，是因为近代国人认为，汉字繁复，且与语言分离，不能普及，妨碍教育，导致中国贫弱。循着这样的思路，以列强共有的字母文字为旨归，当然是不言而喻、理所应当的进步取向。

然而，字母文字的前提是文言一致，笔下所写与口中所讲为一而

二之事。中国却早就是地域广阔的文化集合体，方言众多，除了文字
生成的渊源而外，若是我手写我口，势必造成无法沟通的局面，妨碍
文化统一的格局。即使到了晚清民国时期，在文言合一得到越来越多
的社会认同的情况下，以何种官音为读音基准，仍然争议不断，取舍
困难。依靠行政权力达成的形式上的标准，无法完全解决实际运作中
存在的问题。五四新文化运动努力地普及白话文，打倒文言文，其实
不过造成新的欧式书面语，非但文言仍然不能合一，还使得说方言的
群体失去了书面文学创作的动力乃至能力。

文言分离，优越有二，一是超越方言，可以广泛通行；二是脱离
口语，能够适用久远。通过浦江清之口传达的陈寅恪的看法是：

> 中国语言文字之特点，中国语乃孤立语，与暹罗、西藏同系，
> 异于印欧之屈折语及日本、土耳其之粘着语，以位置定效用。又
> 为分析的，非综合的，乃语言之最进化者。中国字为象形，形一
> 而声可各从其乡，所谓书同文，象形字不足用，幸有谐声等五书
> 辅之，乃可久存，见于记载，以省文故，另成一体与语言离，如
> 今之拍电报然，又如数学公式然。故中国文开始即与语离。中国
> 文学当以文言为正宗。至《尚书》之文难读者，盖杂白话分子
> 多。又谓以后文体变易，大抵以杂入白话分子故。①

超越方言则交流广泛，适用久远则古今一贯。所以本来主张废文
言的傅斯年也改口认为："汉语在逻辑的意义上，是世界上最进化的语
言（参看叶斯波森著各书），失掉了一切语法上的烦难，而以句叙
（Syntax）求接近逻辑的要求。并且是一个实事求是的语言，不富于抽

---

① 朱乔森编《朱自清全集》第9卷，第163~164页。

象的名词，而抽象的观念，凡有实在可指者，也能设法表达出来。"①
至于有人以为文言不适宜说理，则一些学问大家始终坚持用文言撰写
发表学术文字，非但不见妨碍表述（当然也有例外），反而更多可供
玩味琢磨的意境。

　　尽管切音文字尚在试行辅助阶段，在中西新旧乾坤颠倒的大势所
趋之下，清季以来中国的语言文字还是发生了天翻地覆的变化。经过
《马氏文通》用印欧语法条理汉藏语系的汉语言文字，来自日本的新
名词成为新概念的表述形式，且使得原来以字为单位的汉语转而以词
为单位，以及翻译带来的欧式白话文取代文言文成为书面语，现在的
中国人或许早已是用西思，发汉声，说日语。由于新式教育令广大读
者受西化语文的社会化，高明者所思又往往出人意料，难以得到广泛
认同，前贤的论断几乎已成奢侈品。待到人们发现教育并不因为白话
简字而易于普及，至少在识字与作文方面，新式学堂的教学效果反而
不及原来的学塾，而非逻辑的方块字更能适应计算机语言的模糊逻辑，
才意识到语言文字的发达进步与否，并不能以社会发展程度为尺度。
白话简字与其说是历史的进步，毋宁说是变化造成的现状。这样的不
得不然掺杂着一些盲目，也反映了某种无奈，一定程度导致文化的断
裂，令今古传通困难。当下语文水平普遍不高，教育而外，语言文字
变革本身有着重新检讨的广阔空间。

　　与其他国字号事物不同，国歌是一全新事物。既有的研究及其先
行理论架构，主要是从民族国家建构的角度立论。不过，围绕国歌制
定的主旨及争议，显然聚焦于如何掌握民族性与国民性（或时代性）
的尺度及其平衡关系。虽然不像其他国字号事物所普遍遭遇的那样，

---

① 《战国子家叙论》，欧阳哲生主编《傅斯年全集》第 2 卷，第 252 ~ 253 页。

一般而言，国歌并没有价值的有无及存废的应否之类的问题，但就其内容乃至表现形式而言，仍然有是否中国以及合乎时代等轻重主从的权衡取舍。在很大程度上，诸如此类的两难正是各种国字号事物所面对的共同难题。尤其是这些指标与中西新旧纠结在一起，更加难以妥善处置。那一时代的国人，一方面力求融入世界，一方面不甘于丧失自我，如何以与众不同的独特形象进入心目中的民族之林或世界（近代中国的世界概念及其应用，大有探讨的余地，前文关于近代国人的"世界"观念有论及），主宰了他们思维行为的重要甚至主要方面。

各种国字号事物在近代中国的命运虽然极其相似，但在不同领域，因为人为因素作用的差异，发展趋向和实际境遇却有显著区别。相比于中医处境的尴尬，国画的命运似乎好得多。国画是否艺术，有无价值，国画与洋画相比，是否在进化路程上后人一步，诸如此类的问题，今日国人已不大提出，但在近代，并非毫无疑义，一度甚至与其他国字号事物一样，成为不争的事实。尽管相比于中医的"科学"与否，国画的艺术性或审美价值不能简单套用西方标准较为容易被接受，可是如果没有陈师曾等人在日本的大村西崖等人的提醒之下，迅速扭转观念，国画的命运与其他国字号事物或许不会相差太远。就此而论，近代东亚呈现共同性，此前日本的冈仓天心等人提出的东洋美术等概念，政治企图另当别论，观念的间接影响则显而易见，在试图对应西方，掌控东亚话语权之际，也使东亚原有事物的固有价值得以重新审视，虽然其对于文人画的直接看法偏向否定。由此可见，各种国字号事物的担当者的水准能力及其主观努力，在相应条件下对于该项事物的存亡兴衰具有决定意义。

近代中国各种国字号事物升降浮沉的坎坷命运及其中的某些戏剧性变化，促使人们重新思考将变化等同于进化，或以为现在即现代的天经地义，乃至进化论的历史解释框架。进化论试图将整个人类历史纳入同一系统，且依照文明发达程度排列先后次序，忽略历史的个别性不能强求一律，以及文化多样性难以用单一尺度来裁量。在基本价值取向方面，摆脱进化论的影响，避免现代化的解释，呈现历史本来的复杂面相，不仅有益于自立于民族之林，而且可以改变国人的"世界"的观念。说到底，自我本来就是世界的一部分。文化的别样性所具有的物种价值，在显示特色之外，还可能为改变世界的基本面貌提供新的选择。而这正是调整近代以来以欧洲中心为主导的现实世界所不可或缺。

第七章

_____

学术的历史

一 近代学术的清学纠结

当胡适还在太平洋彼岸撰写博士论文之际，其脑海中就萦绕着一个在他看来新中国必须正视的更大更根本的问题，即"中国人如何能在这个骤看起来同我们的固有文化大不相同的新世界里感到泰然自若?"为此，胡适认为要有组织地吸收新文化，以避免旧文化的消亡。而关键在于找到调和新旧文化精华的基础，重建自己的科学与哲学。具体到胡适面对的哲学领域，他提出："新中国的责任是借鉴和借助于现代西方哲学去研究这些久已被忽略了的本国的学派，如果用现代哲学去重新解释中国古代哲学，又用中国固有的哲学去解释现代哲学，这样，也只有这样，才能使中国的哲学家和哲学研究在运用思考与研究的新方法与工具时感到心安理得。"① 胡适回国后任教于北京大学，将博士论文加以增补，写成《中国古代哲学史》讲义，声称："我们今日的学术思想，有这两个大源头：一方面是汉学家传给我们的古书；

①《先秦名学史·导论》，欧阳哲生编《胡适文集》(6)，第9~11页。

一方面是西洋的新旧学说。这两大潮流汇合以后，中国若不能产生一种中国的新哲学，那就真是辜负了这个好机会了。"[1]

胡适所说的中外两大学术思想潮流的汇合，的确长时期困扰着中国人，造成民族精神的高度紧张。胡适自认为找到了调和之道，因而可以心安理得，泰然自若，但在其他学人看来，可能还是剪不断，理还乱。作为中西新旧变相的传统与现代，往往相互缠绕，并非如当事人及后来者所以为的截然分立。清学之于近代学术的纠结，即为典型之一。近代中国学术史上，存在着一种相当吊诡的现象，旧学家不必论，即使新进学人，一方面，由于清代学者对历代典籍做过相当系统的整理，为近代学术发展奠定了必要的前提，同时也为知识结构相去甚远的新一代学人提供了批评检讨的对象，所以近代学人往往好谈清代学术，或者说，近代学人的学术研究，很难脱离清代学术的渊源。另一方面，在近代学人的清学论述中，无论整体还是具体，因为立场各异，观念不同，看法悬殊，言说不仅有别，甚至大相径庭，令人感到清代学术为一回事，后来的清学史述说为另一回事。而且即使今日学人的认识高度一致，也未必与清代学术的本相乃至前代学人的叙述吻合。胡适后来因傅斯年等人的批评，连"中国哲学"也弃而不用，则早年的自信其实相当盲目。也就是说，近代学人心中的近代，夹杂着许多的清代，与西式的本原有别，而他们所说的清代，却又经过西化的折射，多少有些变形。

在近代学人的清学史叙述中，影响后来相当深远的首推梁启超和钱穆。梁启超自清季即展开清学史的论述，因为年少胆大，论点和论据都不够稳定，以今日之我与昨日之我战的情形，较政治领域有过之

---

[1]　欧阳哲生编《胡适文集》（6），第168页。

无不及。后人的研究，因为对于所涉及的史事学术缺乏入木三分的洞见，又带有先入为主的成见，不能充分注意时空顺序位置，往往将生平活动与学术思想相分离，看不到学术思想发生及演化的历史进程，着重于恒定不变的截面。民国时梁启超一度站在汉学家的立场，撰写清代学术的历史，引起钱穆的不满，针锋相对地再写同名著作，辨析清代的汉宋并非如时人所认为的那样壁垒森严，甚至尽力抹平汉宋之分，以至于令人有矫枉过正而抹杀汉宋分别之感。可是他论及民国学术的风云变幻，还是不得不承认：

> 此数十年来，中国学术界，不断有一争议，若追溯渊源，亦可谓仍是汉宋之争之变相。一方面高抬考据，轻视义理。其最先口号，厥为以科学方法整理国故，继之有窄而深的研究之提倡。此派重视专门，并主张为学术而学术。反之者，提倡通学，遂有通才与专家之争。又主明体达用，谓学术将以济世。因此菲薄考据，谓学术最高标帜，乃当属于义理之探究。此两派，虽不见有坚明之壁垒与分野，而显然有此争议，则事实不可掩。①

在陈寅恪、张荫麟、童书业等人的叙述中，汉宋之争的变相，就直接标名为新汉学与新宋学。照此看来，中西缠绕之下，近代中国学术界不仅只有新旧之分，拨开不断颠覆前人反对传统的激进表象，清代学术的余荫还有深层的制约作用，使得近代学术在加速趋新以至于脱胎换骨之际，仍然包含许多承前的仍旧。

今人所讲清代学术的汉宋古今，看似历史上曾经发生的实事，其实很大程度已是历来学人的认识层累叠加的产物，视为清学史叙述的

---

① 钱穆：《〈新亚学报〉发刊辞》，《新亚学报》第 1 卷第 1 期，1955 年。

演进变异则可，若完全视为清学发生演化的本相，则不免似是而非。以汉宋分争为主线脉络，甚至全用汉宋眼光理解清代的学术，多为阮元以下历代学人依据后来生成的观念逐渐系统化的看法，而非乾嘉以来复杂的实情。而且后来不断变换强化的解读，与阮元、江藩、方东树等人的本意也相去甚远。这样说并非一概抹杀清代学术存在汉宋分争的事实，而是试图指出，纪昀、戴震、阮元以及其他众多清代学人，未必有汉宋截然对立、此是彼非、非此即彼的观念，即使知所轻重取舍，也与后人所描述的形同实异。戴震的《孟子字义疏证》，在他的弟子那里就已经无法安放妥当，即为明证。

　　换言之，后来的学人因为其所生存时代的环境作用，用了汉宋对垒的成见看待此前的学问纷争，以为一切都以汉宋为基准疆界，围绕汉宋而展开，忽略了汉宋不过前人学术思想的要素之一，此外还有多种成分，因而其思想具有多向度的发展可能，纵然包括汉宋，也并非如后人解读。所谓"汉学讲家法，有今文家法，有古文家法，有讲训诂声韵者，有讲典礼制度者，有讲经籍义例者，若不通家法，便非汉学。宋学讲宗派，有程朱学派，有陆王学派，有种种学派，若不守宗派，便非宋学"。① 实际上各种家法门派的讲究，还是因时因人因地而异，当事人与讲述者犹如本尊与分身，虚虚实实，形似而实不同。而一旦诸如此类的条理系统形成，开宗者多是学术史上的大人物，他们的看法自然会被众多学人传递和扩展，从而进一步造成观念即事实的幻象。再后来的学人往往误以其种种说法为历史本事，循着既定的思路不断强化和变化。至于自以为是的门外文谈，所论更是其本人的思

① 柳诒徵：《汉学与宋学》，东南大学南京高师国学研究会编辑《国学研究会演讲录》第 1 集，商务印书馆，1924，第 84~90 页。

想，除了暴露与清儒的隔膜以及对清学见识的浅陋外，对于清学史的研究很难有所贡献。真是应了当年江浙士人讥讽岭南大儒陈澧的话，不是不分汉宋，而是分不清汉宋。

如果没有康有为的托古改制，经今古文学之争是否会上升为全局性问题，大可疑问。清人大都古今兼治，熔为一炉，很少有纯粹的今文家或纯粹的古文家。直到清季兴学，制定新式学堂章程，读经内容也并未排斥今文。况且讲今文不止常州一派，而常州学人论学，存在多种指向，并非一味从今文家的立场着眼立论。今人但以后来划定的今文眼光检视，则一言一行无不是今文家的言论行事。更有进者，今文家固然都讲公羊学，可是不能反过来说凡是讲公羊的都是今文家，二者如何分别，诚非易事。嘉道以后，公羊学盛行一时，朝中大员如潘祖荫、翁同龢等，据说都颇好公羊。他们屡任科举考试的主考官，天下士子自然风从响应。康有为转向今文，初衷或许只是迎合公羊学盛行的时尚，以求科考功名，为其革新立业奠定基础。在那样的时代，要想获得足够的社会号召力，博取科举功名的确是一条行之有效的成名捷径。康有为的《新学伪经考》和《孔子改制考》，在朝野上下引起的反响明显有别，显示今文经学并不一定成为士林接受改革思想主张的障碍。直到康有为托古改制，以素王自命，而与之不合的章太炎有心立异作对，才导致经今古文学针锋相对的公开对垒，逐渐划清楚河汉界。即便如此，兼收并蓄地讲习经今古文的情形仍然相当普遍。民国时各地各校大都如此。钱穆自述："余撰《刘向歆父子年谱》，及去燕大，知故都各大学本都开设经学史及经学通论诸课，都主康南海今文家言。余文出，各校经学课遂多在秋后停开。但都疑余主古文家言。"[1] 揆诸事实，之前未必一律，之后

---

[1]　钱穆：《八十忆双亲·师友杂忆》，第160页。

也并未尽弃。

　　近代学人好以派分条理学术史，加之史学逐渐取代经学占据学术的中心主导地位，被指为着重讲史学的浙东学派受到民国学人的普遍青睐。浙东学派一事，固然为清代学人所述及，可是不同时期的不同学人对于渊源流变、范围内容乃至人物谱系的讲法各不相同。梁启超指出，清代学术大致分为三段，清初为程朱陆王之争，清中叶为汉宋之争，晚清为今古文或新旧学之争。其实陆王心学从未间断，因缘浙东学术一直传承，至清季民初，随着世事变迁，影响逐渐恢复扩展。迄今为止，关于浙东学派的研究，主要不是寻绎发生演化的历史，而是依据前人讲法各异的说辞，不断编织言人人殊的谱系。即使逐渐形成共识，与史事也有不小的差距，甚至可能陷入越有条理系统，去事实真相越远的尴尬。正如前贤所指出，诸如此类的论述，实为创造而非研究历史。而历史并不会因此发生丝毫增减，反而成为检验研究者见识高下正误的尺度，每一代人心中的历史将永远反复受到验证。

　　民国学人好讲浙东学术的一大要因，当为较易与近代西方传入的所谓科学方法相附会。他们大都抬举在原来并不得意的章学诚，重新发现这一类人的价值。而这样的再发现，很像是唐宋诸儒先受佛道两教的影响，再上溯汉儒的心性之学，其实是对一般西学方法的比附。此外容易比附者还有周易和墨学。以胡适的标准，如此做法至少一定程度便是用中外学术相互理解解释；在陈寅恪看来，则无疑在穿凿附会、怪诞百出之列。自清季中西学乾坤颠倒之后，好讲科学方法，成为近代趋新学人的共相，至于什么是科学方法，各人的理解相去甚远。

　　不过，民国学人所讲的科学方法，又往往附会于传统，尤其是清代的学术，认为乾嘉朴学与科学方法最为接近。被后人许为树立了现代学术典范的胡适，在相当长的时期内即以清代学者的治学方法为科学方法。1919 年，胡适在《北京大学日刊》发表题为《清代汉学家的科学方法》一文，内称："清代学者的科学方法出现，这又是中国学术史的一大转机。中国旧有的学术，只有清代的'朴学'确有'科学'的精神。"① 胡适所说的科学方法，是指归纳法与演绎法并用，由归纳而得通则，又以通则推及同类。所以汉学家具体而有系统。胡适又将清代汉学的治学方法归纳为两点，即"大胆的假设，小心的求证"，以此作为自己研究方法的经典表述。1928 年胡适撰写《治学的方法与材料》，后来自称是其学术见解的一大转变，和傅斯年的《历史语言研究所工作之旨趣》一样，昭示学术取向的变化。文中对于清代学者治学的成绩有所褒贬，但对其治学方法的评价，并无实质改变。他说："科学的方法，说来其实很简单，只不过是'尊重事实，尊重证据'。在应用上，科学的方法只不过'大胆的假设，小心的求证'。"② 直到抗日战争爆发前后，他才另辟蹊径。

　　梁启超、蔡元培、傅斯年等人也一度认为清代学者的治学方法最接近科学。梁启超长期以归纳法为科学方法的主要形式，后来才意识到，归纳法并不适用于历史研究。他认为："清朝学术极发达，因为一般学者大都能用科学方法去整理古书。这种科学精神的发动，很可以说是从辨伪引导出来的。"③ 蔡元培同样认为清代汉学家在欧洲科学方法尚未输入之前，"全用归纳法，成效显著"。④ 傅斯年出国留学前指宋明的学问是主观的、演绎的、悟的、理想的、独断的，而作为宋明

① 该文后改题《清代学者的治学方法》，收入《胡适文存》，文字亦有所修改。见欧阳哲生编《胡适文集》（2），第 288 页。
② 欧阳哲生编《胡适文集》（4），第 105 页。
③ 《古书真伪及其年代》，《梁启超全集》第 9 册，北京出版社，1999，第 5026～5027 页。
④ 《在旧金山中国国民党招待会上的演说词（1921 年 7 月 17 日）》，高平叔编《蔡元培全集》第 4 卷，中华书局，1984，第 62 页。

学问反动的清代学问则是客观的、归纳的、证的、经验的、怀疑的，方法截然不同，主义完全相左。"清代的学问，很有点科学的意味，用的都是科学的方法"。"清代学问在中国历朝的各派学问中，竟是比较的最可信、最有条理的。"①

近代学人"续清儒未竟之绪"，自觉是用近代欧洲的科学方法，因而学问上能够更进一步，精神上可以心安理得。可是在对西洋科学方法认识稍多的学人看来，未必如此乐观。傅斯年留学之后，就不再盲从以前尊奉的所谓科学方法。唐德刚教授认为，胡适的治学方法"始终没有跳出中国'乾嘉学派'和西洋中古僧侣所搞的'圣经学'的窠臼"。②余英时教授也说："胡适的学术基地自始即在中国的考证学，实验主义和科学方法对于他的成学而言都只有帮助的作用，不是决定性的因素。"③

其实胡适等人的治学方法，将中西学术交相比附，颇似蝙蝠的归属，认真考究，既不合于清人学术，也不合于科学方法。近代学人所指称的清代学者的治学方法，很大程度上是他们用后来的一般科学常识观念观察理解的认识，未必合于清代学术的本相。推许清代学者治学方法并将归纳所得奉为自己研究方法的胡适，主要是套用《马氏文通》的文法之学，而清学很少归类文法，《马氏文通》用印欧语系的文法条理汉藏语文，被陈寅恪斥为"何其不通"。今日学界望文生义，误以为考证即乾嘉考据，滥言近代学人继承乾嘉朴学的情形相当普遍，对于由音韵训诂的审音入手的乾嘉学术，即使在专业领域的专门人士也已经误会淆乱到颠倒黑白的程度。而以扩张材料考订史实者，分明是傅斯年一脉的新史学，却自以为遵循旧学大道。至于用后来的分科

---

① 《清代学问的门径书几种》，欧阳哲生主编《傅斯年全集》第1卷，第228、231页。
② 唐德刚译注《胡适口述自传》，第133页。
③ 余英时：《论士衡史》，第311页。

治学观念看待清代及以前的学术，误读错解之处，更加不胜枚举。

民国学人治学，好抓两头，即重古史和清代，二者又有所区别。注意清代，往往更加重视的是清代学人所提出而未完成的学术问题，乃至研究问题的取径做法。这些问题本身，大都属于古代的范围。无论学人是否称引，其所讲上古的问题，大都是清代提出的问题，如傅斯年的《性命古训辨证》，直接点明与戴震、阮元的关系；陈寅恪的以诗证史或诗史互证，其实也是清人已有的命题；民国学人关注宋代，同样受到清学的影响。这些显然是接着做的体现，只是既然合乎道理，就是天下为公，不必烦琐称引。当然，清人的问题，往往又可上溯明代乃至唐宋，而有能力接着做，一般也会放眼四海，贯通古今中外，进而取得重大进展。这可以说是民国学人成就突过前人的重要因缘，可以证明接着做较对着干更有价值。

近代学术的清学纠结，折射出整个近代中国在中外文化冲突融合的缠绕中遭遇的困境。透过目前的习以为常，依稀可见曾经脱胎换骨的阵痛。在此过程中，看似兼收并蓄，其实外来学说的输入不免表浅变形，本来民族的地位则多有流失。重新寻求中国学术文化的本相，关乎新的历史时代学人所能担当的责任及作为。如果清代确是古学复兴的时代，则重写清代以来四百年的学术发展史以承继大道正途，与重新认识中国的学术文化及其近代转型相辅相成。首先应当究明清代学术的本相与近代学人的解读，用历史的眼光，不"以二千年之思想为一线而集论之"，"一面不使之于当时的史分，一面亦不越俎去使与别一时期之同一史合"。由上层（下一时）揭到下层（上一时），而非自上一时写下来。① 史实即所谓第一历史须由历史记述即所谓第二历

① 欧阳哲生主编《傅斯年全集》第 7 卷，第 39 页。

史加以展现，任何历史记述，往往积薪而上，越到后来，概念条理越加清晰。因此，历史认识与本事只能近真，难以重合。自上一时写下来，便不能剥离后来的附加成分，以后来的概念条理作为先入为主的是，形式上顺着写下来，实际上却是倒着讲上去。由记述的上层即时间的下一时，揭到记述的下层即时间的上一时，才能回到历史现场，层层剥笋，求其当时当地其人的本意，还物事的本来面目。在将史事安放于适得其所的基础上，再顺下来，历时性地展示事物发生及演化的复杂详情，则可以贯通古今中外，而非削足适履地强古人外人以就我。

二 分科的学史与分科的历史

今天以前的一切都是历史，因而历史本不分科，况且中国治学素来不重分科。可是今日的史学，无非分科的学史和分科的历史两种，前者为用各个学科现在的形态追述出来的学科发展史，后者为用不同学科的方法眼界研治的一般或分门别类的历史。其共同性则是以后出外来的观念系统重新组装历史。

分科治学，一度被认为是西洋所长的科学的体现。1916 年，顾颉刚为计划编辑的《学览》一书作序，批评"旧时士夫之学，动称经史词章。此其所谓统系乃经籍之统系，非科学之统系也。惟其不明于科学之统系，故鄙视比较会合之事，以为浅人之见，各守其家学之壁垒而不肯察事物之会通。夫学术者与天下共之，不可以一国一家自私。凡以国与家标识其学者，止可谓之学史，不可谓之学。执学史而以为学，则其心志因拘于古书，古书不变，学亦不进矣。为家学者未尝不曰家学所以求一贯，为学而不一贯，是滋其纷乱也。然一贯者当于事实求之，不当于一家之言求之。今以家学相高，有化而无观，徒令后生择学莫知所从，以为师之所言即理之所在，至于宁违理而不敢背师。是故，学术之不明，经籍之不理，皆家学为之也。今既有科学之成法矣，则此后之学术应直接取材于事物，岂犹有家学为之障乎！敢告为家学者，学所以辨于然否也；既知其非理而仍坚守其家说，则狂妄之流耳；若家说为当理，则虽舍其家派而仍必为不可夺之公言，又何必自缚而不肯观其通也"。①

两年后的 1918 年 4 月，傅斯年在《新青年》第 4 卷第 4 号撰文《中国学术思想界之基本误谬》，第一条就是：

> 中国学术，以学为单位者至少，以人为单位者转多。前者谓之科学，后者谓之家学。家学者，所以学人，非所以学学也。历来号称学派者，无虑数百：其名其实，皆以人为基本，绝少以学科之分别，而分宗派者。纵有以学科不同，而立宗派，犹是以人为本，以学隶之，未尝以学为本，以人隶之。弟子之于师，私淑者之于前修，必尽其师或前修之所学，求其具体。师所不学，弟子亦不学；师学数科，弟子亦学数科；师学文学，则但就师所习之文学而学之，师外之文学不学也；师学玄学，则但就师所习之玄学而学之，师外之玄学不学也。无论何种学派，数传之后，必至黯然寡色，枯槁以死。诚以人为单位之学术，人存学举，人亡学息，万不能孳衍发展，求其进步。学术所以能致其深微者，端在分疆之清；分疆严明，然后造诣有独至。西洋近代学术，全以

① 《古史辨第一册自序》，《顾颉刚古史论文集》第 1 册，中华书局，1988，第 30 ~ 31 页。

科学为单位，苟中国人本其"学人"之成心以习之，必若枘凿之
不相容也。

在尊奉科学的前提下，这两位北大同学相继提出的共同问题是：
中国本来有无分科，如何分科，是只有图书分类还是学问亦有分别？
两人的共识在于中国过去的学术以人或家、国为标识转移，而不以学
为单位分别。傅斯年所谓"师学数科，弟子亦学数科"以及所举文
学、玄学之类，似乎认为学亦有所分类，只是以人为本，以学隶之。
傅斯年和顾颉刚都以分科治学为科学，并且基于那一时代人们对科学
的崇拜，相信分科治学是以学为本，乃放之四海而皆准的天下公理，
反对中国固有的以人为本的家学。顾颉刚编辑《学览》，"意在止无谓
之争，舍主奴之见，屏家学之习，使前人之所谓学皆成为学史，自今
以后不复以学史之问题为及身之问题，而一归于科学"。① 后来他还反
驳时人为学不能不由家派入门，将来深入之后再弃去的主张，认为从
前各种学问都不发达，研究学问又苦于没有好方法，不得不投入家派
以求得到一点引路的微光。现在则应当凭借各种分科的学问直接接触
事实。

近代学人讲到书籍和学问分类的关系，大都上溯章学诚的《校雠
通义》，与治史者每每好谈《文史通义》类似。章学诚的学问路数本
来并不见重于世，但因为与西学有些形似，容易附会，所以成为近代
趋新学人再发现的重点。顾颉刚认为，古人治学不注意考验、分类、
批评、应用，到了清代，考验和应用渐趋留神用心，而分类和批评则
由章学诚来弥补。分别条贯以考察同异，所以做目录学；探究源流以

① 《古史辨第一册自序》，《顾颉刚古史论文集》第 1 册，第 31 页。

寻其来因，所以做史学。顾还在日记中写道：

> 从前的时候，对于中国学问和书籍不能有适当的分类；学问只是各家各派，书籍只是经、史、子、集，从没有精神上的融和……他们对于分类的观念只是“罗列不相容的东西在一处地方”罢了；至于为学的方法，必得奉一宗主，力求统一，破坏异类，并不要在分类上寻个“通观”，所以弄成了是非的寇仇，尊卑的阶级……纵是极博，总没有彻底的解悟。自从章实斋出，拿这种“遮眼的鬼墙”一概打破，说学问在自己，不在他人；圣贤不过因缘时会而生，并非永久可以支配学问界的；我们当观学问于学问，不当定学问于圣贤。又说学问的归宿是一样的，学问的状态是因时而异，分类不过是个“假定”，没有彼是此非。可说在在使读书者有旷观遐瞩的机会，不至画地为牢的坐守着；有博观约取的方法，不至作四顾无归的穷途之哭。这功劳实在不小，中国所以能容受科学的缘故，他的学说很有赞助的力量。中国学问能够整理一通成为“国故”，也是导源于此。①

这样的观念不独新进学人为然，较为老成的吕思勉概括道：中国学术，秦以前为专门，汉以后为通学。“把书籍分为经、史、子、集四部，只是藏庋上的方便，并非学术上的分类。章实斋的《校雠通义》，全部不过发挥此一语而已。”② 更加守成的宋育仁也曾断言：“经史子集乃系书之分类，不得谓学之分科；性理考据词章为国学必要经历之程，而非人才教育专门学科所主。”“北京大学立经学专科，外国学校

① 顾颉刚：《中国近来学术思想界的变迁观》，《中国哲学》第11辑，人民出版社，1984。顾颉刚日记的相关文字，与此差别较大。

② 吕思勉：《中国史籍读法》，《吕著史学与史籍》，华东师范大学出版社，2002，第74页。

有历史分科，讲求国学者，因此遂以经史子集四部之名分配为教科。孔经为欧美所无，而彼中大学五科有道科，以其教经为主课；日本大学立哲学，以孔经立为哲学教科。夫四部乃分部书类之名，非支配学科之目。"①

不过，在另一些学人如余嘉锡等看来，中国学问自有统系，在经籍的分别之中，蕴含着学术的条理脉络，只是二者未必重合。如史学之书即分散于经史子集各类，而不仅仅限于乙部。昔人读书，以目录为门径，即因为"凡目录之书，实兼学术之史，账簿式之书目，盖所不取也"。此说旨在强调解题，然而仅仅编撰书目，不附解题，同样可以使其功用有益于学术，只是取舍编排的难度更大。读其书而知学问之门径的目录书，唯《四库全书总目提要》和《书目答问》"差足以当之"。② 所以宋育仁批评胡适的《国学季刊发刊宣言》道：

> 古学是书中有学，不是书就为学，所言皆是认书作学，真真庄子所笑的糟粕矣乎。今之自命学者流，多喜盘旋于咬文嚼字，所谓旁搜博采，亦不过是类书目录的本领，尚不知学为何物。动即斥人以陋，殊不知自己即陋。纵使其所谓旁搜博采，非目录类书的本领，亦只可谓之书篦而已。学者有大义，有微言，施之于一身，则立身行道，施之于世，则泽众教民。故子夏曰：贤贤易色，事父母能竭其力，事君能致其身，与朋友交，言而有信，虽曰未学，吾必谓之学矣。今之人必欲盘旋于咬文嚼字者，其故何哉。盖即所谓古之学者为己，今之学者为人。此病种根二千年，

---

① 芸子：《国学学制改进联合会宣言书》，宋芸子：《国学研究社讲习专门学科》，均见《国学月刊》第 17 期，1923 年。
② 余嘉锡：《目录学发微》，刘梦溪主编《中国现代学术经典·余嘉锡 杨树达卷》，第 13～24 页。

于今而极，是以西人谓中国之学多趋于美术，美术固不可不有，不过当行有余力乃以学文也。今之人不揣其本而齐其末。不过欲逞其自炫之能力以成多徒，祸乱观听，既无益于众人，又无益于自己。凡盘旋于文字脚下者，适有如学道者之耽耽于法术，同是一盅众炫能的思想，乌足以言讲学学道，适足以致未来世之愚盲子孙之无所适从耳。①

中国固有学问究竟有学无学，以前或许不成问题，但在已经有了其他参照的近代，的确令国人相当困惑。梁启超曾提出中国未尝有史的命题，② 而一年后撰写的《新史学》，头一句就是"于今日泰西通行诸学科中，为中国所固有者惟史学"，③ 仍然承认中国有史学。

章学诚所谓"辨章学术，考镜源流"，本来多少含有批评历代目录学的意思。近代学人受到西学分科编目的影响，对此颇持异议，认为目录即簿记之学，与辨章学术、考镜源流无关，或主要是纲纪群籍范围，略涉辨章学术。④ 但余嘉锡不以为然，他认为："吾国从来之目录学，其意义皆在'辨章学术，考镜源流'，所由与藏书之簿籍自名鉴赏、图书馆之编目仅便检查者异也。"章学诚这样论道："古人著录，不徒为甲乙部次计……盖部次流别，申明大道，叙列九流百氏之学，使之绳贯珠联，无少缺逸，欲人即类求书，因书究学。""即类求书，因书究学"，大体可以概括目录学之下典籍与学问的关系。所以朱

① 问琴（宋育仁）：《评胡适国学季刊宣言书》，《国学月刊》第 16、17 期，1923 年。
② 《中国史叙论》，《清议报》第 90 册，1901 年 9 月 3 日。
③ 《新史学》，《饮冰室合集》文集之九，第 1 页。
④ 严佐之：《〈中国目录学史〉导读》，姚名达撰《中国目录学史》，上海古籍出版社，2002，第 21 页。

一新断言："以甲乙簿为目录，而目录之学转为无用。"① 只不过中国讲究通学，而没有所谓分科治学，尤其不主张畛域自囿的专门，学有分类，人无界域，用后来分科的观念看待中国固有学问及治学之道，对于学与书的关系，只能是愈理愈乱。

进而言之，为学因人而异，固然主观，分科治学的所谓科学，未必就是客观。好分科治学源自欧洲历史文化的共同性，缘何而分以及如何分，说到底还是因缘各异，导致学科形态千差万别的，仍是各自不同的历史文化。其实，分科治学在欧洲的历史也并不长，其起因和进程究竟如何，迄今为止有限的说法并不统一，而且深受不同民族、不同文化系统甚至不同学派的影响，在许多层面纠缠不清，不了解背后的渊源流别，看起来清晰的分界与边际，具体把握起来往往似是而非，出入矛盾。对于林林总总的分门别类，认识越是表浅外在，感觉反而越是清晰明确，待到深入场景，却陷入剪不断理还乱的困惑。到法国进修留学的杨成志，便对社会学、人类学相关派系之间因由历史而来的争论水火不容感到莫名所以，甚至觉得大可不必。实则分科背后，不仅有学理的制约，更有本事的缠绕。因为教育体制和输入新知的关系，清季以来中国的学科分类观念受日本和美国的影响尤其大。作为相对后发展的先进国，两国对于欧洲错综复杂的知识系统已经进行过看似条理清晰、实则抹平渊源流变的改造，使之整体上更加适合非原创异文化系统的移植。当然也就模糊了原有的分梳，留下了格义的空间，增加了误会的可能。

批评中国传统学术不分科而分派的傅斯年直到留学欧洲，才认识

---

① 余嘉锡：《目录学发微》，刘梦溪主编《中国现代学术经典·余嘉锡　杨树达卷》，第 16~17、21 页。

到当时中国人所谓"这是某科学"，"我学某种科学"，都是些半通不通不完全的话。

　　一种科学的名称，只是一些多多少少相关连的，或当说多多少少不相关连的问题，暂时合起来之方便名词；一种科学的名称，多不是一个逻辑的名词，"我学某科学"，实在应该说"我去研究某套或某某几套问题"。但现在的中国人每每忽略这件事实，误以为一种科学也好比一个哲学的系统，周体上近于一个逻辑的完成，其中的部分是相连环扣结的。在很长进的科学实在给我们这么一种印象，为理论物理学等；但我们不要忘记这样的情形是经多年进化的结果，初几步的情形全不这样，即为电磁一面的事，和光一面的事，早年并不通气，通了气是 19 世纪下半的事。现在的物理学像单体，当年的物理学是不相关的支节；虽说现在以沟通成体的结果，所得极多，所去的不允处最有力，然在一种科学的早年，没有这样的福运，只好安于一种实际主义的逻辑，去认清楚一个一个的问题，且不去问摆布的系统。这和有机体一样，先有细胞，后成机体，不是先创机体，后造细胞。但不幸哲学家的余毒在不少科学中是潜伏得很利害的。如在近来心理学社会学各科里，很露些固执系统不守问题的毛病。我们把社会学当做包含单个社会问题，就此分来研究，岂不很好？若去跟着都尔罕等去辩论某种是社会事实，综合的意思谓什么……等等，是白费气力，不得问题解决之益处的。这些"玄谈的"社会学家，和瓦得臣干干净净行为学派的心理学，都是牺牲了问题，迁就系统，改换字号的德国哲学家。但以我所见，此时在国外的人，囫囵去接一种科学的多，分来去弄单个问题的少。这样情形，不特于自己的造诣上不便，就是以这法子去读书，也收效少的。读书的时候，也要以问题为单位，去参各书。不然，读一本泛论，再读一本泛论，更读一本泛论，这样下去，后一部书只成了对于前一部书的泻药，最后账上所剩的，和不读差不多。①

这一段由原本主张分科治学者幡然醒悟后写下的文字，今日的学人以及主管学术和教育行政者很有必要认真研读，深刻领会，以为衡鉴。

在中西学乾坤颠倒的大背景下接触西学和移植西学而来的东学的近代中国人，对于欧洲各国学科发源的复杂过程和缠绕并不了解，他们直接看到的是各种学问分门别类、井井有条的系统，受西学即公理的思想主导，于是将这样的系统当作放之四海而皆准的轨则，相比之下，对中国固有学问的混沌状态的不满油然而生。在他们看来，中国固有的条理简直就是不成体统。清季兴学，新式学堂教育要分科教学，所用教科书，大都直接取自日本或模仿日本的著述改编而成，包括中国历史以及各种专史。而在尝试分科治学的过程中，以及各种杂志开辟栏目，也有如何分别才能妥当的问题。这时的梁启超、章太炎、王国维、刘师培等人，不同程度地受西学分科的影响，试图用分科的观念重新条理本国的学术。刘师培的《周末学术史序》，就明确表示要"采集诸家之言，依类排列，较前儒学案之例，稍有别矣"②，而且其变化绝不仅仅是稍有别，学案体以人为主，其书则以学为主，用分析的眼光，刘师培分为心理、伦理、论理、社会、宗教、政法、计、兵、教育、理科、哲理、术数、文字、工艺、法律、文章等16种学史。这

---

① 《刘复〈四声实验录〉序》，欧阳哲生主编《傅斯年全集》第1卷，第419页。
② 《国粹学报》第1期，1905年2月23日。

显然已经开启附会套用西洋系统的风气。只不过他们所受中国学问的熏陶相对较深，所以不如后来者更加彻底而且并不感到不相凿枘。

清季担任京师大学堂史学教习的陈黻宸，是提倡分科治学的先行者之一，在他看来，"无史学则一切科学不能成，无一切科学则史学亦不能立。故无辨析科学之识解者，不足与言史学，无振厉科学之能力者，尤不足与兴史学"。而"古中国学者之知此罕矣"。"故读史而兼及法律学、教育学、心理学、伦理学、物理学、舆地学、兵政学、财政学、术数学、农工商学者，史家之分法也；读史而首重政治学、社会学者，史家之总法也。是固不可与不解科学者道矣。盖史一科学也，而史学者又合一切科学而自为一科者也。"① 这些话听起来颇有些今天跨学科的意味。尽管他认为指中国无史太过，可是照此标准，没有这些分科的古代中国，史又从何而来呢？

章太炎、刘师培、王国维等人，后来逐渐意识到中西学各有体系，不宜附会，相继放弃了早年的趋新，改用中国固有的条理脉络。梁启超虽然继续被风潮推着走，多少也察觉到不够妥当。这时，由海内外西式教育培养起来的新一代学人崛起，沿着前贤放弃的路途更加勇往直前，使得历史进程出现回旋。胡适的《中国哲学史大纲》出版，蔡元培赞许其系统的研究刚好解决了编中国古代哲学史形式无系统的难处，因为本身无系统，所以"不能不依傍西洋人的哲学史。所以非研究过西洋哲学史的人不能构成适当的形式"。② 胡适自己宣称："我做这部哲学史的最大奢望，在于把各家的哲学融会贯通，要使他们各成有头绪条理的学说。"这也就是《先秦名学史·前言》所说，要解释、

---

① 《京师大学堂中国史讲义》，陈德溥编《陈黻宸集》（下），第676～677页。
② 欧阳哲生编《胡适文集》（6），第155页。

建立或重建中国的哲学体系。他所主张的"把每一部书的内容要旨融会贯串，寻出一个脉络条理，演成一家有头绪有条理的学说"的贯通，要靠比较参考的资料。而"我们若想贯通整理中国哲学史的史料，不可不借用别系的哲学，作一种解释演述的工具"。他"所用的比较参证的材料，便是西洋的哲学"。① 胡适自诩其在学术上的革命与开山作用，主要即体现在这种借助外洋的体系化演述。

可以说，当时人感到震撼，后来者用现代学术眼光许为具有开山意义的那一整套关于国故整理的信仰、价值和技术系统，其实就是用西洋系统来条理中国材料。胡适的这一套成功经验，经过整理国故运动，向着各个领域扩展，全面系统地将中国固有学问当作材料重新梳理一过，使之改头换面。胡适在《国学季刊》发刊宣言中提出，"用系统的整理来部勒国学研究的资料"。所谓系统的整理，包括索引式整理、结账式整理和专史式整理，前两项只是提倡国学的准备，而国学的系统的研究，目的是要做成中国文化史，要用历史的眼光来整理一切过去文化的历史。其理想的国学研究为中国文化史的系统，包括民族、语言文字、经济、政治、国际交通、思想学术、宗教、文艺、风俗、制度等 10 项专史，其下还可依据区域、时代、宗派等再分子目。在此框架之下，还要用比较的研究来帮助国学的材料的整理与解释，所谓比较，主要还是与西洋学者的方法、与外国的事实进行比较。

经过清季和民初的两度分科教学与分科治学，中国的所有思想学术文化被按照西洋统系分解重构，而且分科教学与分科治学相辅相成的潜移默化，本是后来的重构，反倒成为认识的前提、思维的格式。民国以降，普遍而言，中国固有学问有无统系，已经成为问题，从目

---

① 欧阳哲生编《胡适文集》（6），第 178~182 页。

录书中不仅见经籍的归类，而且因书究学，更加曲高和寡。顾颉刚、傅斯年等人指四部仅经籍分类，与学无关，显示他们那一代人普遍已经不能用原有条理系统来理解古人本意，寻绎学术脉络。不借助西学的系统观念，所见无非是断烂朝报，一堆零碎。反之，则虽有统系却由附会。所有分科系统，不仅将原来浑然一体的思想学术文化历史肢解成相互脱离的部分，而且扭曲变形，或化有为无（如经学），或无中生有（如哲学、政治学、社会学以及相关各种专史等），或名同而实异（如文学、"经济"学等）。分科治学从无到有（而非学科转型），导致中国学术系统全然改观，用外来系统重新条理固有材料，犹如将亭台楼阁拆散，按西洋样式把原有的砖瓦木石重新组装，虽也不失为建筑，可是材料本来所有的相互关系及其所起的作用，已经面目全非，其整体组合所产生的意境韵味，更加迥异。

统系既由后设，观念自然后生，起点立意一错，则差之毫厘，谬以千里，要想解读思想学术历史文化得当，无异于缘木求鱼。今日分科治学，基本沿用西洋系统条理本国材料的套路，后学者不预设后出外来的框架观念，则往往读不出文献的意思，于是干脆以为古人无意思；而使用后出外来的框架观念，则虽然读出意思，却并非古人的本意，而是其自身的思想。所谓"览录而知旨，观目而悉词，不见古人之面，而见古人之心"①的境界，非但不知，甚至以为无有。一旦按照名为天下公理实则西洋传统的系统对中学重新分科，不仅不能恰当把握西学的分科，更重要的是以后来外在的分科眼光来看待中国的固有学问，难免格义附会，曲解抹杀，愈有条理，去古人真相愈远。而

---

① 余嘉锡：《目录学发微》，刘梦溪主编《中国现代学术经典·余嘉锡　杨树达卷》，第15～16页。

诸如此类的问题，要等这些新进少年有机会远渡重洋并且机缘巧合，才能有所察觉和认识。

此外，分科治学将学问和本事原有的联系割裂，破坏了历史的整体性，在日后专业化不断加强的趋势下导致学人的局限性日益明显，其责任虽然不应由倡导分科治学的前贤承担，毕竟反映了当时崇拜分科，以为可以根绝误谬偏蔽的盲目性。分科治学的不断细化以及加冠"学"（或"史"）名的日益增多，表面是强调方法、取向或领域层面的不同，实际上试图高扬派分的旗帜，博取开山的时名，争夺利益的份额，而冠以客观科学的美名。大道无形，小器难用，与当年新潮学人的期望背道而驰，由学而成的分科学史，较之因人而成的学史，或许更加扭曲历史的本相，无法贴近古人的本意。而分科的史学取向之下，历史的整体性被割裂，全局观支离破碎，具体看畛域自囿，社会历史文化的本相成为外来间架削足适履的材料，其本意当然无从揣摩。

在分科之学从无到有以及治学之道从固有到外来的转变过程中，如何具有统系而不涉附会，国人并非毫无犹疑和思考。开始主要是考虑中外思想学术的统系分类能否相互对应，是否仍然保持各自系统的独立存在，不必强求沟通混淆；其次则即使必须对应，还有如何对应的问题。如哲学对应于中国固有的何种学问，虽然多数倾向于诸子和理学，也有异议和变化。后来便有人质疑对应是否恰当。对于胡适、冯友兰等人用外来间架条理中国思想可能产生的流弊，傅斯年干脆反对使用哲学指称中国古代的方术。张荫麟进而指出："以现代自觉的统系，比附古代断片的思想，此乃近今治中国思想史者之通病。此种比附，实预断一无法证明之大前提，即谓凡古人之思想皆有自觉的统系及一致的组织。然从思想发达之历程观之，此实极晚近之事也。在不与原来之断片思想冲突之范围内，每可构成数多种统系。以统系化之方法治古代思想，适足以愈治而愈梦耳。"①

近代以来，国人一直为学问形制和内涵的中西新旧缠绕所困扰。今日朝野上下所谓使分科更加科学（其实分科治学就是科学的本意之一，分科只是将就，无所谓科学与否）、以构建学科为发展创新、鼓吹跨学科或学科交叉等努力，看似积极进取，实则大都是在分科的局限与物事的本相之间挣扎的折射。分别一般倒述的分科之学史、近代以来学科发生演化的分科史，以及面向未来的分科之学，才能掌握关键，沟通而不附会。否则，即使研究近代的学科史，仍然难免用后来的观念和条理系统格义附会，倒装而成。此节不仅中国如此，今日所见欧洲的各种学科史，也是用后来的观念系统追溯出来，而非从无到有、循序渐进地探究发生和演化的本事再现。回到无的境界，探寻有的发生及其演化，是探究分科历史的行之有效之道。就此而论，跨学科已受制于分的成见，不分科才可能回到历史现场探寻本来的意境，重现史事而非创造历史。

不仅如此，即使面向未来的学科建制，如果捧着人有我有的信条，甚至故意标新立异以博取时名和圈占领地，难免将别人的窠臼奉为自己的新知，由细分化不知不觉陷入边缘化和侏儒化的泥淖。如果学科的确与特定的社会历史文化紧密关联，那么移植到生态环境千差万别的其他文化体系之中，所产生的变异就很容易导致形似而实不同，含有橘逾淮为枳的危险。除非盲目信仰形形色色的学科具有所谓普适价值，不断分科就是推陈出新，否则不能不考虑间架是否适合相关的文化，而不是先入为主地将外来的间架当作不容置疑的天条，一味削足适履地试

---

① 张荫麟：《评冯友兰〈儒家对于婚丧祭礼之理论〉》，《大公报·文学副刊》1928 年 7 月 9 日。

图将固有文化塞入其中。同时应当认真思考是否需要外来间架，以及如何因缘历史文化生成适得其所的系统，从而真正达到具有统系又不涉附会的境界。

在中西学乾坤颠倒的背景下，清季民初的趋新学人，大都难以把握目录学即类求书，因书究学的讲究，不能分别在经籍分类之中蕴含学术脉络的深意，将分科作为科学的重要体现，批判家学、宗派和学史，以分门别类的方式，比附中西学术，使得中国学术虽有系统全由附会。后来经由自省和留学等途径，一些高明有所觉悟，放弃格义的成见，探寻中西学各自的条理，但整体而言，用后出外来观念重新组装而成的分科的学史和历史，已是现在知识形态的普遍状况。改变以削足适履为预设前提，因缘历史文化生成适得其所的系统，从而达到具有统系不涉附会的境界，才能避免误读错解前人的本意，恰当显现中国的社会历史和学术文化的本相。

三　学术理路

今人所谓学术思想史，大都是各人的见识，而不等于历史的事实。不仅后人的著述如此，即使当事者的记录，立场不同，看法各异，至多只能存此一说，反映了史事的某些方面，而不能断言全部或主要事实就是如此或只是如此。之所以横看成岭侧成峰，原因还在各人所处位置及其见识的远近高低各不同，时空位置有异，心中形象有别。将高下之分认作见仁见智固然有害，高明者的英雄所见略同之下，往往也不只是无关紧要的小歧。梁启超与钱穆关于中国近三百年学术史的看法迥异，便是高手认识大相径庭的显例。而各种学术争鸣的聚讼纷坛，对立面的针锋相对固然立场分明，同一阵营的异口同声也夹杂着诸多不和谐。

要在走马灯式的历史图卷和万花筒般的历史认识中学会四面看山，八面受敌，从你方唱罢我登场发现联系脉络，由语境理解文本，可以说是解读前人本意及内在理路的不二法门。由此可以借助其他工具，而不是用各种外来后出的架构肢解前人思想，再度拼装组合，而美其名曰重新条理史事，从而陷入愈有条理系统，去古人真相愈远的陷阱。历史真相实在，这一客观包含无数前人的主观，所以后人可以不断接近，却不能完全重合。在此过程中，如何发挥主观能动作用而避免主观任意性，把握前事之形，了解前人之心，对于学人的智慧与耐力，无疑是严峻的考验。

海通以来，受西学的冲击和压力，学以国分或以科分相互作用，在分科治学的同时，笼统对应西学的国学兴盛一时。近代中国学人，多少都会与国学有些牵连瓜葛，就连志在输入新知的胡适，很大程度也是靠着整理国故暴得大名。自从 1950 年代初院系调整将无锡国学专修学校合并之后，已经渐趋消沉的"国学"概念及相应的实体机构（包括院系、刊物、团体等），即从人们的视野中消失。而港台虽然还有所延续，大多也只是此前国学的余绪末流。

近年来，国学忽然再度大热，建立机构，创办刊物，开设讲坛，一时间你方唱罢我登场，热闹非凡。但仔细观察，似乎相关人士对于"国学"的历史并不熟悉，以为国学就是所有中国既有学问的代名词，凡与中国思想学术文艺相关者，都可以放进国学的大口袋；或是将国学等同于古典。恰如外国学人将未经儒学教育的梁漱溟奉为最后的儒家一样，许多并不愿以治国学为名的学人，被强制拉进国学家的行列，只是专家或略经古典发蒙的学人，则被披上国学大师的华服，似乎近代中国学界呈现国学无处不在，国学大师遍地走的景象。内涵外延无不模糊，结果反而令人对国学无从把握。这些或许可以作为近代国学史的续篇，只是二者的意趣大不相同。

历史上的事物都有发生、发展、演化的过程，把握历史，从定义出发，往往苍白无力。因为历史并不因为后设的定义而有任何改变，而历史的生动复杂，也绝非定义所能概括反映。概念往往后出，用后出的概念理解先前的事物，不过方便而已，既不准确，更不一定有效，而且极易误读错解前人前事。不必达到大师的水准，稍知历史，即不难了解，现在一些人称之为国学的东西，在中国早已存在，只是并非以"国学"的名义存在。古已有之的所谓国学，与今天人们所谈论的，几乎可以说是风马牛不相及。今人所讲国学，其实是晚清受日本影响才出现的新事物，在清季民国时经过几轮讨论争议，以及主题各异的发展变化，公开反对者有之，不以为然者有之。即使发明者和跟着讲的人，也可谓言人人殊。待到人人都会讲而且都在讲之际，在高明者看来，反而成为不必讲的唾余。当然，也不乏风头过去，才开始认真讲的实例。所以，国粹主义，不止一家，整理国故，也并非独领风骚。各人眼中的国学，无论形式还是内容，都是千差万别，甚至大相径庭。

概言之，国学的出现，可以说是近代国人对于西学乃至东学逐渐深入堂奥，渐有太阿倒持之势所感到的紧张的反映，此即所谓相对于新学指古学，相对于西学指中学。面对西学取中学而代之的汹汹来势，国人始而排拒，继之附会，接着有所反省。不仅思想学术等事，国语、国剧、国画、国医、国术、国服等，都曾相应于西提出"国"的对应，表现出对固有观念事物价值意义的坚持和忐忑，也不乏用外来观念重新估价甚至以后者为准绳的意味。有鉴于此，先前撰写的相关论文以及后来成书，即不做泛论和附会，只探寻近代国学的渊源脉络，讨论在那一时期标明为国学的人与事，以求理解各方所谓国学的本意及其衍化。这也就是前贤所谓求其古以探流变，以免求其是多师心自用的意思。

照此原则，挑选近代国学出现以来，各种各样主张和反对国学的代表性文献，按照时间顺序排列，有助于来者寻绎其发生、发展、演化的进程，从各个视角层面观察国学是什么，进而理解和把握什么是国学。也就是说，由阅读了解多种文本的整体意趣，体验贯通近人的远近高低各不同，以便揣摩领悟历史上"国学"的庐山真面。尽管这样的理解和把握仍然不免见仁见智，至少有所依据凭借，可以逐渐近真，而不至于强古人以就我。了解了国学的历史，也就认识了历史上的国学。这大概是唯一能够走近国学的途径和理解国学的办法。舍此之外，岂有他哉！知道历史上的国学究竟是什么，再来谈论什么是国学，才有可能不落俗套，不逞私臆。

此外，近年来，关于近代国学历史的研究逐渐增多，除了个别机构的探究能够基本网罗相关史料外，大都以手眼所及为据，而做一般性论断，一些议论或结论，或多或少带有盲人摸象的弊端。为此，着手编辑近代国学编年，希望尽可能完整充分地将各种相关资料一网打尽，循序排列，以显示各种人事的来龙去脉及其相互关联，以免以偏概全。

在现行的体制下，在有限的时间内，要想打破分科治学乃至分门别类和专题研究的狭隘界域，诚非易事。但至少不应以所治题目为读书范围，否则永无贯通之日。研治某人某事，只看直接材料，甚至用关键词索求材料，实在是相当危险的事，不仅所论不过孔见，而且容易看朱成碧，甚至指鹿为马。作为训练，广泛收集阅览近代国学文献，学习领会编年的办法及其之于史学的奥妙，体会校勘在治史训练方面的重要，对于读书治学大有裨益，可以拓展眼界，逐渐了解把握前后左右观念事实的内在联系，知其然而知其所以然。当然，还须在相关范围内通贯古今，以免横通之弊。要想理解相关文献的本意，也需要四面看山。欲达此境界，以选本为门径则可，若以为范围，则大谬不然了。

基于上述认识，不必在众说纷纭中徒增新说，或将课堂讲义当作著述，而是尽可能多角度地提供前贤的见仁见智，他们既是参与者，又是评判者，所议当否姑且不论，历史上有过这样的看法和意见，却是毋庸置疑的事实。通过诸如此类的前后左右彼此参合，虽然未必能够完全和恰当地把握近代思想学术的史事及流变，至少可以跳出单向度的一孔之见，不至于将一种认识误认为历史真实的全部。循着由俱舍宗解俱舍学的语境式解读，可以逐渐接近历史的本相，理解前贤的本意，提升学术的判断力和鉴赏力。

史无定法，而好的办法至少有两条准则。其一，有实效。凡不能付诸实践或无法取得预期效应者，要么本来无用，要么鼓吹者错解。其二，难度高。后出方法意在超越前人，若能穷尽前人方法之效而上之，必定难度极大。如果只是面向青年后学，甚至一般大众，至多拾遗补阙，甚或自欺欺人，难免随风飘过，陷入所谓趋时者容易过时的循环往复。作固然须厚积薄发，述也不能等而下之。而个人治学，须向极高明处，教书却要不断面对后来的浅学者，只能循序渐进。要想深入浅出而不逾矩，相当困难。这也是晚近以来各位大家所预测指示的途径趋向往往和者盖寡，横逸斜出的标新立异却从者如云的重要原因，看似异相，实为正常。所以前贤要"但开风气不为师"，尤其不愿仅为"青年导师"。

执教至今，一直开设近代学术史或学术思想史课程，按照今日分科治学的观念，此为一门三级或四级学科的内容。而本意则旨在讨论一般读书和治学的门径，决不以分科治学，尤其是分科之后再分段分类且自夸什么史或学的畛域自囿，更不鼓励后学以占山为王为夺取制高点，做草头王式的割据称雄，以免学术侏儒时代的恶名进一步恶化。晚清以来，读书逐渐变为读教科书，而教科书的体例编排又往往取自域外，遂养成不由教科书的概念即无法读书的怪相，误以为教科书所描述的就是历史，流弊深远。加上多将前人著述当作史料，不见作者的主观用意，所有的意思必须以后来观念重新认定，更加积重难返。

要推动学生改变被动学习的习惯，不要将大学读成高四至高七，由耳学而眼学，主动进图书馆博览群书的环节至为关键。多数抱怨在大学未学到知识的学子，原因之一，是不了解大学与中学的区别，仍然延续应试教育之下高中时代被动听授的学习方式，没有实现必需的主动转型。尽管时下相关职能部门采取种种措施，颇有将大学上课向中学看齐之势，实际上大学教师的职责，主要是明道，即探求指示学问整体与分支的渊源脉络，而非照本宣科式地讲授。若学生不读书，不问学，便只能盲目施教。所以，这门课程只有大范围的参考书目，而没有教科书或固定化的讲义，目的在于逼学生去图书馆读书，通过问学和讨论，逐渐形成自己对于历史和学问的看法，而不是仅仅借由课堂上听授教科书形成历史认识。这也是避免章太炎预言大学不出学问的可行之道。

近年继续教授此课，却面临新的难题，大学须有好的图书馆和好的师资，有钱虽能请人，却很难建设出有长期积累传统的图书馆。尝戏言大学唯一增值的就是图书馆，其余包括所谓高科技在内，都是高投入高消耗。而后设的大学图书馆，所开列各参考书以及数量繁多的近代中国书刊，收藏有限，借阅困难。当然，学生不会进图书馆找书，不喜欢看书，也是重要原因。尤其是随着网络资源的日益丰富，坐拥书城已是普遍状况，无书可读的情形一去不复返，而上学不读书的现象依然是各处的共相。某地媒体调查，除了上各种课程外，大学生每天阅读的时间还不到一小时。为此，感到有必要编辑一本前贤相关文章的汇集，作为教科书使用，以解决找书难和不会找的问题，同时可以提供一个如何看待学问和历史的范例，去除成见，网罗资料，前后左右，探求学术的历史。

或曰，用一种观念看历史是非常危险的事，历史就是教会人们相对、具体地看问题。前贤论述近代学术思想的著述，既是历史的有机组成部分，也是各人对相关历史的看法。为了便于初学者理解前贤本意，总体提供四面看山的视角而外，还要参看若干参考文献，以利于引申阅读，比较鉴别，理解判断。若能从前贤关于学术发展的渊源脉络的见仁见智看出读书治学的正途大道，而不仅仅了解所谓学术思想史的史事与线索，则为幸事。

四　学术批评

近年来开设的近代中国学术思想史是一门研讨课程，选修的主要是研究生和高年级本科生，其中重要内容，是各选一本适当的学术专著学做评论，以促使学生读书和讨论。选择的范围，可以在课程大纲开具的参考书目之内，也可以自选，标准为：①已成经典的著作；②确有实际贡献的新书。打假之类，不予考虑。那些趋时也容易过时之作，虽然往往能够引起浅学者的共鸣，也不在论列。经过学习，大都可以掌握撰写书评的一般技法，但也普遍遭遇没有适当参考的难题，开始阶段无从下手。同时，近代学术批评的历史已经逐渐进入研究视野，取向路径做法不无可议之处。汇集前贤各种类型的书评，有利于来者学习揣摩。

书评有两难，直入流于主观，且只能限于一般，很难论及高明；解语境则容易冗长，形成专题研究，大量陌生的人事，令浅学者不明所以。面对形形色色的见仁见智，后学者如何判断取舍，实为难事。不过，书评要想写到上佳，当然极难，粗通门径，然后循序渐进，也并非无轨可循。

除了文艺批评外，其他学科少有专门从事学术批评之人，因为分科治学之下，罕有学识能够观照全面而又在众多领域深入堂奥，成为学有专精的通人。如果批评者不是所涉及具体领域的行家，则其意见难以贴切恰当，不易取信于同行。反观近代，欧洲汉学仍不分科，而巴黎学派又聚集了一批高人，尤其是堪称国际汉学祭酒的巴黎学派领军人物伯希和，凭借其过人的学识和功力，越来越将写作的重心放在学术批评方面。在其广泛的批判笔触下，以巴黎学派为中心的国际汉学逐渐减少了原来的随意与外在，水准大幅度提升。尽管伯希和本人反而因此颇为后来的学人所诟病，指其琐碎无系统，当时中国学人却相当惊讶其博学强记，是少有的几位能入高明者法眼的域外学人之一，甚至是首屈一指的不二人选。

战后美国的中国研究取代巴黎汉学的中心地位，做法也有很大改变。转型期间，限于原有的学术基础，问题颇多。本来越过太平洋是要向西方新学取经的杨联陞，目睹状况，改弦易辙，反而回到欧洲汉学的立场，仿效伯希和，扮演学术警察的角色，这对于提升美国的中国研究水准，并取代巴黎的中心地位，贡献不小。受惠的异域学人对此予以很高评价。当然，在后来一些学人看来，教洋人读书的杨联陞似乎也难免重蹈伯希和的覆辙。

杨联陞萌生当学术警察的志向，显然受伯希和的影响，其用功方向也因而改变。这样的改变对于他本人、美国的中国学界乃至国际的中国研究，得失互见，利弊兼有。不过，杨联陞最初的目标，不但是美国的中国学界，而且包括抗日战争结束后的中国学术界。因为抗战长期动荡的影响，在缺乏资料等条件的情况下，战前积累起来的学院化学术的严谨逐渐涣散，乱象纷呈的学术界使得杨联陞等一批学人忧心忡忡，纷纷呼吁设法改善。抗战胜利不久，他致函刚接任北京大学校长的胡适，认为"中国的史学界需要热诚的合作跟公正的批评。到现在为止，多数的史学同志，似乎偏于闭门造车。谁在那儿研究什么，别人简直不清楚"。进而建议，各校加强通信联系，经常交换教授和研究人员，分区组织史学会，开会讨论学术，并吸收研究生和优秀本科生参加，合作整理并发表史料，搜访并保存史迹，合作编辑丛书和工具书等，尤其是"出版一个像《史学评论》一类的杂志，特别注重批评介绍（书籍文章都好。中国需要很多像伯希和一类的'汉学界的警察'）"。① 这在某种程度上表达了一些中国学人的共同心声。

中国早有学术批评的传统，只是形式与近代以来的差别较大，除了序跋、评点、注疏，学人多在相互通信或会晤时交换意见，或在相关著述中有所讨论，较少专门的书评，也没有发表的园地。将诸如此类的文字当成后来所以为的学术批评来读，极易误读错解前人的全篇

---

① 胡适纪念馆编《论学谈诗二十年——胡适杨联陞往来书札》，台北，联经出版公司，1998，第 57 页。

本意。这样的传统在近代仍然发生作用，高明者往往不喜欢褒贬时人，更不愿以书评的方式公开、直接地表达对学术著作的不同看法。

当然，也有一些以输入新知为职志的学人，模仿外国同道，以书评的方式，或表达不同意见，或推介新颖的论著。梁启超和胡适即为代表。梁启超评胡适的《中国哲学史大纲》，不仅正式发表，而且亲自跑到北京大学做专题演讲，使得同样致力于学习外国的胡适私下里抱怨其不通人情。胡适也好发表书评，大概褒多贬少。这并非他没有批评性见解，而是公开的书评多选肯定，否定的论著，则在书信日记中表明意见。近年来，学术批评的历史已经开始进入学人研究的视野，可惜关注的目光局限于少数报刊上专门的书评，而且所选择的报刊不无随意性，未做广泛阅读和区别取舍的功夫，盲人摸象，所论自然难以登堂入室。

对于近代中国学术批评材料的别择包含两方面。其一，载体。晚清开始出现学术性刊物，逐渐成为发表书评的重要园地。民国时期，发表书评的刊物主要有图书馆刊、读书杂志、专业化的学术刊物（包括国学）、学术机构或团体的机关刊物、综合性学报以及报纸副刊（如《大公报·文史》《益世报·史地》等）。其中有的刊登书评虽多，水准却不高，大都是一般性介绍。选择哪些刊物为代表，本来已经主观，若事先没有广泛阅览，所定刊物以及相关讨论的意义，在整体脉络中的位置等，都难以把握判定。

其二，取材。好的学术评论未必以书评形式刊登于报刊，至少还应包括以下方面。

（1）学术著作的评审鉴定。最为著名的如陈寅恪、金岳霖等对冯友兰《中国哲学史》的审查报告。扩而大之，能够纳入近代学术批评研究范围的层面甚多，如研究生的答辩，各种科研基金的评审（如中英庚款董事会和中华教育文化基金董事会的科研补助金），部聘教授和中央研究院院士的评选，学术奖项的评议，学术会议、学术演讲的讨论，甚至本科生论文的评语等，其中不仅故事甚多，而且可以比较各人意见的差异与见识的高低。

（2）序跋。写序跋与读序跋，很是一门艺术，如何坚持己见而不曲学不伤人，相当考究，解读时也须力透纸背，才能从江流曲似九回肠中体会一片冰心照玉壶，以免为过去学人往往好用其短的故意所误导。

（3）相关研究的学术史回顾，往往涉及先期研究的评介。尽管这方面不少禹内学人至今仍不能认真对待，许多论著因而形同废词，无法纳入学术发展的脉络，为一大缺憾，毕竟治学如聚沙积薪，后来居上，已经逐渐成为近代中国学术界的共识。

（4）相关研究的正文论及前人著述，又分为明指与暗喻两个层面。指名的讨论固然重要，实际的暗讽更值得注意。如余嘉锡的著作、《续修四库全书总目提要》等，都或明或暗地对当时的学术有所评点。只是对于暗喻的具体判断存在或然性，必须前后左右，小心求证，以免诛心之论，厚诬前贤。另外，历次学术论争，从一定角度看，也有书评的味道。如胡适的《说儒》，即吸引多位名家参与讨论，反复辩驳，且引发其他枝蔓，从中可以获得无穷信息，值得专题讨论。

（5）学术综述。近人每隔一段时间，好对具体学科的发展变化加以总结，留下了不少的综述或学术史的专著，整体如若干年来学术发展趋向，具体如国学及各学科的阶段发展概述。其中涉及众多学术著作的评价。

（6）书信、日记、笔记掌故、回忆录等私下的文字与口碑。因为少了忌讳，虽然有些随意，且无论证，却能够一针见血。总体而言，学术批评的高下因人而异，高明者的只言片语，常常比一般性的专门书评更加恰到好处。如陈寅恪对钱穆《先秦诸子系年》的评点。当然，口耳相传的记述，是否表达本意，需要鉴别互证，如陈寅恪对古史辨的评价，包括其身边人士的说法，都未必反映陈的真意。此外，不少论学书信披露报端，已经超越私家领域，成为近代学术批评的体现，是否因而失去一些率真与锐气，也须仔细斟酌。

当然，要想写好书评，更重要的还是对所评著述涉及的领域有高屋建瓴而精深的把握领悟，能够接近甚至超越所评对象，否则难免隔靴搔痒。书评如治学，胸有成竹才能庖丁解牛，游刃有余，恰到好处。这也是学术批评无法专门的关键。而理解内在理路的途径，由俱舍宗而俱舍学之法不失为正途大道。

晚清民间时期新旧交替，中西混杂，各色学人，各有自己的生活圈子及活动舞台，表现方式也因人而异。具体到书评方面，内容固然看法不一，一般而言，老辈仍未放弃以评点为形式，宋育仁对胡适和梁启超的国学研究主张，即逐句点评。

日本学者对中国学人的影响，不止于晚清即明治时期，大正乃至昭和时期，日本学术界对中国的影响一直持续，只是受到"二十一条"等影响，中国学人在普遍参考日本学术成果的情况下，回避提及所依据的出处。这很难用学术规范的概念加以评判。不过，在此背景下，一些日本学人对中国学术著作的评论以及关于国际中国研究的讨论，反而很受中国学人的重视。桑原骘藏对梁启超《中国历史研究法》的书评，言辞犀利，在中国学术界影响久远，据说其对梁启超著述的公开评价还算手下留情。日本学人评审柯劭忞的《新元史》，并授予其文学博士学位，背后固然有官方的政治用意，但评审意见本身，却不失为学术准则拿捏得当的佳作，一度成为中国学人学习仿效的范本，翻译后多家刊物予以转载。由于上述原因，这两篇文字，虽然出自外国人之手，还是可以作为近代中国学术批评的一部分。

书评有不同类型和层次：《燕京学报》第 30 ~ 32 期刊载的一组书评，为向本科到博士生推荐的参考读物。作者大都为抗战前燕京大学历史学会的成员，所评各书则在各方面颇具代表性。燕京大学历史学会，聚集了一批天分很高的新锐学人，战前即在北平学界小有名气，所出版的《史学年报》和《史学消息》，已经包含部分书评。经过长期的浸润，这批青年学生成长为训练有素的学人，在战后乱象横生的学术界崭露头角。他们在保持原有锐气的基础上，又增长了见识，更加老到，目光如炬，下笔精当，加上刊物经历数年的停顿，稿件选择的余地较为宽裕。这组书评，是非曲直，直言不讳，或许令被评论者难堪。这样的袒露与直白，还是有些初生牛犊不怕虎的逞强，却相当符合国际学术界书评的准则。傅斯年早年在《新潮》上发表的几篇书评，与之有异曲同工之妙。

张荫麟可以说是由书评一举成名，还在清华大学读书时，就以质疑梁启超的老在孔后百余年之说而一鸣惊人，甚至更加受到梁的器重。张荫麟天赋极高，训练也好，陈寅恪、钱穆等都对其期许甚殷。他所撰写的一系列学术评论，的确独具慧眼。如果要在近代中国学术界选举一位善于而又肯写书评的学人，张荫麟当是强有力的竞争人选之一。

孙楷第在近代学术界的位置有些特殊，他与胡适关系不错，实际上却对胡的学术不一定以为然，比较接近的还是陈垣。他的研究领域是文学史，但显然不完全走专门化的学术路线。陈垣的《明季滇黔佛教考》，用功极深，博览群书的陈寅恪也自叹不如。孙楷第的评介不动声色，点到即止，恰到好处，兼得老辈的平实与新进的敏锐。

近代中国史学界，以功力之深，见识之精而言，很少有人在陈寅

恪之上。可是，自律不议论人物的陈寅恪，也几乎从不写书评，这并
不等于他没有看法意见，只是多在公私场合口头表达，而非诉诸文字。
当然，陈寅恪也有其表述的形式，即为友人和弟子辈撰写序言。这种形式，
自然不会畅所欲言，较少直接提出批评。陈寅恪除了对所评著作及作者予
以表彰之外，常常以此表达其对于学术的整体主张，以及对于学风弊病的
不满。仔细琢磨其评语，可以发现其中分寸把握的区别，有的序言或许
主要的意思其实并非表扬。将批评写成看似褒奖，可谓撰写评论的极
高境界。只是以此考验读者的学识，有时未免令后人费解。而体现这
样境界的典型之作，首推其所写关于冯友兰《中国哲学史》上下册的
审查报告。

　　在相当长的时期内，学人都从积极评价的角度征引审查报告，后
来逐渐发现，下册审查报告批评的意味比较明显，而上册审查报告似
也暗藏机锋。如陈寅恪所说研究中国古代哲学史，应对古人学说具了
解之同情，以免隔阂，同时又指出："但此种同情之态度，最易流于穿
凿傅会之恶习……由此之故，今日之谈中国古代哲学者，大抵即谈其今日
自身之哲学者也。所著之中国哲学史者，即其今日自身之哲学史者也。其
言论愈有条理统系，则去古人学说之真相愈远。"虽然他表彰冯友兰的著
作近乎"能矫傅会之恶习，而具了解之同情"，利用材料别具特识，① 可
是他批评民国学者论古史"间有类乎清季夸诞经学家之所为者"，又
声明自己不敢观三代两汉之书，有心与清儒立异外，不愿图画鬼物，
当是重要原因。② 由此可见，陈寅恪对于了解同情材料不足征的古代
经史，其实相当保留。

---

① 陈美延编《陈寅恪集·金明馆丛稿二编》，第 279 ~ 280 页。
② 《陈垣元西域人华化考序》，陈美延编《陈寅恪集·金明馆丛稿二编》，第 269 ~ 270 页。

书评须由书知人，因人解书，一般而言，认识越深理应越能接近作者，若是相反，则或是对象太过高明，或是自身能力有所不足，结果都不能从容驾驭。高山仰止式的推崇，过于隔膜，很难贴切。放之四海而皆准的套话空话，不足以表明所评对象的优劣，反而显示评论者的局限。另一方面，不看书或看不懂也要强说意见，甚至为批而批，则难免妄言，以无知无畏为放言高论。这样的书评，或许成为学术史的研究对象，却没有学术讨论的价值。好以批判为著作的李季、孙次舟多少近似。后者毕业于北京中国学院国学系，曾任山东省立临沂中学国文教员、山东省立图书馆编辑员。① 抗战期间，孙次舟因事与傅斯年有所交道，傅斯年的回信，可以透露孙次舟为人行事的一些信息，函谓：

> 中英庚款会来函附阁下致华西张校长来信。人生世上，此等到〔至〕简单之礼貌，亦或不能，可叹也。中英庚款会来信，谓华西既不可入，可否仍向徐中舒先生处去。惟以愚见论之，阁下因自谓世上无可指导之人，去亦未必有益。此会补助，闻最多者二年，是则今夏一切结束耳，可自求高就，以骋大才矣。又，来函自称学生，以阁下之狂，何至如是，仆实受宠若惊。前年初晤，曾以"做实在工夫，勿作无谓辨论"及"虚心整理事实，勿复盛气驰骋己见"二义相劝，并无一接受，则仆虽厕名指导，实不能为足下师明矣。累次来信，皆不解所云，若谈一问题，而为仆所知，自当竭诚奉告，今连篇累牍，皆非仆可以作答者也。言尽于此。②

---

① 桥川时雄：《中国文化界人物总鉴》，中华法令编印馆，1940，第 312～313 页。

② 《傅斯年致孙次舟（1940 年 2 月 24 日）》，王汎森、潘光哲、吴政上主编《傅斯年遗札》第 2 卷，第 1070～1071 页。

钱穆的《国史大纲》出版，各方好评甚多，而孙次舟发表《评钱穆中国史观》一文，"肆意抨击，全是小人行径"。金毓黻叹道：

> 韩昌黎诗云："蚍蜉撼大树，可笑不自量。"其孙君之谓乎！孟子云："有不虞之誉，有求全之毁。"名愈大，则不虞之誉与求全之毁同时并至。今观孙君所论，真所谓求全之毁也。且其用心甚属险恶，摭取《国史大纲》中一二语，以明其不满于当代，而有讪谤时贤之意，几欲以此兴文字狱，所谓欲加之罪，何患无辞。近顷欲甘心于钱君者，不止孙君一人，皆由其善著书名满一时使然。韩退之云："怠者不能修，忌者畏人修"，怠与忌二者，毁之所由来也。孙君本怠于自修，而又忌钱君之能修，所以有此求全之毁。小人可畏，至于如此。古人著书不轻刊布，直至身后乃得行世，正坐此故。甚矣，小人之可畏也！①

不久又于日记中道：

> 徐澄宇语某大学学生云："非骂人不能出名，且须取极出名人骂之。"得此诀者又有孙次舟，今世学人不为孙次舟骂者，盖已鲜矣。《唐语林》卷五，"宋璟劾弹昌宗等反状，武后不应。李邕立阶下大言曰：璟所陈社稷大事，当听！后色解，即可璟奏。邕出，或让曰：子位卑，一忤旨，祸不测。邕曰：不如是，名亦不传。"黻按：如澄宇及次舟，皆窃李邕之术以求出名者也。邕为唐代闻人，以口无择言，不得令终，宜引以为戒，又何可效之耶！②

---

① 金毓黻：《静晤室日记》，第5228～5229页；又见同书，第5251～5252页《钱宾四教授以所著国史大纲见贻，喜不自胜，报以此诗，得三十韵》。
② 金毓黻：《静晤室日记》，第5325页。

写书评不同于体育裁判，可以只讲规则，不会实战，也不是成果鉴定，不是老师改卷，不是基金评审，不是编辑看稿，不可存了人为鱼肉，我为刀俎之心，不可以为人皆愚昧，唯我高明，随心所欲，乱发横通之论。须知评点他人，同时也是检验自己。著述与评议，都将奉上学术祭坛，永远接受举世的审判。不仅时贤在侧，更有古今中外的大智大能，冥冥之中，法眼如矩。若存心击人之短，炫己所长，或许适得其反，不能藏拙，适以献丑。即使如论文评语、研究生答辩等，虽然俨如法官判案，双方地位极不对称，实则学术面前人人平等，良心学问俱受检验，必须心存敬畏，谨慎从事，不得妄加褒贬，不知而作。若强以不知为知，不惜以讹传讹，甚至违背学术良知，偏离公平公正，则一失足成千古恨。治史之人，须具历史感，一举一动，一言一行，皆为他日历史研究的对象，将由后人反复研判，可不戒惧哉！

就形式而论，高明的书评往往短小精悍，褒贬评介，恰到好处，不说放之四海而皆准的空话套话，又有超越具体讨论问题的意义价值，可以反复品尝，韵味隽永。这对时下书评往往过于冗长，不无借鉴作用。

五 地域学术因缘

一地的学术传承及学风流变，自有其渊源因由。近代中国的社会变迁虽然天翻地覆，脱胎换骨，学术思想也随着各种东西学新知的大量输入而旧貌换新颜，内里仍然深受固有理路脉络的影响制约。

就全国范围而言，历史上广东学术大都处于旁支地位。嘉道以降，迄于今日，广东学术经历三次高峰期，即学海堂时期，1920、1930 年代之交，中华人民共和国成立前后。形成高峰的基本条件，一是南人北上与北人南下，二是大帅加大儒。

今人讲论广东学术文化，好以广东人为脉络，往往将并无联系而且高下相去甚远的同籍学人拉扯到一起。姑不论是否尊重学人，而胡乱搭配依然有辱高明，① 实则地域文化依据有二，一为籍贯，一为居处。若依前说，凡籍隶广东，均为岭南文化的承载者；若据后说，凡生活于岭南之人，便可能参与岭南文化的传衍。南人北上与北人南下，为探究近代广东学术文化渊源流变的两大人脉要素。陈寅恪所谓将来唯有南学，主要即指 1930 年代初聚集北平的广东籍学人。

中国自南北朝以后已有讲究地缘与学术文化的关系，如南学北学；宋以后又按地域、宗师讲论学派。而中国为文化集合体，以文野为判，不重血缘、种族，亡国亡天下之说，超越政权和地域。所以历代以文化立国，化民成俗，并不强调后来看重的地方性，文野之判实为倡导融合。清代做官避籍及科考等防止冒籍，反而刺激地域自觉。清季东西两洋的民族主义和地方自治思想涌入，加上举办各项洋务及新政事业以逐渐坐大的督抚为主导范围，政治上的各省独立说，教育上的乡土教科书，社会上的各种联谊团体，从不同方面刺激构建所谓地方文化。学术领域则是地缘与宗师互为表里。

由于来粤为官入幕的浙人较多，岭南学术文化历来与浙学关系匪浅。刘成禺《世载堂杂忆·岭南学派述略》记明以后粤学与浙学的渊源纠葛：明代以陈白沙广宗（弟子湛若水传播）、王阳明浙宗为盛，直至清代禁止讲学兴文字狱，"其中四百年间，天下学统，未有盛于二

---

① 相关史事详见杨树达《积微翁回忆录》，上海古籍出版社，1986，第 331 页。照此标准，各大学校史或各地方志乱编谱系排列位次者恐怕不在少数。

宗者"。① 后薛侃引王学入粤，浙宗与粤宗相互激荡，盛衰消长。全祖望讲学端溪书院，欲融合粤、浙两宗，复倡王学。嘉道时阮元引朴学入粤，江浙学人陆续南来。江藩与方东树之争，本意未必如后人所见，旨在争辩汉宋的正邪是非高下，但是对粤人调和沟通汉宋的汉宋兼采或不分汉宋取向，确有深远影响。

章太炎等人批评民国时的大学不出学问，强调学术在野则盛，在朝则衰。而清代学术正统多为方镇之学，大帅的见识品味，常常造成一地学术文化的兴衰及其影响的广狭。前后有阮元、张之洞两位方面大员的倡导推进，学海堂时期可以说是近代广东在全国学术文化地位最高、辐射最广的时期（当然其中也不免偏蔽）。② 不过，尽管岭南学术凭借陈澧及朱次琦两位大儒声望日隆、其门生弟子（包括再传弟子）广布各地和张之洞等重臣的推重而日益张大声势，江浙学人仍然具有心理优越，始终不弃学术正统的主导地位。他们讥讽陈澧等人的不分汉宋是因为分不清汉宋，指服膺陈澧的张之洞为乡愿之学，甚至同为革新党且不排斥公羊学的江浙人士也要振兴浙学，以抵制康有为的"南海伪学"。可见，即使在阮元、张之洞两大前后护法的羽翼提携之下，辐射广泛的岭南学术还是独树一帜尚有余力，号令天下则底蕴不足。

1920、1930 年代之交和中华人民共和国成立前后，广东再度适逢北人南下（包括原来北上的广东籍学人）和大帅有识的良机，学术地位迅速崛起。可惜前一次为时短暂，南下学人不久便纷纷北上或转移江浙等地，后一次大环境不相适应，虽有大儒一柱擎天式的坚守，未

① 刘成禺撰，钱实甫点校《世载堂杂忆》，中华书局，1960，第 270~278 页。该书亲历与耳食杂陈，难登上杂之列。但此说略有见地。
② 详见桑兵《近代中国学术的地缘与流派》，《历史研究》1999 年第 3 期。

能实现转移世道人心的理想抱负。① 而失去南下学人的助力，广东学术逐渐陷入低潮。作为广东标志性学术机关的中山大学抗战期间辗转迁徙，损失巨大，尤其缺少合适的教授。1944 年底，自小学一年级即在中山大学、时任地理学系主任的吴尚时教授应校长之邀为集训的新生训话，痛心疾首地坦言："中山大学是七等野鸡大学。"② 如果仅仅囿于籍贯，将学术明道变成自娱自乐，则天地间何贵乎多一地域文化？

海通以来，广东得风气之先，社会发展之余，衣食足而知荣辱，其他方面的期望渐高，尤其希望在学术文化方面有所提升，于全国名列前茅，甚至引领风气，因而曾经先后三次提出建立全国第三学术中心的要求。其实京师、江浙和岭南，本是近代中国学术发展演化的三大地缘。只不过前两处挟政治、经济重心的威势且历史积淀深厚，地位相对稳固，而粤人不过侥幸占得先机，必须奋力相争，以免不进则退。1920 年代中期，日本退还庚款，成立对支文化事业委员会，在北京设人文科学研究所，在上海设自然科学研究所。其时广东与北方政治分立，相关各学术文化团体机构联名要求在广东成立第三研究所，即应用科学研究所，以便形成第三学术中心。1960 年代和 1990 年代，粤省的有关部门社团又先后酝酿将建设第三学术中心之事提上议程，可惜主客观条件尚不具备，均未能如愿以偿。从目前情形看，要达到这一目标显然路漫漫兮修远，并不能因为改以文化产业和流行文化为主导，宣称建成文化大省便真的大功告成。而且条件的改善固然重要，更值得反省的是办法和取径是否得当。

_____

① 陈寅恪曾针对时势说："欧阳永叔少学韩昌黎之文，晚撰五代史记，作义儿冯道诸传，贬斥势利，尊崇气节，遂一匡五代之浇漓，返之淳正。故天水一朝之文化，竟为我民族遗留之瑰宝。孰谓空文于治道学术无裨益耶？"见《赠蒋秉南序》，《陈寅恪文集·寒柳堂集》，上海古籍出版社，1980，第 162 页。

② 《吴尚时致朱家骅函（1945 年 6 月 27 日）》，台北中研院近代史研究所藏朱家骅档案。作者自称因为与中山大学有数十年因缘，才敢于如此说话，而不至于被指为恶意攻击。

不然的话，用力越多，收效却是反其道而行之，花钱想证明自己有文化，结果自曝其短，反而授人以的确没有文化的口实，贻笑大方之余，就只好变换文化的内涵外延，自欺欺人了。

除三次高峰期相对适宜外，岭南的整体氛围，于超越实用、启迪人类智慧和民族精神的小众式学术文化发展或有所不宜，这也是造成广东学人每每须离粤北上，才有大成的重要原因。近代各地收藏取向的差异，可见品味分别之一斑：京师好善本，沪上珍字画，岭南则重玉器古泉。陈寅恪早年批评中国人惟重实用，不究虚理：

> 其长处短处均在此。长处，即修齐治平之旨。短处，即实事之利害得失，观察过明，而乏精深远大之思。故昔则士子群习八股，以得功名富贵；而学德之士，终属极少数。今则凡留学生，皆学工程、实业，其希慕富贵、不肯用力学问之意则一。而不知实业以科学为根本。不揣其本，而治其末，充其极，只成下等之工匠。境遇学理，略有变迁，则其技不复能用，所谓最实用者，乃适成为最不实用。至若天理人事之学，精深博奥者，亘万古，横九垓，而不变，凡时凡地，均可用之。而救国经世，尤必以精神之学问（谓形而上之学）为根基。乃吾国留学生不知研究，且鄙弃之，不自伤其愚陋，皆由偏重实用积习未改之故……尤有说者，专趋实用者，则乏远虑，利己营私，而难以团结，谋长久之公益。即人事一方，亦有不足。今人误谓中国过重虚理，专谋以功利机械之事输入，而不图精神之救药，势必至人欲横流，道义沦丧，即求其输诚爱国，且不能得。西国前史，陈迹昭著，可为比鉴也。①

---

① 吴学昭整理《吴宓日记》第2册，第101~102页。

　　此言于岭南尤具针对意义。单纯讲应用，无基础则无根本，无高屋建瓴，则难以提纲挈领。时势转移，炙手可热须臾间变成弃如敝屣，诸如此类的故事，稍有经验者大都记忆犹新。

　　要想占据制高点，大帅与大儒应相得益彰。大儒的有无只能听天命，大帅的作为则可尽人事，要有眼界，有品位，有判断力和鉴赏力。否则，高明即使立在当面，也是咫尺天涯，端着金饭碗沿门托钵，所称引者难免欺世盗名的骗子大盗。学术高峰须由大儒构建，大儒往往可遇而不可求，当政者必须高瞻远瞩，慧眼识人，礼遇上宾，慕名而来的名士良师才可能如过江之鲫。阮元和张之洞的学养虽然遭人质疑诟病，其见识的确超越流俗。当然，位高权重也有两面，如果乱树标的，别择不当，不免反受其害。若竟然奉江湖术士为学林祭酒，则榜样的副作用同样威力无穷。曾几何时，广州也曾重金礼聘号称无所不能的大师，其领域及学养据说享誉世界，只是学界几乎无人知晓。如今其人了无踪影，其学也早已灰飞烟灭，唯有百万银钱着实没了下落，令人不胜唏嘘。抚今追昔，历史的经验值得注意，真是至理名言。在没有原罪意识，死后大都不怕洪水滔天的国度，制度规范以外，道德约束和历史衡鉴更加不可或缺。

第八章

人物研究

一 人物研究的取法

自从 1980 年代以来，海峡两岸轮番竞相编辑更加完整的孙中山全集，相关的年谱、年谱长编以及各种专题性的资料汇编和史事编年也陆续问世，各种论著更是种类繁多，数量惊人，孙中山研究一度成为万众瞩目的"显学"。然而，在一番热火朝天之后，逐渐归于平静。社会上虽然不乏关注者，学界也还有坚守人，逢五逢十的纪念将持续进行，显学退隐，大概是普遍情形和长期趋势。专门从事此项研究者在新进中几乎无人，即使兼作者也为数甚少。在学位论文和研究课题方面，一般很少选取孙中山或相关问题进行研究和撰述。这样的情形，一方面显示孙中山研究在经历了曾经的繁荣之后，初创时期进入门槛很低的状况已经过去；另一方面，则反映学界对于孙中山研究摸高探深的成熟期到来准备不足，无缘以求精进。

学术之事，随着时代风尚的变化有所转移，应是社会常态和人之常情，无所谓当否。不过，学问之道，还有万变不离其宗的根本，时势转移，只不过上下波动而已。类似孙中山这样的历史要角，如果完全离开后来研究者的视线，甚至成为学界的陌生人，无论学问怎样求新出奇，都很难说是大道正途。况且，尽管孙中山研究的成果相当丰富，可是要说已经没有继续着手的空间余地，恐怕言之过早。其中不仅还有许多说不清道不明的言论行事，即使史事清楚，如何解读认识，看法大相径庭以致聚讼纷纭的也不在少数。尤其是一些至关重要的思想行为，通行理解与前人本意及史事本相相去甚远，要想更上层楼，依然任重道远。

有两种相反相成的现象，说明孙中山研究绝非已经达到可以束之高阁的程度。一是坊间不断有人从各方面发表新解，对于以往的孙中山研究提出种种挑战，其中固然不无随心所欲的成分，但也有值得认真思考的问题，至少在相关研究中应当有所回应体现。二是个别海外学人将冷门热作，关于 30 岁以前的孙中山，就写出洋洋洒洒的 70 余万言。撇开各种牵扯，对于孙中山研究具有实际意义的也有 10 余万字。也就是说，无论从哪一角度看，孙中山研究都远远未能达到令人满意的程度，从资料到问题，都还有巨大潜力和广阔空间。

历史活动的中心是人，人物研究始终是史家关注的要项。见事不见人的史学，肯定不会是高明的史学。如果历史是人的有意识活动与社会有规律运动相反相成，那么人无疑是最为复杂的成分。历史人事均为单体，不可能重复，没有两件相同的史事。与社会科学的求同有别，史学更加着重于见异。历史规律即为所有事实因缘发生演化而形成无限延伸的普遍联系。把握这样的联系，只能依据对史事的比较贯通，不宜用后来的观念画线连缀。而且，即使以今日分科的眼光，好的历史传记，与文学传记至少有一点相同，即应当见事见人，一举一动，一言一行，便可见其音容笑貌。若是隐去名讳，便千人一面，只见其事，不知其人，则不过表面文章而已。

后来者治史，容易自以为是，以为历史进化，今人一定踞有政治和道德的高度，可以激扬文字，纵论古今，动辄评价批判，任意褒贬。殊不知但凡史册留名者，无论善恶正邪，都非常人可比，为人行事，往往不循常规。以为人物研究容易上手，选不到合适的题目才转而选择人物，一流人物不好下手便瞄准二三流人物，这其实是浅学者的误解谬见。对于后来的研究者而言，理解非比寻常的人与事，是对功力见识的一大考验。况且历史认知须凭借材料，而相关记述即便多数之汇集，也不过是片段，要想连缀拼合成本来图形，而不至于图画鬼物，更加困难。陈寅恪《杨树达论语疏证序》针对材料简少的上古所举探究圣贤思想的办法，若是运用于材料庞杂繁多的晚近历史，还需延伸扩张。那种先设定题目甚至范围，研究谁只看谁的资料的做法，其实是相当危险的。望文生义、格义附会固然比比皆是，盲人摸象、看朱成碧甚至指鹿为马，也是在所难免。如此这般地强古人以就我，在今日人物研究中，恐怕并非个别现象。

人物研究，看似上手较易，其实做好最难。凡在史上留名者，大都是所谓人精，要想具有了解同情，诚非易事。研究孙中山之所以重要，固然由于其今日仍然得到包括全球华人在内的最大限度的认可，在众多近代人物之中，恐怕无人能出其右。当然，异议甚至非议者也不乏其人。或者指孙中山的形象不无后来拔高利用之嫌，毋庸讳言，这显然是历史的一部分。但如果过度解释，则难免重蹈一味疑古的覆辙，陷入阴谋论的泥淖，假定所有历史都由少数人主观制造，而不能全面如实地将其形象逐渐放大的史事复杂纠结的本相还原展现。在近代中国的历史上，孙中山风云际会，常常处于旋涡中心。研究孙中山，有助于将近代历史勾连贯通，避免陷入今日学人治学过于分门别类的畛域自囿，误以为落草为寇是占山为王。当年包天笑撰写关于清季民初中国变动的小说，选取梅兰芳为主角，即因为由此可以充分展现上下九流的社会各层面。孙、梅两人的历史地位与作用差别不小，但无疑都是枢纽性人物。

虽然历代正史颇受近代史家诟病，指为一家一姓的家谱，可是皇权体制能够延续两千年，成为维系文化的依托，不可以腐朽落后一言以蔽之，而王朝上下的君臣，未必一定昏庸颠预。不知如何做帝王将相，当然就很难研治到位。像慈禧太后、奕劻、荣禄、载沣这些对于光宣政局至为关键的重要人物，迄今为止还少有深入恰当的研究。即便是张之洞、袁世凯、端方等人，虽然相关论著不少，或见仁见智，或隔膜表浅，照顾周全又具洞见的不多。尤其是在清季推行新政仿行宪政之际，这几位封疆大吏的行事作用，必须相互参看，才能认识恰当。若是以某人为主题即只看某人资料，则对人对事都容易误判。如端方好名，身份特殊，喜欢出头，而张之洞决策，老成持重，后发制人，即使想在前，也要出于后。各项新政联衔奏章，往往由端方发起。还有不少枢臣疆吏，甚至几乎没有进入人们的视野。

至于其时影响广泛的名流闻达，以时下惯用的新旧架构，也很难安放得宜，八面玲珑的张元济即一显例。以为只要以革命的姿态占据道德和政治正确的制高点，就能够横扫千军如卷席，虽然是进化论制导下学人的自以为是，可是要想显示出今胜于昔的聪明，而不至于落入古人故意布下的迷阵陷阱却不自知，还须小心谨慎，加倍努力。

此外，历史人物的当时作用往往受各种因素变化的影响，使得后人的认识发生偏差。海内外研究近代中医改革，多偏重章太炎弟子的作用，而于清季民初担任中华医学会会长的恽毓鼎却不著一词，甚至全然不知其人的存在。其实章太炎虽然出身草药医生之家，本人也好谈岐黄之术，于医术却是纸上谈兵，所开药方，所讲医理，形同庸医。只不过章太炎名声太大，影响覆盖诸多方面，加上弟子众多，即使在中医改革领域，也抢尽风头。

　　有鉴于此，作为人物研究的基础性建设，编辑本人的文字言论无疑至关重要。可是要恰当全面地理解其言行，还应该广搜群籍，采集与之相关的文字，加以比较参证。以孙中山研究为例，所谓相关文字，直接联系者大别为三类，一是各方致孙中山的函电，二是讨论与孙中山相关的各种问题，三是有关孙中山言行及其相关史事的记述。前者取舍较为明确，其次则包括支持、反对和异议的各方面，甚至延伸到孙中山身后，至今不绝。第三项虽然时间限度清楚，空间的边际则相对模糊。尤其是要将孙中山放到历史的整体联系之中，而不仅仅以孙中山为轴串联历史。循着先易后难的途径，由编辑前一项的函电入手，其他则陆续展开。文献汇编之外，还要汇集事实，用前贤长编考异之法，编成大型史事编年。待上述各项工作完成，对于理解孙中山的文本言论行事，孙中山与各方的关系，以及与孙中山相关的各种大事要人，乃至于把握领悟近代以来中国观念文物制度的变化，都将有所裨益，不仅言之有据，而且彼此参证。尤其是可以依据时序综合考察孙中山的所有言行及其与各方的全面关系的发生演化，无论本事还是心路，较由一点一面立论，更易近真且得其头绪。

　　史无定法，而万变不离其宗。近代学术大家卓有成效的治学方法，是在宋代史家良法的基础上发展演变而来。而宋代治史，尤以长编考异之法最为适用有效。此法在近代的运用，概括者如沈曾植以俱舍宗治俱舍学之说，稍详者如陈寅恪《杨树达论语疏证序》，更为详尽的发挥，则见于傅斯年《史学方法导论》比较不同的史料以近真并得其头绪的阐释。① 三说详略各异，要旨则一，认真揣摩这一治史最根本

---

① 详见桑兵《傅斯年"史学只是史料学"再析》，《近代史研究》2007 年第 5 期，收入桑兵《晚清民国的学人与学术》，文字有所调整。

也是最重要的方法，并且根据具体研究对象的千差万别而灵活运用，不仅可以立于不败之地，而且有可能逐渐臻于化境。

三位前贤的说法，主要还是关于古代。而古代文献相对简少，立说不易，反证也难。史料愈近愈繁，各种记录，层出不穷，不仅覆盖史事的全过程和各层面，而且罗生门的现象所在多有。按照古代史自圆其说的标准治近代史事，甚至误判亦可能敷衍成实事。对此学人认识显然不足。关于长编，近代学人如梁启超、胡适等，均误以为编撰近人的年谱或长编较为容易，因为资料易得，史事易证。其实恰好相反。由于资料繁多，当事人的记载不一，除了人时地等基本信息外，详尽再现史事各层面的真反而不易确证。简单依照时间顺序排比材料的做法，既不能比较关于同一事件的不同记载而近真，亦无法比较前后相连的几件事而得其头绪，更不要说理解前人的思想言说的本意。而要勾连贯通，解释疑滞，将各说整体及部分的真伪异同详加比勘互证，必须卷帙浩繁，才能容纳。

近真又有本事之真及当事人记录之真的双重性，不知后者，于前者势必模糊不清。而逐一坐实后者，则还有无限延伸的联系。研究某人，不宜只看某人材料，更不宜单纯以其眼界看周围人事，以致以其是非为是非，结果反而无是非可言，必须将前后左右上下内外各事各说相互比较参证，才能置于历史本来的脉络联系的适当位置上加以理解把握。如此，则篇幅宜大不宜小。当然，如果仅仅罗列材料，则多少亦不足以体现程度。

考异为长编必不可少的辅助方法，以宋《通鉴考异》最为史家称道。其本意是将同事各说加以排比，取其近真，留存诸异。因为史料之于史事，往往为残篇断简，有时各说相互排斥，或间有异同，而难以其中一说否定其余。于是只能权衡前后左右，选取相对较能贯通而近情理者立说，而将其他各说依近真度顺序存列，一则留待新材料的发现，二则高明者目光如炬，均有可能导致史料史事的重新解读，不至于以一己之见强加于古人和天下。晚近史料繁多，可以征实之事远较古史为多且易，治史又由通史转向专题研究，遂以归纳代贯通，一般多重考证而轻存异。实则史料多既使治史层面深入扩展，又增加了史事记载的歧异，立论不难，反证亦易，如何近真以及如何才是真的问题较古史更为复杂。除人时地等简单层面外，要考证史事准确恰当，极费工夫笔墨，并不如前贤所以为的反而容易。有鉴于此，考异至少包括：

（1）前说有误，排比史料可以纠正至当；

（2）未有成说，汇聚史料可以立说无碍；

（3）诸说并立，取比较近真之说其余存异；

（4）诸说真伪正误间杂，须相互参证，酌情条贯；

（5）实事往往无实证，须以实证虚，而不涉附会。

各种情形，或分别，或兼具，须依据具体问题灵活运用，以便为编年排比连贯史料史事提供有力的支撑。

与思想学术研究不宜简单地直面文本加以揣度解释相仿佛，研究历史人物，也不能仅就该特定人物的言行立论。研究某人只看某人的资料，不仅常常流于以其好恶为是非，片面裁断，以至于无是非可言，而且很容易误读错解其言行的本意本相。所描述的历史人物，无非其人预期的自我塑造，或研究者心中的形象，与所论历史人物形似而实不同。近年来孙中山研究看似平静，仔细爬梳，仍有不少切实进展，只是许多实质性的进展并非专门研究孙中山而得，而是在其他相关研究中涉及孙中山，取得令人意想不到的收获。若是仅就孙中山的言行反复解释，反而犹如陈寅恪批评民国时期的文化史著述所说，只抄旧材料或仅就旧材料做新解释，非滞即诬。

今人研治历史人物，模仿美东时趋，好以人际网络为架构，生搬硬套，不免隔膜。实则中国为伦理社会，最重人伦关系。所谓礼制纲纪，即以伦常为根本。相应的处世治学，也极为讲究人脉。具体取法，又有形似而实不同的两种，一是以所研究人物为主线放射扩展，一是将其人放在关系脉络的整体之中。前者难免先入为主，无非是定向放大，后者才能得其所哉，安放于合适的位置并恰如其分地解读相关文本和行事。编辑各方致孙中山函电、同时代的思想共鸣及分歧乃至孙中山活动的史事编年，虽然看似仍以孙中山为中心主线，取径却是力求将孙中山放到整个历史的相应位置，使得理解孙中山的言行与认识历史的风云变幻相辅相成。

史事编年之外，以三民主义为主体的孙中山的思想政见，从问世之初，就不断引起内外各方无休止的争论。这些争论反映了人们意见分歧之大，同时也折射出孙中山的主张认识往往牵涉中国前途命运的大节，为同代人及后来者的目光所聚。对于这些分歧论争，可以说从来就是史学界关注讨论的重要领域。如革命党与保皇派的几番论战，前人研究较多；同盟会内部关于三民主义的取舍，亦有所论列；国民党内对于一大宣言的分歧，也已经揭示。不过，这方面可以扩展的空间仍然相当广阔。例如关于社会主义的讨论，从一开始就与孙中山的思想相牵连，对此现有的认识有待解决的问题很多，远远不能覆盖当时各国社会主义的实情，以及国人对于社会主义的引进传播和理解。要想恰当认识孙中山自认以及同时代各方他指的民生主义与社会主义的关系，常常出现剪不断理还乱的纠结。

孙中山言及对于社会主义的认同，以及民生主义与社会主义的关系，心中所指的社会主义，显然与今人通常所以为的有别。阅读西文的能力较强又到过许多国家的孙中山，能够更加直接地接触各种社会主义的思想理论乃至组织人员，与一般有赖于翻译西书或中文介绍的国人对于社会主义的认识也有所分别。这些分别或多或少体现在他的民生主义思想之中。可是他要想在中国的环境当中传播其民生主义，不能不对源自欧洲的社会主义有所取舍，也不能不考虑实际的国情，其中国人对于社会主义的理解便是要项之一。如果对于社会主义在当时欧美各国的情形以及在中国的际遇缺乏全面深入的了解把握，很难对孙中山的社会主义观及其民生主义与社会主义的关系理解得当。

共和的问题同样如此。共和的概念有本义与新解的分别，虽然都不是由孙中山提出，可是以共和作为与帝制对立的政治制度而且列为政纲，并且通过不断发动革命运动使之普及深入，却与孙中山关系密切。只是当共和思想普及之日，却有虚君共和、五族共和甚至帝国共和等观念的参入，即使作为政治制度，也不再简单地与帝制对立。而孙中山的共和思想一开始就包含的联邦制问题，源自美国和瑞士的体制，如何应用于中国，解决分治与统一的两难，在清季乃至民初相当长的一段时间里，成为立场不同、派系各异的国人关注和讨论的中心问题。由于各方聚讼纷纭，牵连历次制宪，确立国本，在这一问题上也始终摇摆不定。与此相关，省的地位及其设制，直到国民政府时期，仍然困扰着当局和各方人士。其影响至今依然深刻存在。梳理南北各方各界的诸多意见，包括所谓帝国共和主义，对于认识共和思想观念在中国的传衍影响及其复杂形式演化，可以大进一步，同时也有助于把握民国时期许多长期争议不绝、变动不居的观念和体制的来龙去脉。

一般而言，说民权主义是要实行欧美的民主制度并无异议，可是孙中山一开始就不以美国式的代议制民主为然，而向往瑞士的直接民权。清季民初，国人已经逐渐脱离"西方"的笼统观念，进入分别取舍欧美各国之所长的阶段，渊源不同，做法各异，自然少不了争论，连带在具体政制设计方面，也会因人而异。这样的争论，以往的看法未免模糊，不能在来源实行层面深究其详。

或者以清朝为正统，评议辛亥革命时期的南京临时政府的合法性问题。此说尤为荒唐。姑不论革命就是要破除旧法统，建立新法统，即使以袁世凯而论，虽然他后来千方百计要将自己的权力来源与清朝正统相联系，但其目的只是避免与南方民党政府有牵扯。实际上，南北和谈时南方民党的前提就是承认共和，否则免谈。袁世凯既然接受这一前提，等于将清朝的正统性连根拔起。而袁世凯接受共和，看似情非得已，却不无自己的盘算。继续帝制，即使立宪，实行责任内阁，他也不过是政府首脑，而非国家元首。况且清朝的各种势力对其仍有所掣肘，即便当上内阁总理，也不能随心所欲，远不如做大总统逞心如意。只是在清王朝的大统已绝，失去继续掌握国家权力的资格之后，袁世凯才利用这副空架子的所谓正统来抵消南方民党对他的种种限制。

凡此种种，表明用陈寅恪《杨树达论语疏证序》的方法来研究孙中山的思想政见，仍然大有可为。编辑《孙中山思想政见各方论争资料集》，就是希望在全面汇聚各方各类材料的基础上，对于认识孙中山的思想政见及其时代反响，能够百尺竿头更进一步。况且，孙中山的思想政见并没有随着他的辞世而失去作用，在其身后，各种政治势力围绕三民主义的解读发挥，继续展开论争，余绪至今不绝。所以，《孙中山思想政见各方论争资料集》分为生前与身后两编，后一编的规模较前一编更大。只有将涉及孙中山所有思想政见的赞同、反对、异议的所有意见全部汇集，不仅从孙中山的角度，或是以孙中山为中心立论，而且从各方面看孙中山，前后左右地考察把握孙中山思想政见的渊源流变、社会反响以及时代影响，认识才有可能深入一层。

孙中山的历史地位如何形成，从来就有不同看法。其中之一是认为孙中山的形象，主要是后来国民党有意形塑的产物（如谢文孙的《辛亥革命的历史编纂学》）。也有人认为孙中山本人从一开始就有意塑造自己的形象，自我拔高（谢缵泰的《中华民国革命秘史》即有此意。黄宇和关于孙中山伦敦蒙难的研究亦发挥此意）。近年来更有专门研究孙中山死后国民党如何利用各种形式进行纪念，并且使之神化的著述。这些看法，固然均有所依据，但也稍嫌简单，似有阴谋论的痕迹。细究史事，以不同的形式纪念孙中山，还在其生前便已经开始，如辛亥革命期间，就发行过孙中山的明信片，1912 年就有人公开提议尊孙为国父。这些行事，未必是同盟会、国民党人所为。至于自我塑造，大概每一位具有舍我其谁意识的政治活动先行者乃至参与者，都有诸如此类的意识和行为，可是未必人人都能如愿以偿，可见历史的选择并非以某个或某些人物的意志为转移，无论其地位高低影响大小。否则就很难解释何以诸多有意识的自我塑造只有某些特定人事能够得偿所愿，而且所谓成功也并非完全按照其主观设定。

孙中山逝世后，各地各界各党各派陆续开展纪念活动，各自的取向、态度相去甚远。中国共产党人在一定的历史时期对孙中山及其三民主义予以尖锐批判，一度甚至全盘否定。国民党内各个派别也分别朝着有利于自己的方面解读发挥，各种地方势力则希望利用纪念孙中山的名义取得更多的政治合法性。而社会各界对于孙中山的看法，更是因时因地因人而异，在看似大体一致旗号下指向各异。一言以蔽之曰国民党造神，是否太过夸张其影响力？如果国民党的宣传机器真有如此效力，则其他方面的鼓动抹黑往往适得其反，岂非难以解释？如此自相矛盾，则在力图打破国民党造神企图的同时，难免有神化国民党宣传力之嫌。有鉴于此，应当尽可能完整汇集各方面的相关资料，依照时空顺序全面仔细地梳理孙中山纪念的所有史事以及各方的意见趋向，寻绎各种观念说法的发生及其衍化。只要将本事与附加清晰划分，并以附加作为当时的实事而非所指的本事，则伪材料也可见真历史，因为附加也是真实历史进程的一部分。

之所以出现种种似是而非的偏见，要因之一，在于中国近现代史料太多，史事太繁，学人缩短战线，不能胸有成竹，往往先入为主，预设范围，取舍材料，曲解本意。研究某人某事，只看直接材料，不顾相关文献，结果不知材料边际，盲目摸索，望文生义。各种已编拟编各书，旨在贯彻沈曾植、陈寅恪、傅斯年等前贤的要义，努力应用长编考异法做出具有示范效用的成例。编成之日，视野开阔，前后左右贯通无碍，在此基础上重新检讨已有的孙中山研究，并展开新的研究工作，可以避免对史料史事的断章取义，穿凿附会，可望接续前贤，更上层楼。

全集不全，是编辑晚近资料的一大困扰。近代文献太多，图书、档案、报刊以及未刊稿本钞本，任何一类均在古代文献总和的百倍以上。如果加上海外公私档案及其他文献，数量更加巨大，几乎可以说是漫无边际。而且又有著录编目的缺漏和收藏保存的诸多限制，无人能够全部接触，遑论逐一过目。编辑孙中山全集虽经两岸学人接力式的持续努力，能够扩展的空间余地仍然不小，并且可以预期将来还会不断增补。编辑各方致孙中山函电，因为平地造楼，没有参照准则，只能尽力而为，依据民国以来编辑的各种目录索引，广泛翻检各种文献，先将海内外前人已知以及已经各时期的图书报刊披露者尽量搜寻汇集，提供基本尺度，以便学界同好据以增补或提示信息，在适当的时机增订再版。此事酝酿虽久，真正动手还嫌稍晚，参与编辑的各位同人所负责的时期不同，各自的负担不一，办法及用力也有所差异，挂一漏万，在所难免。此说并非托词，其中的甘苦和遗憾过来人自然能够感同身受。好在有此一编，等于树立标的箭靶，便于集思广益，共同努力，以期逐渐完善。

编辑晚近文献史料，还有另一重困难，即如何整理的问题。依照傅斯年的看法，材料越生越好。此说不免抹杀前人本意之嫌，但也显示后人的加工往往容易致误。所以编辑历史文献，最好首先原版影印，所重在于内容。版本的价值，则要权衡其对于理解文本史事的作用。在文献原貌公开且容易广泛接触的基础上，再进行标点整理排印的深度加工（办法繁复，在此不能详说），庶几可免错一字而乱一片的现象。须知越是增加所谓学术含量，错误的可能性越大。一般而言，限制学术进展的主要是有功力的学人很难接触到相关文献，至于能否读懂，相对次要。整理本虽然容易普及，可是如果没有足够的鉴别判断力，又缺少可资比勘的底本，使用起来发生错误的危险度也较高。况且整理近代文献，今典本事太多，很难完全掌握，就连断句一项，也容易产生种种问题误会。苛求编者不错，几无可能。目力所及的整理出版文献，历时再久，投入人力再多，甚至屡经高明过眼，各种错误还是随手可得，甚至触目皆是。即便非整理不可，在取径做法上，通行办法也多有可议之处。相互制约的主要有两点，其一，校勘定本；其二，改字。

印刷术等普及之前，古代文籍多借传抄流行于世，手民之误，在所难免。于是后世学人搜求各种古本，加以校勘，以便恢复本来面目。不过，文本歧义，原因甚多。如记录者不一，或是本人的说法因时因地而异，都可能造成同题异文。只是上古文献留存不足，难以征实。晚近以来，刻书印书日趋便利，学人著书立说，随刻随印随改之事日渐平常。或学问精进而认识调整（如陈澧），或时事变化而有所权通

（如梁启超），虽不至于人人都以今日之我与昨日之我战，也是千变万化，莫衷一是。前者可以窥见作者的心路轨迹，后者更能显现时局的跌宕变幻。各处异文的背后，往往隐藏着重要的故实。简单地断为此是彼非，则不能把握历史的本相。好的办法应是将各种版本的各处异文逐一标注，求其古以求其是，而不能仅仅依据今日自己的经验学识，定于一是。但凡不先求其古便求其是的，不仅抹杀异文背后复杂生动的史事，而且往往造成新误的根源。须知中国历来很少形而上的抽象思维，言论著述，大都有具体的时空人缘由等因素作为条件，抽离具体条件，所谓是便为今人心中自以为是之是，而不知为历史人物何时何地因何为何之是。

与此相应，清代以来，系统地整理历代文献，遇到不能通解之处，每每指为错误，且好擅改字。实则彼时彼处本来可通，改后反而误。此所谓"以明清放浪之才人，而谈商周邃古之朴学。其所著书，几何不为金圣叹胸中独具之古本，转欲以之留赠后人，焉得不为古人痛哭耶？"①

今日学人同样好改近人文字，相关部门又鼓励统一和标准。殊不知编辑近人文献，起码应于古今之间求得平衡，而不能一味强古人以就我，今人再高明，能量再大，也无法改变已经过去的历史。近代虽然距今不远，语言文字及词汇概念的变化却极大，今人不解近人通例，却自以为是地加以裁量判断，以自己的知识习惯以及现行规定为准则，动辄指为不通而擅改，往往笑话百出。即使未必改错，如将异体字一律改为所谓本字，可是前人遣词用字，不仅有正异之分，还有雅俗之别，强求一致，则失却本意。况且古今正异不同，以何为正，大有讲

---

① 《刘叔雅庄子补正序》，陈美延编《陈寅恪集·金明馆丛稿二编》，第258页。

究。钱玄同就曾为此与人大起争论。

自从傅斯年倡言不读书而动手动脚找材料以来，文献学又文史两分，文本往往不能贯通解读，于是但凭己意找材料，甚至误引西说，以为前人无所谓本意，或虽有也无关宏旨，历史都是人们心中的历史，一代人有一代人的历史，且自信后来的臆想一定在前人的本意之上。不仅常常误读，而且喜欢妄解，尤好以外国框架填充本国材料。加之有关方面不鼓励基础性工作，编辑资料、签注文献等，不算研究成果，似乎治史可以不学而能。五花八门的计划工程，号称培养人才，实际上不出人但出货，结果成果再多也是无用功，而且浪费人财物力。而学人不得基本训练，技术层面以下尚未掌握，总想在其上求奇出新，这实在是揪住脖领想把自己提向空中的臆想。术有专攻，唯有首先成为合格者，才有可能日渐高明。由于训练不够，难度极大（包括搜集和校勘两方面），如今编辑资料成为一项费力不讨好的冒险事业，即使具备相应能力的学人，也视为畏途，不愿下手或不敢出手。另一方面，浩如烟海的近代文献不少已经处于毁坏的临界点，继续照目前的办法进度整理下去，无须多日，海量的近代文献将毁损殆尽，读书种子难以安身立命，海内便无可读之书，亦无善读之人，因噎废食，岂不悲哉？

二　材料与本事

——解读康梁的不变与善变

梁启超在《清代学术概论》中谈及他和老师康有为的差别道：

启超与康有为有最相反之一点：有为太有成见，启超太无成见，其应事也有然，其治学也亦有然。有为常言："吾学三十岁已成，此后不复有进，亦不必求进。"启超不然，常自觉其学未成，且忧其不成，数十年日在旁皇求索中。故有为之学在今日可以论定，启超之学则未能论定。然启超以太无成见之故，往往徇物而夺其所守，其创造力不逮有为，殆可断言矣。[1]

康有为的原话，本来仅指其为学的一面，梁启超加以对比，范围则从两人的治学扩展到应事。后人遂笼统以为康有为不变而梁启超善变。此节关乎师弟二人的学行有无分别，如何分别，研究康梁应如何解读史料及探究史事，可以讨论之处甚多，应当有所申论。

（一）变与不变的玄机

梁启超从不讳言自己的流质善变，并将原因归结为太无成见，所以治学应事，不免徇物而夺其所守。在治学方面，如缪凤林所总结："虽自知其短，而改之不勇；又以正义之见，不敌其名利之念。晚年讲学，尤好揣摩风气，儒墨汉宋，佛老科玄，时时改易。前之以识见文字转移一代风气者，卒乃行文之末，亦随人为转移。"所以其"悼惜梁氏，益叹先哲学必立本之义为不可易也"。[2] 梁启超对学海堂及陈澧的看法，对乾嘉考据学的评价，以及始终坚持为研究中心的史学究竟该如何治法等，均在不长的时间里前后数变。如此揣摩风气，随时转移，看似服膺真理，与时俱进，实则缺乏定见，随风摇摆，难免趋时者容易过时之讥，因而引起学界的不少非议。胡适就曾指出梁启超关

---

[1] 梁启超：《清代学术概论》，东方出版社，1996，第81页。
[2] 缪凤林：《悼梁卓如先生（1873～1929）》，《史学杂志》第1卷第1期，1929年3月。

于乾嘉汉学态度的变化，其实是受他影响的结果。①

政治思想方面，梁启超同样多变，其对世界主义和国家主义的抉择，在革命与保皇之间的徘徊，以及取舍民主宪政与开明专制的犹疑，尤其是民初依然以此态度办法从政，搅入你方唱罢我登场的乱局，流质善变在人们眼中形同反复无常，人格亦备受质疑。如果治学方面如缪凤林所言，掺杂名利之念，则同样品行有亏。

面对以今日之我与昨日之我战的梁启超，研究者必须更加注意相关史事发生及衍化的时序，解读文本不可脱离具体时空联系，望文生义甚至凿空逞臆。因为缺乏定见，易受相关人事等环境因素的影响，以及坐言起行的权谋因应之类的需求，梁启超公开发表的论政论学文字往往短期内数度变更。其变化虽然幅度不一，均牵连他本人认识的改易或应对时势的调整，参照相关资料，可以从中解读的史事以及梁启超个人思想观念变化的脉络甚多。一般而言，不同文本的差异较易引起注意，而同一文本的不同版本之间的变更，则往往容易忽略，或仅仅视为文字的改动，未及联系观念与史事的前后左右照应。前人已经做过深入研究的如《戊戌政变记》《谭嗣同传》等，即为明证。若将梁启超在具体时空环境下所写文字理解为当时当地对于具体人事而言则可，若抛开各项具体条件，笼统以为任公所言，则其今日之我与昨日之我战的情形，在梁启超身后还将延续。只不过并非检验梁启超的学行，而是考验后来人的智慧。

有鉴于上述，编辑梁启超的文集，除如常收集所有文字外，还须

---

① 1922 年 2 月 15 日胡适在日记中记道："其实任公对于清代学术的见解，本没有定见。他在《论私德》篇中，痛诋汉学……任公编集时，不删此文，而独删去《中国学术思想变迁之大势》之第八章。近来因为我们把汉学抬出来，他就也引他那已删之文来自夸了！但此一长段文字，他也应该设法删去才好。"（曹伯言整理《胡适日记全编》(3)，第 558~559 页）只是在章太炎看来，胡适的学问比梁启超更加"无根"。

特别注意异于常情的一本多版现象，尽可能网罗各种版本，加以核校。其办法并非一般通行的所谓校出最佳版本，而是仔细梳理分别同一文本不同版本差异的多少，少则以初版本为底，用校注形式将各种版本的异文按时序排列于注释，多则将不同版本按时序全文附录。若是径直校出所谓最佳本，无非根据编者的见识进行判断取舍，反而容易抹杀反映梁启超思想与环境变化的轨迹。迄今为止，只有朱维铮校注《梁启超论清学史二种》采用此法，其他各种全集或单行本可以着力的余地尚多。

　　与梁启超公开坦承变化多端截然相反，康有为自称三十岁学已成，此后不复有进，亦不必求进。此说作为康有为自编年谱时的自述，当然是事实，可以体现当时其如何为自己定位，若理解为其学问自三十岁起便真的毫无变化，甚至如梁启超所言，扩及应事，则大谬不然。康有为以教主圣人自命，有意无意间，处处维系其形象，绝不能如梁启超似的随风摆动。梁启超早就论道："先生最富于自信力之人也。其所执主义，无论何人，不能摇动之。于学术亦然，于治事亦然。不肯迁就主义以徇事物，而每熔取事物以佐其主义，常有六经皆我注脚，群山皆其仆从之概。故短先生者，谓其武断，谓其执拗，谓其专制，或非无因耶。然人有长短，而短即在于长处之中，长即在于短处之内。先生所以不畏疑难，以旋撼世界者，皆此自信力求之也。"[1]

　　不过，康有为的所谓不变，其实要大打折扣。其政治上最为典型的事例，当为学人不断揭破的对戊戌时期变法奏议的改篡。戴逸曾在为孔祥吉《康有为变法奏议研究》所作序言中说："以前研究戊戌变法和康有为上书都根据康有为本人于宣统三年五月刊印的《戊戌奏

---

[1]　梁启超：《南海康先生传》，《清议报》第 100 册，1901 年 12 月。

稿》，大家对之深信不疑。哪里会想到，他所刊行的并非戊戌时期的真奏议。康有为部分是由于原稿不在手头，更重要的是为了辛亥革命期间的政治需要，竟把自己过去的上书增删篡改，弄得面目全非，刊印公布出来。这样就把后世的研究工作者引入了歧途。"①

此事提请人们注意到，原来康有为的所谓不变，还包括这样的增删改篡。也就是说，康有为并非一成不变，只不过出于主观的故意或客观的限制，用种种手法将变的情节掩饰起来，将变的痕迹涂抹干净，以维系其不变的形象。更为重要的是，这在康有为身上并非绝无仅有的特殊个案。他可以伪造衣带诏，可以暗中组织暗杀行动而公开断然否定，可以通过写《我史》来改变历史，重塑自我（《我史》并非单纯叙事，其要当在显示自己思想学术的形成与作用。若以为康有为旨在铺排事功，而这方面并无明显改篡，则离其本意尚远）。与随写随发，不断改写，又不停发表的梁启超相比，康有为的不少著述并非即时刊布，而是成稿之后秘不示人，因应时势变化或见识而随时有所改变，反复朝着有利于自己的方向修改。因此，与编辑梁启超的文字须着重注意搜求同文多本有异，编辑康有为的文字应注意其自署的时间和公开披露的时间，若二者相距较远，则要小心其中有无后来改动的痕迹。若能找到稿本底本，即使仍然难以判断每处改动的具体时间，至少可以知道被改动的具体位置。否则，则要设法搜寻相同相近时间其本人及相关者的相关文字，仔细进行梳理比勘。当然，仅仅依靠与相关史事比对的外校，要想确证，不仅难度极高，而且很容易误判。

（二）变与不变的解读

治史应在整体之下探究具体，必须贯通，不宜归纳，研究某人即

---

① 戴逸：《序》，孔祥吉：《康有为变法奏议研究》，辽宁教育出版社，1988，第4页。

以其为范围，只看直接材料，相当危险。其险大体有二：一是易以研究对象之是非为是非，偏信一面之词，结果等于无是非。二是易用一般理解个别，误读错解整体及各自的本意。具体到康梁的文字，即使网罗所有的版本底本，若不能前后左右比较相关资料以求近真及联系，解语境以通本意，还是难免似是而非，甚至南辕北辙。

20 世纪最初几年，梁启超在革命与保皇的宗旨方略取舍上和康有为产生严重分歧，除了私下通信争辩，暗中与其他各派势力联合进行反清密谋外，还撰写了几篇文字刊载于《新民丛报》，公开讨论，标明主张。其中 1902 年 12 月 14 日《新民丛报》第 22 号的《释革》和 1904 年第 46～48 号合刊的《中国历史上革命之研究》最为直接正面。尽管两篇文章系公开发表，又未受版本不同的困扰，学人也充分自觉到概念的历史意义与诠释意义的差别，可是所解读出来的意思非但未能近真，还与梁启超的本意大相径庭，乃至截然相反。《释革》写于梁启超等"猖狂言革"遭到康有为的极力压制，表面屈从而心有不甘之际，其难言之隐不在于对革命的内涵及形式的理解取舍，而是面对康有为的高压，如何表达非革命不可，且非法国大革命式的革命不可的意愿态度。至于《中国历史上革命之研究》，是梁启超游新大陆归来，放弃言革主张，宣告与革命分道扬镳的一篇宣言。两篇文章看起来都是在探讨革命的可能性与可行性，主旨却正相反对，一则说明革命的合理与合法，一则力证中国不能实行以铁血手段推翻清政权的狭义革命。[①] 如果不将大量相关函札等资料排比互勘，使得相关史事近真连贯，发生衍化的脉络逐渐清晰，仅仅直接解读文本，再高明也难免误判错解。

世间常有对同一人事持相异相反的解读评价，对于梁启超的"善

---

① 详见桑兵《庚子勤王与晚清政局》，北京大学出版社，2004，第 373～381 页。

变"同样如此。郑振铎关于世人对梁启超善变的态度有一大段议论，颇有心得：

> 梁任公最为人所恭维的——或者可以说，最为人所诟病的——一点是"善变"。无论在学问上，在政治活动上，在文学的作风上都是如此。他在很早的时候，曾著一篇《善变之豪杰》（见《饮冰室自由书》），其中有几句话道："语曰：君子之过也，如日月之食焉，人皆见之。及其更也，人皆仰之。大丈夫行事磊磊落落，行吾心之所志，必求至而后已焉。若夫其方法随时与境而变，又随吾脑识之发达而变，百变不离其宗。"他又有一句常常自诵的名语，是"不惜以今日之吾与昨日之吾宣战"。我们看他在政治上，则初而保皇，继而与袁世凯合作，继而又反抗袁氏，为拥护共和政体而战，继而又反抗张勋，反抗清室的复辟；由保皇而至于反对复辟，恰恰是一个敌面，然而梁氏在六七年间，主张却已不同至此。这难道便是如许多人所诟病于他的"反复无常"么？我们看他在学问上，则初而沉浸于词章训诂，继而从事于今文运动，说伪经，谈改制，继而又反对康有为的保教尊孔的主张，继而又从事于介绍的工作，继而又从事于旧有学说的整理；由主张孔子改制而至于反对孔教，又恰恰是一个对面，然而梁氏却不惜于十多年间一反其本来的见解。这不又是世人所讥诮他的"心无定见"么？然而我们当明白他，他之所以"屡变"者，无不有他的最强固的理由，最透彻的见解，最不得已的苦衷。他如顽执不变，便早已落伍了，退化了，与一切的遗老遗少同科了；他如不变，则他对于中国的供献与劳绩也许要等于零了。他的最伟大处，最足以表示他的光明磊落的人格处便是他的"善变"，他的"屡变"。他的"变"，并不是变他的宗旨，变他的目的；

他的宗旨他的目的是并未变动的，他所变者不过方法而已。①

当然，这样的看法也是一家之言，未必普遍认同。尤其是学问上的摇摆不定，未必不是由于一知半解即欲致用所致，例如其一度根据日本学人的著述好谈佛学，看似旁征博引，实则望文生义，与深谙比较语言和比较宗教之道，且做过不同文本比较的钢和泰谈过，便只能束之高阁。郑振铎又指出梁启超感觉最灵敏，感情最丰富，极能服善，不谬执己见，以及急于用世等，作为解释其善变的原因。不过，梁启超一再坦承自己善变易变，并一再声称自己"今是昨非，不敢自默"，且一再用读者思想之进退作为其变化究竟是进步还是退步的尺度，是否仅仅限于自我检讨？既然梁启超理直气壮地认为自己的善变理所应当，作为当事人和知情者，难道他对号称三十岁以后不复进也不必进的康有为实际上变动不小熟视无睹？对康有为作伪改篡以维系不变的形象毫不知情？或者说他并不认为老师这样的行径不够磊落，康有为可以不必随时与境而变，其脑识真的不用进一步发达？还是他每每这样说，都不仅为求得自己心安，同时也是向世人表明态度，向老师曲折隐晦地进谏？

康梁并称，看似合为一体。实则师徒二人，不仅始终和而不同，而且关系紧张的时期远过于融洽。如果不是梁启超容忍迁就，委曲求全，恐怕早已分道扬镳，恩断义绝。草堂同门或保皇同派，很少将两人并列，其他革新同道，也早已察觉师徒二人的貌合神离，并向梁启超当面揭破。康梁并称，当发端于湖南士绅，普及于清政府，强化于激进派（如陈天华）或革命党（如孙中山）。梁启超虽然对外维护师

---

① 郑振铎：《梁任公先生》，《小说月报》第20卷第2号，1929年2月。

道尊严，对师尊执礼甚恭，对彼此的差异分歧却心知肚明，且时因坚持己见而不惜当面挑战康的权威。①

康有为自诩三十岁以后不复进不必进的说法，颇值得玩味，迄今学界虽有引述，却罕见解释。据康有为自编《我史》，其三十岁为光绪十三年，西历1887年，即使依据他本人的记述，这一年也乏善可陈，与前后几年相比，更显得平淡无奇。若说学问不复进不必进，则与廖平相见在此后数年，据说康有为因此完全转向今文经，为其思想学问的一大转折，变动不可谓不显著。若以接受西学为断，则首次游上海、香港在此前数年，这是他感受欧风美雨的密集期，也是自认为奠定"讲西学之基"以及开始"大讲西学""尽释故见"的重要时间点。② 不过，反复斟酌，以三十岁划线，在康有为绝非随口道来，或许是配合其编《我史》时重塑形象的要着，深思熟虑，别有深意。

以三十岁即1887年为界标，最直接的目的应是抬高次年赴京第一次上清帝书之举的思想成熟程度。因为此次上书无论就内容还是就过程看，康有为都并未做好要求变革的准备，甚至看起来动机也未免有几分可疑。康有为此行赴京的主要目的是科举赶考，博取功名，结果未能如愿。指责康有为名落孙山是科场不公，逻辑上有些自相矛盾。如果康有为已经充分认识到科举制的弊病，或是不屑于八股文章，那么他或者干脆不考，或者不可能考好。若其高中，真不知说明他同流合污，还是确有水平。

落第之后，康有为的行为举止仿佛今日的愤青，只不过他还将希望寄托在达官贵人的赏识之上，以求出人头地。他不加分别地向各式

---

① 关于康梁合称的由来及其相互关系详情，将另著专书《康梁合传》。
② 康有为：《我史》，江苏人民出版社，1999，第9～10页。

各样的显宦重臣上书进言，只能表明在他看来，这样的取径不过与八股文章一样，是进入仕途、接近权力的敲门砖。因为很难用对京中官场情况了解不深来解释康有为病笃乱投医式的攀附权贵，他一味选择位高权重之人，显示其目的即在于通过趋炎附势来获得施展抱负的机会。而他要想打动最高当道，语不惊人誓不休是最佳选择。其第一书内容其实泛泛，不出清流派与洋务官僚认知的范围，他人所不能的应是用那样的言辞耸人听闻以致直达天听。将第一书与后来的变法相联系，康有为不仅是始作俑者，也是最大的受惠之人。

康有为如此自我塑造形象和维护形象，固然可以博取时名甚至欺世盗名，可是很难瞒过草堂弟子。而后者为了维护宗师和门派的声誉利益，有时不惜集体造假。直到编辑《梁启超年谱长编》时，涉及梁启超当年与革命党暗中合作之事，草堂同门均不仅断然否定，还将原函中的相关文字删除殆尽，使得相关史事扑朔迷离，解读起来迷惑重重。梁启超虽几度挑战康有为的权威，但限于康门内部，其身份角色和为人行事准则，都不允许他公开揭露或批评，用自责自励的方式，在自辨的同时不但可以自清，对于老师或许也不失为曲折的讽喻。梁启超不断为善变正名，其言说对象应当包括多方掩饰悄然变化的康有为。他指康有为在学问和事业上都必欲强事实以从我，其实已经暗示其为了自我形象不惜改变事实。这样的推断或不免诛心之嫌，却可以提供一种合理的解释。其实康有为本来不必如此煞费苦心，他的历史地位既不会因为已经发生的历史实事而动摇改变，同样也不会由于事后所做手脚而增光添彩。说到底，康有为极端自信的背后，多少有着几分不自信，或者说他是用过于自信来掩饰内心的忐忑。这或许和他故意拔高自己第一次上书以及其他类似的行为有着内在的关联。

与梁启超当年所论相反，师尊康有为之学在今日歧义甚多，难以论定。而弟子梁启超在思想学问方面的影响，反倒越来越引起关注和重视。至少今人看来，梁启超的创造力已经超越康有为。此一反差，未必合乎历史事实，康有为之学，在许多领域（包括受人诟病的今文经学）确有重新认识的必要。可是，造成这一现状的原因，康有为种种作伪改篡的小动作当居首要。康有为将疑古的情境转移到现实，以为作伪可以改变历史，可是聪明反被聪明误，到头来只能自食其果。

第九章

教育史研究的观念与取材

一 古今中外的"教""育"

教育可以探讨的主题甚多，就知识与制度转型而言，教育关涉分科教学与分科治学两面，同时教育自身也有一套制度体系。中国现行的教育体制、学制系统和教育理念，开始于晚清，使用与之相应的一整套教育观念来考察评判中国历代的相关文本、观念和行事，也始于晚清。对此，今日通行的教育史和一般通史，大都用之不疑，就连社会大众也常常将古今教育加以比附，而不能察觉二者形同实异。

教育一词，据说语出《孟子·尽心上》"得天下英才而教育之"。其实这并不是专有名词，甚至根本不是名词。古代汉语以字为单位，所以《说文解字》分别解释"教"与"育"的不同意涵："教，上所施，下所效也"；"育，养子使作善也"。清末以前，传教士所译西书，偶有以"教育"为专有名词者，而现实当中并没有能以近代教育观念完全涵盖指称的实事，学校、书院等，不能与今日的教学机构相提并论。今日通行的含义及用法，为明治维新后日本的新汉语所推行，看似从汉文借鉴，实际上语义和指称均有所不同。

清季"教育"输入中国，开始专指西式教育，继而概称历代所有教与育的有关行事。近代以来通行的各种教育史，清季以前部分，基本是用后出外来的观念间架编排组织而成，隔义附会者固多，形似而实不同之事亦复不少。其间的问题又不仅似是而非那么简单，往往适了"教育"这只外来之履，削了中国历史文化的"教"与"育"的本意之足。而人们在合用"教育"以对应西洋"education"一词之时，又分别用"教"与"育"以解释其义。其实改行白话文之际，中国语言文字性质大变，从以字为单位转而以词为单位，合用为新意，分解却是旧法。诸如此类的情形不在少数，如文化、学术、社会、国家等。所导致的误读错解，还不仅在于大小宽窄是否合度，而是中国文化制度的精义发生变异，外来体制的奥妙也无从理解。

退一步说，即使中国本来有教育，即使不得不用后来的概念指称前事，也应当尽量避免简单地用后出外来间架裁剪本国原来的材料和事实，而要努力领会中国固有教与育的观念、体制及其所以然。民国以来治教育史者，尽管偶尔也有人觉得不相适应，大都缺乏这样的自觉，其努力按照外来观念条理本国史事，反而更加固定化后出外来的框架并强化其有效性，对于填不进去的史事视而不见或加以剪裁。为了对应外来的系统，如因缘日本而来的新式学堂有官立、公立和私立，则原来也分为官学、公学、私学；学堂有大中小三级，则国子监对应大学，府州县学、各级书院对应于中小学，社学、义学和学塾，则对应于初级小学或蒙学；新式教育由学部统管，则礼部和国子监也被赋予相应的职责权能；清季各省设提学使司，专管学务，则昔日的学政被判定为省一级管理教育的地方官。

这样的对应，看似整齐划一，便于学习新知识的今人理解，却与本事不合。所谓官、公、私的概念及实事，在中日两国名同实异处不少。即使相对容易分别的官学，清代历朝典章政书的指称也因时而变，不能一概而论。清代学校从国子监到府州县学，固然官办，可是官学特指八旗官学，一般学校往往不称官学。社学在一定时期官设较多，一般而言，社学、义学既有官办，也有民办，还有官为倡议，集众人之力所设。书院的经费来源形式多样，很难用官办民办加以界定。

至于清季立停科举前后，趋新人士用"私塾"的概念指称儒学、书院及官立社学、义学以外各种类型的学塾，含有显而易见的贬义，目的是排斥西式新学堂系统之外的所谓"旧式"学塾。坊间并不通用。直到民国时期，普通百姓仍有不知政府公文与知识人言语中私塾所指为何之事。

就程度而言，书院甚或高于学校，社学、义学，通常比书院层级低。但各州县及以下地方，社学、义学常有易名为书院者。学塾的情况最为复杂，涵盖各种层次、类型，不可一概而论。清代一反前明风气，轻视讲学，重自修，用考课加以检验，且以科举为仕进之阶，学校、书院为其辅助，包括社学、义学，很难说是后来意义上教育的主体单位，民众的识字背书等基础教育多在家庭及各类学塾进行并完成。社学、义学与书院的区别主要在于两者分工、定位不同。书院通常被认为是以育成才，而社学、义学则是以端蒙养，前者主要对具有一定知识的教养者进行高深教育，以积蓄资治人才，后者则是向民众推广教化，形成良善风俗。社学的官方色彩较强，曾被视为基层学校，义学则较多民间公益意味。实际上，社学、义学与书院互相混称的情况比较普遍。社学、义学往往被视为书院之小者，书院改名为社学、义学者也所在多有。学塾渊源甚早，其设置数量、从教受业人数及社会影响都超过书院、社学、义学等，也大量存在彼此混同、难以区分之例。各种学塾程度相差很大，甚至同一学塾之中，往往同时进行着程度不同的教学，而且学塾并非全由私办。其教学的内容形式未必比其他教学机构更为守旧落伍。

与一般陈说有异，"私塾"概念的晚出，不仅以西式教育体系为参照，而且用"国民教育"为标准，衡量检验中国固有的教育机制。其实"私塾"不一定"私"，也不一定"初"，更不一定"劣"。清季以来，政府一直仿行日本国民教育，试图统一标准。而中国幅员广大，千差万别，强行统一，不仅难以做到，而且往往面临因噎废食的尴尬。况且国民教育本身也存在诸多问题。所以，在历届政府采取种种强制性措施大力推行国民教育体制，并且施加强大压力以限制、改造甚至取缔私塾的情况下，被称为私塾的教育机构仍然顽强地普遍大量存在于城乡各地。政府方面，鉴于国民教育面对现实确有疏漏偏蔽，有时也不得不参照塾学做法，予以变通。清季对国民教育声音微弱的批评指责，大都被视为顽固守旧，实则背后往往牵扯错综复杂的利益关系，尤其是政府与社会的权力控制，所以教育文化程度越高的区域，对于新式学堂的抵触反而越大。直到民国时期，从事乡村教育平民教育的人士以切身体验批评国民教育，人们才开始转变观念，有所正视。类似现象，至今仍然似曾相识，凸显此类事物绝非一个中西新旧进步落后的评价可以了得。

将中外截然不同的学校体制加以比附，并非教育史家的发明创造，还在清季变制过程中，因为担心改变原有学校引起社会尤其是数百万举子童生的波动，朝野上下试图以学校以外的书院、社学、义学、学塾为基础，另行建立一套学堂体系，清廷即令各省所有书院，于省城均改设大学堂，各府及直隶州均改设中学堂，各州县均改设小学堂，社学、义学也分别改为小学堂。学塾则一部分改为学堂，大部被强制性改良。而原有的府州县学名存实亡，注定了自生自灭的命运结局。

这些举措，成为后来教育史立论的凭借。民国时期偶尔还有学人试图量体裁衣，另设框架，越到后来，相关的研究，即使严谨认真之作，基本取向都是加强和确定这样的框架，而不怀疑其是否适当和适用。关于书院、学塾的属性、程度之类的讨论争议，大体是在既定的框架之下，努力将全体的各个部分强行纳入，安放到相应的位置。如此一来，以后设观念固然求得心安，于本事却渐行渐远。

如果不是西式学堂一枝独秀，西洋的分科治学与分科之学就未必能够水到渠成地一统中西学术文化的江湖，西学的知识也就未必当然成为放之四海而皆准的公理。清廷立停科举，旨在使学堂与科举合为一途，培才与抢才熔于一炉，科举的规制，在学堂中得以延续。而士子的仕进之阶堵塞，纷纷转投学堂，育才和蒙养统一起来，成为青年显达的必由之路。分科教学与新的知识体系建构相辅相成，人的知识传承发生突变，各种教科的设置和教科书的编译，使中国迅速进入"科学"时代。原有的知识系统则逐渐被分解重构，如经学以读经、存古和经学课程等形式进入各级各类学堂，又逐渐退出，直到民初正式废止。断言科举废即经学亡未免过当，不过经学进入学堂，由原来占据统治地位变成诸科之一科，已经注定其命运归结。以"科学"的观念看，各学科当然都是平等的。可是中国社会为伦理政治，没有笼罩性的宗教信仰，特重纲常伦理，礼制、礼俗和礼教，是维系社会生存发展秩序的关键。近代学人一味就秦汉以上疑古，忽略独尊儒术其实是掌控认识两汉以下两千年历史文化的重要枢纽，独尊的时间累积起来或许不算长，却是万变不离其宗的轴心关键。这与圣经虽然同样可疑，之于欧洲中世纪的作用却毋庸置疑大体一致。经学退出历史舞台，又没有适当的替代，造成百年来中国人终极关怀的紊乱和空置，影响极为深远。

在"科学"尤其是分科之学方面，影响中国人精神世界至深且广的，是相对后起的日本和美国，包括学制建构、学科体系、课程设置、教科书的编撰以及教学方法等。日美两国对于欧洲发源的种种分科之学及其错综复杂的牵扯纠结，如因学科、学派、文化不同而生的差异与联系，同样难知究里，因而不同程度地进行过自认为必要也是不得不然的再条理和整饬，使之界限分明，容易把握。可是如此一来，各个学科发生演化的渊源脉络痕迹消失不见，对于发源地不同学科、流派之间的争议也无从认识。因此因缘日、美而来的分科之学，看似清晰易辨，实则极易混淆而不自觉。若以进化的观念审视，许多内容很难自圆其说。如清季学制仿日本，重视教科书，教书好用讲义，民国改行美制，听授提倡笔记方式，均与清人读书札记不同。开始以为逐渐科学，后来发现方言众多的中国完全听讲笔记不易推广，北京大学的学生因为教师操方言而一学期不知所讲何事的笑话所在多有。如今大学通行的方式，大致是上述各种叠加，虽然教育行政当局以为科学管理的准的，实际上科学与否不得而知，误人子弟却是肯定的。应该反省的不仅是具体方式，更要检讨基本思路是否对头，来自域外的教学法，其实也是逾淮可能为枳的橘。

与清季学制主要以日本为楷模不同，民国时期的学制调适，先后以欧洲、美国为典范。窃以为留美学生占据教育界要津，为研究民国教育史应注意的三大要素之一。以美国的国力增强，国际影响迅速扩大，以及有意对华输出文化为背景，1922 年学制改革大体确立了美国式的制度和发展方向。不过，教育学者决定教育的命运，却在很大程度上为人所诟病。陈寅恪将留美学生与北洋军阀并列为两大误国，集中体现了一些有识之士的强烈不满。他们所指的留美学生，主要是教育学即师范毕业生。而授予中国留学生教育学学位最多的是哥伦比亚大学教育学院。唐德刚称"美国的哥伦比亚大学是专门替落后地区制造官僚学阀的大学",不独中国为然。民国时期,美国各校的学术水准及地位远非今日可比,当时的口碑是,求学位到美国,求学问到欧洲。在美国任何学校求不到学位,便去哥伦比亚大学;到哥伦比亚大学的任何院系得不到学位,就去教育学院。因为容易,获得者当然为数众多。回国后一则当道未必了解,二则相互夤缘,反而结成势力,控制位置,可以彼此提携。这样的背景使得中国的教育容易做成,却难得做好。学问高深见识高明者对此愤愤不已,也就情有可原。不懂教育学问之人掌控教育资源,指导规划,成为中国教育难以进入正轨的重要症结。

教育具有社会化功能,国民教育越是普及,国民受教育的程度越高,就越是容易将教育的内容当作普遍的知识,作为预设的前提来认识古今中外的一切。就此而论,教育可以说是知识与制度转型的重要枢纽。在认定西学是放之四海而皆准的普适之学的时趋下,由分科教学培养起来的一代又一代新人,所使用的语言概念、知识系统与前人全然不同,他们自以为可以和世界沟通,却越来越失去理解自己先人言行的能力。他们只能透过西洋镜的色彩和曲折,来审视本国的历史文化。这样的理解,无疑包含着许多的误解和曲解,所以章太炎、张尔田等人早就断言:"真学问必不能于学校中求,真著述亦必不能于杂志中求。"① 章太炎的《救学弊论》,批判矛头直指各级各类学校,尤其是专重耳学、遗弃眼学、期人速悟、不寻根底的恶制和积年卒业的陋习,以为师乱讲为诬徒,弟子听受为欺世,主张学校停办改造。章太炎的指责或有过激,今人的解读又指其拉车向后,因而无论当时还

① 《夏承焘集》第5册,第327页。

是现在，都不被认真看待。不过他认为学校的所教所学不出讲义范围危害甚大，至今仍有振聋发聩的作用。讲义或教科书编得再好，也是部分人一时的见识，其中固然包含事实，却不能等同于事实。将见识简单地等同于知识，方便就异化为束缚，未得其利，反受其害了。

清季以来，鼓吹停罢科举的重要理据，是科举考试不能选拔人才，无以应对世变。此说为后来学人所认同并放大。实则科举考试的本意主要不是选拔办事的能吏，而是人格高尚的饱学之士，以为小民百姓树立风仪楷模，并居高临下，驾驭胥吏。能员干吏不宜为官，尤其不能作为独当一面的亲民之官和方面大员，因其太能干而且敢干，所以往往胆大妄为，治世之能臣与乱世之奸雄，只在一转念之间。这也是承平之世需要循吏的道理所在。咸同之后，内乱外患，须才孔亟，作为"因时制宜之极则"，也只能官差两分，名位与事权各占一头。① 即便如此，如郑孝胥之流为许多大员不约而同地保举派差的能吏，仍很难被朝廷委以重任。清代州县正印官的要务有二，即收赋税和审案子，具体办事，都有幕友胥役。州县官能否审好案，并不在于其是否熟谙律法，更无所谓是否神判，断狱定谳等专门之事，自有师爷等专业人士，正印官的主要职责在于不让这些行家上下其手，胡作非为。况且一般纠纷无须上升到诉讼层面，在官民眼中，打官司的往往都是刁民。所以律法针对的主要是坏人，而非规范一般行为，很难用今日域外的各种法理系统来理解和解释。对象既非善类，自然适用严刑峻法，若以法制社会的观念看待，则以德治国便是守旧。以法制为准则参照，希望法律过度干预社会生活，实为今人西化即现代化的误解。

---

① 《论变法后安置守旧大臣之法》，中国史学会主编《中国近代史资料丛刊·戊戌变法》第3册，上海人民出版社，1958，第35～36页。

类似的误会不在少数，新政时期，科举考试废八股改策论，为了便于举子们临阵磨枪，各地书局编制各种可能应对有关中西学考题的书籍，使得仓促上阵的举子们不至于过度惊慌失措，无所适从。由于庚子乱局和《辛丑条约》的影响，以及士子希望赶上科举考试末班车的预期，改制的过渡期各种科举考试及其变相大幅度增加，考生人数众多，诸如此类的科场书，可谓琳琅满目，成为书局赚钱的利器。不但一般唯利是图的书商大量印制，就连保皇会主办的广智书局也要靠印制科场书牟利，以补贴宣传新知的亏空。这与通常以为新学书籍不胫而走以致洛阳纸贵的情形大相径庭。科场书中，固然有一些是原来的新学书，翻印的目的并不在传播新学，更多的则是东拼西凑的汇编，类似今日的高考成考公考复习资料，既有猜题的作用，又有标准化的参考答案。举子们手持一卷或数卷，临考记诵，聪明人便可以应对裕如。这些科场书不能说于举子童生的思想毫无影响，但是要想根据墨卷测试各人的新知水准，却有相当距离。后人不察，将此类科场书误认作所谓百科全书，更是离题万里。在原作者、编纂者、应用者之间，如何形成联结关系，必须抽茧剥笋地证明。

二　大学与近代中国

近代中国的大学之于全社会，影响远比世界其他大多数国家显得更为重要。民国时期几度担任教育部长的朱家骅，先后在北京大学、中山大学和中央大学任教长校，这三所大学不仅地域上分别位居中国北、南、中部的重要位置，更具有社会旗帜性的广泛影响力。北京大学不必言，清季尤其是五四新文化运动以来，一直是中国社会最敏感

的神经所系。其他两所大学，也程度不同地起到类似的作用。1944 年
2 月 25 日，朱家骅在中央大学纪念周讲话时宣称："中央大学在学术
贡献上和学生在社会成就上，都应该领导他人，起一种示范作用。中
央大学不仅具有一般大学与大学生的使命，还应负起特殊的责任。"①
对于中山大学，他也抱有同样的期望。他在 1943 年 8 月 31 日《报告
奉命视察中山大学经过附拟整饬办法》中写道：

> 伏查该校自十三年创办，十五年改组以来，既为南中最高学
> 府，亦为与本党最有深切关系之大学，所有教职员学生，在任何
> 时期，大都能拥护中央，服从领袖，历届毕业生约数千人，今两
> 广闽赣浙各省各部门工作干部，多出自该校，在渝党政军机关工
> 作者亦有三百人。故该校办理良否，关系党国实巨，尤其于安定
> 南中之前途，所关尤切。②

至于中共方面，重视大学较国民党有过之无不及，解放战争时期
的第二战线，大学无疑扮演了重要角色。

中国的大学所具有的这种特别重要性，当与社会政治的组织结构
密切相关：主要大学均设立于大都会城市，这里本来就是政治和文化
中心；科举停罢之后，大学生部分取代了士绅的角色功能；在集权体
制下，学生又是具有天然组织形态的少数社会群体之一；而大学的资
讯相对而言既丰富且迅捷；大学师生的思想活跃，社会影响力强。种
种因素，使得大学不仅紧扣社会脉动，而且往往成为先锋前驱。类似
情形，在其他集权国家如日本、俄国以及法国，在不同的历史时期也

---

① 杨仲揆：《中国现代化先驱——朱家骅传》，台北，近代中国出版社，1984，第 60 页。
② 《报告奉命视察中山大学经过附拟整饬办法（1943 年 8 月 31 日）》，松字第 244 号。

有所表现，只是程度显然不及中国。

相比于近代中国大学所发挥的功能作用，既有的研究尚与之不相匹配。以往海内外关于近代中国大学的研究，大致可分为内史和类史两种，前者主要即校史，将大学的历史基本限于一校的校园之内。其中内外又有所分别，原来大陆学人所著的校史，着重于学生运动以及与此相关的党派活动，尤其侧重于中国共产党方面，而境外学人的著述，则着重于学校的组织、机构、人事、师资、学术成就等方面。不过，近年来新编的校史，已经渐有趋同之势。后者的研究对象包括大学（整体或部分）、大学生、大学教授等，以某一群体为类像，具体还可再细分为不同层面，而主导倾向仍在认识群体本身。

无论内史还是类史，都不可避免地涉及与社会各界各领域的关系，例如由学生运动发端而来的五四运动等近代中国的一系列以大学生为主体或主导的政治活动，震动全社会，牵涉各方面。大学的组织、人事和学术，也是社会整体脉络的重要一环，其影响远远超出校园。只是分门别类的分科专门界域，限制了视野，学人往往朝着学科或专史规定的方向用力，忽略了史事的整体性在其他方面的体现及其相互影响。

上述局限，近年来已经出现变化的迹象。《从学生运动到运动学生》将学生运动置于社会各方势力的争斗之中进行考察；《国家与学术的地方互动：四川大学国立化进程（1925～1939）》通过一所省管大学在进入国立系统过程中上下内外各方的角逐，凸显全社会不同意识与利益的错综复杂；《抗战期间国民党在大学的组织建设》一方面延伸了国民党组织史的演变，一方面揭示了战时大学教授与国民党之间的关系纠葛。与以往的内史和类史有所不同，其考察对象虽然仍旧是大学，可是在研究者的理念中，大学更像是切入的角度和提纲挈领的线索，而不是分界和限制。大学成为社会的有机组成部分，大学的历史作为历史整体的一部分而逐次展开。

以这样的眼光和视角，尽管内史和类史的成果已经相当丰富，大学与近代中国的论题还有相当广阔的扩展空间。有的问题，非跳出原有界域难以捉摸把握。如影响近代中国教育至深且远的三大枢纽，即江苏教育会主导全国教育界、浙江人掌控教育部以及留美师范生占据教育界要津。尤其在国民政府统一之前，包括大学在内的南北教育界的种种翻云覆雨，如北京各校教师索薪、南北各校风潮、教育经费的分配、学制演变等，背后每每有这些因素发生作用。马叙伦在近代教育界的地位，如果不从上述联系考察，很难理解学问不算高明，亦少教育理论贡献的马氏，何以能够几度历经政权更替而始终屹立不倒，与时俱进。国民政府统一后，强化集权，迁都成为重要举措，各方围绕迁都而展开的明争暗斗，仍有这些因素作用其间。随着国民政府中央集权的不断加强，这些因素的影响力有所减弱，但并未消失。而国民党内的派系斗争对于大学的影响逐渐增强。大学易长、体制升转、师资变动甚至举办学术团体和学术刊物，背后也是各方势力彼此竞逐的暗潮汹涌。轮流担任教育部长和组织部长的 CC 派二陈与朱家骅的长期恶斗，导致本来就对党派政治和党化教育不以为然的各大学教授对国民政府离心离德。不过，他们对于中共也所知不多，因而增加了后来在新政权之下双方磨合的难度。诸如此类的问题，不胜枚举，涉及大学与近代中国的方方面面，随手拈来，都可做成具有关节性的大文章。

历史本事与历史认识之间，本来分际显然，但在分科治学和专题研究的风气驱使下，往往变得模糊不清，而且人们对于历史总是习惯于选择性记忆和解读，如陈寅恪所说："往往依其自身所遭际之时代，所居处之环境，所熏染之学说，以推测解释古人之意志。"① 时势变迁，看法有异。仅举一例，1917 年蔡元培接掌北京大学后，有针对性地进行改造，各项举措，今人谈论最多的是兼容并包。而对于当时的北京大学而言，至关重要的却是另外两项。一是调整学科设置，只办文理两科，停办法（未果）、商、工科。二是创办研究所，大力提倡研究高深学问。深受德国洪堡教育理论影响的蔡元培认为，大学应以学为基本，而文理两科主要研究学理，因此，非着重甚至只设文理两科，不能称之为大学。而大学教师不能只发讲义不求学问进步，必须有研究才能任课，以改变过去师生照本宣科地讲课与听受的陋习。尤其是社会科学方面，不能只是用西文讲外国，而要用中文讲中国。

蔡元培的主张，与时下通行的做法及取向大异其趣，其间固然有与时俱进的需求，但也不乏放之四海而皆准的道理。后来傅斯年到欧洲留学，比较牛津、剑桥和伦敦大学，便感叹极旧之下每有极新。而金毓黻曾经断言，大学教师应能明道，才不至于误人子弟。而把握所有学问渊源流变的脉络，谈何容易？今日大学教师，研究则日趋狭隘，教书则日见宽泛，长此以往，难免陷入民国时期争论读经应否的尴尬，在太炎师弟看来，不是该不该，而是配不配的问题。至今美国名列前茅的大学，仍有坚持诸如蔡元培这样的理念者，而英国最负盛名的老牌名校，对于商学这类美国人发明、边际模糊的学科，曾经长期抵制。结局的无可奈何，固然显示存在的胜利，却未必是真理的失败。后人若一味各取所需，连以史为鉴也做不到，遑论揭示和把握规律？

研究大学与近代中国，重心主要应放在怎样做而非做什么。无

---

① 《冯友兰中国哲学史上册审查报告》，陈美延编《陈寅恪集·金明馆丛稿二编》，第279～280页。

论何种选题，都应努力回到历史现场，不受后来分科治学以及各种专门史分界的成见先入为主的局限，将大学置于近代中国整体联系的脉络之中，重现史事发生演化的本相。如果仍然沿用某史某学的俗套，则势必畛域自囿，希望超越内史与类史的"大学与近代中国"的意境也就无从显现。

三　教育期刊与教育统计

（一）"学报"的统系

物以类聚。"学报"是否为一类，本来不无可议。因为在此一总名之下，实际上涵盖了林林总总从形式到内容相去甚远的刊物。加上其中有的读作"学报"，似有破句之嫌，更加令人迟疑。不过，集合概念往往后出，必须经过一定程度的简约化，用集合概念指认故物解读前事，只要尽可能名实相副，一般而言并无大碍。可是作为历史研究，着重见异，所有被约化的实事要完全容纳，则难免捉襟见肘。对此不得不然的情形，只能退而求其次，将就那些方便名词。若以无法归纳为准则，则永无可以类聚的事物，也就谈不上以类相从。今人的言说滞碍丛生，失去古今之间沟通联系的桥梁。当然，名词与其指认的实际物事，究竟以何者为据，也是名物的一大麻烦。

中国本来也有以学为名的人文物事，尤其清代以来，辨章学术，考镜源流，经学、史学之外，如汉学、宋学、经古文学、经今文学等，逐渐成形。依门类、时代、取法乃至地域而得名的种种"学"，日趋通行。可是，令各种"学"大行其道的，还是清季的"学战"以及随之而来日趋天经地义的学界的分科治学和学堂的分科教学。名目繁多的"学报"层出不穷，就是最好的见证。

仔细分别，各式各样的"学报"也并非完全杂乱无章，无迹可寻。大致可以分为以下几类：

其一，由学战而生，如《强学报》《新学报》《实学报》等。前者为强学会上海分会的机关刊物，可以看作戊戌时期学会蜂起的表征；其次则由上海的新学会和算学会编辑，提倡算学、政学、医学、博物等各种新学。后者的政治倾向与前两种或有所分别，也要讲究天学、地学、人学、物学。其所谓学，虽有新、实等分别，大体较为笼统，只是学问学理学术的意思。诸如此类的还有《通学报》《正学报》以及来华外国人士所办《新学月报》等。强学会主张强学，开办于1896年1月的《强学报》，应是目前所知中国最早以学名报的刊物。1906年江西广丰的《劝学报》、山西的《明义学报》，1907年河南开封的《与舍学报》、北京的《震旦学报》，立场各异，但都主张提倡新旧学问。这一类的"学"，后来部分有向着"文化"演化的趋势。

其二，以分门别类的分科之学为名。这类刊物最早的应是1897年5月创办于上海的《农学报》，以及同年7月创刊于浙江温州的《算学报》。后来这一类型的学报成为所有"学报"的大宗，日益细分化的各种学科，几乎都有各自的学报。范围较宽的如理科、人文科学、社会科学，文理、文哲、工程等，稍具体的如财政、医药、地理、会计、法政、教育、经济、考政、生物、新闻、史学、考古、心理等，乃至更加具体的如归纳、牙科、农业经济、译学等，大概属于现在一、二、三级学科或大学科的划分。这一类的学报，如今大多改名为什么什么研究，大概是为了强调其专门精深的水准和程度，与早期的笼统浮泛相区别，以免误解为一般性的介绍文字，被指为无学。而在清季，称为"学报"，本身就是有学的象征，所以 1907 年 1 月至 2 月，在上海和日本东京分别出版了两家同名刊物，刊名就直截了当地标为《学报》。1902 年北京曾办过《白话学报》。1920 年浙江永嘉新学会和 1945 年重庆所办的两份同名《新学报》，1947 年的《现代学报》，一定程度上还以综合的形式反映"学"的笼罩，不过已成例外。有的分类一度流行，后来逐渐少用，如戊戌前后多与艺学相对的政学，1902 年上海曾经创刊《政学报》，北京有《政学征信录》，1906 年北京创刊《政学新报》，1911 年汉口有《政学日报》，其含义逐渐与政法学或政治学趋同，较原来的政学大幅收窄。如 1910 年天津的《北洋政学旬报》，就由《北洋法政学报》扩充而来。到了民国时期，1920 年在美国的中国政学社还创办过《政学丛刊》。后来政学成为政治派系的名称，反而与学无涉了。

其三，以地域为名。中国原有以地分学的说法，1897 年 4 月发刊于湖南长沙的《湘学新报》，本来是强调新，同年 11 月，改名为《湘学报》，内容虽无变化，名称却向着地域方向倾斜。接踵而起的有《岭学报》《蜀学报》等。这与晚近学人好以地域分学风学派的时趋相辅相成。这类学报后来有向基层地方蔓延之势，如《瓯学报》《晋阳学报》《昌州学报》《兴宁学报》《增城学报》等。但有时容易和一些实为大学学报的刊物相混淆，所以逐渐弃用。与此相关的是"国学报"或《中国学报》《东方学报》，虽然不仅地域，还包括种族文化，其实是要与万国或世界相区别。而《新世界学报》要以世界的新学问来新中国，看似无疆，内里还是以国为界的。

其四，因缘新式教育而来。这一类较为复杂，还可以进一步细分三类。①清季各省学务机构的官报。清季各省所办教育官报，在学部、提学使司和学务公所建制后，多称教育官报或学务官报，但在此前的学务处时期，也有少数省份一度叫作学报，如湖北、湖南、四川学务处的《湖北学报》《湖南学报》《四川学报》，天津北洋官报总局的《北洋学报》。②新式教育理念下的分层分类学报，如蒙学报、小学报、普通学报。其中最早创办的应是 1897 年上海的《蒙学报》，1905 年江苏吴县办过同名刊物，以刊登教科书为主。1913 年，北京也编辑发行过同名周刊。其他同类者还有叫《蒙养学报》《蒙学术报》《蒙学画报》的。中学以上，着重分科教学，反而没有这样笼统的学报。③各学校尤其是各大学的学报。中国开办近代大学较晚，办大学学报的历史更短。有的实为学报性质，但开始并不以学报为名，如 1906 年东吴大学堂的《东吴月报》，1909 年金陵大学的《金陵光》。一些专门学堂、中学甚至小学，也举办过自己的刊物，同样大都不以学报为名，如上海的《浦东中学校杂志》《石梅公校杂志》，澳门的《灌根年报》，广州的《法政丛刊》，以及《无锡竞志女学杂志》等。当然，也有少数例外，如 1908 年 6 月上海的《万有学报》，应为理科专修学校的校报。同年杭州的《惠兴女学报》，为杭州惠兴女学的校刊。

进入民国，北洋大学、岭南大学、北京大学等校所办综合学术刊物，还是称为季刊或月刊。较早叫学报的，是 1914 年私立武昌中华大学的《光华学报》，其后有 1915 年的《清华学报》，1919 年北京的《中国大学学报》和东吴大学的《东吴学报》。大学以下的各级各类学校，如中学、师范等，所办刊物开始还是叫杂志、专刊的多，叫学报的少，后来略有变化。而一些学校的校友会组织所办刊物，却标名为"学报"，如 1914 年南开学校敬业乐群会的《敬业学报》，1917 年上海澄衷学校校友会的《澄衷学报》等。

国民政府时期，大学所办学术刊物日渐增多，而且多以学报命名，似乎学报有成为大学学术刊物专属名称之势，以至于一些大学干脆省去"大学"，径以校名加学报。如此一来，很容易混淆学报的地域与大学归属，如《浙江学报》《华中学报》《西北学报》《珠海学报》《广州学报》等，所以后来用地名加学报以表示一方学术的渐少。这似乎显示，大学在与地方争胜时处于强势，可是并不能消除误以为《中山学报》（由抗战期间迁到坪石的中山大学农学院主办）为中山县所办之类的尴尬。

其五，学会、研究会及宗教团体组织和特殊人群的刊物。上述几类学报当中，不少即是各种团体组织的机关刊物。有的学报，仅仅从名称很难判断其归属，背后则往往有特定团体，如1908年北京庚申学会的《庚申学报》，1915年湖南长沙船山学社的《船山学报》等。而工商学报、女学报以及留学生的学报，有的单纯是教育类或学科类刊物，有的则还有为某一群体代言或成为某一类人发言园地的立意取向。1898年创刊的上海《工商学报》，虽然规定论说须关涉工商学业，宗旨却是振兴商业，收回利权，内容多为介绍中外工商业的情形。从1898年上海中国女学会创办的《女学报》开始，各种女学报都是一方面提倡女学，一方面促进女权。此外，清季革命党人为了便于开展宣传，也以学报为名，甚至附属于某一学校，如上海的《锐进学报》《克复学报》等。

凡此种种，可见若以"学报"相从，大体可以反映晚清以来"学"在中国的形态、进程及演变。以上仅就"学报"名称立论，至于内容，则涉及广泛，绝不仅仅限于学的一面，识者自可各取所需。晚清民国时期出版发行的报刊总共在4万种以上，即使分类再版，要将名目繁多、数量惊人的各种"学报"一网打尽，除非以国家的名义，变成政府行为，否则还是难于上青天。不得已，只能希望公私收藏的单位个人，尽囊贡献，虽然不免重复甚至浪费，持之以恒，可成完璧，终究胜于无缘得见庐山真面。这比那些高调空谈精严者更加能够有效及时地拯救近代文献于水火之中，造福于学界、世间及后世。

（二）从教育官报到教育公报

清季以来，教育始终被各界公认为救亡振兴的不二法门，成为社会关注的重心。虽然教育一词新出，概念的内涵外延值得进一步考究，本来却并非如今日分门别类的所谓分科专门画地为牢的凭借。晚清民国处于社会中心位置的教育，确实具有举足轻重的地位，不能以后来教育史的眼界来范围。当时办教育的人对此高度自觉，从来不将所办教育事业简单地视为仅仅教书育人。

随着研究视野的扩展，分科分类的人为限制逐渐破除，原来作为教育研究的资料，不仅研究教育史的学人要看，研究一般历史的学人同样要看。曾经作为历史中心的教育，在相关历史的研究中理应安置在得其所哉的适当位置。

晚清民国时期，由于中西新旧的缠绕纠葛、国家权力的式微等，作为新兴传媒的报刊，创办印行来得相对容易。外国人士引领风气，政府、民间（包括团体、机构、个人）竞相办报办刊，一人单独办刊的情形不止一端，或连续举办数种，或独力包办一种。这使得报刊的数量大幅度激增。到1949年，全国累计陆续兴办的报刊达4万种以上，其中报4000余种，刊3.6万余种。多数报刊存在的时间短暂，有的刚刚创刊即告终结，能够长期坚持的比例有限。

与数量庞大极不相称的是，由于使用机器造纸等，报刊保存的状况远不如古籍，多数毁损严重，已到临界点。同时收藏情况相当凌乱，没有任何机构能够系统地保存各种报刊，同一报刊分别存于多家机构乃至个人之手的情形相当普遍。而随着研究时段的下移，报刊作为新类型研究资料的重要性日益凸显。收藏保存与利用的矛盾势必越来越突出。

要想解决上述矛盾，理想的途径，当然是在权威机构的主导下，整合全国的资源，有系统地分门别类加以编排，然后调动各方面力量，循序渐进地用各种形式出版。这样的取法乎上无疑窒碍难行，而又时不我待，退而求其次，只能由各家出版机构将各自可获得的资源，陆续编辑出版。这样做虽然难免诸多遗憾，却是切实有效的可行之道。否则陈义再高，也无法挽救正在加速毁损的近代报刊。

近代期刊，大致可分为官办、民办以及外资三类，教育类刊物也不例外。官办一类，在清季多称"官报"，属于教育类的如学部的《学部官报》，各省则直隶、湖北、河南、云南、四川、湖南、吉林、浙江、江西、甘肃、陕西、贵州等地先后创办了教育官报或学务官报，主办编辑机构多为各该省的学务处、学务公所或提学使司，只有《云南教育官报》由该省教育会编辑，《甘肃教育官报》由兰州官报书局编辑；另外，四川学务处编辑出版的刊物名为《四川学报》，还有天津北洋官报总局的《北洋学报》。①

民国以后，各级政府及其机构所办刊物大都改称"公报"，成为公布法律、法令、命令、决议等官方文件的政府机关刊物。② 1913 年，湖北、湖南、贵州等省分别创办了《教育厅公报》或《教育公报》，1914 年以后，山东、广西、江苏省陆续创办各该省的《教育公报》。

---

① 参见张小平、陈新段、史复洋《辛亥革命时期的教育期刊简介》，丁守和主编《辛亥革命时期期刊介绍》第 5 集，人民出版社，1987，第 547~578 页。

② 参见陈新段、史复洋《近代公报类期刊简介》，丁守和主编《辛亥革命时期期刊介绍》第 5 集，第 579~602 页。

同年，北京政府教育部创刊《教育公报》，"既仿公报之体例，又有杂志之精神"，作为"公布文告之机关，发展教育之嚆矢"。此后，各级政府教育部门的机关刊物，虽然间有使用其他名称者，多数以"教育公报"为名，先后断断续续创办的同类刊物为数甚多，不少省份的教育公报不止一种。中央及各省政府教育部门外，一些区县层级的政府教育部门也纷纷创刊教育公报。抗日战争期间，各种政权并存分立，不同区域的教育公报则各自为政。已刊教育公报，省一级覆盖得较为完整（当然还有一省多刊的余地），至于各个独立政权的教育公报，则有待于进一步补充。而省以下各级政府的教育公报，虽已间有收录，还可以另行汇编出版。

就以往的近现代教育史以及相关研究而言，清季关注新式教育的引进和学制的建立，较为重视官报。民国以后，研究重心转移，更加重视教育团体、教育机构或教育家所办教育刊物，以及相关档案，相比之下，对于各级政府的教育公报，未免视为官样文章，多少存了轻视甚至忽视之心。其实，善于治史者，只要解读运用得当，各种资料均有其无可替代的价值。而对政府方面的研究较为粗疏，正是以往的薄弱环节。即使法律、法令、命令、决议等，亦可显示时空转移下的变换演化。导致忽视的原因之一，是各地收藏分散，不能物以类聚，形成概念。将各种教育公报大规模汇编出版，正是解开症结的必由之路。

当然，研治教育史乃至整体历史，仅仅依赖公报一类的资料，难免单一偏颇之嫌。仅就教育类刊物而论，清季的学报、学务官报或教育官报，也应整合出版，而数量更为巨大的民办教育刊物，尤其有进一步分类出版的必要。只是这两类刊物收集不易，求全更难。况且，即使掌握所有教育类刊物，还必须与档案、文集、书信、日记、年谱等资料比勘互证，进而从实事求是、信而有征进入以实证虚的境界。否则，轻信资料，以眼见为信史，至多不过看到表面，难免落入前人认识的窠臼或故布的迷局。诸如民初江苏教育会影响全国教育界、浙江人掌控教育部、留美师范生占据教育行政要津等理解近代教育以及整体历史的关键因素，都难以查知。这样，所见资料纵然极多，实际作用也无非为官样文章背书。反之，善用史料者，由常见正史官书亦可见真历史，而且是力透纸背的真历史。

（三）教育统计的运用

近代以来被称为统计的行事，中国古已有之，作为掌控社会的重要依据，土地、人口、赋税、出产乃至于贸易的各项数量，一直是朝廷官府认真办理的重要政务。只是中国的数字观念似乎两歧，一方面，数与量之间未必完全吻合，前者更多地体现指向性（如讲究术数），未必如后来统计学的要求，因而相对于实际，反而不免模糊笼统。各种奏报史书关于战争的描述，就很让研究者茫然，三百大钱九二串之类的习俗，也令来华外人莫名其妙。另一方面，明代的各项统计数字又精细到令人匪夷所思的程度，以至于明眼人绝不会当真，成为公开谎言似的账面游戏。这样的情形延续到晚清，常常引起国际纠纷。当时银钱关系错综复杂，不仅银有多种，银钱比价千差万别，衡量同一种银的权重也不划一。对外交涉，赔款借贷之事甚多，如何衡量，大有周旋弄巧的余地，而让谈判对手在应付之余，暗生鄙夷轻视之心。

清季新政时期，受列强尤其是明治日本将统计学作为衡量国家各项指标在世界排名取向的影响，各种门类的社会统计层出不穷，主持统计者也由官府扩展到报馆、邮政、海关、学术机构、各级职能部门、在华外国机构或人士乃至对中国抱有野心的列强军政情报单位等方面。

这样的统计更多地具有政治意义，而非体现社会实情或状态。其中被视为国家兴衰强弱关键的教育事业的相关统计，尤为朝野上下所瞩目，一地一类的教育统计开展甚早。学部成立后，教育统计成为一大要务，不数年，便有了由学部总务司主持编制的全国性的《光绪三十三年份第一次教育统计图表》问世，涵盖之广泛，内容之详尽，远非前代所谓统计可以比拟。此后每年公布一次，直至清亡。

民国政府延续了清季教育统计的模式程序，且不断加以完善扩充，全国性全方位的统计之外，各地各级分门别类的教育统计也日益程式化，还先后创办了多种统计杂志，留下了大量的数据，为后来的研究者提供了丰富的凭借。由此可以深入认识的，并不仅仅限于所谓教育，而是牵涉全社会的各个层面，善用者从不同的角度，能够找到判断其他领域情形状况的相关指标。可以说，在所有近代中国的社会统计中，教育统计的丰富与重要即使不能称最，也是名列前茅。

不过，数量如此庞大、作用如此重要的教育统计，各公私收藏却相当零星分散，例如清季的三次教育统计图表，各大图书馆很少保存完璧。后来海内外陆续影印再版，称引者才渐次增多。至于其他为数众多的相关统计，连长期浸淫该领域的资深学人，也大都未能一窥庐山真面。将各种教育统计搜集汇编，尽管不易完整，已是嘉惠学林，功莫大焉。日后陆续搜寻编辑增补，一编在手，等于遍游尽览世界各家公私收藏，将指日可待。

省却舟车劳顿和种种令人困惑的烦琐规定的限制，看得到的问题大体解决，不过对于学人而言，接下来面临的问题可能更加考验智慧和学识。既然人人可见，奇货可居的秘籍便失去吸引眼球的效力，随心所欲的乱解亦不能，读得懂的问题反而更形重要。尽管近代中国的各种统计以东西列强的模式为准，又学习了统计学的方法，可是中国原有的习俗惯例，仍然发生作用，如果简单地将统计数字当作信史，作为论据，则很容易为其所误导。相关的现成事例，一是清季学务统计的各项数字显示新式学堂发展迅速，数量激增，内里却另有乾坤；二是有学人将民初北京政府各部职员与清季各部职员的履历表对照，得出新式学历的比例大幅度提升的结论。其实清季三次教育统计图表的相关数字不相吻合，每次图表本身的各项数字，也难以相互对应。犹如研究清代识字率的海外学人，将州县和府、省的方志记载统计加以比对，发觉相去甚远一样。研究表明，大量的所谓学堂，只不过是学塾书院的改头换面，甚至只是挂了块招牌而已。而民初袁世凯政府强调官员的学历出身，京师一带又聚集了数十万"高等游民"，法政学堂如雨后春笋般涌现，短期内新式学历的普及提升，所体现的其实是文凭的泛滥而非素质的提高。社会进步至今，统计方面诸如此类似曾相识的问题，似乎依然并不罕见。

有鉴于此，或者根本怀疑中国历史研究中统计资料的利用价值。诚然，历史很难用简单量化来说明或展现，计量史学即使有用，在现有条件下适用的范围对象和层面也相当有限，如果不放在人事体制的脉络之中，很容易变成数字游戏，做强古人以就我的解读。看起来头头是道，实际上离题万里。

然而，任何材料本身都无所谓对错，关键在于使用者利用的恰当与否。只要拿捏把握材料的指向得当，用得适得其所，则所有材料都能体现其应有价值，甚至伪材料亦可见真历史。利用教育统计首先至少应下两方面功夫：其一，以统计数字为凭借，进行多层面的验证，如将不同来源、范围的统计相互核对印证，用实证个案研究对统计的准确度做出评估等；其二，将统计进行的历史进程本身作为研究对象，重现各地区各层级具体实施统计过程的所有史事的发生演化，研究的重心不在于统计的结果，而在于统计如何展开的各个层面，如由何种机构及人员主持和操作，统计的规程和实行之间的联系与分别，不同层级和地区因时因地因人而异的实施情形等。由此获得的多方面丰富信息，其价值相对于统计结果的数字有过之无不及。迄今为止，前一方面的验证已有学人着力，取向大概不错，具体方式尚有可议，后一方面则鲜有顾及，大有扩展的余地。当然难度也颇高。就好像方志彼此不能对应，为学界所周知，而草率者大都依然照用，审慎者也很难重理方志的全部编撰过程。

统计有方便之利，如果不能善用，也可能反受其害，尤其是那些尽信书的懒人。试举一例，清季整理印行的教育统计图表，只有光绪三十三年份、三十四年份以及宣统元年份三次，或者不察，误将报刊上发表的第二次教育统计图表数字认作 1910 年的统计数。学术研究中，此类失误，在所难免，难以理解的倒是，此事早经指正，而后来者视而不见，争相引用，以讹传讹，误导世人。传述前人已知尚且不能，遑论研究？如此，则不但误己，而且害人。

此外，清季民国，受日本国民教育理念的影响，确立统一的高标准，而中国地广人众，差异极大，国民教育的强制推行，备受争议。清季持不同意见者，多被指为顽固守旧，而民国时乡村教育实践者对国民教育的批判，理据与前不无重合。单从国民教育的统计看，成绩斐然，可是依据另外的统计，直到 1940 年代后期，中国各地还有至少数十万所谓私塾。考虑到政府对这些低水平的教育机构一贯持压制取缔态度，则不能不反省国民教育的普遍适用性，以及坚持高标准的因噎废食是否取舍失当。由此可见，利用统计的利害得失，全以使用者的一念之差为转移，应当慎之又慎。否则，未得其便，先受其害，就得不偿失了。

第十章

女性研究

一　因缘与基础

1993 年夏，我在东京亚细亚大学做访问研究。恰好章开沅老师从美国讲学归来，准备经日本转赴台湾政治大学担任客座教授。他得到东京大学的短期邀请，与日本学术界的旧雨新朋交流述怀。在此期间，先是下榻亚细亚会馆，后又移居东京辛亥革命研究会野泽丰教授的骏河台大学教员宿舍。所在的饭能距我住的小川虽然较近，但宿舍离西部线车站较远，联系接待之事又主要由来日多年的赵军学长负责，除学术活动外，难得见面。自 1988 年初从华中师大毕业，而章老师1990 年赴美，数年间人事沧桑，加上身在异国，很想多有机会重得耳提面命。8 月上旬，东京辛亥革命研究会在静冈县伊东市光风阁举行夏季合宿例会，承几位先生的盛情，章老师受到邀请，我也得附骥尾。伊东依山傍海，景色宜人，又有温泉佳肴，为避暑胜地。而我虽忝列学人队中，却深信经史正途的古训，少年时的一点附庸风雅似已荡然无存，倒是对与会几位日本年轻研究者的报告兴趣盎然。其中有名葛目至的女性，是正在美国宾夕法尼亚大学攻读博士学位的日本留学生，报告题目为《近年来大陆、台湾关于近现代中国女性史研究的动向》。① 她讲述时屡屡提到河南省在女性史研究方面的成绩，尤其是河南大学、郑州大学两校的一些研究骨干及机构，为大陆该领域的研究重心。讨论时章老师问，是否知道河南省女性史研究的由来，并讲述了他本人与这一研究展开的因缘。原来 1979 年京都的小野和子教授来华参加学术会议时，曾向章老师询问中国大陆方面有无学者专攻女性史。当时"文革"结束不久，风气未开，经章老师撮合，得知河南师院的荣铁生有志于此。从 1980 年代初起步，经过十年励精图治，河南的女性史研究不仅蔚为风气，成为国内重镇，而且业已蜚声海外了。

我对中国近代女性史的研究早有兴趣。在中山大学攻读硕士学位时，选择晚清国内学堂学生为题，翻阅了大量当时的报章杂志，接触到不少有关近代女性教育及女权运动的资料，觉得前此虽有美国、日本及中国台湾的学者编过资料，做过研究，仍然大有可为。只是那时对该领域的学术价值认识尚不充分，学界中人还不时善意地拿来当作调侃的佐料，自觉不便涉足其中。曾建议几位异性同行致力于此，也无着落。以后在从事近代学生和知识界社团的研究中，对女性的教育、学潮、学会等不时予以关注，但始终没有专门着力于此。

时过境迁，斗转星移，女性史这一研究领域，不仅在欧美学术界受到普遍重视，硕果累累，所产生的崭新视角和方法，带动了整个史学的发展，在日本、中国，也建立了相应的研究机构或学会组织，如

---

① 葛目至女士是一位奇人。据她自我介绍，其作为四代同堂的大家族之长的曾祖父，是位民间汉学者，在他的影响下，她曾到中国留学三年。遗憾的是，她非但没有被凝聚同化力极强的中国文化所感召，反而对儒教所宣扬的"存天理、去人欲"那一套道德伦理产生反感，赴美留学后很快皈依到上帝的门下。她能熟练使用汉语、英语，还在学习朝鲜语和两种非洲语言。所发表的报告，对民初以来中国的女性史研究状况做了相当详尽系统的介绍分析，本章在一些方面得力于此。

日本的中国女性史研究会（1977年）、中国的全国妇联妇女运动历史研究室（1978年）、河南的女性学会（1985年）、郑州大学的女性学研究中心（1987年）、台湾大学人口研究中心妇女研究室（1980年）、台湾清华大学人文社会学院两性与社会研究室等，台湾中研院近代史所则成立了专门课题组。同时出版了专门杂志，如日本的《中国女性史研究》、中国台湾的《妇女研究通讯》《近代中国妇女史研究》《妇女与两性学刊》以及专门的女性学丛书等。

　　其实，女性史研究在1980年代以前也绝非外国学者的专利。现代中国史学泰斗陈寅恪晚年致力于明清文化史，所著《论再生缘》和《柳如是别传》，堪称东方女性史研究的代表作。虽然他戏称"著书唯剩颂红妆"，但这不仅由于中国文学史上女性与韵文的关系特别密切，必为善于诗文证史者所瞩目，而且从为女性鸣不平来发抒对自由自尊独立思想的追求，已成为古往今来中国知识人的通例。我记起章老师所讲的这段因缘，同时想清理一下近年来自己对有关问题的片断思索，故不揣浅陋，斗胆以局外人身份发表一孔之见。

　　近代以来，全球逐渐被纳入世界体系，各种既有的观念和知识系统受到欧洲中心的强有力干预，可以说，人类的思维几乎是在欧洲中心的笼罩之下。对于不少后发展民族而言，由于原来的文化积累相对较浅，历史记忆容易抹去，冲突和困扰并不严重；或者虽然严重，影响的范围和时间也有限。而对于那些固有文化积淀较深的民族，不仅过程相当困难，后遗症也更加明显。近代中国人对于西学体系，经历了从被动到主动的接受过程，如何调适得当，始终是困扰学人的一大难题。在把西学眼光当作普遍通则看待中国固有的历史和文化之时，对固有历史和文化认识愈深的人，所见差异也愈大。本来借鉴西学是为了更深地认识中国的社会、历史和文化，结果却是中国的社会、历史和文化按照西学的样式重新建构。在新式（西化）学校教育以及按照西学观念重新编排的教科书的影响下，青年所受教育已经是被西化过了的知识，其中很难说还有多少能够体现固有历史文化的特性。

浦江清曾经对朱自清谈到有关用西学观念看待中国是否适当的问题，他说：

> 今日治中国学问皆用外国模型，此事无所谓优劣。惟如讲中国文学史，必须用中国间架，不然则古人苦心俱抹杀矣。即如比兴一端，无论合乎真实与否，其影响实大，许多诗人之作，皆着眼政治，此以西方间架论之，即当抹杀矣。[①]

这种不相适应的现象不仅发生在文学领域，至少一半是艺术的历史学科，同样相当普遍。自梁启超提出"新史学"以来，中国的新进学人根本否定中国本来有史，或者说有官史无民史，有史料无史学，进而不断地尝试按照各式各样的西方历史理论架构，来条理中国固有的史料，组成各自心中的历史。这种以西方系统条理中国材料的做法，经过不断地教科书化，在受教育者那里，已经演化成历史本身，而不仅仅是对历史的一种记载。然而，这好比用西方建筑原理和审美眼光看待中国的亭台楼阁，一言以蔽之曰有材料无建筑，一律推倒，变成砖瓦木石，然后再按西方的样式重新搭建。如此组装起来的建筑，材料虽然是中国的，可是无论外观还是功能，都完全洋化。从审美的角度看，虽不失为建筑，却很少"中国"。因此当年日本京都学派的学人担心中国用西方系统整理国故，会让峡谷风光沉没于大坝之中。后来余英时教授更断言 20 世纪中国学术进程中诸如此类的比附外国框框

---

① 朱乔森编《朱自清全集》第 9 卷，第 213 页。

没有多少价值。近代中国女性史研究的历史进程,上述问题表现得尤为突出。

大体而言,近代中国女性史的研究经历了妇女解放、女性主义和性别研究三个阶段,其中第三阶段目前尚在展开,发展并不充分,取向也不明显。境外的相关研究(包括港台),专门研究者或许更为熟悉,这里主要想讨论中国大陆的研究状况及其发展变化的若干趋势。因此,主题并非是对女性史具体问题的研究,而是试图结合中国历史文化的本相,介绍女性史研究的一些动向和学人对于女性史研究的一些评论,检讨女性史研究存在的种种观念和取径的局限,并且寻求走出困境的途径。

二 女性研究与近代中国

(一) 妇女解放

在中国,女性研究是伴随着妇女解放运动而来。因此,从研究史的角度看,女性研究一开始就是从属于妇女解放的使命,并为之服务的。

戊戌期间形成并流传的关键概念是"男女平等"。而到20世纪初,越来越多地被"男女平权"或"女权"所置换。女权思想源于欧洲,女权一词来自法文"feminisme",本义为"妇女解放",后传入英国,变为"feminism"。戊戌时期的观念,多循着传教士的教义传播而来。20世纪初的观念,则是受日本的影响,将"feminism"译为"女权主义"。1900年《清议报》所刊登的石川半山的《论女权之渐盛》,被国内的各种报刊多次转载，并被收入有关书籍，其意义远远超出本身的价值。

不过，虽然女权主义是近代中国妇女解放运动的重要理论武器，却并未构成女性研究的主要框架。从晚清到民国，妇女解放一直是现实的政治与社会问题，人们用女权思想来推动妇女解放的政治与社会运动。此后，在相当长的一段时期内，学术界主要是用妇女解放的观念来考察近代中国的女性史。

女权主义和妇女解放，看起来互为因果，实际上差异显著。前者要求女性从传统的男性中心社会给她的角色派定中解放出来，恢复女性的各种社会权力，并将其和人类的文明与进步相联系，女性是主体。后者则将妇女解放置于阶级、民族乃至整个人类的解放运动之中，虽然也以女性解放的程度为社会解放程度的重要指标，但是由于从社会解放的整体来为妇女解放定位，妇女解放缺少独立的位置，不能不以社会的解放为前提。在这样的观念下，与整个解放运动的需求直接吻合的女性的思维行为，自然得到充分的重视。反之，则相对地被忽视，甚至很难进入研究者的视野。以下两个事例可以显示上述差别。

关于清季中国女性的代表人物，从妇女解放的观念看，首屈一指的无疑是秋瑾。而在当时，提倡女权并且影响最大的，至少在相当长的一段时期内，并不是秋瑾，而是吕碧城（1883～1943 年）。吕为安徽旌德人，其父做过山西学政，早死，吕碧城随在塘沽任盐运使的舅父为生。她于 1903 年底离家出走，只身到天津结识《大公报》总理英敛之，广交京津仕宦名流，担任记者，主办女学，提倡女权和女子教育，声名远播，一度被誉为"北洋女学界之哥伦布"，① 是当时女界

---

① 《沈吕生君祖宪词四阕》，《吕碧城集》卷 2《诗·题辞》，中华书局，1929，第 7 页。

中"最负盛名"的人物。① 1904 年 6 月，秋瑾东渡日本之前，特地到天津与吕碧城会面。其时吕碧城已负盛名，而秋瑾尚无藉藉名，两人同字碧城，秋碧城慕名而来，吕碧城却不知其宗旨性情。吕碧城后来记述两人会面的经过："都中来访者甚众，秋瑾其一焉。据云彼亦号碧城，都人士见予著作，谓出彼手，彼故来津探访。相见之下，竟慨然取消其号，因予名已大著，故让避也……彼密劝同渡扶桑为革命运动，予持世界主义，同情于政体改革而无满汉之见。交谈结果，彼独进行，予任文字之役。彼在东所办《女报》，其发刊词即予署名之作。后因此几同遇难，竟获幸免者，殆成仁入史亦有天数存焉。"②

按照妇女解放的观念，"成仁入史"无疑具有更高的价值。这表明，吕碧城在世之日，已经意识到自己与秋瑾的历史地位发生了重大改变。1923 年出版的《中国妇女问题讨论集》，虽然是站在妇女解放的立场，但是还能观照到另外一面。署名"吉生"的《妇女解放底径路》，总结妇女解放运动的两种潮流道："第一种是以为男女在心理上是差不多的，所以男子的事业件件轮得到妇女去做，男子的权利也件件轮得到妇女去享。从这根本原理上出发的实际行动便是：（一）谋政权的平等，而妇女参政权的呼声举。（二）谋经济权的平等，而妇女职业开放的活动兴。（三）谋知识的平等，而男女同学的禁例开。（四）谋道德的解放，而自由结婚、自由离婚的理论倡。"第二种"以为男女性质不同，天才互异"，"女子应该充分发挥伊底温和慈爱的天性去做母亲……把一切关于人类的'生存'方面的事统统交给那有此特长的男子去做，而把

① 《南社丛谈·吕碧城》，《郑逸梅选集》第 1 卷，上海人民出版社，1981，第 153 页。
② 吕碧城、费树蔚：《予之宗教观》，《吕碧城集》卷 5，第 62 页。本节谈及吕碧城和吕碧城研究的部分，详见于甦《吕碧城的女权思想与实践》，中山大学硕士学位论文，2001。

那关于人类'继续'的重要事业教育子女，担在自己的肩膀上"。与第一种潮流相反，"（一）此说认定女子根本与男子不同，因而主张女子底事业要根本与男子的两样。（二）此说认定女子应该专门教育，女子却不该去营职业"。①

　　清末的女权主义，虽然已经将女权与民权以及君权革命相联系，但还能将"民间革命"与"男女革命"同等看待，并未要求后者服从前者。加之革命与不革命之间，还没有达到非此即彼、你死我活的尖锐对立，更没有国民革命以后那种不革命就是反革命的判断，双方还能平等对话，互相联系，互为声援。南北两碧城的分工合作，就是很好的例证。随着辛亥革命推翻清朝的统治，从革命的立场看属于温和改革的吕碧城的女权主义，逐渐离开了历史舞台的中心，在相当长的时期内，除了掌故之外，只有从文学或佛学研究的角度，才有所提及。直到 20 世纪七八十年代，学人重新用清季的女权主义观念审视历史，才肯定秋瑾和吕碧城代表近代黎明时期先进妇女走的两条不同的道路，其共同目标是救中国于危亡，但主张采取的手段和程序有所不同：秋瑾代表的是革命救国的道路，是激进妇女的领袖；吕碧城代表的是教育兴民的路程，是稳健女性的翘楚。②

　　国民革命以后，不革命失去了与革命平等对话的地位，冲突的双方在坚持自己为革命的同时，也必然指对方为反革命。而反革命当然不能代表国家和民族的解放事业，从属于这一事业的妇女解放运动，

---

① 梅生编《中国妇女问题讨论集》第 1 册，《民国丛书》第 1 编第 18 辑，上海书店据新文化书社 1923 年版影印，第 111 ~ 112 页。

② 李又宁：《吕碧城（一八八三——九四三）——奇特而美艳的词人》，《近代中华妇女自叙诗文选》第 1 辑，台北，联经出版公司，1980，第 192 页。在李又宁与张玉法合编的《近代中国女权运动史料（1842 ~ 1911）》（台北，传记文学出版社，1975）中，已经收录了部分吕碧城的作品和相关的报道评论。

自然只能由另一方来实现。这样一来，各自均不承认对立一方的女性组织及其所从事的各项事业，是妇女解放运动的组成部分，分别形成了研究的盲点。国民政府时期的新生活运动妇女指导委员会，可以说是那一时期中国最重要的妇女团体，持续时间长，分设机构多，活动范围广，参加人数众。尤其是抗日战争期间，该组织成为妇女界统一战线的重要形式，受到各个党派和民众团体的拥护，发挥了动员广大民众、战地服务、安顿后方的作用。即使在战前和战后，妇指会也举办了生产、文化、福利等一系列事业，对于妇女参政和妇女职业运动有着重要影响。不过，由于对国民政府举行新生活运动的动机高度怀疑，所办各项事业历来口碑甚差，这一组织也被视为国民党的御用工具，长期缺少应有的关注。近年来，这种状况得到改善，学人能够超越党派的立场，用历史的眼光审视当时的情形，在承认妇女解放与国家民族的解放事业不可分的同时，注意到妇女解放有其独特的追求，不应强求两者的完全重合，更不能简单地规定妇女解放只能遵循某一党派的政治路线，否则即视而不见或予以根本否定。①

（二）女性主义

妇女解放运动的两股潮流，可以溯源到国际女权主义兴起的两条路径。其一是受法兰西革命的影响而主张"妇女的权利"，妇女要求和男子享受同等的法律上的权利和习惯，以及道德上的平等。持这一主张者认为，男女之性的区别并不是本质的，而是在男子为永久的支配者下生活着所产生的结果，所以要撤废社会上一切性的区别待遇，

---

① 夏蓉女士的博士论文，即专门研究妇指会。后修订为《妇女指导委员会与抗日战争》，人民出版社，2010。

在法律、职业、劳动领域、教育等方面给予两性平等待遇。英美等国的妇女参政活动为这一派的代表。其二，与此相对，不是要求和男子有同等的自由，而是主张女性的自由，也就是生育儿童的自由、母性的确立、恋爱和结婚的自由等。这一主张，在德国及斯堪的纳维亚非常盛行。①

1960 年代以后，受欧美各种社会政治运动的影响，女权主义发展为女性主义。对这一概念的理解和表述因人而异，相当复杂，难以一概而论。② 总体而言，尽管女性主义者批评女权主义仍然未能摆脱男性中心视角，女性主义与女权主义的渊源还是显而易见，或者是主张妇女解放的女权主义的极端扩展，或者要求承认女性的特殊地位，从女性的独特视角重新审视整个人类社会的历史。女性主义者刻意强调，以往的历史书都是男性中心的历史，应当从女性的角度重写历史。这一转变，不仅是研究视角的变化，更重要的是研究领域的转移。传统史学正统的政治史、思想史和外交史等，都是典型的男性的历史，即便是女权主义观念影响下的妇女解放运动，也未能冲破以男性标准衡量女性的窠臼。因此研究的重心应当转移到社会史、文化史等领域，以利于女性观点的发挥。1970 年代起，欧美的妇女史研究成为热门话题，并且很快被引入中国近代史研究的领域。与当时正在兴起的修正史学（Revisionist）和区域研究相适应，开始妇女史研究多数是把妇女作为社会史或地方史的一个部分和环节处理，以其社会功能和社会角色为研究重点。1980、1990 年代之交，妇女史研究逐渐拓展和深化，

---

① 奥ムいオ：《妇女问题讲话》，高希圣、郭真译，太平洋书店，1929，第 134～135 页，见于甦《吕碧城的女权思想与实践》，第 27 页。

② 关于女权主义与女性主义的联系和分别，可以参考克瑞斯汀·丝维斯特（Christine Sylvester）著《女性主义与后现代国际关系》，余潇枫、潘一禾、郭夏娟译，浙江人民出版社，2003。

一方面注意家庭、婚姻、生养、教育、医疗、妇女福利等课题，一方面更加分门别类地细分化，与生理学、医学史、社会史、社会经济史、文化史、法制史相结合。[1]

欧美的研究趋向影响了其他国家以及中国港台地区的女性史研究，至于中国内地，从事妇女史研究者一般还在妇女解放观念的笼罩之下。1980 年代中期，以河南郑州大学为中心，开始出现呼应国际学术界女性主义研究的尝试。经过 30 余年的努力，在介绍和引进外国相关研究的理论、观念和方法方面不无贡献，但在具体研究的成果方面，似乎进展不够明显，迄今为止，尚未见到足以令人称道的作品。而一些可以拿得出手的成果，虽然作者或多或少受到女性研究的影响，并且借鉴了有关的方法，却不一定完全照搬女性主义的理念去看待具体的历史问题。因此在女性主义者看来，不应纳入严格意义上的女性研究的范畴。

不过，超越一般性的历史领域，女性主义的影响仍然不小，尤其是在文学领域，反响比较明显。其中一种可能性是从事文学研究的女性的个性往往比较张扬，容易对女性主义产生共鸣。这不仅在创作领域中比较突出，在文学和文学史研究方面也有所表现。这大概与文学较适宜于女性特性的发挥不无关系。在提倡跨学科研究的背景下，女性主义的流行使得原有的妇女史和妇女问题研究找到了共同性，只是研究队伍表面看上去阵容鼎盛，其实相当多的人只是从字面上望文生义地将自己的研究与女性史联系在一起，选题方面有些近似，所用语汇也有附会，实际做法却并未跟进。严格说来，中国内地还没有出现

---

① 梁元生：《近年来美国之中国近代史研究趋势》，香港中国近代史学会编《中国近代史研究新趋势》，香港教育图书公司，1994，第 118～119 页。

用女性主义研究女性史的典型作品。①

　　在近代中国研究的领域，女性主义的女性史研究即使在欧美也相对滞后，其问题意识的产生，明显受到欧美国家和社会的政治、文化与社会思潮的影响，所面对的对象，也主要是欧美人士。中国学人再度转手移植，不能不考虑由异文化系统生成的观念和方法，是否适用于本土的情形。1990 年代香港中文大学的梁元生教授在介绍美国的近代中国妇女史研究时就指出：美国自 1970 年代流行的妇女和少数民族历史的研究，与其国内的社会意识和民权运动有着密切关系，所提出的新课题和新范畴，都是针对以前"正统史学"（政治史及其他以男性为中心的历史）的一种反动，也可以说是一种"补赎史学"（compensatory history）。这使我们对历史有了较为平衡的、多层面、多角度及多诠释的认识，使得史学更趋多元，更添姿彩。同时也担心史学家因此而贪新忘旧，忽略原有的研究范畴和所谓"正统"的题目。②

　　在中国，"补赎史学"领域的课题还没有代替正统史学，成为史学研究的主流，尽管也有相当强劲的趋势。但女性主义影响下（其中有不少人在相当程度上是对女性主义的误读或附会）的女性研究，却给自己造成不小的障碍和问题。清华大学的李伯重教授从他个人的研究出发，归纳了四个方面的主要问题，即：①过分强调妇女史的特殊性，将其变成封闭的学术领地。②有意无意地用两性对抗论研究问题，违背事实和逻辑。③两个阶段的理论均主要来自海外，是否普遍适用，有待事实

① 高世瑜即归纳道：妇女史大体分为两种，一是以妇女为研究对象的历史，二是以女性主义立场与视角观察和撰写的整个历史，或者可简称为"妇女的历史"与"女性主义的通史"。女性主义史家排斥前者于女性史之外。而中国内地的研究成果显然仍以前者居多。见氏著《关于妇女史研究的几点思考》，《历史研究》2002 年第 6 期。

② 梁元生：《近年来美国之中国近代史研究趋势》，香港中国近代史学会编《中国近代史研究新趋势》，第 120～121 页。

的证明。如果没有自己的理论，很难深入。④未从史料求中国女性史的真正特点。① 这些归纳不一定全面，在女性史研究者看来也未必公允，但至少反映了学术界的一种意见。

在此可以补充或强调两点。其一，研究的细碎化。一些学人误以为新史学只是范围的转移，而不是方法的变更，他们往往着眼于以往研究相对忽略的部分，也就是正史以外的部分，如社会史研究专治黑社会等亚文化现象，女性史研究也常常将目光盯在那些特殊人群或特殊现象上，如妓女、妾侍、缠足等。其二，理论与事实之间的紧张。在中国女性主义研究史上相当重要的代表李小江的自我表白，典型地反映了这一方面的问题。她认为，中国有五四以来的妇女史研究传统和西方女性主义史学研究成果两种资源，但同时就面临两种困境，传统的"男性中心"学术规范加上"妇女解放"意识形态的影响，妨碍国内史家从事妇女/性别史研究，使得为数不多的女性的女性史研究者不得不向外寻找更多的理论；而一旦她这样做，就发现人家已经有一整套东西摆在那里，"无论你说你的什么，他永远会在他的'阶段论'和他的理论范式中作出他的解释，让你觉得你'存在的多余'和'解释的徒劳'"。用外来的标准解释自己的历史和生存状况，已经改变了历史本身的内涵。② 这样的困境，也许女性主义研究者的感觉最为深刻，因为她们自己比较充分地外化（至少主观上想做这样的努力）。实际上，类似的问题在近代以来中国的学术研究中普遍存在。外来理论与本土事实之间，很难融洽无间，最终被牺牲的往往是本土的事实，因为只要用事实与理论的分离概念来看待外来与本土，二者就处于不

① 李伯重：《问题与希望：有感于中国妇女史研究现状》，《历史研究》2002年第6期。
② 李小江：《两种资源 双重困境》，《历史研究》2002年第6期。

对等的状态。而本土事实所蕴含的人文物事，在外来的解释框架之下很难得到恰当的理解和认识。

（三）性别研究

性别研究本来是女性主义研究者的概念，性别差异（gender differences）表示由社会角色和学识不同而引起的男女之间的差异，以区别于性差异（sex differences），即男女之间本能的或生物学上的差异。因此也有人将前者译为社会性别，而有的学人认为这样的译法存在着严重的学术隐患。此处不拟讨论这一概念的本源意义及其运用，而是认为这样的概念除了可以更加强调男女的差异以及女性的视角之外，似乎还存在另一种可能性，即不是单一地从女性的角度看待女性乃至整个人类社会的历史，而是从两性相互关系的角度进行探讨，其实这也是人类社会存在的本来状态。《历史研究》2002 年第 6 期刊登了一组讨论"历史、史学与性别"的文章，尽管发言者研究的领域不同，性别有异，观念不一，却或隐或显地表达了希望改变妇女史研究中太过西化和现代的期待（也有个别学人实际上是想进一步学习外国新的理论）。当然，参与者多为男性，也或多或少地对极端的女性主义倾向有所不满。

近代以来的妇女史研究，在观念和方法上有两大特征，一是西式，二是现代，亦即用欧美现代的观念，来考察中国固有的社会与文化。其结果，必然用后来外在的系统，来条理固有的材料，最终难免陷入其言论愈有条理系统，去古人真相愈远的尴尬境地。在五四新文化运动关于东西文化的论战中，人们便隐约感到两者之间存在着显而易见却又捉摸不定的差异。这种模糊性固然反映了当时国人认识上的浅薄，但同时也触及某些难以用言辞表达的本质。就学术而论，因为受语言文字特性的制约，中国固有的学术更加重视综合与发明。尽管中国学术史上也有今古文与汉宋学之争，人们还是一再强调，回到孔子，则并无分歧。中国人认识学术文化的这一特性，与分析时代的西学相去较远。正如人本主义与科学主义分别突出人及人类社会的某一方面，实则所研究的对象本身并没有分为两面，而是一个综合的整体。片面的彻底，很难不以牺牲实事为代价。

从性别划分的角度看，人类社会的基本类别就是男女，社会由男女共同组成，只有双方关系处于相对稳定的状态，整个社会才有可能和谐存在和协调发展。由于男女双方生理上存在性差异，在社会发展的不同阶段，某一性别在社会的某些方面处于优势，并非异常，而是正常。非要强求用后来的眼光重新审视，作为补赎固然有其意义，但要根本改变历史的架构，恐怕难免违背历史的本相。即使如妇女解放或女性主义者所论，在一定阶段占据社会的中心或主导地位的性别，也必须同时考虑另一性别的利益需求，以及两性关系的协调，不可能一味以牺牲一方满足另一方的方式来维持两性关系，实现性别和谐，长期维持社会稳定。要求男女平等或男女平权，背后显然有基督教文化的因素，过分看重男女性别的差异，于是必须通过抹杀差异的办法来达到平衡。这种近代社会的追求，反映了时代变化，但如果倒述于历史，或者企图放之四海而皆准，不免会强史料以就我。

无论女性史怎样特殊，仍然只是人类历史的一个部分或一种样态，必须遵从历史的基本规则。历史包括史实和史书，史家的责任，在于不断地解读史料（各种类型）以接近史实。许多学人已经指出，研究中国女性的历史，首先应当注意材料。这当然毫无疑问是正确的态度。但是如何面对与看待材料，却又受到许多预设的理论前提的制约。而这些后来外在的前提，并未经过充分论证，或者一段时间被视为公论，后来已经动摇。在梁启超提倡新史学之后，不断有学人指出，中国固有史书并非单纯的帝王家谱，正史固然有种种缺陷，毕竟是多数史料之汇集和基本事实之认定，不应当完全脱离正史，一味凿空蹈隙。

基本史料和史实，包含着那一时代的人对于社会人生的基本看法，其中也包括如何看待和处理两性关系。对此，不能一言以蔽之曰男性中心。因为男性在一些社会层面上占据优势，其原因不仅是社会性别的差异。在女性的社会地位是否一定低于男性这一基本问题未能确证之前，如果一味寻找女性的独特问题或独特视角，很容易流于偏颇。受此制约，封闭性的女性课题最易引起关注，如女书、自梳女以及妈妈会等民间妇女组织。其实，即使这类问题，也往往牵涉两性的关系，而且未必是妇女地位低下、与男性抗衡的表现。况且，就算学人在此类探索中再现了女性的历史，人们也不禁怀疑，这究竟是特例还是一般女性生存与活动的状态？对于人类的生存和生产活动如此重要的女性竟然不能在一般历史中留下她们的痕迹，或者完全被男性所淹没，而不得不完全依靠现代人来重新发现，并且重建起来的历史也只是补缺拾遗，这究竟是提升还是贬低历史上的女性？

如何在一般历史中发现女性？首先，应当考虑不单纯以女性史作为研究的终极目标，而是站在人类总体的两性史的立场之上，从不同层面探讨男女两性对于社会存在和发展的共同关怀，以及女性在其中扮演的基本角色。以女性为研究对象，与选择任何课题一样，只不过是认识人类社会的一个切入点，人类社会的整体性不应被割裂。研究女性史的主要目的还是在于更好地理解和认识两性共同社会。因窄而偏，是近代中国吸收西方分析性学术思想所导致的一个普遍偏差，早已引起众多学人的批评。这些批评对于更显偏颇的女性主义观念和妇女史研究颇具借鉴意义。在中国，"礼"无疑是一个关键，所谓刑不上大夫，礼不下庶人，实则上层礼制，下层礼俗，这些一般性的社会规范，绝不仅仅是男性意志的一厢情愿可以形成。因此，制度史研究，包含了大量的两性意识和关系。即使在刑法的范畴，男女性别差异主要还是从属于各自所处的社会地位，不应将性别差异超越于后者之上。

其次，应当改变将两性的性别意识和对待两性关系的态度视为截然不同甚至根本对立的看法。在一个相对稳定的社会中，两性不仅是对立的两极，更是相互依存的两端，否则不可能维持平衡。某一性别的自我意识如果过于强烈或极端膨胀，必然导致破坏这种平衡。因此，关注的目光不应仅仅集中于那些具有封闭性的女性亚文化社会或亚文化现象，而应注重在一般社会生活的常态之下两性如何处理彼此的关系，两性的性别意识及其处理两性关系的基本态度和做法。近代中国激烈的女权主张，开始反倒是一些男性积极为女性代言，和民族主义、国家认同一样，这多少受到外来思想的影响，是在外来思想的框架之中重新反省自我而新意迭出的结果。如果说这仍是男性意识的表现，其理据却基本为女性主义者所接受。1920～1940 年代，又是男性从女性本位的立场出发，不断对此进行反省检讨，也得到了部分女性的呼应。[1] 学人在强分历史上的男性意识与女性意识之时，往往太过主观，而忽略了历史进程的复杂性。

再次，应当用正常的眼光来看待所谓男性中心的种种观念。女性主义第二性的强烈性别意识，是 20 世纪中叶以后出现的观念。即使在 20 世纪，持有这样观念的人在女性社会中也不占多数。不能假定这样的观念才是女性应有的观念，才是女性性别意识的觉醒，并且用这样的观念去衡量和考察过去的女性，不相符合者即断定为男性中心意识

---

[1] 参见李岚《战国策派及其论争》，中山大学硕士学位论文，2000。

的笼罩。历史上的女性，虽然由于社会分工的不同以及受教育程度的差异，在活动界域方面与男性存在明显的差异，但她们并非以集体无意识的形态存在。其利益和愿望，也表现于一般历史和规则当中。只是按照女性主义的观念，一定要与男性的意愿相对立相违背，才是女性真实意愿的表达。古代中国女性对于韵文的发展至关重要，海外研究者已经注意到这一现象，但能否将其中的意识判断为女性独有，是否与男性的同类作品进行过普遍的比较，仍然值得质疑。

最后，将观念与事实相区别。儒家正统思想本来多为理想，后来则是统治意识，但未必是实际社会生活的通行规则，有时甚至恰好是由于社会现实不足而强烈主张。学人看待历史上的女性和女性观，常常引述符合其论点的个别词语，而对众多观念截然相反的词语概念却视而不见，略而不谈。由此体现出来的两性的实际社会地位，显然与事实相去甚远。

三　近代中国女性研究的观念与实事

（一）今日的女性观与昨日的女性观

近代中国女性史研究，在美国随女权运动和女性主义的兴起，自1970年代开始形成气候。日本的一批女性学者从1970年代末起，相继投身这一领域。中国台湾学者在研究方向及方法上很受美国的影响，随即跟进，并有一批成名的男性学者与美国学者合作研究。中国大陆方面，原来的妇女研究主要是作为革命与解放运动的一部分，此外便是历史名人或英雄传记。受国际女性学的影响而展开的学术研究，到

1980 年代中期才具雏形。总括上述各方，欧美在理论方法上具有创新带头作用，若干领域确有真知灼见及学术建树；日本和中国台湾则情报周详，具体深入；至于中国大陆方面，研究工作加速追赶，但所长暂时仍在史料的编辑。①

就史学而言，史料的收集整理具有头等重要性。因为历史研究应当对研究对象具了解之同情。而这首先必须尽可能详尽地占有和融会资料。在资料的编辑出版方面，台湾和大陆颇有成就。1975 年，美国李又宁教授和台湾张玉法教授主编的《近代中国女权运动史料（1842～1911）》上、下册由台湾传记文学出版社出版。以后李又宁教授又编辑出版了《近代中华妇女自叙诗文选》第一辑（台北，联经出版公司，1980）。此外，台湾的"法务部调查局"还编辑出版了《中共妇女运动原始文件汇编》第一辑。大陆则编辑出版了《五四时期妇女问题文选》（三联书店，1981）、《江西苏区妇女运动史料选编（1927～1935 年）》（江西人民出版社，1982）、《广东妇女运动史料（1924～1927 年）》（1983）、《中国妇女运动历史资料（1921～1927）》（人民出版社，1986）、《晋察冀边区妇女抗日斗争史料》（中国妇女出版社，1989）。

不过，与近代妇女史料之浩瀚相比，上述也还是九牛一毛，而且总体上看，编辑者的视野仍有局限，有的甚至带有先入为主的框架。编辑史料，应当尽可能全面、客观地将历史文献提供给研究者，以期从中读出历史的本相，至少是研究者心中的历史。而一些史料选本，却往往成为某些教科书的敷衍。这种重新组装过的历史图像，虽有便于理清线索之利，但对于喜欢走捷径的研究者，很容易产生误导的负

---

① 参见秋吉佑子《现代中国女性研究的特征与课题：以中国、日本、欧美为中心》，《近邻》（近きに在りて）第 13～15 期，1988、1989 年。

面影响。

在上述各种选编史料集中，李又宁、张玉法教授主编的《近代中国女权运动史料（1842～1911）》，虽然时间最早，但两位学者研究有成，功力深厚，至今仍是最具权威性和规范性的上乘之选。只是经过二十年光阴的消磨，以及国际国内局势的变化所带动的广泛交往，提供了前所未有的条件，来者才可能进一步检讨增补。以这部资料集所涉及的晚清那一段历史而论，对于女权运动最重要的时期无过于戊戌至辛亥。这不仅由于非教会系统的新式女子教育在此期间产生发展，并在一定程度上得到官方认可，取得合法地位，而且专门面向女性或鼓吹女权的报刊书籍陆续出版发行，各种女性团体相继成立。其中涌现出一批在当时颇有影响的新女性，如吴孟班、张竹君（上海女子兴学保险会）、林宗素（闽中女学会）、郑素伊（对俄同志女会、慈航社）、杜清池姊妹（广东女学会）、薛锦琴、陈撷芬（《女学报》、上海中国女学会）、吕碧城等。她们努力振兴女学，提高女权，并与当时各地的新学名士或绅商官各界有着多重亲友关系（如张竹君认李平书为义父，林宗素为林白水之妹，陈撷芬为陈范之女，吴孟班为丘震妻，上海中国女学会会员大都是中国教育会会员的亲眷），具有较广泛的社会影响。她们积极活动，早在 20 世纪初叶，就在上海、福建、广东、浙江等地组建起妇女团体，成为近代中国女权运动的开路先锋。

然而，这些先驱者的生平事迹及言论著述，大都湮没无闻，与之有关的组织和事业，也鲜为人知，令人惋惜。她们后来的名气虽然不及秋瑾等人，有关的资料又相当零散，但从各种报刊、档案、公私函电以及日记小说中，不难搜集到相应的记述。而且，所谓影响的大小，往往受时局变化的左右，尤其是筚路蓝缕之功，更容易被后来居上者的声势所掩盖。1902 年春夏成立于上海的中国女学会，汇聚了当时沪上新女性的精英，并得到新学界名士的支持赞助。该会最初为归安吴孟班于 1901 年创议，开始"应者盖寡，久而未遂"。① 是冬，吴氏染喉症而亡。其夫丘震原是庚子中国国会书记，"平日愤中国之不振，病在无学，发愤研究东西学术"。1901 年又赴日留学，入成城学校讲求武备，被梁启超称为铁血派。后因病归国，以妻丧恸而咯血，亦于 1902 年 5 月病故。"东南士夫钦二人之才，悲二人之遇，相谋在上海平江公所特开追悼会"。当时与会者凡 145 人，"而外处寄到之挽语哀辞尤不可胜数"。② 沪上新学名士蔡元培、章炳麟、叶瀚、汪德渊、吴保初、孙毓筠、蒋智由、蒯寿枢、王季同、王慕陶等纷纷敬献挽联，痛悼这对"戊戌党锢以后大呼政治革命，支那奴隶之国创闻男女平权""亦侠亦情儿女英雄齐下泪，是夫是妇政潮学界两相关"的革新伉俪。③ 中国女学会也顺势而成。

　　女性史研究中史料发掘得不充分，更多地表现在各种论著之中。史学大家陈寅恪早有近代史料太多，收集难以周全之叹。而学风散漫，研究者往往不能坚守学院化的正轨，选题过大，通史居多，量的扩张有余，质的提高不足。在此基础上重述历史，不免浮光掠影，甚至呼卢喝雉，图画鬼物。仅以与近代女性史关系甚大的缠足问题为例，这个被与八股、蓄辫并称为三大国糟的特产，曾引起海内外学者乃至世人的广泛关注。此一与近代中国女性史相始终的独特陋习，有关学者鲜有不加涉及。然而，尽管专门和相关的著述不少，以笔者的孤陋寡闻，至今未见有引用姚灵犀编《采菲录》1～4 编及新编者。这五册书又名《中国妇女缠足史料》，后来还选编《采菲精华录》二册。主编

① 《上海女学会演说》，《选报》第 20 期，1902 年 6 月 26 日。
② 《追悼志士》，《大公报》1902 年 7 月 2 日。
③ 《大公报》1902 年 7 月 4 日。

姚灵犀乃近代文坛怪杰，著有《瓶外卮言》一书，在《金瓶梅》研究史上占据一席之地。

《采菲录》编印于 1920～1930 年代，其时缠足已成末路，而编撰者并不带批判态度，甚至怀有明显的眷恋惋惜之情，收罗莲国遗老的怀旧之作，其中夹杂不少秽亵处。然而，所录各种有关缠足的诗词文章，不仅有助于详细了解缠足的历史，更可以清楚地掌握缠足的形制、变化、装饰、分布以及与此有关的风俗人情，特别是这一陋习所以历久不衰的文化心理因素，可谓中国缠足史料的集大成。书中许多诗文由拥莲派写来，能够令人体察到反对派锋芒所向的另外一面。未经历那个时代的学人，不看这套书，恐怕很难深入理解这一病灶，因而也就不可能真正了解缠足时代的两性关系。记得一位友人论证 19 世纪中叶上海人并无排外意识，举例之一是说扬州妓女颇受欢迎。其实，此事原因多半在于扬州女性小足天下闻名，时称"北有大同，南有扬州"，迎合了汇聚上海的一班莲癖之士的嗜好，与心态开放与否关系不大。

在中国历史上，相当长的一段时期里，缠足不仅有病态的审美价值，而且缠与不缠、缠的好坏及形制，成为反映社会等级身份、地方文明程度和风俗人情的重要标志。不过这套资料不合时尚，当时印数仅 500 册，正规图书馆保存甚少。1960 年代与 1970 年代之交，曾有人在香港《明报月刊》著文介绍，并有出版社广告征求原书，打算再版行世，似未实现。笔者调查资料之余，曾向国内及日本各大图书馆查阅，结果几乎没有一家保存完璧。遍览海内外有关缠足的著作，大都仅据方洵的《香莲品藻》等书加以敷衍。如果揣度不误的话，前些年天津作家冯骥才写作小说《三寸金莲》，应该看过姚氏的书，否则很难那样如数家珍，栩栩如生。姚著当年恰好也是由天津某书局印行，想来当地或保存较全。不过，冯著曾引起一场不大不小的风波，在下也不以为这类国糟应当揭开来让世人猎奇玩赏，更不以辜鸿铭似的故意视国糟为国粹为然。但对于研究者，特别是历史、文化、社会等领域，片面距离谬误只有一步之遥，哪怕被蒙蔽的只是毒瘤。善意的遮丑或曲意的辩解，都会导致历史真实的变形，从而产生错解。而单纯从今天女性学的角度来分析批判，恐怕也无法具"真了解之同情"的态度。正如周予同所说："国故自身，无论它是国粹抑或是国糟，总之，我们不能不给它一个文化史上的地位，而研究它自有其独立的价值之存在。"① 从片断与片面的资料中，不可能得到真实的历史全息影像。而失却历史本身的复杂性，必然导致历史学学术价值的降低。

（二）男性的女性观与女性的女性观

戊戌辛亥间，女权运动渐兴，各种报刊书籍不断出现。据不完全统计，到武昌起义前，妇女报刊已有 29 种。② 通观这些宣传品，发觉鼓吹女权最力、言论最激进的，往往竟是男性。如在此期间创办较早、历时最长、影响较广的《女子世界》，其创办人、编辑和主要撰稿者，如丁初我、徐觉我、柳亚子、蒋维乔、沈同午等，便是清一色的男性。可惜学者失察，误以须眉为巾帼。《辛亥革命时期期刊介绍》第一集中关于《女子世界》的介绍，在指称创办人丁初我时，全部用"她"为代名词。载于第四集的《中国近代妇女期刊简介》，更将丁初我列入"女主编、女主撰、女记者"行列，说这些人"大都出身于'名门

---

① 《儒家之精神的社会政策》，朱维铮编《周予同经学史论著选集》，上海人民出版社，1983，第 575 页。
② 徐楚影、焦立芝：《中国近代妇女期刊简介（1898～1918）》，丁守和主编《辛亥革命时期期刊介绍》第 4 集，人民出版社，1986，第 680～693 页。

闺秀'"。其实丁氏乃一伟丈夫，并非女儿身。据冯自由《革命逸史》第三集《兴中会时期之革命同志》，丁初我、徐觉我、殷次伊三人为中国教育会常熟支部主持者。该支部成员均为男性。

丁初我曾为江苏留日学生所办《江苏》杂志撰文多篇，其中《常熟殷次伊传》记述了这位在拒俄运动中殉国志士的生平事迹，他说："予共次伊事最久，予知次伊之心之宗旨最深，戚戚私交，惆惆同种。"殷次伊为常熟新学界的代表，名崇亮，一字潜溪，秉性独立，志在普及教育，革新学界，发达人智，增进群德。早年游学燕蓟。1898年，在常熟与邑人创办常昭塔后小学。再赴上海，先后入东文学社、南洋公学。1902年11月南洋公学风潮时为全校学生代表。退学后积极参与组建爱国学社。因家庭之命，被迫返里，创立教学同盟会，"组织学界同盟为国民同盟之基础"，提倡地方自治，"俨然一国会之具体"。不久改组为中国教育会常熟支部，使常熟成为以上海中国教育会为核心的江浙新学界活动的重要据点。1903年夏，殷氏再度至沪，与爱国学社同志谋扩张改进。《苏报》案起，他决心牺牲己身以保全社会，谋东渡投身拒俄义勇队，归家请命。途中虑及家庭必加阻拦，以为不自由，毋宁死，愤而投江。① 丁初我与之共事，实指在常熟举办各种趋新事业。当时社会风气未开，尚无男女合办成例，中国教育会也没有女性会员。

担任《女子世界》撰述的蒋维乔，在日记中记述了他与丁初我的交往情形："余识丁君初我于江阴南菁讲舍。相见之始，有如凤契，晨夕聚首，相与讨论学问，纵谈天下事，而知初我为绩学之士也。初我为人慷慨任侠，痛中国之不振，社会之腐败，于戊戌年间即集合同志，

---

① 初我：《常熟殷次伊传》，《江苏》第4期，1903年6月25日。

创建书社，购置新书新报，任人观览，以开通风气，又立常昭小学堂，教邑中弟子。"南菁书院在近代中国传统学术史上颇有影响，其时虽改办学堂，尚未开男女同校之禁。

蒋维乔同日的日记又称："《女子世界》为常熟丁君芝孙等所创，余每月担任论说一篇。"① 则丁芝孙与丁初我应为同一人。理由之一，蒋维乔日记壬寅十二月除夕（1903 年 1 月 28 日）自识称："余昔从事学问，无一定之目的。今岁南菁改设学堂，既到堂后，与诸教习及同学志士相处，乃悟新学界之别开生面……南菁理化教习钟宪鬯先生学最富，同学诸君常熟丁君芝孙为最。"与前引评论丁初我语相吻合。

理由之二，《苏报》1903 年 6 月 24 日《纪常昭塔后小学校二则》记："常昭塔后小学校自戊戌开办以至壬寅，经徐念慈、丁祖荫、殷崇亮等大加改良……其堂中热心组织诸君列左：曾朴（孟朴）、张鸿（蛮公）、丁祖荫（芝孙）、殷崇亮（次伊）、徐念慈、徐宗鉴（维公）、沈同午（职公）、宋麟（侠公）、朱积熙（远生）。"则丁氏名祖荫，字芝孙，号初我。

丁初我与徐念慈（觉我）、殷次伊等是在常熟兴办各种新事业的骨干人物，在中国教育会常熟支部的前身教学同盟会中，徐任总理，丁、殷为常议员。②《女子世界》另一主要撰稿人沈同午为该会干事员。他们与中国教育会吴江同里支部的柳弃疾（亚子、亚庐）、金松岑（天翮）及常州的蒋维乔（竹庄）等交善。这些人大都成为《女子世界》的同人。

辨识丁初我的性别，事关近代中国男性之女性观与女性之女性观

---

① 蒋维乔：《鹪居日记》，癸卯十二月初四日、十一日。
② 《教学同盟会会员题名单》，《苏报》1903 年 3 月 23 日。

的差别这一重大问题。所谓《女子世界》持论激进，主要不是指该报的反清革命倾向，因为政治态度的不同，在女性中同样存在，而是指在男女两性之间否定男性、尊崇女性的极端表现。有人认为该报"在强调提倡女权的时候，过分夸大了女子的作用，表现了泛女权思想"。① 其实这与其说是泛女权，不如说是唯女性更为妥帖。而这种女性至上的倾向在中国男性知识人中相当普遍。其表现有二，一是以女性为理想化人格的代表，小说《红楼梦》最为突出，其他如《聊斋志异》《镜花缘》等，亦可见大略。二是对女性寄予无限同情，文学著作中如现代小说《家》《春》《秋》。而陈寅恪之于陈端升、柳如是，则两种情怀兼而有之。在辛亥时期由妇女主办或以妇女为对象的报刊中，关于复兴女权、家庭革命、破除纲常、经济独立、恋爱自由、婚姻自主等问题，不仅在《女子世界》之前出版的几种刊物词锋远不及其犀利，就是在此之后问世的报刊，能与之匹敌的恐怕也只有1907年底为纪念秋瑾而创办的《神州女报》。

不仅如此，新文化运动时期对贞操节烈的抨击，以及后来关于娜拉走后怎样的争论，虽然两性营垒中各有分歧，却总由男性发端肇始，呼声也格外强烈。究其根源，除男性受教育的比例大大高于女性外，至少两方面情况可以考虑。其一，在中国传统社会中，母亲对子女的教育成长所负责任往往较父亲大，影响也深，由此产生的文化意义上的恋母情结，会在相当程度上左右后代对待女性的态度。其二，与此相对，父亲作为家长，威严有余，慈爱不足，往往变成专制主义的代表化身。而反抗父权的专制，同样会影响两性观。加上这些男性的唯

---

① 徐玉珍：《女子世界》，丁守和主编《辛亥革命时期期刊介绍》第1集，人民出版社，1982，第473页。

女性主义者多生长于士绅的家族制大家庭，身受家长的压抑，对于比自己地位更为低下的女性，无论后者自觉或蒙昧，易产生强烈的同情心，而对统治社会、主宰家庭的男性油然生厌。怜悯与颂扬女性，正可抒发对人世间压抑不平的愤懑。柳亚庐在《女子世界》第九期发表的《哀女界》，可以为证："金一（松岑，《女界钟》作者）有言曰：'凡身领压制之况味，受压制之痛苦之人，必痛心切齿于压制政体，不愿世间有此等恶现象。'旨哉斯言，其伤心语哉。吾非女子，而压制之惨亦身受之矣……居地球之上，其不幸者莫如我中国人，而中国女界，又不幸中之最不幸者。睹斯惨状，同病之感，我又乌能已于言。"实则在通行诸子析产制之下，家族制大家庭并不普遍。而且从民国时期社会学者考察的实践看，如何判断中国"家"的单位，是一件极其困难的事。

男女之女性观的差异，还由于男女实际的社会地位及境遇不同。以吕碧城为例，其"年纪虽少，见解却高，一切尘腐之论不啻唾之，又多裂纲毁常之说，因而受谤不少"。她曾在秋瑾所办《中国女报》上撰文呼吁女子结团体，兴女权。但对于自由结婚之事，却认为"今日此种社会，尚是由父母主婚为佳"。因为"父母主婚虽有错时，然而毕竟尚少；即使错配女子，到此尚有一命可以推委。至今日自由结婚之人，往往皆少年无学问、无知识之男女。当其相亲相爱，切定婚嫁之时，虽旁人冷眼明明见其不对，然如此之事何人敢相参预，于是苟合，谓之自由结婚。转眼不出三年，情境毕见，此时无可委过，连命字亦不许言。至于此时，其悔恨烦恼，比之父兄主婚者尤深，并且无人为之怜悯，此时除自杀外，几无路走。渠虽长得不过二十五岁，所见多矣。中国男子不识义字者比比皆是，其于父母所定尚不看重，何况自己所挑？且当挑时，不过彼此皆为色字，过时生厌，自尔不终；

若是苟且而成，更是看瞧不起，而自家之害人罪过，又不论也"。严复劝其"早觅佳对，渠意深不谓然，大有立志不嫁以终其身之意"。后来她果然独身一世。①

吕氏言行并非例外。1907年，中国妇人会书记杜成淑（四川女学堂学生）与译学馆男生屈疆之间闹得沸沸扬扬的一场风波，很大程度上反映了两性间态度的差异。当时中国妇人会在北京厂甸为江北灾民举行募捐演说，屈疆听了杜成淑的演讲，"慕杜女士为人之正派"，私下托人转交一函，表达爱慕之情，并约期一晤，函中有"天假之缘""自由"等词句。而杜氏却如蒙大辱，一面四处投诉，一面公诸舆论。译学馆当局只好将屈生开除，暗中送他出国留学。杜氏答屈疆的公开信颇能反映时代及两性间对婚恋态度的不同。其文虽长，不妨照录于下，以供解析：

> 初十日下午突接来信一函，系由本会义务小学生胡润仁手交来，云系会所前茶摊上屈姓特托伊送交杜二小姐者。淑比拆阅，见其中有信笺一纸，另有小洋片一张，中铅印屈疆二字，左边铅印字伯刚，浙江平湖县人。淑阅，竟茫然不解所谓。然玩其词语，颇涉猥鄙儇薄，而究不知其为何如人。译其名片背面洋文，系京师译学馆等字。嘻！异哉。夫以中国女界沉沦数千年于兹矣，幸朝廷变法维新，凡稍有思想者，均汲汲以求学为重，不独男学界日求进步，即女学界亦争自濯磨。故去年吾父与世叔王君以南城女学不兴，爰与同乡诸先生议定，而有四川女学堂之设，将以扶植女权，俾人人有普通知识。创立一年，颇有成效，而于修身敦

---

① 王栻主编《严复集》第3册，第839~840页。

品一端，尤为注意。淑固素娴家教，夙敦学品，而孜孜勉为完全人格者也。今者江北水灾，待赈孔亟，吾父提倡中国妇人会商人会员，在厂甸劝募，淑与吾姊成玉等均司书记。事虽创举，颇为京师各界中人所赞成，凡来买图上捐者最占多数。本会中人虽当严寒，而热心公益，义不容辞。何图君为学生，竟有此不规则之举动也。

来信开首云，识君已将一载。淑生平所曾谋面者，均系吾父年世尊辈，每晤一次，随登日记，并无屈姓其人。君云识已一载，究竟何时通名，何时谋面，何时聚谈，君言之若甚得意者，得毋丧心而发狂病耶？又云天假之缘，淑更不解天缘二字从何说起。或者此次天降奇灾，淑等售图劝捐，风霜历尽，劳怨不辞，以为江民杯车之助，乃疑为钟情来耶？君云欣幸，淑窃愁苦之不暇也。

即女友之说，现在世界开通，人人讲求学问，交换知识，亦文明之通例，况会所隔茶摊相离不过十步，君如仰慕淑之高雅，固无妨落落大方，光明磊落，致敬尽礼，道达来意，方不失为学生资格。淑禀知父母认可后，即能接谈，何必给小学生私传信束，行同狗彘，心为鬼蜮如是。况淑之学问渊博，君既从徐女士处问知，何不即请徐女士介绍，达其诚意，而必为是私相授受，以售其不轨之谋。淑固四川女学生，诚不知君视淑为何等人。君之所以自处者，其居心直可诛而不可问也。至于自由之说，中国女界尚在萌芽，循礼守义，国粹在斯。淑家世以孔教为尊，最不取自由之说。凡世之号称自由者，大都皆野蛮之自由，非法律上之自由，满口卢梭，居心盗跖，一动一言，毫无公理。在彼方自诩文明而已，不值识者之一噱也。至云星期一陶然亭可图良晤一节，尤为无状。淑既不相识，何良晤之可图？君既为学生，应知教育，狂悖如此，直与勾引良家妇女者同科，其罪有不可胜诛者矣。

　　嗟夫，中国至今危弱极矣，将来事业，责在学生。译学馆为京师独立高等之学堂，闻平时教育最称完善，而竟有败类如君者厕其间。设学生均如君者，中国前途大可知也。现女界黑暗，刚放一线之光明，凡学界中人，知女学关系匪轻，方期极力提倡，而遇有女学生于此，应如何肃然起敬，以相与维持。而不谓君竟鄙夷视之，等诸下女。君固俨然人也，俨然学生也，而品行顾如是乎？又况此次劝募，凡稍具人心者，见淑等以孱弱女子，值此新春，不暇游玩，每日矗立于严风冷雪之中，而为是售图募捐之举，警厅保护之，政界学界各界赞成之，以为是中国向来大有创格，方谓此关打破，将来二百兆之同胞女子皆可出而任事，发愤自立，不致贻男子内顾之忧。而不谓君竟意存破坏，至以私信传递。诚恐此风一启，顽固者得以借口，而女子世界从此复处于黑暗，无复有拨云见天之一日。君试思之，胡甘为男女学界之蟊贼，世界文明之公敌也。淑得信后，本拟置之不理，继念君之为此，匪独关于淑一身之名誉，且关于译学馆及男女学界之名誉，更有关于中国妇人会之名誉。君以私来，淑以公布，使□下政界学界工商实业界中人裁判之。君函除送学部译学馆外，特登各报，幸恕唐突勿怪。[1]

　　以时下的眼光来看，这封信自相矛盾处不少。或者说，以现有的理论逻辑，很难理解和解释当时人的思想。其实，屈疆并非登徒子，不仅学业优秀，思想也颇为开通。因而译学馆的同学均为他打抱不平。

---

[1]　天津《大公报》1907 年 2 月 27 日。

此外，革命女杰秋瑾，虽与由包办婚姻撮合又无共同语言的丈夫分居，却不曾彻底脱离关系，身后仍不免合葬。中国女学会和《女学报》的创办人陈撷芬，竟不敢反抗父亲逼令嫁给商人做妾的成命。而一些毅然实行家庭革命、离家出走以逃避包办婚姻者，后来大都落得个悲惨结局。甚至民初共和政府也以"未有不能共和于所生之父母，而能共和于四万万人者"为词，剥夺女学生婚恋自由自主的权利。① 凡此种种，使得女性在挣脱束缚、鼓吹解放时不能不顾虑重重。

诚然，女子自有其激进处，只是着眼点与男子不尽相同。吕碧城的独身意向可谓一种极端表现。而吴孟班则属于另一类型。人称其"女中杰也，有大志，娴文学，通西语"。据说她"尝有身，自坠之。公恪大骇。孟班曰：'养此子须二十年后乃成一人才，若我则五年后可以成一人才。君何厚于二十年外之人才，而薄于五年内之人才？且君与我皆非能尽父母之责任者，不如已也。'公恪语塞"。② 而在提倡男女平权，男女同校上学、同台演说、同场竞技之时，女性又刻意严格男女界限，开会时男女分列，或分室而坐。一些女子团体甚至明文规定："演说时不准男人混入"，③ 以免给顽固势力留下干扰破坏的借口。

由于两性的女性观不尽相同，各自对与女权有关问题的选择取舍乃至态度要求必不一致，研究者在处理史料时应慎之又慎。以报刊为例，笼统冠之以"妇女"二字，不免混淆性质，因为其中有由男性主办而以女性为对象的刊物，所提倡鼓吹在女权的大前提下，带有独特的男性眼界。而由男性或女性主办的刊物上，也分别刊载异性的文章。只有首先清理分类，进而弄清各自的身世背景、社会交往，才有可能

① 详见桑兵《晚清学堂学生与社会变迁》，学林出版社，1995，第 9 章第 3 节。
② 《道听途说》，《新民丛报》第 3 号，1902 年 3 月 10 日。
③ 《两浙女学会简章》，《警钟日报》1904 年 8 月 25 日。

真正了解和理解其言行的社会内涵及互相联系。在此基础上，再比较他们在恋爱、婚姻、家庭、养育、教育、独立、平权、参政等一系列问题上的主张要求，然后才能有所议论。

（三）上流的女性观与下层的女性观

中国社会的特殊性之一，是以文化聚合广大区域及人口，大小传统长期并存互渗。不同社会阶层之间作为理想化两性关系的规范虽然接近或吻合，但实际的女性角色地位却相距甚远。特别在基层社会，由于小传统的千差万别，在表面共同的伦理道德主导下，实行各式各样的规则。一般说来，基层社会对于女性的约束与控制，较上流社会要松动。这往往从形体上就能够区分。在一些地方，缠足成为体面人家女性的标志，天足则是劳动妇女的特征。这不仅表现为城乡女性的差别，甚至是夫人小姐与仆妇佣人外形不同的要点之一。中国历史上出现的一些女性独有的文化规范，如女书、自梳女等，主要也是通行于基层社会。在北方不少地区流行的妈妈会等组织，更是完全由女性自己筹划运作的民间女性结社，其功能作用尚未得到充分认识。在这方面，美国学者的研究无论从领域的拓展还是从方法的运用看，显然处于前列，出现了一批给人以很大启示的成果。

当上下层社会不同的女性观念与规范因社会动荡发生移位时，可能对整个社会的变动产生重大影响。近代西式教育发展的曲折进程便是一例。尽管清政府直到 20 世纪初仍然排斥女学，到 1907 年才勉强允许开展女子初等教育，但下层社会对女性的约束相对松弛，西方传教士很早就以此为对象开办了女塾。到 1890 年代，女生已占教会学生总数的三分之一，成为迫使清政府在女子教育问题上让步的要因。这种影响不仅在外力冲击下发生，社会内部的变动同样会引发。太平天国席卷中国之际，广西妇女在生产和家庭中的重要角色作用随之扩大，影响其他阶层和区域。不过，由于下层社会中实际通行的规范与观念上的理想模式不完全统一，往往要通过具体行为的程式化来显现潜在规则，而且女性本身也有身份角色差别（如姑娘与媳妇），迄今缺乏深入具体的研究成果，难以得出一般性结论。

近代以来，对于中国传统两性关系的认识，很大程度上受到男性的唯女性倾向的影响。这些唯女性主义者大都出身于士绅大家庭，又具有很强的叛逆性，本能地反对男性大家长的压制。他们运用笔的社会影响力，对封建纲常伦理大张挞伐。由他们所记载、描绘和批判的两性关系，往往被等同于现实的两性关系，而忽视了其中夹杂着作者特殊的主观情感成分，不能与现实画等号，简单地直接用作分析的依据。尤其是他们对基层社会的认识，仍然是从外部观察，或是用外部的观念观察，缺乏足够的深入和具体，其文字言论主要是反映激进知识人对同时代基层社会的看法，而不能作为基层社会的实事。如果只是通过他们的言论来认识基层社会的各种女性乃至两性社会关系，则只不过是再度感受他们的心境，无法接近和理解社会的现实。从士绅层面属于常态的大家庭，在小家庭普遍存在的基层社会，只能说是相对而言的变态。

分别看待上层与下层社会的女性之外，还有上层与下层的女性如何看待自身、男性以及两性关系乃至整个社会的问题。无论古代还是近现代，能够直接留下自己的文字材料者，大都是知识女性，也可以说大体是上层社会的精英女性。她们所具有的知识，依照女性主义者的观念和逻辑，无疑也是男性中心社会的产物，未必可以直接认作女性的视野。更为重要的是，她们未必能够反映基层社会一般女性的社会观念，往往只是将后者视为改造的对象，希望用她们认为正确的各种方式，使之接受自己的观念。这样的接受，以往被认为是觉悟，其实很可能不过是一律而已。在此过程中，基层社会女性的实际状况和要求，或许不但没有得到体现，反而被完全湮没。

（四）本土的女性观与外来的女性观

中国的近代新史学兴起于清末民初，观念方法明显受西方近代人文社会科学的影响甚至左右，只有极少数学者能够领悟并进入学问无所谓中西新旧那样一种至高境界，并且从史料和传统史学中提取中国文化固有的概念方法，用以解释中国社会文化和历史的内在联系。这些外来观念，无论得自东欧还是北美，都并非由中国社会文化生成，套用来分析解释中国的情况，往往不免削足适履。但是放弃这些观念方法，又很难表达人们当代的思想意识。这是近代以来后发展民族在精神领域碰到的共同难题。就 21 世纪中国女性史研究而言，影响最大的理论来自欧美延续 20 世纪的妇女解放运动和六七十年代兴起的女权运动，它们在很大程度上反映了当时欧美的社会问题意识。引入中国后，由于观念与事实存在歧异，而语言的独立性又有制约思维的作用，多数人采用类似以外书比附内典的格义之法，结果对理论的领悟和对历史的把握都难免附会穿凿的流弊。

近代东西方社会发展的巨大差距，使得许多人惯用先进与落后的观念进行中外对比。即使抽象地反对这种偏向，受了语言与方法的制约，在研究具体问题时也不能免俗。试图使汉字罗马化的努力是极端的例子。在妇女问题上，表现之一是将西方以个性自由为前提的妇女解放观念视为文明，而以中国纲常伦理主导下的女性观为野蛮，进而把一切改变妇女形象地位的行为与反封建相联系，结果失之毫厘，谬以千里。关于太平天国与近代妇女解放运动关系的论述，最为突出。

诚然，洪秀全等人受过一些基督教义中男女平等思想的影响，但导致太平天国前后期对待妇女的态度及政策迥然不同的原因，更重要的恐怕还是文化分层及区域文化实际规范的不同所造成的女性社会地位的差异，即由通行于两广基层社会的女性规范转向江浙上流社会的女性规范。用反封建与封建化这一类概念，其实是相当表相与外在的解释。

又如晚清的不缠足运动，简单纳入反封建轨道也难以自圆其说。因为满族入主中原，不仅坚持本族女子不得缠足，还曾严禁汉族女子缠足。那种以先进落后别之的态度，当年为来华洋人所普遍抱持。惜阴《国学辜汤生传》记：1895 年他和辜鸿铭拜访海关某英人时，后者说"今年中国皇太后六旬万寿，应令妇女放足留纪念。余答国初屡下诏放足，积习难破，竟有甘自尽以殉之者。即问事在何年，答约在顺康两朝之初，均有此事。渠立取《东华录》检得之，始不以裹足为国制所定也"。① 其实，诸如缠足之类因为社会审美而牺牲身体生理的情形，至今仍然普遍存在，只不过人们取舍的标准有别而已。凡事必用西化的尺度裁量定夺，是晚清以来国人建立在进化论和一体化观念之上的信仰。

随着 20 世纪六七十年代女权运动兴起的女性主义之女性学，对当代妇女史研究产生了决定性影响。在美国的近代中国研究中，它和社会史、通俗文化史一起，逐渐形成主流，而将原来居主导地位的政治史、外交史逼到旁支位置。中国大陆引入女性学的理论和方法，是1980 年代中期以后的事，目前除少数女性学者介绍鼓吹提倡外，真正有学术水准的研究著作尚不多见。即使从趋向上看，也只能说刚刚跨越将妇女研究作为政治史附属的前女性学阶段，进入以此为社会史或

---

① 《人文月刊》第 2 卷第 4 期，1931 年 5 月。

地方史的一个部分和环节的初创期。问题是，欧美以女性学为指导的女性史研究，产生于时空都含特殊性的社会环境，整体上是近代西方个性解放的延续和发展。它反对过去以男性为中心的历史，而主张从女性角度重新塑造。① 姑且不论这一观念所提出的目标能否达到，即使作为"补赎史学"看，能否真正摆脱前女性学的妇女观所存在的问题，也不容十分乐观。

中国传统社会对于两性关系的认识和规范，既有对女性歧视践踏、约束压抑的一面，也有阴阳和谐、顺应自然的一面。在此制约下，女性或以找到理想的异性为归宿，或以男性为自己的角色替代。历史已经证明，这两者都不能准确地划定女性的社会位置以及自我意识。旧时代女性对婚恋自由自主的憧憬，在传统文学中多以大团圆结局，但到了鲁迅的《伤逝》，自由结合只是刚刚拉开帷幕，原来皆大欢喜的美好结局成为矛盾冲突的起点，接着更有娜拉走后究竟怎样的困惑。而女扮男装沙场出征或金榜题名，也只是男性中心的变形。

两性问题可以说是人类社会基本矛盾的反映，若以消除矛盾为目标，结果可能只会导致冲突的进一步加剧。因为平等与和谐都只有相对的意义。女性的形象、位置与意识，除女性的自我意识外，与男性的意向、认识息息相关，以往的男性中心即包含了女性的认同，或者说是在男性中心意识支配下的服从。那也是人类社会从无序走向有序的一种必然。近代以来，以个性解放为中心的西方意识所带动的一切变化，总不免付出巨大牺牲为代价，到头来常有得不偿失之憾。如果一味企盼享受解放的利益，而不能承担相应增加的责任，那么失去的

---

① 参见梁元生《近年来美国之中国近代史研究趋势》，香港中国近代史学会编《中国近代史研究新趋势》。

一切并非都能得到补偿。

历史是人类的总体活动，必须同时考虑平衡协调人与自然、人与社会以及人性本身的所有关系。作为学术研究，与其刻意追求某一方面，不如揭示这种复杂性本身。否则，任何一种新的框架，在带给人们新的刺激的同时，不可避免地产生新的约束与局限。在学术史上，那种破字当头而立并不在其中的流派做法，虽然名声很响，但建树往往不大。原因即在于当其全力破坏之际，也不由自主地为对象所制约。以打破男性中心史观为己任的女性学研究，在进入中国社会时，恐怕只有根本摆脱两性对立的狭隘眼界，才能真正找到女性在社会中的适当位置，产生比"补赎史学"意义更大的学术成就。

第十一章

"民族"与"边疆"问题

以今日的观念论，中国现在的"民族"与"边疆"问题大体是联系在一起的。惯常使用的缩略语"老少边穷"，即是人们印象中二者存在紧密关系的显例。不过，认真追究，这样的观念看似有着历史文化的凭借，也在先验地接受了相关概念的前提下描述了现状，实际上却大有可议。要想重新考究和恰当理解诸如此类的概念及其来龙去脉，至少应当遵循下列准则：其一，回到"无"的境界，理解没有后来集合概念，或是虽有却形同实异之时的思维及行事。其二，把握"有"的发生及其衍化，寻绎相关集合概念的渊源流变，以及与所指事物是否契合。其三，不以中、东、西学的概念做翻译对应式解读，尤其不要用后来形成的概念作为关键词去上溯，找寻典籍中似曾相识、实则意涵各异的词汇，而要回到各自的语境理解各自的概念，以及在传播过程中由格义附会导致的变异。其四，随时随地充分自觉作为方便名词的不得不用和作为关键概念的慎用之间的联系与分别。缺少这些认识和意识，很难讨论相关问题，或是勉强讨论，却只能各说各话，无法交集。而要达到这样的境界，并且始终保持高度自觉，看似轻而易举，其实是对学人智慧见识的极大考验。

一　中国民族、边疆问题的观念与实事

现行的观念及行事，使得民族与边疆具有特殊的关联性。一般而言，谈及民族问题并不包含汉族，而是专指少数民族。而大体上少数民族处于边远地区，边疆地带尤多。民族自治区多在边疆，民族多的省份亦主要位于边疆。

确切地说，通常所谓"民族"与"边疆"，是以外来后出观念组装原来固有事物的典型，具有显而易见的现在性。用汉族、少数民族的概念指称中国当时以及历史上的不同人群，肇端于清季即辛亥时期，而且尚无明确统一的定义与指向。这是迄今为止各国学人理解最难，抵触最大，也最普遍的问题之一。[①] 现行的民族划分及其指称，即中国人由统一的汉族和一定数目分立的少数民族构成中华民族的多民族共同体，虽然不乏历史文化的渊源和凭借，主要却是晚清以来受东西方各种民族主义思想以及民族学理论和方法影响的结果，与中国历史上以文化论族属的实情相去甚远。少数民族的划分、各个少数民族的历史及其相互关系、少数民族与汉族的分别与联系等，大都是近代以来套用后出外来的观念架构倒着建构起来。认真考究，关于少数民族的识别与划分异议不少，未必能够如实恰当地反映历史源流和近代观念变迁的史事，其中许多被认定的少数民族之间的分合聚散，从一开始就争议不断，有时甚至专门从事民族学人类学研究的学人也觉得莫

[①] 域外学人的不解，不仅关系中国国内民族，也牵连世界上人类是否同源的问题。对此一些考古学者从器物的形制等分布传播的情形实际上已经默认，但多数人迄今为止并不愿意承认。

名所以。时至今日，这些纠葛仍是剪不断理还乱。汉族更是从来未经识别，就似乎不言而喻地加以笼统认定。凡此种种，归根到底都是清季以来汉族意识不断强化的延续和体现。

中国本来没有民族观念，只有文物异同。晚清以来，在西潮的裹挟之下，民族主义、民族学以及相关的人种学、人类学等思想学说，由欧美或通过日本相继传入中国。在内忧外患频仍，民族危机刺激，社会矛盾与冲突急剧激化的背景下，通过反满宣传，民族自觉和种族意识迅猛膨胀。可是，一旦推翻清朝建立民国，民族独立与国家统一的矛盾就立即凸显出来，在对于清朝统治者和列强谋求独立的同时，也遭遇内部各族寻求自立的压力。在建立所谓近代民族国家的进程中民族统一与民族自决之间的高度紧张，迫使族属政见不同的国人重新检讨民族主义观念是否适合中国的情势，以至于在革命的进行之际便提出和鼓吹五族共和，并得到各方面的广泛呼应。20 世纪前半叶，在内外矛盾错综复杂而且不断激化的形势下，各种政治势力都不得不努力调适，以便既接受他们普遍以为公理并具有先进性的西来民族观念与行事，又不致与固有国情太过凿枘，以致引起导致国家分裂的巨大震荡。

1949 年以后，在以苏联为主导的民族学理论方法的直接影响下，中国先后进行了大体分为四个阶段的民族识别。从 1949 年至 1954 年，识别确认了 39 个民族；从 1954 年至 1964 年以及从 1965 年至 1978 年底，先后确认了 16 个民族；从 1978 年至 1990 年，又确认基诺族为单一民族。识别的原则主要是按照斯大林所说的四个特征，即共同语言、共同地域、共同经济生活和共同的心理特征，缺一不可。由于四个要素与中国的情形相去甚远，参与其事者无法刻板遵守，只能结合实际，灵活运用。① 不过，这样的灵活运用虽有不得已的考量，实际效果却是更加扩大了斯大林式的准则的应用范围。至于如何才能分清识别而不是制造，仍然并非轻而易举之事。

如今官方的识别早已终止，却遗留下来一系列令人头痛不已的棘手问题。所谓"56 个民族"的历史其实不仅很短，而且变数极多。首先，民族识别活动并未在台湾实际展开，台湾世居民族并不认同有所谓统一的高山族。在各种身份证明中，所有居民一概不填写民族。其次，各个被认定的少数民族之间存在许多牵扯不清的纠葛，同族分立或异族混同的事例绝非个别现象。再次，一些少数民族与汉族之间，其区分究竟是缘于宗教信仰之异还是民族之别，历史文献显示不一，至今仍有不同意见。最后，所谓汉族内部，是否存在一些具有显著人种差异的群体，如疍民等，也不无可以进一步讨论的余地。由此可见，经过民族识别，汉与非汉的关系距离分界清晰恐怕是越来越远，而"少数民族"的数量有一个从少到多的过程，至今仍是未定之数。如果严格按照民族学的准则操作，所谓少数民族恐怕远不止目前认定的数目。而这些被认定的少数民族之间存在的边际，实际上又是相当模糊。

与后出的"民族"概念有别，"边疆"的概念古已有之，但古今边疆的含义有地理与文化之别。就后者而言，在皇权统治下，文化边远的地方就是边疆，无论是否地处内陆，包括内地各区域的交界处，都有可能被看成边疆，未必只有国与国的边界地区才被视为边疆。近代以来日益通行的国际法，本来不过是由处理文化大体相近相似的欧洲内部不同国家之间的事务逐渐确立起来的准则，其所谓国际性，是

---

① 参见黄光学、施联朱主编《中国的民族识别：56 个民族的来历》，民族出版社，2005。

随着殖民扩张而逐渐获得，道理与接受民族观念理论同样，为近代后发展国家认定其具有普适的先进性。其实这种"划地"的观念更加体现原始的丛林法则，与中国从来"化人"的讲究大异其趣。跳出一元化排序的进化论观念，所谓普适与先进，也在应当讨论之列。

现在对于民族问题的事实认识的理解及法规政策的制定，都或隐或显地受到近代以来的民族观念以及民族识别的制约，至少基本取向还难以脱离超越。而遗留的大量问题以及相关政策所引起的一系列流弊，显示出这些观念和办法未必完全适合中国的情势。必须改变奉为教条的观念，对这一套所谓普适概念加以调整，并且不以现在为现代，不以现行为古往今来一成不变的事实，重新考察中国的民族、边疆问题的实事及其指称，探究现行的一套观念、规制如何发生和演化。首先寻求恰当贴切的理解，然后才有可能找到行之有效的应对办法。

二 汉族与少数民族

就历史实事而论，汉族与少数民族实际上是大体同源，融合同化程度的差异，造成了后来套用民族学观念架构的有色眼镜产生的族属分别。其实，未经民族识别就简单认定的所谓汉族，根本就不是一个民族，只是一个多种来源的人群的同化或融合体。不以汉为一族，是认识和化解中国民族难题的关键所在。

在相当长的时期内，由于强划民族，又顾忌各民族之间的隔阂与矛盾，所以讳言历史上的同化问题。其实此举大可不必，没有同化，何来经由同化而成的所谓汉族。当然，历史上的同化，并不等于汉化，更不是后来汉族的文化与种族强制，而是通过各种途径，逐渐将众多来源各异的人群合为一体。就此而论，也可以说融合更为恰当。

　　一般而言，汉族与少数民族的分别，就是同一人群的同化程度不一而已，同化程度高的，在历史上即被指称或自认为汉人；反之，则有各种不同的他指或自称。就此而论，融合而成的汉实为一"大杂种"，血缘上与其他少数民族并没有截然的分别。历史上的汉意识开始主要是被指称，而且含有贬义，后来逐渐自我认同，只是指称和认同的范围历代有别。至少到元代，依据实施统治的时间顺序划分的汉人与南人，仍未以汉作为族属的统称。在一定历史时期和一定区域内，也曾出现过胡化取向，与近代的西化相近似。在近代民族主义流行的背景下，受非汉族群统治差别待遇而萌生的自我汉意识急剧膨胀，以文化论种族变为以种族论文化，非我族类其心必异，从重视文野之判转而强调血缘种姓，来源复杂、只有模糊笼统近似性的所谓汉人，被统一认作汉族或以汉族自居，本来是凝聚向心力的汉，开始具有族属的排他性。

　　虽然近代中国人民族意识的觉醒与种族观念的萌生关系密切，民族问题主要还是文化分别而非种族差异。以文化之别论种族之分，并不意味着排斥其他文化，相反，融汇不同文化而来的所谓汉文化，对于各种文化同样有着很强的吸收融合力，并不以来源有别为取舍标准。细数中国的文物、宗教，大都来自域外。中国历史上尽管也有过大规模的宗教冲突（其中主要还是各教之间的冲突），大体而言，儒释道耶可以相安共处，在世界历史上堪称异例。尤其是唐宋以来所谓三教合流，使得中国的理性思维能力大幅度提升，所改变的，绝不仅仅是外在的物事，而是文化的内核。朱熹等人的取珠还椟，正是尽量吸收外来文化之精华与不忘本来文化之地位的体现。至于近代以来，各种典章制度早已是西体中用。所谓非我族类其心必异之说，并非汉族意识的体现，更不能用近代民族观念加以解释。

汉的历史意义由被贬称斥指到自信自尊的转化，从"汉奸"的所指前后截然不同可见一斑。汉奸一词，虽然明代已经偶尔出现，普遍使用却是清代。依据现有文献提供的证据，汉奸的意涵指向本来主要是清廷用来指斥勾结内外夷人反清的汉人，开始指清中叶以前进入苗疆等地的汉人，后来则指鸦片战争时期帮助英军的华人。其时来到广东的钦差大臣惊呼"粤人皆汉奸"，并非有意污蔑全体粤人，而是惊骇于帮助英军的不少是华人。其后，随着列强侵略的加深，逐渐有转而指斥向外国出卖中国利益者的趋向。直到辛亥时期，在反满宣传中，汉奸的意思才转变成汉人概称那些帮助清朝为虎作伥的同属奸佞。而这时满人已经不再用这一名词来指称勾结内外夷人反清的汉人，主客体刚好乾坤颠倒。

清朝满汉分治，使得汉人意识到相互之间具有共同性，又在民族主义的影响下产生广泛认同。清代遗留的民族问题绝不仅此而已。就现有认识而论，所谓多民族大一统国家基本定型于清代；满族为保持其族性，以及维系与蒙、藏的特殊关系，虽然接受中原文化，又有制度与观念的分别。如旗民分治，旗人包括满蒙汉，并非民族划分。可是差别待遇导致对清朝统治的不满，使得反满情绪高涨。同时，差别待遇一方面促进满人接受汉文化，另一方面却延缓了同化与融合的进程，共存而不相安，王朝国家内部的民族矛盾与冲突日益凸显，最终在民族主义的冲击下激起滔天巨澜。

既然汉不为一族，汉与其他非汉民族的界限也就不复存在，相对于汉的所谓少数民族亦不能成立。不过，少数民族概念的形成与流变，不仅是汉人如何看待其他民族的问题。晚清民国时期，受民族主义情绪的影响，其他各族的自我意识也不断强化与扩张。苗、蒙、藏、回等均出现程度不同的重塑历史及族属统一的要求，实际上是希望扩张势力范围，以便扩大自身的权利。与之相应，形成相反相成的两种趋向，或是向心以争取权利地位，或是离心以要求自治独立，使得近代中国的所谓民族关系空前错综复杂。还有一些同化程度高的人士或群体，则认为强行固定族属正是一种汉族至上的偏见甚至歧视，仍然延续中国固有的融合路径。研治少数民族历史，不轻信汉人的历史记录固然有其道理，可是不假思索地相信所谓各族的记述，不能同样地疑而过，尤其是没有注意到所指的时代与所出的时代之间说法内容是否吻合，如何演变，就未免偏信则暗了。

三　边疆与民族

在以文化论族属的中国，疆域很大程度上也是文化属性的体现。所重视的是人的归化程度，而非地的此疆彼界。古代所谓四裔，主要是文野之别的观念形态，实际情形则是杂处混居。文化有别，住在中原也仍然是四裔。这种以文野论远近的理念及其行事，与近代由列强支配的条约体制划分边界的做法截然不同。研究边疆如何由原来以人的文野为别，转变到近代以地的归属为判，以及边防、边务各种体制的设置与实施，包括出入境等制度的设立，不仅是认识历史上中国与周边国家关系的重要方面，而且许多由边界纠纷与冲突所引发的事件，造成对于内政的极大影响，更为重要的是，面对当前复杂多变的国际及地区局势，深入认识中外不同的理念与做法，仍然具有现实的参考借鉴意义。

从清代实行的王朝体制看，古代中国"边"的文化性至少体现于下列方面：其一，以文野不同而态度有别；其二，规制与实施因地制宜；其三，具体处置因人而异。

清朝原本也有"边"甚至"界"的观念意识，以及相应的规制，可是大都属于纸上文章，无法实施，所以一般而言并无实事，尤其不能用后来的观念格义附会。与文化论族属的观念相对应，所谓边疆主要取决于住民的文野之别，而非辖地的此疆彼界。文化尚未归化之处，即使位于疆域内地，不与任何藩属外国接壤，也被视为边疆，如西南数省的所谓苗疆，甚至各省交界的地区也称为边疆；反之，随着文化的提升，体制上改土归流，经济文化日趋发达融合，则即便位于边缘地带，也逐渐不以边疆视之，最为典型的如东南沿海各省。

中国地域广袤，周边的国家为数不少，与中国的关系各自有别，清朝处理与周边国家的关系，不仅依据自身的体制需要，而且考虑与对方关系的差异。清朝宗藩体制下"边"的意涵及相应规制，视对方与中国关系的具体情形而变化，宗藩与邻国就明显有别。即使同为藩属，也有亲疏不同，同样视对方的向化程度而异。因此，可以说，清朝在处理相关事务方面，纵然有所规制，也不过是确立一些基本原则，以便作为灵活处置的基准。

不仅如此，清朝虽然形式上设制严格，但是因人因地因时而异的情形相当普遍，政的兴亡存废与人的好恶去留密切相关，而且往往规制越明确严格，越不一定实际生效。而真正起作用的，又没有明文写定的通则规矩。这在深谙为官之道并且熟悉边事边务的当事各人或许不成问题，可以从心所欲而不逾矩，后来者就只能从行事的规律习惯加以判断，常常感到没有头绪，茫然不得要领。有些规定，看似严格，其实只是纸上谈兵，根本不具备可操作性，因而不可能实行。如雍正以来清廷严禁中越边民私自跨界，要求对于管制不善的官员严厉惩处，可是当时中越之间除有河流、大山的分界标的之外，许多地方不过平坦空旷地方，根本没有明确边界。地方尚且华离参错，人民更是民夷杂处，连谁跨谁的界也分不清楚，圣命再严，也只能阳奉阴违，相机行事。

清朝这一套因地因人因时制宜的办法，内涵复杂，鉴于中国广土众民、各地风土人情差异极大的实际，或许较为符合以人为本的理念，只是实行的前提是中华文化高于周边，才能成为共同认可的规矩。可是一旦遇到强势东来的泰西列强，华夷逐渐演变为华洋，而洋又无形中成为新与好的时尚招牌，原来行之有效的祖宗成法便再也罩不住那些率土之滨的王臣。本来不过处理欧洲拉丁方言区内部的习惯规则，到了东亚变成万国公法，进而演化成国际法，至少从名称上确立了世界各国应当共同遵守的原则。由于列强步步紧逼而被迫实行的勘界划界，依照这一套不得不然的国际法确立的边界概念以及划界规则，与东亚原来以中国为中心的理念做法大相径庭，护藩与固围的纠结令当局者左右为难。以辖地为目标的理念其实更接近于丛林法则，与以人为分别的文化取向迥然不同，划界冲突往往因此而起。由原来内外模糊的边疆，转到因应列强侵占周边各国而严格划分的边界以及维系分界的边防、边务，固然是中国进入世界体系的重要表征，可是国际法本身是否真的具有普适性，还是近代以来人类思维与社会规范在欧洲中心笼罩下的不得不然，人类的未来能否拥有更加合理多样的取向，都应当全面检讨。在能够提供的为数不多的参照中，中国的固有理念及做法与之分别显著，至少是不容忽视的选项之一。

近代以来，尽管中国被拖入世界体系而不得不改行国际法则，其固有的处理边疆及域外事务的理念行事，一直潜移默化地影响着后来历届执政者的意识行为，说明其中的确有适宜中国情形的道理在，未必全是观念落后的表现。由于分地划界的实行，以人为主体的"边疆"与"民族"问题日益凸显，对于少数民族概念以及实行民族自治始终心存疑虑的国民政府主张分地而治，反对分人而治。连一些人提出用边疆民族的名义，傅斯年等也认为容易被牵连复杂的境外势力所利用，而坚决予以否定。单方面指责民族矛盾是由于不良统治所造成，未免过于简单化。

四 中华民族是一个

民族主义是一柄双刃剑。在民族主义的旗帜下，近代中国面临着构造统一的民族国家和实行各民族自决的双重压力，处理不当，统一与分治的协调就会畸变为集权与分裂的冲突。尤其是强权环伺，亡国灭种的瓜分危机成为时人心中的一大忧患，各种谋求在实现平等的同时维护统一之道，纷至沓来。中华民族概念的提出与演化，反映了历史进程的曲折与复杂。

中华民族概念的产生及应用，固然有时势逼迫下的政治考量，但是如果简单地认为只是政治取舍的产物，未免陷入阴谋论的窠臼。辛亥时期提出的中华民族观念，一般而言并不包括后来认定的少数民族，即使有所变化，也尚未包括后来才认定的所有少数民族。受民族主义思想的刺激，清季迫于反清的时势而产生并经由革命党人大力宣传的排满观念，与分省意识一样，不久就因为负面的影响而引起部分同道的不满，起而强调矛头只是针对满洲统治者。清季民初的政治鼎革进程中，人们意识到简单地套用民族主义处理内部关系的不适当，很快设法加以调整。尤其是各省独立进程中，建立统一民族国家和实现民族自决的要求出现难以协调的尖锐冲突，无论革命党、立宪派还是北方的实力人物，甚至包括清朝亲贵在内，都不能不考虑民族自决与列强瓜分、国家分裂的复杂纠葛，并依据轻重缓急而有所取舍。五族共和的提出，在某种程度上正是对此前单向理解民族主义偏颇的纠正，努力回到历史文化与西方有别的中国社会的现实。对此，必须随时随地注意实事与自称、他指、后认之间的纠结，不能片面立论。

在种族分别思想日益普遍的情况下，为了调适外来民族理论和本国历史文化及现状的紧张，反映中国本来联系紧密的各人群之间的复杂关系，五族共和的提出，使得"共和"一词超越了近代对应西文的政治意涵，部分回归古典的本意，而"中华民族"则不断扩展其内涵与包容范围。辛亥时期革命党人言论中的中华民族主要是指汉人，一定程度上有以中华自居自傲的意识，以便面对满族统治者和列强重建民族自信，这与中国历代的情形并不吻合。1919 年孙中山表示，欲构成中华民族的新主义，形成一个新的中华民族，关键"即汉族当牺牲其血统、历史与夫自尊自大之名称"。① 其实汉人自我认同的强烈，往往是在非汉人统治时期的超常反应，未必是从来自尊自大。抛弃名实不符的汉族名称，不仅可以破除族属界限，团结、融合一般人已经习惯指称的各族成为一个新的中华民族，而且有利于回到中国原有的文化轨道上探寻未来的发展模式，不至于过度受欧洲民族主义观念的制约。"中华民族"仅仅作为单一民族存在（单个的一个），而非包括多个民族的整体（多个的一个），不但更加适合中国历代民族融合的历史文化渊源，还可能开创不同于近代欧洲民族处理方式的时代新趋势。国民政府各显要所主张的"国内无异族，海外有同胞"，以及在一个

---

① 《三民主义》，《孙中山全集》第 5 卷，中华书局，1985，第 187～188 页。

中华民族之下只能称"宗族",不能称"民族",都是基于孙中山理念的衍化与提升。多数国民党人认为,如果没有"汉族",自然就不会有"汉族"和各民族的对立,也不会有各民族的此疆彼界,更无所谓国内民族自决问题。这样的观念与学界以文化论种族者的认识大体相吻合。

全面抗战时期,针对部分人类学、民族学学者在西南地区进行以苏联民族观念为范型的民族历史与现状研究的言论活动,傅斯年、顾颉刚、白寿彝、杨向奎、张星烺等主张"中华民族是一个",基本是延续孙中山的思路或与之不谋而合。对于上述观念,多数留学国外的人类学、民族学学者不以为然。而傅斯年批评的对象表面是顾颉刚,实际则是吴文藻与费孝通,认为随着帝国主义殖民扩张进程发生发展起来的人类学,所凭借的是上古及遗留的初民社会,不能简单地套用于中国。

以中共为代表的主张学习苏联民族理论的人士,基本看法与人类学、民族学学者近似。各派相互之间在基本理念和具体问题上不断有所争论。中共中央出于反对国民党统治的需要,一度十分强调民族自决,以消除民族歧视与差别,待到即将掌握全国政权之际,开始调整为着重主张民族团结和统一。可是作为民族划分,后来的做法主要还是延续了苏联的路径和模式,只是在民族自治的基础上坚持民族统一战线,以求得各民族自觉自愿地维护国家统一。

"中华民族是一个"是对近代民族主义与中国国情不相适应的有意识修正。"中华民族"概念的提出及其内涵外延的调整,固然有因应理论与时势需求,修补一味强化汉的偏向,弱化汉与非汉的差异性,强调共同性,同时也反映出外来理论概念与固有物事的不相适应。而理论修正缺乏足够的自觉,仅仅偏于实用,并不能从根本上解决问题,反而更加凸显很难在外来理论与本土实情之间左右逢源的尴尬。

五　外来理论概念的再调适

近代以来，大量外来后出的集合概念进入中国。用外来民族观念观察原有实事及相应观念，如果不能量体裁衣，势必削足适履，难免误读错解，造成困扰。为与今人沟通，不妨作为方便名词。若是作为关键概念用于解读历史与现状，就必须注意是否有所增减而误解史事、文本与实情。

继"中华民族是一个"的讨论之后，虽然 1949 年以来的民族识别基本遵照斯大林式的原则，但是对于这些原则与中国的情势不相吻合的情况，学人还是有所认识。因为这样的理念与做法，与中国的历史文化乃至社会状况严重不符，强行实施，虽然看似井井有条，实则潜藏着尖锐的内在矛盾。历史研究领域关于联共布党史的求同与见异，便是在努力应用所谓普遍规则的同时，对近代民族主义不适用于中国的继续修正。1950～1960 年代，中国史学界出现了五个引起广泛讨论的热点问题，后来形象地被称为"五朵金花"。① 仔细考察，这些论争的目的主要是如何将中国的历史纳入联共布党史所规定的历史发展阶段的框架中去，可以说旨在求同，唯有汉民族形成问题，因为实在与无论来自西欧还是来自苏联的框架相去太远，争论的基调和取向只能是见异。在当时的环境下，这一最具学术发展潜力的讨论自然难以深

---

① 参见逯耀东《"汉民族形成问题"的问题》，台湾大学历史系编《民国以来国史研究的回顾与展望论文集》，台北，台湾大学出版组，1992，第 313～332 页。

入，成为五朵金花中开放最为短促也相对平淡的一朵。而这一讨论前承清季民国时期相关论争的主题加以变换，后启近二三十年重新热闹起来的汉民族问题研究，显示无论怎样风云变幻，不合身的西装终究必须改造，否则怎么看也不可能得体。

迄今为止，关于汉民族形成的研究有着不同的取径与做法。其一，认定汉民族形成于一定的历史阶段，套用一种或兼用数种外来的观念架构，检讨中国历史上的汉人何时符合其标准，以及哪些方面符合，符合到何种程度。这样的民族史大都包括两汉以上，由华夏到汉是其主线。其二，以汉民族存在为当然前提，不讨论如何形成、是否形成，或即使有所探究，也是模棱两可，将历史上这一大群人的所有活动均当然视为汉民族的历史组成。这样的汉民族史或中国民族史基本囊括所有的历史时期。其三，不一定预设汉民族的存在作为前提，看历史上的汉民族问题何时以及如何发生和演化，探究后来被称为汉族的这一大群人在历史上是如何被指认，以及他们本身如何自认。这样的历史大概发生于两汉以后。

不过，尽管上述取径存在差异，基本的格局却已经确定，经由各种研究路径只能在既定架构中有所调整，而不能改变根本取向。进一步探究，应该还有第四种取径，即两汉至晚清只能说是汉民族形成前史，兼备他指、自称的汉民族史从晚清才开始。要想由求其古以致求其是，就应当遵循以汉还汉的原则，回到不同历史时期的特定现场，而不是将两千年集于一线。唯有如此，才能使得尽力吸收外来文化之精华与不忘本民族之地位相辅相成，才有可能最终跳出欧洲中心思维的笼罩。

不仅汉民族形成问题的探讨如此，少数民族的识别也存在误读错解人类学、民族学理论方法的弊端。如果能够遵循具体问题具体分析的原则，善用人类学、民族学的理论方法，或许可以避免后来的许多似是而非。当然，这样一来，一方面民族识别难免出现更加细分化的趋向，为民族自决的行政决策不易掌控；另一方面，近代中国民族学发展进程显示，留洋归来的人类学、民族学学者，无论取法东西，都受所学知识的制约，以既定方式思维，因而多少都有着强事实以就我的倾向，仍然难以改变套用后出外来观念的局面。

苏联解体的前车之鉴以及民族关系成为棘手难题之一的现实，促使有识之士开始重新思考现行的一套民族政策及其取向，包括制度设置是否应当逐渐调整。① 其思路大体不错，只是"去政治化"的说法尚有人为安排之嫌，容易引起争议，而导致忽略主题。要想摆脱目前在民族及边疆问题上的纠结与尴尬，必须发现既契合中国的固有情形，又能说明变化，并与今日学界沟通的恰当形式，具有统系且不涉附会。为此，应当逐渐改变近代以来强分汉族与少数民族以及勉强牵合各个少数民族的观念，不是照搬民族学的理论概念，而是考虑重新制定适合中国历史文化的理念及方法。欲达此目的，应当梳理近代民族理论传入、民族观念形成以及民族识别活动的复杂历史进程，尤其要重新甄别民族识别的理念与做法，注意汉族、少数民族、中华民族的实事、自称、他指、后认之间的纠结，少数民族（包括集合与个别）观念及其具体涵盖的变化，理解中华民族概念下汉族与少数民族的关系等。要研究总结近代以来各科学人关于中国历史上民族问题的论述，注重多样性及其合理内核，撰写中国关于民族问题的观念形成及演变史。

---

① 参见谢立中主编《理解民族关系的新思路：少数族群问题的去政治化》，社会科学文献出版社，2010。该书以北京大学社会学系马戎教授的《理解民族关系的新思路——少数族群问题的"去政治化"》一文为中心，汇集了正反不同反应的文章及马戎对部分批评意见的回应。

重新梳理历史文献与史事，依据中国历来以文化论种族的观念，按照历史发生发展的时空顺序，撰写整体和分支的民族及其相互关系的生成演化史。在事实研究的基础上，形成适合中国历史文化和国情现实的民族理论架构，并提出具有前瞻性的新的制度框架和政策设计。如此，或许能够另辟蹊径，可以在民族问题研究领域别开生面，寻求到适合中国历史文化与社会实情的理念、做法，并据以制定适当的制度和政策取向，从而根本解开这一难解之结。

第十二章

本意与演化

一　理解本意　寻绎演化

近代中国的知识与制度转型研究，进行有年，收效显然，困惑亦多。探索前行，应是恰当写照。概言之，此项研究，重在怎样做，而非做什么，也就是说，主要并非所谓开拓前人目光不及的领域，尤其不欲填补什么空白，而是力图用不同的观念、取径和办法，重新审视探究历史本事与前人的历史认识之间的联系及区别，以求理解前人的改变是如何发生，如何演化，进而探寻今日国人的思维行为、观念制度的所以然。若先有主观，则难免看朱成碧，所谓论证，无非强古人以就我。而以后来观念说明前事，历代皆有，不得不然。此一先入为主，不可避免地存在，所以学人早已提出"以汉还汉"之类的目标。只是如何还得到位，既要条理清楚，又不曲解古意，前贤做法各异，还原程度不一，还须仔细地琢磨体会。

治史当求真，而真相须由记录留存。即使当事人，因立场、关系等因素，所记也会因人而异。况且，记录不过片段，概念往往后出，当时人事的语境，经过后来史家等的认识和再论述，不知不觉间变化转换，能指所指，形同实异。继起者不能分别历史叙述中本事与认识的联系及区别，无力看出事实内在的普遍联系，每每因为便于理解把握而好将后出的集合概念当作条理散乱史事的工具，又没有充分自觉，导致望文生义，格义附会。时贤批评以关键词研究历史相当危险，主张少用归纳而力求贯通，或是认为越少用外来后出框架越有成效，确有见地。不从先入为主的定义出发，最大限度地限制既有的成见，努力回到前人的语境理解其本意，寻绎观念事物从无到有的生成或演化，理解把握约定俗成之下的千差万别，应是恰当途径。

今日学人的自身知识大都由现代教育而来，受此影响制约，感受理解，与上述取径不免南辕北辙。近代中国面临前所未有的大变局，意识行为以及与之相应的知识和制度规范，乾坤大挪移。努力引领时流的梁启超和趋新之外还要守成的章太炎、刘师培、王国维等，都曾不但用西洋镜观察神州故物，而且主动附会，重写历史。可见用外来"科学"条理固有学问，早在上一次世纪之交已经开始。只是当胡适等人理直气壮地用西洋统系条理固有材料欲图整理所有国故时，先驱者逐渐察觉过去的鲁莽，程度不同地自我反省。可惜后来者不易体会，历史不得不再次循环往复。所遗留的问题，至今仍然不断迫使人们反思。经过清季千古未有之大变局和五四开天辟地的新文化，有多少已经天经地义之事需要重新检讨，或者说从更贴切地理解今人的意识行为的角度看，有必要进一步再认识。从不同角度不同程度地反映这一历史进程的错综复杂，警醒后人时刻反省自觉。

相对于新式教育体制下私塾始终被列入另册，金石学的境遇似乎略佳。中国治学，本不讲分科，所以金石器物之学到了晚近，受分科治学观念的影响，才渐成专门。其独立成科或纳入考古学范畴的努力，反映了近代学人处理中西学关系的左右为难。中西学问，各有系统，强求一律，难免削足适履；各说各话，又无法交流对应。清季至民国，不少有识之士想方设法试图将二者融合协调，而经历了新式学堂体系的确立和整理国故，结果无非用西式统系安排固有知识。更有甚者，为了将西书与故籍混合统一排放，而将线装书重新装订，以便由平置改为竖排。时至今日，海内外已有若干大学图书馆用此办法将所有中外新旧书籍统一安置，至于形式上的统一，掩盖扭曲了多少内容的差异（至少在学问的系统性方面），已经无暇顾及，也几乎没有了知觉。近代学人由七科倒看四部，或断言四部仅为书籍分类而非学术分科，都是用外来系统条理固有学问的不同表现。

　　不过，金石学未能独立成科，不等于已经被考古学成功融合或容纳，更不能表明前者理所应当地被后者所取代。此事详情另文讨论。可以联想的普遍性的问题是，能否用后出外来的分科观念衡量取舍原有的学问。考虑到以科学为标准中医是否为医也引起争议，这样的问题对于今人或许难于理解。近代中国在相当长的时期内，考古意味着考证古史，考古学不过是达到这一目的的有效方式，虽然一度被相信是唯一正确可行的方式。整理国故之际，不少新锐学人不相信古史的记录或传说，甚至疑为后来故意伪造，于是寄望于掘地。可是掘地对于没有任何文字记录的人类早期历史的重建，当然具有唯一性，否则不过提供更多的证据来判断古籍的记述。

　　中国有文字记录的历史长，又一直延续不断，与考古学发生的文化背景迥异，导致考证古史很大程度上是与文字记录行世的历史相印证。中国古史文献繁多的特点，一直制约着考古学的发展。王国维的二重证据法，虽有地上与地下之分，仍然是以文献证文献，而不是以古器订古史，更不是以发掘重建古史。1930年代成立于北平的考古学社，对于掘地和金石学同样看重，其所谓考古，主要还是考证文献记录的古史系统。所以社会人类学学者抱怨道：欧洲的考古学包括古地理学、古动物学、古植物学、先史人类学、先史考古学、古文字学与古语言学，而我国现代学者往往仅知在文字学一方面努力。① 直到1990年代，一批新锐考古学人对于中国考古学与文献的密切关系依然感到困惑。对于揭示夏文化的高度期待一度成为中国学人的重要情结，背后显然也受此制约。

关于不同国度史料与史学的关系，章太炎有过整体性的评论。他指责"今人以为史迹渺茫，求之于史，不如求之于器"，是"拾欧洲考古学者之唾余也。凡荒僻小国，素无史乘，欧洲人欲求之，不得不乞灵于古器。如史乘明白者，何必寻此迂道哉？"中国"明明有史，且记述详备"，可以器物补史乘之未备，而不宜以器物疑史乘，或作为订史的主要凭据。② 日本考古学大家梅原末治晚年则明确表示，东亚考古学是器物的学问。据说这样的观念差异曾在容庚与陈梦家之间引发争议，而梅原末治与金石器物学者容庚、商承祚等交往密切。虽然李济指责梅原末治反动，可是在治学必需的读与写之间，与器物关系密切的摩曾经是重要环节。中国有文字记载的历史悠久又一以贯之的现实，不仅一直制约着考古学的发展，还使得一些本来相信掘地并亲身实践过的学人再度转向传说。

---

① 杨堃：《葛兰言研究导论》，《社会学与民俗学》，四川民族出版社，1997，第124页。该文原载《社会科学季刊》第1卷第3、4期和第2卷第1期，1943年出版单行本。

② 徐一士：《一士类稿·太炎弟子论述师说》，荣孟源、章伯锋主编《近代稗海》第2辑，四川人民出版社，1985，第105～108页。章太炎曾经表示："今日治史，不专赖域中典籍，凡皇古异闻，种界实迹，见于洪积石层，足以补史所不逮者；外人言支那事，时一二称道之，虽谓之古史，无过也。亦有草昧初起，东西同状，文化既进，黄白殊形，必将比较同异，然后优劣自明，原委始见，是虽希腊、罗马、印度、西膜诸史，不得谓无与域中矣。若夫心理、社会、宗教各论，发明天则，烝人所同，于作史尤为要领。"见《訄书》重订本《哀清史》附《中国通史略例》，本社编《章太炎全集》（3），上海人民出版社，1984，第331页。

由此可见，章太炎和梅原末治的意思，未必可以守旧或反动一言以蔽之。固有学问与所生成的历史文化系统之间，无疑具有内在关联，不能以一体化眼光安放到进化链条的不同阶段。联系到陈寅恪等人所说"自昔长于金石之学者，必为深研经史之人，非通经无以释金文，非治史无以证石刻。群经诸史，乃古史资料多数之所汇集，金文石刻则其少数脱离之片段，未有不了解多数汇集之资料，而能考释少数脱离之片段不误者"，① 以及今日掘地与"考古"两相分离，使得相关领域不能贯通的现实，则前贤所论还有明显的时效性。

清季的税制改革，看似与上述题目不同，实则关联性相当明显。近代以来，史家好讲社会经济，此一现代意识的问题，古人未必而且似也无必要着重关注，至少不是从社会经济的角度来关注和处理。清季改革财政和税收等，学习东西列强以求发展之外，着重想让各省分摊赔款外债的沉重负担。以域外新制的有色眼镜反观固有陈规，结果当然百无一是。只是外来新制即使好，如何与原有体制衔接或嫁接其上，绝非优劣好坏的判断能够行之有效。如果连行省是否地方行政区划也无法确定，要实行国税与地税的划分，岂非沙上筑塔？而行省的地位究竟是代表中枢还是各地，恰是困扰清季民国行政体制改革的重要症结，令关注或参与其事的中外人士相当困惑。今人受日本、美国观念的影响，所论与清制乃至民国的体制不相吻合。② 这种由于望文生义而来的误读错解，并不全是后来人认识的偏差，因为即使当事人，已经开始在两种观念体制之间模糊混淆。尽管跨文化传通大都伴随着误解，甚至由误解构成主要内容，很难用是非正误的判断来决定其意

① 《杨树达积微居小学金石论丛续稿序》，陈美延编《陈寅恪集·金明馆丛稿二编》，第260页。

② 详见关晓红《清季外官改制的"地方"困扰》，《近代史研究》2010年第5期。

义，毕竟于恰当理解前人前事多了隔膜，少了沟通，则所见不过只是各人心中的历史。今日中国的财政体系当中，有许多令人头痛不已的制度性因素其实是从清季一直延续下来，表明无论模仿、照搬还是嫁接，原来的根本依然起着至关重要的作用，不宜简单地用外来体制裁量。

二 问题与主义

所谓问题与主义，要谈的不是五四时期那场著名论战，而是借由此题目讨论近代中国至关重要的两大问题。中国近代史上，凡重大问题皆有各种主义参与其间，而各种主义的历史，也基本都是影响深远的重要问题。就此而论，问题与主义可以说是一事两面，而不像当年争论者所以为的那样非此即彼。

"主义"一词，在近代中国历史上出现频率或许不是最高，却属于最为重要的一类。有系统而影响重大的思想，才能称为主义。而近代中国以主义相称者，为数甚多。今日学人研究，乃至学位论文选题，名目繁多的主义自然成为瞩目的对象。

检阅大量关于近代中国形形色色的主义的论著，觉得对于"主义"的认定及其研究方法，大有可议之处。概言之，究竟是研究"主义"的历史，还是用"主义"去指称相关史事，两种取径做法看似大同小异，其实南辕北辙。而一般研究者似乎并未加以区分，结果往往陷入愈有条理系统，则去事实真相愈远的境地而不自觉。

近代中国的各种主义，大都来自域外，其中不仅有西学东学之分，还有不同宗师流派之别。高举同一旗号的国人，渊源各异，师承有别，取法自然有所不同。其间的分别，在旁观者看来，以为无足轻重，当事人却固执己见，甚至你死我活。在"砍头不要紧，只要主义真"的时代，那的确是生死攸关的头等大事，不容后来人以"我认为"的轻描淡写至于模糊混淆。

有鉴于此，近代中国的各种"主义"，其内涵外延未必有如今日的公认，其发生和因时因地因人而异的衍化，正是史学研究的重要内容。不以后来的主观概念指称前事，而是严格依照时间空间联系的顺序，探求"主义"实在的轨迹，将"主义"还原为历史事实，则是史学研究应当遵循的基本原则。

然而，放眼为数甚多关于近代中国林林总总的"主义"的研究，做法取径大都相异甚至相反，不是探究"主义"的发生（包括引进传播）及其演化的历史进程，而是以后出的定义为预设的前提，再去指认自以为是的史事。这样做看似简单明了，易为今人所接受，实则强前人以就我，以自己的主观为前人的本意，用后设的框架剪裁历史。所谓历史研究，至多不过是对历史的看法。如果历史的本相尚且不能如实展现，则其看法大都不免凿空逞臆，断章取义，以偏概全。作为史学研究，怎样看固然因人而异，但无论怎样看，都必须提供何以如此看的经过验证的凭据，以及证明的过程，并且能够八面受敌式地通贯，而不仅仅是简单地以不知为无有的自圆其说。

试举一例，近年来海内外普遍关注近代中国的"自由主义"，且好用自由主义指认一批主张自由的知识分子。此事但凡同行或弟子问及，一定告以慎用，且屡屡有所申论。自由主义之于近代中国，的确至关重要，可是自由主义具体何时进入中国，来源有哪些，有无派分流别，主张如何，究竟谁可以算作自由主义者，迄今为止，并无像样的研究成果可供参考。研究者大都将上述复杂问题作为不言而喻的前提，开宗明义就划定对象，滔滔不绝，仿佛空中楼阁。他们所指称的自由主义者，大都未经自认，有的甚至对自由主义明显表示过不以为然；有的开始拒不接受，后来随着时势的变化，才逐渐承认。在被指称为"自由主义知识分子"的群体当中，更是立场态度明显千差万别，有的甚至有条件地拥护独裁专制，其"自由主义知识分子"的身份究竟如何认定，令人疑窦丛生。而另一方面，在近代不同历史时期高揭自由大旗，大声疾呼鼓吹自由乃至自由主义的人士，因为名不见经传，又往往不在研究者的视野之内或是干脆视而不见。

尤其令人难以苟同的是，多数论者判定自由主义者的依据，竟然是其人主张自由，并以此为自由主义者的重要定义。殊不知主张自由与自由主义之间，相去何止道里计？照此论点，则欧美多数国家的国民，都成了当然的自由主义者，岂非笑话？或许正因为自由主义不易讨论，所以关于民族主义、个人主义、社会主义等，都不乏学术佳作，自由主义则有些例外，所谓定义，也大都只能根据经验材料自行归纳。而诸如此类的后来归纳，已经剔除了具体生动的史事，将千姿百态的个别变成似是而非的类像。其假定历史可以不顾时空联系存在的共同性，只不过是自欺欺人。史学与社会科学取向的重要分别，正是见异与求同。据此考察，则历史上实在的自由主义和自由主义者，都是千人千面，很难一视同仁。由见异的进程可以把握求同的所以然，而不能用求同的态度将历史事实削足适履。

傅斯年研治性命古训问题，取法中外前贤，用语言学解释思想史的问题，包含语学的观点和历史的观点两方面：

> 两者同其重要。用语学的观点所以识性命诸字之原，用历史的观点所以疏性论历来之变。思想非静止之物，静止则无思想已耳。故虽后学之仪范典型，弟子之承奉师说，其无微变者鲜矣，

况公然标异者乎？前如程、朱，后如戴、阮，皆以古儒家义为一固定不移之物，不知分解其变动，乃昌言曰"求其是"，庸讵知所谓是者，相对之词非绝对之词，一时之准非永久之准乎？在此事上，朱子犹胜于戴、阮，朱子论性颇能寻其演变，戴氏则但有一是非矣（朱子著书中，不足征其历史的观点，然据《语类》所记，知其差能用历史方法。清代朴学家中惠栋、钱大昕诸氏较有历史观点，而钱氏尤长于此。若戴氏一派，最不知别时代之差，"求其是"三字误彼等不少。盖"求其古"尚可借以探流变，"求其是"则师心自用者多矣）。故戴氏所标榜者孟子字义也，而不知彼之陈义绝与孟子远也。所尊者许、郑也，而不察许、郑之性论，上与孔、孟无涉，下反与宋儒有缘也。戴氏、阮氏不能就历史的观点疏说《论语》《孟子》，斯不辨二子性说之绝异，不能为程、朱二层性说推其渊源，斯不知程、朱在儒家思想史上之地位。阮氏以威仪为明德之正，戴氏以训诂为义理之全，何其陋也！①

求其是与求其古，恰是前述两种取径做法的写照。进一步看，二者本来相通，循着求其古之道，才有可能求其是。

此节不仅于古史研究至关重要，研治晚近历史同样不容忽视，甚至缘于史料繁多、史事庞杂而更加值得重视。尽管时代相近，语言习惯相似，但要理解前人形似而实不同的本意，绝非易事。况且正因为用语含义因时因地因人而异的千变万化，了解同情很难，似是而非则易。明明已经离题万里，却自得于点睛之笔。前此曾特意提出此类观念史事大别为三类：其一，自称；其二，他指；其三，后认。虽然一

---

① 《性命古训辨证》，欧阳哲生主编《傅斯年全集》第2卷，第508～509页。

切概念均为后出，层累叠加往往是自然过程而非有意作伪，可是如此一来，不仅容易流于散漫，更为重要的是，在后来的定义之下，很可能将历史上实有的自称与他指排斥于范围之外，而将有意不以此为然甚至明确表示异议和反对者强行拉入，以己意剪裁史事，强事实以就我，造成历史认知的紊乱。所以，要依照时间和逻辑顺序勾勒自称和他指的脉络，分别历史意义和诠释意义，才能因缘历史把握概念的复杂内涵。只是要时时处处保持高度自觉，相当困难，高明如钱穆，已经清楚分别历史意见和时代意见，可是具体到中国历代政治制度，还是一开始就泛用"中央"与"地方"的外来后出架构而不自觉，所论与历史本事尚有一层隔膜。①

　　川尻文彦教授研究近代中国思想史，用功甚勤，所获亦多。近年来，功力显著增进，表现之一，即取径做法，愈趋正轨。尤其在各种主义的探讨方面，开始或不免后认的痕迹，后来则逐渐领悟把握，自觉回到历史现场探寻观念事物发生及衍化的轨则。其关于"传统思想"也是近代新创之说，典型地体现认识的辩证。围绕20世纪初梁启超通过明治日本思想界接受英国的功利主义（梁氏称之为乐利主义），可以进一步展开西方、明治日本与中国思想界影响、承接、选择、排拒的复杂纠葛。现在中国人一般以贬义和负面眼光看待的功利主义，在当时不同国度、不同人物乃至同一人物的不同时期，呈现内涵、反应各异的情形，单从译名的不同即可窥见态度的差异。取舍之间，中、东、西之别不仅仅是新旧之分，翻译其实是不同文化之间的重新选择和解读。由各种思想轨迹的分合交错展现的历史进程，远较后来借定

---

① 桑兵：《近代中国的新史学及其流变》，《史学月刊》2007 年第 11 期；参见钱穆《中国历代政治得失》，三联书店，2001，第 6 页。

义指称的丰富多彩。

梁启超研究，历来受到海内外学术界的重视，研究程度相对较为深入，近年来进展尤为显著。即使如此，仍有许多悬而未决的问题。或者说，相比于梁启超本身的复杂，认识仍有简单化之嫌。不少著述或隐或显地将梁启超一概而论，没有因时因地而异的变化，梁启超的年龄增长与其言行的时空条件差异，全然不在考虑之列。有的虽然注意及此，其心目中的梁启超，仍是固定平面的影像，见实事而不见活人。诸如此类的符号化，极大地妨碍研究者接近研究对象，所论难免隔膜。知人才能论事，要达到知其然亦知其所以然的境界，还有广阔的努力空间。而要做到前后左右贯通无碍，对于学人的智慧功力，无疑是极大的考验。

石川祯浩教授的《晚清"睡狮"形象探源》，在前人研究的基础上，揭示"睡狮"形象出自梁启超之手的种种因缘及其发展演化的脉络，进一步否定了此前已经被人质疑的拿破仑说，并且找到从曾纪泽到梁启超之间的证据联系，从而坐实了前人的揣测。此文与石川教授撰写的黄帝形象等其他论文，构成其关于近代中国民族主义建构过程中象征符号解读的重要组成部分。这类问题的发现，稍加留意，或许不难，但是认真研判，则非有广泛阅读和细密求证作为支撑，不易成功。这也体现了他所在的京都大学人文科学研究所长期的学术传统。

深一层讨论，"睡狮"说的探源还有一定的空间，例如梁启超何以选择用"睡狮"来取代"佛兰金仙之怪物"，是否与中国人的习惯（如佛教故事、民间舞狮习俗）以及梁启超本人的文化传承有关。"狮在华夏"的历史相当久远，但狮并非华夏所产，如果没有经历从西域狰狞异兽到华夏瑞兽的流变（其间佛教传播的影响作用甚大），很难想象这一外来贡品会变成国人普遍自认的民族象征，取得近乎于龙的地位。① 更值得探究的是，"睡狮"的具体传播过程如何展开，其在众多作为民族图腾的形象中脱颖而出的历史，实际如何发生，与其他形象的关系如何等。当然，还有拿破仑说究竟起于何时何人，怎样流传并取代实际发明人；如果梁启超的魅力能够增大"睡狮"的影响，何以反而被拿破仑"窃取"了发明权等。要深入认识诸如此类的问题，视野还须更加扩展，文献也有待于进一步爬梳，显然不止梁启超的个人魅力超强可以解释的那样简单。

由此可以进而探讨更具普遍性的问题。1980 年代迄今，关于近代中国民族主义的研究日益展开，其中受所谓符号学和文化符号学的影响，偶像、崇拜、塑造、象征等概念及其相应方法被大量借用，石川教授称引的费约翰（John Fitzgerald）《唤醒中国——国民革命中的政治、文化与阶级》一书，虽然不是最早，影响却相当大。海外不必论，仿效取法的国内新锐亦为数不少。不过，看过相关著作或与相关学人谈论，总有削足适履的感觉（包括方法和事实两方面，详情另外讨论），怀疑究竟是近代的民族主义者太过能动，还是现在的研究者太过主观，因而将此类现象称之为中国近代史研究中的古史辨倾向，甚至时有阴谋论之嫌。

古史辨反对将古史与神话混同，由疑伪书而疑伪史，固有其质疑的依据，但是过度发挥到以为一切古书都是人为作伪，一切古史都是层累叠加，则事实上古书古史不可能一概而论，有此印象，反而是因为用来看待古书古史的态度太过一律。但凡真实的历史都不可能过于

---

① 蔡鸿生：《狮在华夏：一个跨文化现象的历史考察》，收于王宾、〔法〕比松主编《狮在华夏：文化双向认识的策略问题》，中山大学出版社，1993，第 135～149 页。

整齐，过于整齐划一则一定是用了后设的尺度重新裁剪的结果。正所谓先入为主，就难免看朱成碧。1930 年代初，陈寅恪借审查冯友兰《中国哲学史》上册之机，批评盛极一时的古史辨，他说：

> 以中国今日之考据学，已足辨别古书之真伪。然真伪者，不过相对问题，而最要在能审定伪材料之时代及作者，而利用之。盖伪材料亦有时与真材料同一可贵。如某种伪材料，若径认为其所依托之时代及作者之真产物，固不可也。但能考出其作伪时代及作者，即据以说明此时代及作者之思想，则变为一真材料矣。中国古代史之材料，如儒家及诸子等经典，皆非一时代一作者之产物。昔人笼统认为一人一时之作，其误固不俟论。今人能知其非一人一时之所作，而不知以纵贯之眼光，视为一种学术之丛书，或一宗传灯之语录，而断断致辨于其横切方面。此亦缺乏史学之通识所致。①

民族主义的各种宣传鼓动形式，当然有其明确目的，只是形式各异，目标有别，大浪淘沙，结果都是历史的选择，而不仅仅是主观故意的兑现。或者说，是由来源不同、去向各异、错综复杂的主观故意交集合力而成。否则，历史都由少数人预先设定，变成阴谋论主导，很难征实取信。陈寅恪所写《莲花色尼出家因缘跋》，专门指出佛教教义故事存在与中国传统伦理观念不相容之处，后来逐渐被同化。但亦有分别，无君无父之说，开始尚有高僧大德，公然辩护，只有男女性交诸教义，则大抵噤默不置，故为删削。② 佛法无边，在传播过程

---

① 《冯友兰中国哲学史上册审查报告》，陈美延编《陈寅恪集·金明馆丛稿二编》，第 280 页。
② 陈美延编《陈寅恪集·寒柳堂集》，第 169～175 页。

中尚且受制于不同民族的历史文化传统，何况俗世的思想？

现在中国的民族认识，主要是近代受西方民族主义思想影响的结果，中华民族、汉族、少数民族等，都是清季以来的新出概念，与中国固有的种族文化观念，相去甚远，但也有渊源和牵连。其间确有所谓重构问题，只是这样的重构，仍有其内在凭借，并非单纯取法域外。而其指向，则有那一时代的政治诉求，与今日学人背后各自不同的意识，并不一致。以此指认中国历史上的人事，往往似是而非。域外学人以其民族理论衡量感到百般困惑，也在情理之中。看待考察近代中国的民族主义问题，应首先体验历史，而不是加入后来的成见。其实，近代中国的民族主义起过相当积极正面的作用，不必如今日谈起，往往自觉矮人三分。而尽管经历法西斯主义的极端，发达国家内部至今仍是民族主义占据主导（而自认为普适），对外批判民族主义者，或许不过边缘。结果后发展国家对其主流无从影响，对其旁支又难以招架，进退失据。只有各自先行解决内部问题，再矛头对外，才能避免双重标准。

和近代以来致众从的各种学说相类，古史辨因为偏于一端，振聋发聩，小夫下士，广泛共鸣，影响颇大，流弊匪浅。陈寅恪对于近代史学期许甚高，而对一味疑古，否定民族历史文化，则大不以为然。近年来关于近代中国民族主义的研究，本能也有批判的价值取向，这样预设的前提和古史辨不无近似，多少妨碍持论者将民族主义当作客观的历史事实，探讨发生演化的本事，而是作为口诛笔伐的箭垛，以今日的价值观念做出评判。这样倒上去的解构，难免陷入古史辨的前车覆辙。若能以史学的通识，重现观念事物生成及衍化的历史，则问题意识的聪明可以转化为治史的高明。就此而论，顾颉刚《孟姜女故事的转变》、钱穆《先秦诸子系年》、杨树达《论语疏证》、傅斯年

《性命古训辨证》、梁方仲《一条鞭法》、严耕望《唐代交通图考》等，研究对象各异，方法相应变通，而取径做法，大体相近。后来学人仔细揣摩，功力可以日益精进。不以有色眼镜读史，则历史的画卷将会更加丰富多彩。

三　解释一词即是作一部文化史

1936 年 4 月 18 日，陈寅恪读完沈兼士寄来的论文《"鬼"字原始意义之试探》，复函赞道：

> 依照今日训诂学之标准，凡解释一字即是作一部文化史。中国近日著作能适合此定义者，以寅恪所见，惟公此文足以当之无愧也。①

陈寅恪所说的文化史，至少应理解为用其种族文化观念研究中国历史，而非专史之一的文化史，若以分科成见误判，则索然无味。其所谓训诂学标准，其实是欧洲比较语言学、比较文献学和比较宗教学的事实联系比较方法，只不过避名居实，取珠还椟，以免用夷变夏。此说今人多认为悬的过高，其实清以前历代文献总共不过两万余种，用执简驭繁之法下硬功夫，读完并非难事。况且迄今为止，大半已经可以全文检索，利用起来更加方便。其实际难解处，反而是文献不足征。沈兼士的文章不过万字，且着重于探源，仅略及流变，似不足以当得起作一部文化史的评价。不过，陈寅恪每每好借评点他人论著的

---

① 《沈兼士学术论文集》，中华书局，1986，第 202 页。

机缘，提示其心仪的治学取径与做法。"解释一字即是作一部文化史"，当在此例，倒不必过分拘泥于所评点的对象是否当之无愧。其时已有学人计划将中国所有文字的发生及演变从古到今梳理一过，并挑选了若干字尝试着手进行。据说还不到魏晋，选做的每字已经辑了一百数十页，工程过于浩大，只得作罢。这从规模和形制上应当更加接近陈寅恪所标举的做法。

清季以来，汉语言文字发生了脱胎换骨的变化，首先由《马氏文通》用印欧语系的语法重新条理，其次则从日本大量逆输入明治后的汉语新词，中文渐由以字为独立单位变成以词为单位。如此一来，汉语言文字的性格大变。加上认定方块字是落后文化的异类，字母化为文明进步的趋势，将汉语中文朝着预设的拉丁化或罗马化方向推进，便顺理成章地进入历史的运行轨道。在此进程中，看似白话文的影响最大，其实按照文字改革者的本意，白话文只不过是过渡到字母化的一个权宜阶段。而大量新名词的涌入，已经使得汉语言文字前后两分，今人若不使用大约 500 个此类名词，在正式场合很难表达意思，相互沟通。可是使用这些名词概念来理解古代乃至近代文献，则往往似是而非。可以说，这些名词成为横在中国古人与今人（也包括国人与外人）之间的一道障碍，造成看似一脉相承的历史文化的实际断裂。而且前后相通的假象，对于今人了解过去，认识现在，展望未来，产生了众多危机四伏的陷阱。

如果说解释一字即是作一部文化史之于古史已是奢求，那么清代以来文献大幅度扩张，图书、档案、报刊、民间文书、口述音像资料等，任何一类，都在历代文献总和的百倍以上，何况还有根本无目可查的大量未刊资料。不要说竭泽而渔，连边际究竟何在也难以捉摸把握。即使照陈垣所说缩短战线，再细小的题目，要想穷尽史料也是难于上青天。而在近代中国知识转型的研究中，不以解释一词即作一部文化史的取径做法，认真探究相关历史进程在各个层面逐渐展开的详情，就很难跨越古今，沟通中外，回到历史现场，从无到有地探寻事物的发生及其演化。

这种必需、迫切与困难、茫然相互矛盾的情形，对于研究者造成极大的挑战，一方面努力想说明问题，哪怕只是与前人有所不同的道理，另一方面，又无力搜集和驾驭众多的材料，于是只能因陋就简，先入为主地挑选若干翻译概念或关键词，利用可见的报刊、字词典、翻译书等有限资料，跳跃式地由点而线进行推演。各种相关研究，取径做法各异，重心大都落在解读名词概念的含义，而非追究背后的相关史事。而要做到解释一词即作一部文化史，显然不能局限于训诂本义，或者说，只有做成一部文化史，才能理解把握名词因时因地因人而异的复杂含义。因为历史远比学人竭力所能想象的更为生动繁复，而积淀在名词里的历史即承载了这些复杂性，除非依照时空人的顺序，将所有蕴含其中的历史充分地重现出来，再丰富的想象力以及无知无畏的自以为是，都无法释放全部错综复杂的内涵。在断章取义的历史描述基础之上，要想认识和把握名词概念在具体时空场合下的意思，难免望文生义，格义附会，甚至可能缘木求鱼。

近代的新名词又不止一类，按照傅斯年的看法，"大凡用新名词称旧物事，物质的东西是可以的，因为相同；人文上的物事是每每不可以的，因为多是似同而异"。① 不过，物质的东西相对简单，并不足以体现一部文化史的含量，而本来不可以的指称人文上的物事，却不仅实际上大量发生，而且牵扯广泛，已经成为历史事实的极其重要的组

① 《与顾颉刚论古史书》，欧阳哲生主编《傅斯年全集》第 1 卷，第 459 页。

成部分。对此现象，后来者可以见仁见智地评判正误，可是这样的判断对于重现和理解历史似乎无关紧要，因为这些新名词大都来自日本，而日本制造这些名词据说是对应于西学的翻译需要。一般而言，受到各自文化的制约影响，所有外来的观念体制、思想学术，都会发生适应性变异，所以跨文化传通往往就是彼此误解的历史。能否正确传达意思虽然不是毫无意义，更重要的还是这些事实（无论对错）究竟如何发生和演化，所牵涉的层面越多，跨度越大，内涵越复杂，就越是能够做成一部文化史。即使一个词的发生演化，都要有至少一部详尽的专书作为支撑，主题为一个名词，而规模和内容则是做成一部文化史。

至于具体做法，应尽力遵循下列原则。其一，努力回到无的境界，尽量不受任何后出外来、先入为主的成见制约，依照时序探寻有的发生及演化。其二，尽可能网罗各类相关史料，勾勒史事，前后左右比较近真，且得其头绪。其三，将观念、思想还原为历史，探究名词背后所牵涉的所有思想学术源流、人脉体制变迁等繁杂本事。诚如陈寅恪所说：

> 夫圣人之言，必有为而发，若不取事实以证之，则成无的之矢矣。圣言简奥，若不采意旨相同之语以参之，则为不解之谜矣。既广搜群籍，以参证圣言，其言之矛盾疑滞者，若不考订解释，折衷一是，则圣人之言行，终不可明矣。[1]

名词的使用，因人而异，须将所有相关者的不同本意以及所以然关联解读，史事的脉络才能逐渐显现。其四，不要用名词概念将不同

---

[1] 《杨树达论语疏证序》，陈美延编《陈寅恪集·金明馆丛稿二编》，第 262～263 页。

时空的史事集于一线，那样等于先入为主地假定该名词在不同的时空条件下意思用法一致，时地人不同，或许概念不一，或许名同实异，只能由研究史事的生成演化来把握概念，不可反其道而行之。

与一般所谓概念史或关键词的研究形同而实异，解释一个词即作一部文化史，重心不在词义的规定，而是通过概念展现思想文化的历史进程，并由历史的丰富多样来把握名词约定俗成的内涵。也就是清儒所谓求其古与求其是的分别，要由求其古来求其是。这大体近于傅斯年所说用语言学的观点解释或解决思想史的问题，其中包含语学的观点和历史的观点两方面，用语学的观点，所以探名词之原，用历史的观点，所以循观念历来之变。语学的观点，即思想不能离语言，故思想必为语言所支配，一思想之来源与演变，固受甚多人文事件之影响，亦甚受语法之影响。思想愈抽象者，此情形愈明显。历史的观点，即"思想非静止之物，静止则无思想已耳"。"'求其古'尚可借以探流变，'求其是'则师心自用者多矣"。① 求其古，就是探讨特定名词概念的发生及其因时因地因人而异的演化的实事。而导致变化的，包括时代风气、思想渊源、人事纠葛、阅历差异等各种因素。

即使同样指称人文上物事的名词，也还是有所分别，不能一概而论。如科学和美术，部分是玄理，部分为实事，然而究竟意指哪些事和理，不同时期固然有所分别，同一时期也会因人而异。甚至同一人在同一时期的不同场合（或对象）使用同一概念，含义也不尽相同。科学指分科治学或分科教学，今人大都不解其意；美术书写给工人看，更加令人莫名所以。至于少数民族，所指虽然尽为实事，可是各人的意涵及其指称涵盖的范围却相去甚远，而且同时用于指称同一类对象

---

① 《性命古训辨证》，欧阳哲生主编《傅斯年全集》第 2 卷，第 508 页。

的还有其他名词。其间的差别及相关性，必须回到历史现场，考察概念和对象联系与分别的史事演变，才能梳理清楚。待到这些名词及其指称经过自然或人为的选择大致固定下来，其所经历的纷繁历史也逐渐积淀而隐藏其中。今人相互对话，看似约定俗成，不言而喻，实则不仅言人人殊，甚至各说各话，无法交集。非经了解全部史事，难以同情把握，彼此沟通。

近代中国的新名词，大都来自明治后日本的新汉语，不了解幕末到大正时期尤其是明治日本的历史，探源难以深入堂奥，求变也很难把握经络。以西周助为代表的明治日本新名词的发明者开始或许未曾料到，这些名词的发明和通行，绝不仅仅是对应西学那样简单。如井上哲次郎、冈仓天心等传播扩散者，有意识地使用这些具有关键意义的名词，一方面试图采用西洋的标准，使东亚固有事物的固有价值得以重新审视，包括美术、哲学等，都有了可以与西洋并存甚至对峙的东洋界域；另一方面，在重建东亚文化的近代价值信念的同时，日本也凭借这一套新名词取得了掌控东亚话语权的精神领袖地位。在近代西学的冲击之下，东亚各国往往因为无法对应门类繁多、时效很强的西学而根本怀疑固有文化的价值，这样的对应可以面向西学重建对于固有文化的自信。而这时的东洋文化已经不是传统以中国儒学为中心建构起来，实际上是由日本解读西学之后重新建构，除了尽可能抬高日本文化种类的历史地位和价值，甚至如冈仓天心以日本为东亚美术传统的中心正统，压抑中国等其他东亚国家"美术"的地位，更重要的是这一套解释话语完全由日本掌控。从这一角度看，早在甲午战争之前十到二十年，日本在东亚的优势主导地位就已经开始确立。后来中国只能借助日本与西方沟通对话，虽然避免了长期以来夷夏纠结的尴尬，却不得不用西洋眼光重估固有文化，从而陷入日本式话语的笼罩和控制。

同属汉字文化的东亚各国具有共通性，明治日本的新汉语，本来是为了对应欧洲新学，寻求翻译和表达。而日语本身的对应性较差，非借助汉语，不易准确简洁明了。据狭间直树教授赐教，如 metaphysics 一词，若不是在中国典籍中找到"形而上"，用日语需要较多的字词才能完整准确地表达意思。因此，探源还须同时了解东亚各国以及欧美各国。就此而论，日本的明治日本研究也受到后来分科畛域的制约，未能真正沟通东亚和东西。只存在于东方或西方人心中的西方和东方，其实都是不能笼统地一概而论的。

少数民族的概念及其所指的规定，不仅本原各异，而且流别不同，既有思想学术渊源的影响，也有党派纷争的左右，迄今海峡两岸的观念做法仍然大相径庭。与此相关的中华民族、汉族等清季以来才出现的名词概念以及各自所指称事物的内涵外延，其所使用的源自近代西洋的观念，无论东欧还是北美，其实都相当隔膜。赞赏也好，批判也罢，百思不得其解是共同的窘境。"文革"前史学界的所谓五朵金花，大都是在进化论和社会发展史的框架下求同，唯独汉民族形成因相去实在太远，无法用普遍规律强求一致，而着重于见异。这一问题的探讨最为薄弱，其学术潜力却最大，所留空间极为广阔。

由此可见，解释一个名词，的确可以展现一部文化史，前提是必须以解词义为相关历史的线索和脉络，而非仅仅为范围或目的。要达到解释一词即是作一部文化史的境界和程度，首先要当成一部文化史来做，由求其古而致求其是，然后才有可能做成一部文化史。否则即使写成专书，鸿篇巨制，也不过是名词的词义演绎，而不能称之为文化史的。

将解释一词做成一部文化史，尤其要注意比较研究的方法。此处的比较研究，并非目前一般好用的平行比较，而是事实联系的比较研究之正统。近代各种名词概念的形成及传播，实为比较研究的绝佳素材。而历史是天然应用比较方法的学问。从傅斯年所说史学即史料学，第一是比较不同的史料，第二是比较不同的史料，第三还是比较不同的史料，通过比较可以近真并得其头绪，到陈寅恪大力主张合本子注和长编考异，所强调的都是比较语言学和比较文献学之于历史研究尤其是比较研究的极端重要性。今日大多数中国人，可以说是发汉音，说日语，用西思。唯有用比较研究的方法，将所有史事的发生演化循序排列，展现揭示，才能理解把握。就此而论，解释一词即是作一部文化史，其实也就是做成实实在在的历史。如果仍然揣入自己的概念，看似研究历史，实则等于用后来的观念组装前事，那便成了自己心中的历史，非但不能达到主观与客观的统一，反而强化了隔膜与误解。

四　法制史研究的比较与比附

受域外学术的影响和内在发展的驱动，近年来法制史研究渐呈活跃态势，无论文献的整理出版还是研究著述的发表，在各专史或各学史的领域都显得相当突出，取径做法也较为接近历史学或被史家所接受。只是认真检讨起来，不无可以进一步考究之处。其大有三：其一，在整体观照和具体操作层面，都存在混淆比较与比附的状况，这也是各类专史学史的通病；其二，受前一项的影响，大都难免做什么只看什么的先入为主，而预设的范围界定其实是后来观念的作用；其三，误以为案卷所记即为事实，很少考虑或尚无良策如何将案件还原为本事。

今日的法制史研究，无论问题意识还是基本架构，大都因缘西学东学而来，与中国固有的社会历史文化不相契合。大处着眼，能否用现在所谓法制的观念看待中国历代的律法及刑名，本身就是未经证实的问题。习惯法、成文法或大陆法系、英美法系之类的分别，与中国实情已经相去甚远，更不用说细分为民法、刑法等。凡此种种，习惯于分科治学者大都习以为常，甚至视为天经地义，即使了解史事较多之后偶感不适，也只能在框架之内略做调整，若是跳出框架，则势必陷入失语状态。因为那一套知识系统已经先验地规定了人们的思维和表述的方式，孙猴子本事再大，也难逃如来佛掌中。

生前客居大洋彼岸的余英时教授，因为对象的分别，各种论学之言不免有重心的转移，但所说20世纪以来，中国学人有关中国学术的著作，其最有价值的都是最少以西方观念作比附的论断，相信是针对中国的读书种子语重心长的肺腑之言，值得认真揣摩。尤其是什么叫作以西方观念作比附，外国框框究竟体现于哪些方面，如何才能细心体会出中国史籍的本意，要落实到具体认知和操作层面，并且随时随地保持高度自觉，颇费思量。

继中体西用之后，中国实际上进入用夷变夏的时期。近代学人认为，与西洋学问进行比较，是使得缺少条理系统的中国学问能够进入轨道的重要凭借，挟洋自重，渐成风气。清季民初治学的二途之一，便是"求中国隐僻之书，以比附西方最新之说"。[1] 加之汉文以字为独立单位，具有非逻辑性，容易望文生义，使用者的思维认知遂好譬喻。所以中国人喜欢平行推理，"它既非演绎的，亦非归纳的，而是类比

---

① 胡朴安：《论今人治学之弊》，上海《民国日报·国学周刊》第14期，1923年8月8日。

的"。① 晚清至五四，东西对比相当时兴，国人对于在欧洲并不视为学术正轨的斯宾格勒的文化类型学颇有共鸣，以至于今日学人认为在事实联系与平行比较之间形成过第三种比较研究，背后都是文化习性使然。而比较与比附究竟如何分别，要想拿捏得当，确是难乎其难之事。

胡适著《中国哲学史大纲》被誉为树立了近代学术典范，按照作者自己的说法，就是用西洋的哲学作比较参证的材料，而且主张必须借用别系的哲学作解释演述的工具，才能贯通整理中国哲学史的史料。胡适反对西学中源说的种种附会，认为"最浅陋的是用'附会'来代替'比较'"。可是他举出的"一有了比较，竟不须解释，自然明白了"的例证，同样令人感到有附会之嫌。例如他用西洋文法术语解古文古音，在陈寅恪看来正是穿凿附会之混沌怪物；至于用西洋议会制度和高等教育制度来理解中国的御史制度及书院的性质与价值，更是流弊无穷。就连《中国哲学史大纲》也被金岳霖指为"兼论中西学说的时候，就不免牵强附会"，"总不会是一本好的哲学史"。② 阅读近代学人的学术评论，各种与附（傅）会相关的词语，如穿凿附会、牵强附会、格义附会等，出现的频率相当高，不仅可见问题的泛滥，也可知各人对于比较与比附理解把握的莫衷一是。

近代学人之所以要以西学为比附，是因为他们已经不易把握古人思想学说的系统，于是认为古人并无系统，"我们要编成系统，古人的著作没有可依傍的"，只有依傍西洋学说，才能构成适当的形式，重建中国学问的系统。③ 清季立停科举，大兴学堂，名为将中西学熔于一

---

① 朱乔森编《朱自清全集》第 9 卷，第 456～457 页。

② 金岳霖：《冯友兰中国哲学史上册审查报告》，冯友兰：《中国哲学史》，上海书店，1990 年影印，"附录"，第 1～8 页。

③ 欧阳哲生编《胡适文集》（6），第 155、182 页。

炉，实际上将中学放进西式学堂分科教学的现成系统之中，始终无法对应的部分，只好渐次退出学制体系乃至历史舞台。从梁启超、刘师培到胡适，都曾经努力依照西学的分科体系重新梳理解释中国的固有学问，以求融会贯通，形成具有头绪条理的学说体系。胡适的《国学季刊发刊宣言》所提出的国学研究的理想系统，就是在中国文化史的架构下整理成包含民族、语言文字、经济、政治、国际交通、思想学术、宗教、文艺、风俗、制度等十大专史在内的总系统。而要达到这样系统的整理，必须用与外国相比较的研究来帮助国学的材料的整理与解释。①

　　问题在于，中国的社会历史文化并非依照现行的知识架构发生及演化，用后来的系统部勒古代的材料，不仅有削足适履之嫌，也很难恰当理解中国史籍的本意，一方面造成归类的不当混淆，误解前人有此范围界定，另一方面，用了后来的观念认识前事本意，容易导致误读错解。正如张荫麟批评冯友兰的《儒家对于婚丧祭礼之理论》所说的那样，近今治中国思想史者之通病，就是"以现代自觉的统系比附古代断片的思想"。其实古代断片思想可能构成数多种统系，至少不是按照现代自觉的统系及一致的组织来安排和发展。② 陈寅恪还从晋朝清谈之士好以内典与外书互相比附的史事，探寻格义附会的渊源，讥讽时人依傍自炫的西学时装，不过是过气的陈货。诸如此类的系统、分科、方法、概念，作为方便形式，或有不得已而为之的苦衷，若是作为预设前提，现成架构，论证目标，甚至裁量尺度，则势必差之毫厘，谬以千里。

---

① 《国学季刊》第 1 期，1923 年 1 月。
② 张荫麟：《评冯友兰〈儒家对于婚丧祭礼之理论〉》，《大公报·文学副刊》1928 年 7 月 9 日。

　　今人所谓法制史，大抵也有先入为主的成见，即司法与行政分立的现实影响。诸如此类的看法，自清季以来已经存在，并在内外官改制时造成朝野上下极大的困惑。有清一代，前期集王朝体制之大成，后期应千古未有之大变局，二者立意截然不同。而且清朝设制，旨在避免君权与相权等其他权力相争，因而实权在握的往往没有正式体制，一旦立制，形成明确的章程条文，又往往几近形同虚设。大清律例无疑是正式法律文本，可是律条简要，与会典事例相辅相成，也有不相吻合之处。况且，制定律条，大都在实事之后，也会掺杂后来观念，未必如实反映当时本事。尤其重要的是，皇帝的上谕实际上有着绝对权威，同样具有律法效力，并且成为则例的依据。

　　礼法关系的纠结，清季改制时已经凸显，当朝执政者试图在二者之间进行调适或权衡取舍。实则中国为伦理社会，律法条文的拟定，深受礼制礼俗的影响制约。改制之前，无所谓司法行政之分，府州县官的主要政务，一是刑名，二是钱粮。作为政务要项的审案，不仅要秉承律法，还要揣摩上意，乃至顾及人情世故。各地官员判案，既要依法，也须讲礼。离开礼制，很难理解相关律法的立意、文本乃至断案的行事。今人每每指责科举正途出身的官员不谙世事，缺乏行政能力，其实科考取士要在选拔正人君子，以便树立道德楷模，驾驭深谙办事途则但也容易为非作歹的幕友胥吏。若以刑名为政务要项，便以专职司法干吏为准则，审视衡量正印官的能力作为，岂非南辕北辙？

　　由此可见，以后来的法制史观念，并不能限定与法制相关的史事范围归属，因为前人并无此说，更不会按照这样的分科观念行事。即使存在形似而实不同的言行，其本意也不能套用后出的观念来解读。如果研究者事先预定读书甚至找材料的范围，将目光局限于所谓律法类书籍，既不一定能找到所需的材料，更无法读懂古人的本意。中国历代的图书分类，大都也是以后来的观念条理先前的著述，即以时代意见规定历史意见。即使清季以来袭用西学成法，欧美各国的分类归属也是异同互见。因此，开启时空通道的钥匙并不在后来对于文献的分类归纳限定之中。只有放眼读书，才有可能寻觅资料的线索，把握问题的范围，读懂文献的意思。这也正是书中有学，但书并不就是学之意。以今日的观念，要恰当理解清季改制过程中律、法、令的分别与联系，亦非轻而易举。虽然分科治学分门治史在今日已成常态，做什么只看什么，本来就是相当危险的事，而用外来系统条理本国材料，结果是系统有了，前人的本意却被抹杀殆尽。要想明白前人设制的立意，必须超越律法藩篱，深入礼法的各个层面。当然，对于礼的理解把握，同样应当避免为后来的成见所囿。

清季改制，面对司法权从行政分离的前景，督抚的表现前恭后倨。学人对此多以保守官僚对抗近代三权分立的政治体制加以解释。实际上赞成立宪的大员如张之洞等人，反而对行省的司法权从督抚手中分出抗拒最力。其理由即若州县不审判，则爱民、亲民之实政皆无所施，以此求治，未见其可。① 而督抚们之所以前后反复，原因却在先行改制的京师部院乘机大肆集权，使得督抚已经实际掌控的人事及兵权财权面临丧失殆尽的危险。只有不受法制或法治观念的局限，才能得其所哉地认识清楚前后因缘。

问题还不仅如此而已。今人好以案卷为研究法制史的凭据，甚至以刑案来观察常态社会。殊不知在礼法社会中，诉诸词讼的一般而言都是例外。直到1940年代，从事律师职业者仍感到中国百姓还认为只

---

① 苑书义、孙华峰、李秉新主编《张之洞全集》第11册，河北人民出版社，1998，第9560页。

有坏人才会打官司。惹上官非，是一件相当不名誉的事情。司法案卷或许可见社会变态，至于常情，则须小心求证。以案卷为材料，与其他形式的史料相同，应当加以验证，不能假定案卷所记即为事实。从现实经验看，出自专业人士之手的案卷描述与事实往往有较大出入，能够再现百分之五十的实情，已属难能可贵。即使铁证如山的定谳，要想还原事件的全过程和各层面，也是戛戛乎其难。就此而论，考据如老吏断狱，只是形式上类似，治史的目的，绝不仅仅限于定性。

案卷经过办案人之手，即使犯人的供词和证人的证言，也难免受了刑讼惯例的制导和办案环境的左右，各种言辞符合法律的规范，却未必合乎事情的本相，反映各自的本意。办案者的记录或归纳，固然有官场的套话或职业性的行话，分析理解案情，更少不了推理揣度，加之牵扯各方上下其手，编造改窜粉饰涂抹的成分所在多有。况且当事人还有利害各异的立场关联，罗生门的现象在所难免。若有不同时期的复审重审，往往可以查知发现各种隐情。

更为重要的是，不能仅仅用法律文书来研究史事，必须广泛搜集和利用书信、日记、报道、口述等各种相关的非刑案文献，设法将案件还原为事实。只是案件所涉人员，大都升斗小民，缺少个人主动的记录，他人又少有采访等形式的补充，即使司法与行政分立之后，有了刑侦、检调、律师、法官各方面的相互制约，单靠法律文书要想还原事件真相，也几乎不可能。晚清以来，报纸等公共媒体大量涌现，为了耸动视听，或是勇于承担社会监督责任，开始介入重大案件，使得官官相护、只手遮天的情形有所改变，最为典型的案例如坊间所称杨乃武与小白菜案，在报馆的追踪采访报道和官场内部错综复杂的矛盾作用下，终于沉冤得雪。不过，此案别有隐情，报馆所说亦是一面之词，后来经过文人的加工，又走向另一极端。这样的周折复杂而又材料繁多的事例可遇而不可求，却提示史家不可轻信案卷的记录，而应想方设法将案例还原为事实。

尤有进者，一些要案看似刑事案件，实则牵扯广泛，刑案不过是工具或由头；还有一些则是案中有案，曲隐甚多。而近代报刊多有党团政派立场，关于同一事件的报道评论，往往掺杂利害意见，众说纷纭，媒体的介入，未必能使事情真相变得容易浮出水面，有时还会适得其反，各方势力通过各种渠道施加影响，使得案情更加扑朔迷离。如何抽丝剥笋，逐渐近真，一方面比较各方说法，不断接近本事的真相，一方面因缘各方的态度有别，进而考察各方与此事的关系各异，将所谓法制史转化为一般历史的研究，以法制问题为线索脉络，而不以法制史为范围，由社会的变态而见常情，还有着广阔的扩展空间。就此而论，考据何止老吏断狱那样简单？

征引文献

一　档案

台北中研院近代史研究所藏朱家骅档。

二　报刊

《大公报》《清议报》《顺天时报》《苏报》《新青年》《选报》《学衡》《制言半月刊》《中国旬报》

三　一般文献

爱新觉罗·溥仪:《我的前半生》,中华书局,1977。

奥ムいオ:《妇女问题讲话》,高希圣、郭真译,太平洋书店,1929。

〔法〕巴斯蒂:《中国近代国家观念溯源——关于伯伦知理〈国家论〉的翻译》,《近代史研究》1997 年第 4 期。

北京大学中国中古史研究中心编《纪念陈寅恪先生诞辰百年学术论文集》，北京大学出版社，1989。

北京市档案馆编《那桐日记》，新华出版社，2006。

卞僧慧纂，卞学洛整理《陈寅恪先生年谱长编（初稿）》，中华书局，2010。

曹伯言整理《胡适日记全编》，安徽教育出版社，2001。

陈德溥编《陈黻宸集》，中华书局，1995。

陈建华：《"革命"的现代性——中国革命话语考论》，上海古籍出版社，2000。

陈美延编《陈寅恪集·寒柳堂集》，三联书店，2001。

陈美延编《陈寅恪集·金明馆丛稿初编》，三联书店，2001。

陈美延编《陈寅恪集·金明馆丛稿二编》，三联书店，2001。

陈美延编《陈寅恪集·书信集》，三联书店，2001。

陈守实：《学术日录［选载］·记梁启超、陈寅恪诸师事》，《中国文化研究集刊》第1辑，复旦大学出版社，1984。

陈衍：《石遗室诗话》（2），辽宁教育出版社，1998。

《陈寅恪史学论文选集》，上海古籍出版社，1992。

《陈寅恪文集·寒柳堂集》，上海古籍出版社，1980。

陈智超编注《陈垣来往书信集》，上海古籍出版社，1990。

陈左高：《历代日记丛谈》，上海画报出版社，2004。

陈左高：《中国日记史略》，上海翻译出版公司，1990。

初我：《常熟殷次伊传》，《江苏》第4期，1903年6月25日。

戴逸：《国家〈清史〉编纂委员会〈文献丛刊〉〈档案丛刊〉总序》，戴逸著，北京市文史研究馆编《涓水集》，北京出版社，2009。

丁守和主编《辛亥革命时期期刊介绍》第1、4、5集，人民出版社，1982～1987。

丁文江、赵丰田编《梁启超年谱长编》，上海人民出版社，1983。

东南大学南京高师国学研究会编辑《国学研究会演讲录》第1集，商务印书馆，1924。

杜春和、韩荣芳、耿来金编《胡适论学往来书信选》，河北人民出版社，1998。

杜迈之、刘泱泱、李龙如辑《自立会史料集》，岳麓书社，1983。

范希曾编《书目答问补正》，江苏古籍出版社，2000。

冯尔康：《清史史料学》，沈阳出版社，2004。

高平叔编《蔡元培全集》第2、4卷，中华书局，1984。

高世瑜：《关于妇女史研究的几点思考》，《历史研究》2002年第6期。

戈公振：《中国报学史》，上海书店，1990年影印。

耿云志、欧阳哲生编《胡适书信集》，北京大学出版社，1996。

故宫博物院明清档案部编《清末筹备立宪档案史料》，中华书局，1979。

顾颉刚：《古史辨第一册自序》，《顾颉刚古史论文集》第1册，中华书局，1988。

顾颉刚：《中国近年来学术思想界的变迁观》，《中国哲学》第11辑，人民出版社，1984。

国家图书馆、上海图书馆主编《1833～1949全国中文期刊联合目录（补充本）》，中央民族大学出版社，2000。

《贺昌群文集》第1卷，商务印书馆，2003。

胡朴安：《论今人治学之弊》，上海《民国日报·国学周刊》第14期，1923年8月8日。

胡适：《〈国学季刊〉发刊宣言》，《国学季刊》第 1 期，1923 年 1 月。

胡适纪念馆编《论学谈诗二十年——胡适杨联陞往来书札》，台北，联经出版公司，1998。

黄光学、施联朱主编《中国的民族识别：56 个民族的来历》，民族出版社，2005。

《黄侃日记》，江苏教育出版社，2001。

纪念陈寅恪教授国际学术讨论会秘书组编《纪念陈寅恪教授国际学术讨论会文集》，中山大学出版社，1989。

蒋维乔：《鹤居日记》，上海图书馆藏稿本。

蒋寅：《一部清代文史研究必备的工具书——〈清人别集总目〉评介》，《中国典籍与文化》2001 年第 3 期。

教育部社会科学委员会秘书处组编《中国高校哲学社会科学发展报告（2005）》，高等教育出版社，2005。

金毓黻著，《金毓黻文集》编辑整理组校点《静晤室日记》，辽沈书社，1993。

金岳霖：《冯友兰中国哲学史上册审查报告》，冯友兰：《中国哲学史》，上海书店，1990 年影印。

晋阳学刊编辑部编《中国现代社会科学家传略》第 1 辑，山西人民出版社，1982。

康有为：《我史》，江苏人民出版社，1999。

克瑞斯汀·丝维斯特（Christine Sylvester）：《女性主义与后现代国际关系》，余潇枫、潘一禾、郭夏娟译，浙江人民出版社，2003。

孔祥吉：《康有为变法奏议研究》，辽宁教育出版社，1988。

雷海宗：《西洋文化史纲要》，上海古籍出版社，2001。

李伯重：《问题与希望：有感于中国妇女史研究现状》，《历史研究》2002 年第 6 期。

李光谟：《锄头考古学家的足迹——李济治学生涯琐记》，中国人民大学出版社，1996。

李岚：《战国策派及其论争》，中山大学硕士学位论文，2000。

李小江：《两种资源　双重困境》，《历史研究》2002 年第 6 期。

李又宁：《吕碧城（一八八三——一九四三）——奇特而美艳的词人》，《近代中华妇女自序诗文选》第 1 辑，台北，联经出版公司，1980。

李又宁、张玉法合编《近代中国女权运动史料（1842～1911）》，台北，传记文学出版社，1975。

梁启超：《清代学术概论》，东方出版社，1996。

梁启超：《古书真伪及其年代》，《梁启超全集》第 9 册，北京出版社，1999。

梁启超：《饮冰室合集》，中华书局，1989。

梁元生：《近年来美国之中国近代史研究趋势》，香港中国近代史学会编《中国近代史研究新趋势》，香港教育图书公司，1994。

《两浙女学会简章》，《警钟日报》1904 年 8 月 25 日。

刘成禺撰，钱实甫点校《世载堂杂忆》，中华书局，1960。

刘梦溪主编《中国现代学术经典·余嘉锡　杨树达卷》，河北教育出版社，1996。

鲁迅：《忆刘半农君》，《且介亭杂文》，人民文学出版社，1973。

《吕碧城集》，中华书局，1929。

吕思勉：《吕著史学与史籍》，华东师范大学出版社，2002。

罗尔纲：《师门五年记》，三联书店，1995。

罗根泽编著《古史辨》第 4 册，上海古籍出版社，1982。

罗志田：《二十世纪的中国思想与学术掠影》，广东教育出版社，2001。

〔法〕马·法·基亚：《比较文学》，颜保译，北京大学出版社，1983。

梅生编《中国妇女问题讨论集》，《民国丛书》第 1 编第 18 辑，上海书店据新文化书社 1923 年版影印。

〔美〕任达：《新政革命与日本：中国，1898～1912》，李仲贤译，江苏人民出版社，1998。

蒙默编《蒙文通学记（增补本）》，三联书店，2006。

缪凤林：《悼梁卓如先生（1873～1929）》，《史学杂志》第 1 卷第 1 期，1929 年 3 月。

欧阳哲生编《胡适文集》，北京大学出版社，1998。

欧阳哲生主编《傅斯年全集》，湖南教育出版社，2003。

浦江清：《清华园日记·西行日记》，三联书店，1987。

钱穆：《八十忆双亲·师友杂忆》，三联书店，1998。

钱穆：《钱宾四先生全集 25：现代中国学术论衡》，台北，联经出版公司，1998。

钱穆：《〈新亚学报〉发刊辞》，《新亚学报》第 1 卷第 1 期，1955 年。

钱穆：《中国今日所需之新史学与新史学家》，《思想与时代》第 18 期，1943 年 1 月。

钱穆：《中国历代政治得失》，三联书店，2001。

桥川时雄：《中国文化界人物总鉴》，中华法令编印馆，1940。

秋吉佑子：《现代中国女性研究的特征与课题：以中国、日本、欧

美为中心》，《近邻》（近きに在りて）第 13～15 期，1988、1989 年。

全国图书联合目录编辑组编《1833～1949 全国中文期刊联合目录（增订本）》，书目文献出版社，1981。

荣孟源、章伯锋主编《近代稗海》第 2 辑，四川人民出版社，1985。

桑兵：《陈寅恪的西学》，《文史哲》2011 年第 6 期。

桑兵：《庚子勤王与晚清政局》，北京大学出版社，2004。

桑兵：《黄金十年与新政革命——评介〈中国，1898～1912：新政革命与日本〉》，《燕京学报》新 4 期，1998 年 5 月。

桑兵：《近代中国学术的地缘与流派》，《历史研究》1999 年第 3 期。

桑兵：《近代"中国哲学"发源》，《学术研究》2010 年第 10 期。

桑兵：《求其是与求其古：傅斯年〈性命古训辨证〉的方法启示》，《中国文化》第 29 期，2009 年。

桑兵：《日本在中国接受西方近代思想中的作用——梁启超个案国际研讨会述评》，《历史研究》1999 年第 1 期。

桑兵：《晚近史的史料边际与史学的整体性——兼论相关史料的编辑出版》，《历史研究》2008 年第 4 期。

桑兵：《晚清民国的学人与学术》，中华书局，2008。

桑兵：《晚清学堂学生与社会变迁》，学林出版社，1995。

上海图书馆编《汪康年师友书札》（2），上海古籍出版社，1986。

《沈兼士学术论文集》，中华书局，1986。

史和、姚福中、叶翠娣编《中国近代报刊名录》，福建人民出版社，1991。

宋芸子：《国学研究社讲习专门学科》，《国学月刊》第 17 期，

1923 年。

孙明：《思想版图的考索及其它》,《中国图书商报·书评周刊》2001 年 8 月 2 日。

《孙中山全集》第 5 卷，中华书局，1985。

台湾大学历史系编《民国以来国史研究的回顾与展望论文集》,台北，台湾大学出版组，1992。

汤志钧编《章太炎政论选集》，中华书局，1977。

唐德刚：《胡适杂忆》，华东师范大学出版社，1999。

唐德刚译注《胡适口述自传》，华东师范大学出版社，1993。

王宾、〔法〕比松主编《狮在华夏：文化双向认识的策略问题》，中山大学出版社，1993。

王汎森、潘光哲、吴政上主编《傅斯年遗札》，台北，中研院史语所，2011。

王绍曾主编《清史稿·艺文志拾遗》，中华书局，2000。

王栻主编《严复集》，中华书局，1986。

王育伊：《唐代政治史论稿》,《燕京学报》第 30 期，1946 年 6 月。

王锺翰：《隋唐制度渊源略论稿》,《燕京学报》第 30 期，1946 年 6 月。

问琴（宋育仁）：《评胡适国学季刊宣言书》,《国学月刊》第 16、17 期，1924 年。

吴宓著，吴学昭整理《吴宓日记》第 2 册，三联书店，1998。

惜阴：《国学辜汤生传》,《人文月刊》第 2 卷第 4 期，1931 年 5 月。

狭间直树编《梁启超：西洋近代思想受容と明治日本》，东京，みすず书房，1999。

狭间直树编《梁启超・明治日本・西方》，社会科学文献出版社，2001。

狭间直树、佐藤慎一、宫村治雄：《东アジアの近代と梁启超》，《みすず》第470、471号，2000年5、6月。

夏承焘：《夏承焘集》，浙江古籍出版社、浙江教育出版社，1998。

夏蓉：《妇女指导委员会与抗日战争》，人民出版社，2010。

萧公权：《问学谏往录——萧公权治学漫忆》，学林出版社，1997。

《敎学同盟会会员题名单》，《苏报》1903年3月23日。

谢立中主编《理解民族关系的新思路：少数族群问题的去政治化》，社会科学文献出版社，2010。

辛德勇：《清人著述的目录与版本》，《中国图书评论》2005年第8期。

杨堃：《社会学与民俗学》，四川民族出版社，1997。

杨联陞著，蒋力主编《哈佛遗墨——杨联陞诗文简》，商务印书馆，2004。

杨树达：《积微翁回忆录》，上海古籍出版社，1986。

杨仲揆：《中国现代化先驱——朱家骅传》，台北，近代中国出版社，1984。

姚名达：《中国目录学史》，上海古籍出版社，2002。

于甦：《吕碧城的女权思想与实践》，中山大学硕士学位论文，2001。

余英时著，傅杰编《论士衡史》，上海文艺出版社，1999。

苑书义、孙华峰、李秉新主编《张之洞全集》第11册，河北人民出版社，1998。

岳玉玺、李泉、马亮宽编选《傅斯年选集》，天津人民出版社，1996。

芸子：《国学学制改进联合会宣言书》，《国学月刊》第 17 期，1924 年。

（清）张百熙撰，谭承耕、李龙如校点《张百熙集》，岳麓书社，2008。

张剑平：《新中国史学五十年》，学苑出版社，2003。

张杰、杨燕丽选编《解析陈寅恪》，社会科学文献出版社，1999。

张杰、杨燕丽选编《追忆陈寅恪》，社会科学文献出版社，1999。

张荫麟：《评冯友兰〈儒家对于婚丧祭礼之理论〉》，《大公报·文学副刊》1928 年 7 月 9 日。

章伯锋、顾亚主编《近代稗海》第 12 辑，四川人民出版社，1988。

《章太炎全集》（3），上海人民出版社，1984。

郑逸梅：《郑逸梅选集》第 1 卷，上海人民出版社，1981。

郑振铎：《梁任公先生》，《小说月报》第 20 卷第 2 号，1929 年 2 月。

中国历史博物馆编，劳祖德整理《郑孝胥日记》，中华书局，1993。

中国社会科学院近代史研究所中华民国史组编《胡适来往书信选》，中华书局，1979。

中国史学会主编《中国近代史资料丛刊·戊戌变法》第 3 册，上海人民出版社，1958。

朱乔森编《朱自清全集》第 9 卷，江苏教育出版社，1998。

朱寿朋编，张静庐等校点《光绪朝东华录》，中华书局，1958。

朱维铮编《周予同经学史论著选集（增订本）》，上海人民出版社，1996。

朱维铮、姜义华编注《章太炎选集（注释本）》，上海人民出版社，1981。

朱有瓛主编《中国近代学制史料》，华东师范大学出版社，1983。

邹爱莲：《清代档案与清史纂修》，《清史研究》2002 年第 3 期。

邹振环：《日记文献的分类与史料价值》，《复旦史学集刊》第 1辑《古代中国：传统与变革》，复旦大学出版社，2005。

再版后记

近年来承蒙出版界的诸位友人不弃，将历年问世的个人专书陆续再版。记得1980年代有电视台采访某新设大学引进的院士，谈及学术影响，院士表示，司马迁写《史记》时，并未考虑过及身的影响，可是身后却传衍至今，不断刊行，而且还会永远传下去。理科的院士有这样的自觉，可见科学精神与人文精神并行不悖。治学应该立意高远，读者人数不在多，而要有心和懂行。用已故季羡林先生的话说，学术是一线单传，不绝如缕。坊间所谓长流水，不断线，意思相去甚远，道理大同小异。

本书最主要的旨趣，就是探求中国近现代史研究如何摸高探深的问题。这一领域本来起步较晚，而近年来扩张迅猛，于是呈现一种景象，在前人筚路蓝缕的基础上，来者不是深耕细作，而是继续以开辟创新的名义不断拓荒，使得量的膨胀与质的提升不成正比。新辟领域仍然以粗放方式进行，刀耕火种之后，留下一片狼藉。其典型的表征，即各个领域稍有人涉足，就觉得无从下手。明明可以写成专书的题目俯拾皆是，成百上千，专门研究者却感到内囊已经尽上来了，只能束之高阁。

为了解决这一难题，尝试以自己所研究（包括主持）的相关问题为凭借，提示可行有效的办法，供有心之人参考批评。不仅旧领域存在新问题，新领域也会碰上老问题，学以致用，前提是要全篇通看，如果急于求成，做什么只看什么，大概起不到立竿见影的作用。而且既然希望百尺竿头更进一步，不是开辟什么新领域，意味着不可能照葫芦画瓢就能够喜获丰收。好的取法必须运用于研究的过程之中，能够多解史料史事，才是真有用。要达到这样的境界，有必要尽可能完整地掌握已知，包括前人研究、相关资料并且深入历史问题。今日历史教学的最大缺憾在于教出来的很多不会做历史，越是基础性的做法，掌握起来似乎越是困难，所以虽然只是显示门径，仍然不能急于求成。

学术研究多少也是遗憾的艺术，很难做到一字不易。此次再版，基本维系原样，仅仅校对文字，希望尽可能减少错漏。年龄渐长，脑力尚可，目力似乎大不如前。如何战胜自我，成为一大考验。

2022 年 4 月 27 日

图书在版编目（CIP）数据

治学的门径与取法：典藏版：晚清民国研究的史料
与史学／桑兵著． -- 北京：社会科学文献出版社，
2023.4
（鸣沙）
ISBN 978 - 7 - 5228 - 1317 - 2

Ⅰ.①治…　Ⅱ.①桑…　Ⅲ.①史学 - 研究 - 中国 - 近
代　Ⅳ.①K092.5

中国版本图书馆 CIP 数据核字（2022）第 254583 号

·鸣沙·

治学的门径与取法（典藏版）
——晚清民国研究的史料与史学

著　　者／桑　兵

出 版 人／王利民
责任编辑／宋荣欣
责任印制／王京美

出　　版／社会科学文献出版社·历史学分社（010）59367256
　　　　　地址：北京市北三环中路甲 29 号院华龙大厦　邮编：100029
　　　　　网址：www. ssap. com. cn
发　　行／社会科学文献出版社（010）59367028
印　　装／南京爱德印刷有限公司

规　　格／开　本：787mm × 1092mm　1/16
　　　　　印　张：29.5　字　数：358 千字
版　　次／2023 年 4 月第 1 版　2023 年 4 月第 1 次印刷
书　　号／ISBN 978 - 7 - 5228 - 1317 - 2
定　　价／89.00 元

读者服务电话：4008918866